마음 닦는 요긴한 편지글

원오극근 스님의 원오심요

마음 닦는 요긴한 편지글

원오극근 스님의 원오심요

05
성철스님이 가려 뽑은 한글 선어록

감역 · 벽해 원택

장경각

한글 선어록을 발간하면서

○

해인사 백련암으로 출가하고 몇 년 후 성철 큰스님께 여쭈었습니다.

"스님! 불교는 왜 인도에서 번성하지 못하고 쇠하여졌습니까?"

"이놈아! 불교가 어려워서 인도에서 쇠해버렸다."

큰스님의 말씀을 듣는 순간 망치로 머리를 맞은 듯 멍하였습니다. "불교가 어렵다."고 하신 그 말씀을 우리 모두의 화두로 삼아야 하지 않을까 생각합니다.

"불교가 어렵다"는 뜻은 "부처님의 말씀을 단순히 이해하고 사는 것이 아니라 부처님 말씀의 진리를 깨쳐서 부처님 마음과 자기의 마음이 하나가 되어 자유롭게 세상을 살아가는 그 실천을 이루기가 옛날에도 어려웠고 지금도 어렵고 내일에도 어려운 것"이라고 성철 큰스님께서 우리들에게 가르침을 주신 것이라 생각합니다.

참선을 통한 깨달음의 길을 대중들이 쉽게 걸어가길 바라서,

성철 큰스님께서는 30여 년 전에 선어록을 한글로 번역하여 발간토록 당부하셨습니다. 1987년 11월에 출판사 '장경각'을 합천군에 등록하여 그 후 6년에 걸친 작업 끝에 〈선림고경총서〉 37권을 1993년 10월에 완간하였습니다.

  그러나 책의 제목이 한문으로 쓰였고, 원문을 부록으로 실어서인지 독자들에게 널리 읽히지 못하고 종이책은 10여 년 전에 절판되고 교보문고의 전자책으로만 겨우 살아 있습니다.

  마침 올해는 성철스님께서 "부처님 법대로 살자"는 기치를 내걸고 봉암사 결사를 실행하신 지 70년이 되는 해이고, 1967년 해인총림이 설립되어 초대방장에 추대되시고 백일법문 사자후를 펴신 지 50년이 되는 해입니다.

  이러한 뜻깊은 해를 맞이하여 〈선림고경총서〉 37권 중에서 요긴한 책 26권을 골라 20여 권으로 정리하여 '성철스님이 가려 뽑은 한글 선어록'이라 이름하고 2~3년 안에 발간하기로 원을 세웠습니다.

  30대 이하의 세대가 한글전용세대라는 점을 염두에 두고 쉽고 자세한 주석을 붙여 이해를 돕고자 하였습니다. 참선에 대한 기본적인 인문학 서적이 부족한 현실에서 참선을 안내하는 귀중한 마중물이 되기를 바랍니다.

  '성철스님이 가려 뽑은 한글 선어록'의 원만한 간행으로 독자 여러분들에게 선의 안목을 열어주는 특별한 인연이 맺어지기를 불보살님 앞에 간절히 기원 드리며 야보선사의 게송을 한 구절 소개합니다.

대나무 그림자가 섬돌을 쓸어도 먼지 하나 일어나지 않고
달빛이 연못 속 밑바닥에 닿아도 물에는 흔적 하나 없구나.

죽영소계진부동
竹影掃階塵不動

월천담저수무흔
月穿潭底水無痕

2017년 2월 우수절
해인사 백련암
원택 합장

일러두기

1. 이 책은 선림고경총서 제30권 『원오심요(圜悟心要)』 상과 제31권 『원오심요』 하를 한 권으로 묶어 다시 출간한 것이다.
2. 원본의 체제를 따라 상·하권으로 나누어 단락을 짓고 번호를 붙였으며, 원제목은 원본을 따라 붙였다.
3. 스님들에 관한 주석과 생몰연대는 『선학대사전(禪學大辭典)』(大修館書店, 1979)과 『중국불학인명사전(中國佛學人名辭典)』(明復編, 方舟出版社) 등을 참고하였고, 그밖의 사항은 『선학대사전(禪學大辭典)』(大修館書店, 1979)과 『선문염송(禪門拈頌)』, 『전등록(傳燈錄)』, 선림고경총서(禪林古鏡叢書) 등을 참고하였다.
4. 본문의 전거를 밝힐 때 T는 『대정신수대장경』, X는 『대일본속장경』, H는 『한국불교전서』를 의미한다. 예를 들어 T48-417a는 『대정신수대장경』 제48권 417쪽 a단을 말한다.

해제

○

解題

『원오선사심요(圜悟禪師心要)』는 『벽암록(碧巖錄)』으로 널리 알려진 불과(佛果) 원오극근(圜悟克勤, 1063~1135, 임제종 양기파) 스님에게 당시 법을 묻는 선승과 사대부들, 그리고 제자들에게 답서로 써 보낸 편지글을 모아 펴낸 서간집이다.

원오극근 선사는 팽주(彭州), 즉 사천성(四川省, 중국 서쪽 내륙의 산으로 둘러싸인 분지이자, 서역으로 가는 관문이었던 촉[蜀] 땅) 성도부(成都府) 사람으로 자(字)는 무착(無着), 속성은 락(駱) 씨이다. 대대로 유학을 하는 집안에서 태어나 어려서 절에 놀러 갔다가 느낌을 받고 출가하였다.

처음에는 문조(文照)나 민행(敏行, 1044~1100) 등의 법사에게 『능엄경(楞嚴經)』 등 경론을 배우다가 심한 병을 앓고 난 뒤 문자공부를 반성하였다. 행각을 떠나 옥천승호(玉泉承皓, 1012~1092), 대위모철(大潙慕喆, ?~1095), 황룡조심(黃龍祖心, 1025~1100), 동림상총(東林常

總, 1025~1091) 등 여러 선지식에게 법을 물었다. 마지막으로 임제종의 중흥조라 일컬어지는 태평산(太平山) 오조법연(五祖法演, ?~1104) 선사를 찾아가 단련을 받고 인가를 얻었다. 1102년(40세)에 출신지인 성도(成都) 소각사(昭覺寺)에 주지하였고, 1124년(62세)에 변경(汴京, 하남성[河南省] 개봉시[開封市])의 천녕(天寧) 만수사(萬壽寺)에 주석하였다.

원오스님은 밖으로 몇 대에 걸친 왕으로부터 신임을 받으며 안으로는 선불교 중흥을 위해 공안참구를 체계 있게 설명하려고 노력하는 한편, 대혜종고(大慧宗杲, 1089~1163), 호구소륭(虎丘紹隆, 1077~1136) 등 걸출한 선승들을 배출하여 임제선이 뿌리내릴 수 있는 토대를 마련하였다.

원오스님이 살았던 11세기 중반에서 12세기 중반은 거란과 여진 등 이민족의 침탈과 내정의 실패로 송(宋) 왕조가 위기에 처한 때였다. 특히 왕안석(王安石, 1021~1086)의 개혁의지(1069)가 실패로 돌아가고 나서, 정책대결로서의 신법(新法)과 구법(舊法)의 대립이 아니라 인맥만 남은 신당과 구당 세력이 쟁점 없는 싸움을 거듭하던 시기였다.

그런 가운데도 건국 초부터 역대 왕들의 귀의를 받아 오던 불교는 국가 권력의 보호 아래 대토지를 소유하고 귀족들과 교류하면서 어느 정도 특권을 누릴 수 있었다. 특히 1126년 송이 여진의 금에 패하면서 황제 휘종과 흠종이 금에 사로잡힌 정강(靖康)

의 변 이후에 정치 무대가 강남(江南)으로 옮겨지면서, 이전 시대에 충의왕(忠懿王) 전숙(錢俶, 929~988)의 노력으로 불교 전통이 강하게 남아 있던 강남 지역을 중심으로 불교는 새로운 발전의 시대를 맞이한다. 이때 불교는 선(禪), 정토(淨土), 천태(天台)가 주된 흐름을 이루고 있는데, 이 중 사천(四川) 출신 승려가 다수를 차지했던 임제종 양기파 선승들이 장상영(張商英, 1044~1122)이나 소식(蘇軾, 1036~1101) 등 사천 출신 고위 관료층의 귀의를 받으며 강남불교의 중심으로 떠오르게 되었다.

임제종 선승들은 선불교 중흥을 위해 다각적인 노력을 하였다. 특히 그때까지 내려오던 선 참구법에 대해서 더욱 조직적인 설명 체계를 세우는 작업을 하였다. 원오스님의 몇 가지 저술은 이런 맥락에서 나온 대표적인 예이다. 공안 참구를 체계화한 것은 오조법연에서 본격화되었다고 볼 수 있는데, 오조법연은 '무'자 공안을 참구하라고 강조하였다.

원오스님의 특징은 여러 조사들의 공안과 기연 언구들을 매 편마다 제시하긴 하나, 그것을 하나로 일관토록 하지 않고 여러 개의 공안들을 동시에 제시해 줌으로써 그것을 지표 삼아 구경(究竟)을 직하(直下)에 깨닫도록 강조한 점이다. 반면, 대혜종고에 와서는 오직 '무'자 공안 하나만을 끝까지 참구하여 안신입명처(安身立命處)를 찾도록 강조하였다. 더러는 '간시궐(幹屎橛)' 등 다른 몇 개의 공안들을 동시에 제시하긴 하나, 주로 한 개의 공안으로 결판내도록 하는 간화선이 확립된 것은 대혜에 와서라고 하겠다. 그러므로 법연-원오-대혜의 3대(代)로 이어지는 간화선 확립 시기에 원오스님의 『심요』는 중요한 교량 역할을 한 법어들이다.

원오스님의 저술 중에 이 『심요』는 평생 썼던 편지글을 제자들이 모아서 펴낸 책이다. 건염(建炎) 3년(1129, 저자 67세) 단하(丹霞) 불지유(佛智裕, 1085~1150) 선사에게 보낸 편지까지 실려 있는 것으로 보아 스님의 말년이나 사후에 편집된 것으로 보인다.

여기에 실린 글들은 '심요'라는 제목이 시사하듯, 하나같이 직지단전(直指單傳)의 종지를 드러내는 데 역점을 두고 있다. 그리고 선문에서 가장 금기시하는 교리적인 설명이나 고정된 형식에 얽매이지 말 것을 매 편에서 강조하였다. 옛 선지식들의 기연(機緣)이나 말씀들을 종지를 이해하는 착안점으로 제시하면서, 참선하는 납자의 본분자세나 선지식으로서 가져야 할 안목과 삶의 태도 등을 편지 받을 사람의 공부 정도와 그들이 처한 상황을 고려해가며 자세하게 지시해주고 있다.

특히 송대에는 사대부(士大夫)들 사이에 참선이 유행하였기 때문에 『심요』에서도 사대부들에게 주는 편지가 상당 부분을 차지한다. 그러나 송대에 만들어진 다른 저술들과는 달리 『심요』에서는 재가와 출가를 막론하고 염불이나 기도, 혹은 당시 사회문제나 불교계에 있었던 사건 등에 관한 언급은 한마디도 없고 오로지 화두참선으로 일관된 이야기뿐이다. 그런 만큼 『심요』는 임제종 선승들 사이에 종안(宗眼)을 판가름하는 지침서로 읽혀 왔음을 알 수 있다. 대혜스님의 편지글을 모은 『서장(書狀)』도 형식상 『심요』와 닮은 점으로 보아 『심요』를 답습한 것으로 짐작된다.

『심요』에는 상권에 70편, 하권에 73편, 모두 143편의 글이 실려 있으며 이 중 사대부들과 나눈 편지는 42편이다.

차례

한글 선어록을 발간하면서 … 005
해제(解題) … 009
원오심요(圜悟心要) 서(序) … 022

○
원오심요 상
●

01. 화장(華藏) 명(明) 수좌(首座)에게 주는 글 … 026
02. 장선무(張宣撫) 상공(相公)에게 드리는 글 … 042
03. 장선무(張宣撫) 상공(相公)에게 함께 부치는 글 … 044
04. 원(圓) 수좌(首座)에게 주는 글 … 049
05. 유(裕) 서기(書記)에게 주는 글 … 059
06. 융(隆) 지장(知藏)에게 주는 글 … 066
07. 법왕(法王)의 충(沖) 장로(長老)에게 주는 글 … 072

08. 법제(法濟) 선사(禪師)에게 주는 글 ··· 079

09. 고(杲) 서기(書記)에게 주는 글 ··· 082

10. 보령(報寧)의 정(靜) 장로(長老)에게 주는 글 ··· 088

11. 개성사(開聖寺) 융(隆) 장로(長老)에게 주는 글 ··· 093

12. 보현사(普賢寺) 문(文) 장로(長老)에게 주는 글 ··· 095

13. 정주(鼎州) 덕산(德山) 정(靜) 장로(長老)에게 주는 글 ··· 102

14. 담주(潭州) 지도(智度) 각(覺) 장로(長老)에게 주는 글 ··· 104

15. 촉중(蜀中)의 축봉(鷲峰) 장로(長老)에게 주는 글 ··· 107

16. 현(顯) 상인(上人)에게 주는 글 ··· 110

17. 간(諫) 장로(長老)에게 주는 글 ··· 115

18. 원(元) 선객(禪客)에게 주는 글 ··· 117

19. 고(杲) 선인(禪人)에게 주는 글 ··· 119

20. 온초(蘊初) 감사(監寺)에게 주는 글 ··· 121

21. 일(一) 서기(書記)에게 주는 글 ··· 124

22. 일(一) 서기(書記)에게 준 법어에 덧붙여 ··· 127

23. 종각(宗覺) 선인(禪人)에게 주는 글 ··· 130

24. 광(光) 선인(禪人)에게 주는 글 ··· 136

25. 민(民) 선인(禪人)에게 주는 글 ··· 138

26. 재(才) 선인(禪人)에게 주는 글 ··· 141

27. 찬(璨) 상인(上人)에게 주는 글 ··· 151

28. 찬(璨) 상인(上人)에게 주는 글 ··· 156

29. 영(寧) 부사(副寺)에게 주는 글 … 160

30. 상(詳) 선인(禪人)에게 주는 글 … 161

31. 혜(慧) 선인(禪人)에게 주는 글 … 164

32. 수도하는 약허(若虛) 암주(菴主)에게 주는 글 … 166

33. 양(良) 노두(爐頭) 선인(禪人)에게 주는 글 … 169

34. 허(許) 봉의(奉議)에게 드리는 글 … 172

35. 해(諧) 지욕(知浴)에게 주는 글 … 177

36. 인(印) 선인(禪人)에게 주는 글 … 184

37. 신(信) 시자(侍者)에게 주는 글 … 187

38. 조인(祖印) 사미(彌沙)에게 주는 글 … 189

39. 민(民) 지고(知庫)에게 주는 글 … 191

40. 서울을 떠나는 자문(自聞) 거사(居士)를 전송하면서 … 199

41. 용(湧) 도자(道者)에게 주는 글 … 201

42. 실(實) 상인(上人)에게 주는 글 … 203

43. 추(樞) 선인(禪人)에게 주는 글 … 205

44. 실(實) 선노(禪老)에게 주는 글 … 207

45. 영(瑛) 상인(上人)에게 주는 글 … 209

46. 천(泉) 상인(上人)에게 주는 글 … 211

47. 사(思) 선인(禪人)에게 주는 글 … 213

48. 걸(傑) 상인(上人)에게 주는 글 … 214

49. 성(成) 수조(修造)에게 주는 글 … 216

50. 유(逾) 상인(上人)에게 주는 글 … 219

51. 정(淨) 선인(禪人)에게 주는 글 … 223

52. 견(堅) 도자(道者)에게 주는 글 … 225

53. 상(尙) 선인(禪人)에게 주는 글 … 227

54. 영(瑛) 상인(上人)에게 주는 글 … 228

55. 승(昇) 선인(禪人)에게 주는 글 … 232

56. 민(民) 상인(上人)에게 주는 글 … 235

57. 심(心) 도자(道者)에게 주는 글 … 238

58. 조(照) 도인(道人)에게 주는 글 … 242

59. 윤(倫) 상인(上人)에게 주는 글 … 246

60. 정(正) 상인(上人)에게 주는 글 … 248

61. 성연(性然) 거사(居士)에게 드리는 글 … 250

62. 혜공(慧空) 지객(知客)에게 주는 글 … 252

63. 장(張) 직전(直殿)에게 드리는 글 … 258

64. 호(胡) 상서(尙書) 오성(悟性)에게 드리는 권선문(勸善文) … 262

65. 장선기(張宣機) 학사(學士)에게 드리는 글 … 266

66. 동감(同龕) 거사(居士) 부신지(傅申之)에게 드리는 글 … 269

67. 황성숙(黃聲叔)에게 드리는 글 … 276

68. 증(曾) 대제(待制)에게 드리는 글 … 277

69. 여(呂) 학사(學士)에게 드리는 글 … 280

70. 촉(蜀) 태수(太守) 소중호(蘇仲虎)에게 드리는 글 … 281

원오심요 하

71. 황(黃) 태위(太尉) 검할(鈐轄)에게 드리는 글 ··· 284
72. 뇌공달(雷公達) 교수(敎授)를 전송하면서 ··· 289
73. 거제(巨濟) 요연(了然) 조봉(朝奉) ··· 294
74. 장중우(張仲友) 선교(宣敎)에게 드리는 글 ··· 298
75. 문덕(文德) 거사(居士)에게 드리는 글 ··· 304
76. 홍조(興祖) 거사(居士)에게 드리는 글 ··· 306
77. 초연(超然) 거사(居士)에게 드리는 글 ··· 309
78. 위(魏) 학사(學士)에게 드리는 글 ··· 311
79. 가중(嘉仲) 현량(賢良)에게 드리는 글 ··· 315
80. 방청로(方淸老)에게 드리는 글 ··· 318
81. 이의보(李宜父)에게 드리는 글 ··· 320
82. 한(韓) 통판(通判)에게 드리는 글 ··· 322
83. 장(張) 국태(國太)에게 드리는 글 ··· 323
84. 장자고(張子固)에게 드리는 글 ··· 327
85. 원빈(元賓)에게 드리는 글 ··· 331
86. 증(曾) 소윤(少尹)에게 드리는 글 ··· 338
87. 장(蔣) 대제(待制)에게 드리는 글 ··· 340

88. 영(寧) 선인(禪人)에게 주는 글 … 347

89. 승(勝) 상인(上人)에게 주는 글 … 350

90. 침(琛) 상인(上人)에게 주는 글 … 352

91. 영(英) 상인(上人)에게 주는 글 … 354

92. 원(圓) 상인(上人)에게 주는 글 … 357

93. 조(照) 선인(禪人)에게 주는 글 … 360

94. 감(鑑) 상인(上人)에게 주는 글 … 363

95. 조(祖) 상인(上人)에게 주는 글 … 367

96. 연(宴) 선인(禪人)에게 주는 글 … 369

97. 종(從) 대사(大師)에게 드리는 글 … 371

98. 조(祖) 선인(禪人)에게 주는 글 … 373

99. 제(諸) 상인(上人)에게 주는 글 … 378

100. 양주(楊州)의 승정(僧正) 정혜(淨慧) 대사(大師)에게 드리는 글 … 380

101. 각(覺) 선인(禪人)에게 주는 글 … 383

102. 자(自) 선인(禪人)에게 주는 글 … 386

103. 유(有) 선인(禪人)에게 주는 글 … 388

104. 월(月) 선인(禪人)에게 주는 글 … 392

105. 본(本) 선인(禪人)에게 주는 글 … 395

106. 달(達) 선인(禪人)에게 주는 글 … 397

107. 인(印) 선인(禪人)에게 주는 글 … 402

108. 묘각(妙覺) 대사(大師)에게 드리는 글 … 404

109. 인(仁) 서기(書記)에게 주는 글 ⋯ 407

110. 이연(怡然) 도인(道人)에게 답하는 글 ⋯ 409

111. 황(黃) 통판(通判)에게 답하는 글 ⋯ 411

112. 선인(禪人)에게 주는 글 ⋯ 415

113. 조(詔) 부사(副寺)에게 주는 글 ⋯ 418

114. 등(燈) 상인(上人)에게 주는 글 ⋯ 423

115. 선인(禪人)에게 주는 글 ⋯ 425

116. 노수(魯叟)에게 드리는 글 ⋯ 428

117. 선자(禪者)에게 주는 글 ⋯ 432

118. 선인(禪人)에게 주는 글 ⋯ 436

119. 원유(遠猷) 봉의(奉議)에게 드리는 글 ⋯ 441

120. 엄(嚴) 수(殊) 두 도인(道人)에게 주는 글 ⋯ 445

121. 도명(道明)에게 주는 글 ⋯ 448

122. 시자(侍者) 법영(法榮)에게 주는 글 ⋯ 450

123. 도인(道人)에게 드리는 글 ⋯ 452

124. 중선(仲宣) 유나(維那)에게 주는 글 ⋯ 455

125. 중송(中竦) 지장(知藏)에게 주는 글 ⋯ 458

126. 전차도(錢次道) 학사(學士)에게 드리는 글 ⋯ 461

127. 처겸(處謙) 수좌(首座)에게 주는 글 ⋯ 465

128. 오(悟) 시자(侍者)에게 주는 글 ⋯ 469

129. 풍희몽(馮希蒙)에게 드리는 글 ⋯ 471

130. 화엄(華嚴) 거사(居士)에게 드리는 글 … 474

131. 무주(無住) 도인(道人)에게 주는 글 … 476

132. 원장(元長) 선인(禪人)에게 주는 글 … 478

133. 단하(丹霞) 불지유(佛智裕) 선사(禪師)에게 주는 글 … 481

134. 경룡학(耿龍學)에게 보낸 편지 끝에 붙인 글 … 483

135. 양무구(楊無咎) 거사(居士)에게 드리는 글 … 485

136. 성도(成都)의 뇌공열(雷公悅) 거사(居士)에게 드리는 글 … 488

137. 덧붙이는 글 … 491

138. 장지만(張持滿) 조봉(朝奉)에게 드리는 글 … 493

139. 오(吳) 교수(敎授)에게 드리는 글 … 498

140. 선인(禪人)에게 주는 글 … 502

141. 한(韓) 조의(朝議)에게 드리는 글 … 503

142. 증(曾) 대제(待制)에게 드리는 글 … 507

143. 종각(宗覺) 대사(大師)에게 드리는 글 … 509

원오심요(圜悟心要) 서(序)

　전할 수 없는 소실봉(少室峰)[1]의 묘법을 각자의 그 자리에서 들어 보이자니 지적해 보일 모양도 없고 가리켜 보일 모퉁이도 없으며 설명할 말도 없고 펼쳐 보일 도리도 없다. 텅텅 비어 터럭만큼도 없고 조짐조차도 떠나서 원만고요하며 진정묘명(眞正妙明)하다. 시방의 허공을 관통하고 법계를 둘러싸니 있다 할 수도 없고 없다 할 수도 없다. 공(空)이 이를 말미암아 공(空)이 되지만 공과 섞일 수 없고, 색(色)이 이를 의지하여 색이 되지만 색과 같을 수 없다. 바닷물 속에 짠맛이 녹아 있듯 미혹한 범부 속에 들어가고 단청 물감에 아교풀이 들어 있듯[2] 깨달은 성인과 함께한다.
　설산(雪山)의 대사문은 지혜와 말솜씨가 끝없이 깊고 넓었다. 3백여 회에 걸쳐 근기들을 틔워 주신 그 말씀은 심원하고도 활달하였다. 대자재를 갖추어 열었다 닫았다 폈다 말았다 하면서 비밀스럽고도 그윽하게 들춰내지 않은 것이 없었다. 그러나 유독 이 일에만은 한 글자 한 획도 그을 수 없었으니, 지극한 성인의 큰 생각이며 지극한 신령의 현묘한 창고라 할 만하다.

　원오(圜悟)스님은 동산법연(東山法演, ?~1104) 스님께 법을 얻은 분이다. 안목이 밝고 틀이 활달하며 마음이 툭 트였고 말이 완벽하였다. 하나의 방편만을 고집하지 않고 참선하는 무리들에게 가르침을 열었는데 그것이 흘러 넘쳐 큰 책이 되었다. 그것을 『심요(心要)』라고 제목을 붙였으니 말 없는 가운데 말을 드러내고 모양 없는 가운데 모양을 드리운 것이다. 근기에 맞게 응대해서 그들의 속박을 풀어주고 그들의 짐을 놓아주되 많아도 번거롭지 않고 적어도 소략하지 않아서 어디를 가나 요점을 얻고 어디를 가나 근원을 만나게 하였다. 그 통쾌하고 빠른 점에서는 한입에 서강(西江)의 물을 다 마시라 했던[3] 마조(馬祖, 709~788)스님의 면모를 높이 사고, 세밀하고 단속하는 점에서는 그저 한가로움을 지킨 암두(巖頭, 828~887)스님이나 마음에 아무 일 없었던 덕산(德山, 782~865)스님을 중히 여겼다.

　초학 지도에는 반드시 실참(實參)을 하도록 했다. 밥도 잠도 잊고 사랑과 증오를 다 없애며, 자신과 세계를 동시에 놓아서 한구석도 막힌 데 없이 기륜(機輪)을 활짝 벗어나게 하였다. 태엽을 돌리듯 얼굴을 바꿔 한입에 물어뜯고 앉은 자리를 획 틀어 버리니 거기에 어찌 머뭇거림을 용납하겠는가. 마치 커다란 구름이 홀연히 변화하면서 천지를 다시 짜듯, 단비가 내려 초목을 고루 적시고 흘러서 강물로 퍼지듯 하였다. 잠깐 사이에 안개가 걷히듯 하니 오고

간 흔적을 찾으려 하나 전혀 찾을 수 없었다. 법을 얻어 자재한 이가 아니라면 누가 그렇게 할 수 있겠는가. 법을 설한 한 분의 종사라 하겠으니 비록 임제(臨濟, 767~866)·덕산이라 해도 이 앞에서는 옷깃을 여며야 할 것이다. 그는 반야종지를 맛보아 적겁토록 훈습 단련을 쌓았으므로 이러한 걸림 없는 원만자재를 얻은 것이리라.

　감복 속에서 이 책을 두 번 세 번 읽고는, 깊숙이 절하고 이 글을 쓴다. 진정코 원오스님께서 대적정문(大寂定門)에서 행여라도 고개 끄덕여주기를 감히 바랄 수는 없겠지만 그 가르침이 외롭게 되지 않기를 기대해 본다.

　원(元) 천목산(天目山) 중봉선사(中峰禪師) 명본(明本)이 적다[題]

주
:

1　하남성(河南省) 등봉시(登封市)에 숭산(嵩山)이 있는데, 이 산의 동서 봉우리를 각각 소실산(少室山)과 태실산(太室山)이라고 부른다. 이 소실산에 보리달마가 선을 전한 소림사가 있기 때문에 일반적으로 '소실'은 달마대사의 선을 가리킨다.

2　"水中鹹味(수중함미) 色裏膠靑(색리교청)": 부대사(傅大士, 497~569)의 『심왕명(心王銘)』에 보인다.

3　방거사(龐居士, ?~808)가 "만 가지 진리와 짝이 되지 않는 사람은 누구입니까?" 하고 묻자 마조도일이 "거사가 서강(西江)의 물을 한 입에 다 마셔버린 후에 말해주겠다."고 하였다. 『사가어록(四家語錄)』(X69-4c).

원오심요 상

01

화장(華藏) 명(明)¹ 수좌(首座)에게 주는 글
강녕부(江寧府)² 천녕사(天寧寺)에 머물다

곧바로 보여주는 조사선에 어찌 샛길을 용납하리오. 여기서는 향상인(向上人)만을 오직 귀하게 여길 뿐이다. 그들은 듣자마자 곧 들어 보이고 뽑아들자마자 당장 가니, 설사 밝은 눈으로 엿본다 해도 벌써 바보짓이다. 옛사람이 말하기를, "한 모서리를 들어 주었는데도 나머지 세 모서리를 돌이켜 알지 못하는 사람은, 내 상대하지 않겠다."³라고 하였으니, 하나를 들면 나머지 셋을 알고 눈대중으로 아주 작은 차이를 알아내어 수레바퀴가 데굴데굴 굴러가듯 전혀 막힘이 없어야 '향상의 수단을 쓴다[提持]'고 할 수 있으리라.

듣지 못하였느냐? 양수(良遂)⁴스님이 마곡(麻谷)⁵스님을 찾아뵈었을 때, 뵙자마자 마곡스님은 방장실로 들어가 문을 닫아 버렸다. 그가 의심을 품고 있다가 두 번째 다시 찾아뵙자 이번에는 마곡스님이 채소밭으로 휙 가버렸다. 그러자 양수스님은 단박에 깨닫고 마곡스님에게 말하였다.

"스님! 저를 속이지 마십시오. 스님을 찾아와 뵙지 않았더라면 일생을 12부 경론에 속아서 지낼 뻔하였습니다."

이렇게 한 것을 보면 그는 참으로 힘을 덜었다[省力] 하겠다.

양수스님은 되돌아와서 대중들에게 말하기를, "여러분이 아는 것을 나는 모조리 알지만 내가 아는 것은 여러분이 모르리라." 하였다.[6]

확실하게 알라. 양수스님이 안다 한 것은 바람 한 점 통하지 않는 자리여서 다른 사람들이 결코 알아차리지 못하니 진짜 사자라 할 만하다. 그 집안의 종지를 잇는 법손이 되려면 반드시 그의 경지를 벗어나야만 할 것이다.

달마(達摩)스님이 양(梁)나라에 갔다가 위(魏)나라로 가서 낙초자비(落草慈悲)[7]로 사람을 찾으며 소림(少林)에서 9년을 홀로 앉아 있었다. 이때 깊은 눈 속에서 한 사람을 만났는데 마지막에 "무엇을 얻었느냐?"고 묻자 다만 세 번 절하고 제자리에 가만히 서니 마침내 "골수를 얻었다."는 말이 있게 되었다.[8]

그로부터 그루터기를 지켜 토끼를 기다리는[守株待兎][9] 무리들이 앞을 다투어 '말없이 절하고 제자리에 선 것'이 골수를 얻은 심오한 이치라고 여기게 되었다. 그들은 칼이 떨어진 지가 오래인 줄은 전혀 모르고 이제야 뱃전에 새기는 격[刻舟求劍][10]이니 어찌 꿈엔들 달마스님을 뵐 수 있겠는가.

진정한 본색도류(本色道流)라면 반드시 정견(情見)을 벗어나서 별도의 생애를 설정해야 하는 것이니, 결코 썩은 물속에서 살아날 계책을 짓지 말아야 한다. 그래야만 비로소 이 집안의 가업을 계승하리라. 여기에 이르러서는 예로부터 내려오는 법이 있다는 사실을 똑바로 알아야 한다. 말하자면 유하혜(柳下惠)[11]의 일을 잘 배우면서도 결코 그의 자취를 본받지 않는다[12]는 것이다. 이 때문에 옛사람은 "합당한 한마디 말이 만 겁에 노새를 매는 말뚝이다."라고 하였는데, 참으로 옳다.

유(有)를 타파한 법왕(法王, 부처님)이 세간에 나오셔서 중생의 욕구에 따라 갖가지로 법을 설하시나, 그 설법은 모두 방편임을 미루어 알 수 있다. 그것은 다만 집착과 의심을 부수고 알음알이와 아견(我見)을 부숴주기 위해서이니, 그 많은 잘못된 깨달음과 잘못된 견해가 없다면 부처님이 세간에 나오시지도 않을 터인데, 더욱이 갖가지 법을 설할 까닭이 있겠는가.

옛사람은 종지를 체득한 뒤에는 깊은 산 초막이나 돌집 속에서 다리 부러진 솥에 밥을 해 먹으며 10년이고 20년을 지냈다. 그리하여 세상사를 모두 잊고 티끌세계를 영원히 떠났었다. 요즈음 시대엔 감히 그와 같기를 바라지도 않는다. 그저 명예와 자취를 버리고 본분을 지키며 무뎌진 송곳[13] 같은 납자가 되어 몸소 깨달은 바를 자기 역량에 따라 쓰면서 지난 업을 소멸하고 오래도록 익혀 온 습성을 녹여야 한다. 이렇게 하고도 남은 힘이 있으면 다른 사람을 교화하여 반야의 인연을 맺어 주어야 한다. 자기의 근본이 익도록 연마하기를 거친 풀숲을 헤치고 한 개나 반 개를 얻듯이 하여 불법이 있음을 같이 알고 생사를 함께 벗어나야 한다. 미래세가 다하도록 이렇게 하여 부처님과 조사의 깊은 은혜에 보답해야만 한다.

설사 인연이 무르익어 부득이 세속에 나와 인연 따라 사람과 하늘 중생들을 제도하더라도 결코 무엇이라도 구하는 마음을 가져서는 안 된다. 그런데 하물며 부귀하고 세력 있는 이들과 결탁하여 세속에 물들고 아부하는 그런 스님들의 행동거지를 본받아 범부와 성인을 속이는 짓을 하랴. 나아가 구차하게 잇속과 명예만을 탐내어 무간업을 지어서야 되겠는가! 설사 깨달을 계기는 없다 해도 이처럼 세상을 살아가다 보면 업을 지어 과보를 받는 일은 없으리니, 참으로 번뇌의 세계를 벗어난 아라한(阿羅漢)이라 할 수 있다.

어느 스님이 천황(天皇, 748~807)[14]스님에게 "무엇이 계정혜(戒定慧)입니까?" 하고 묻자 천황스님이 "여기 나에겐 그런 부질없는 살림살이는 없다." 하였다. 또 덕산(德山, 782~865)[15]스님에게 "무엇이 부처입니까?" 하고 물었더니 덕산스님은 "부처는 서천(西天)의 늙은 비구다." 하였다.[16] 또 석두(石頭, 701~791)[17]스님에게 "무엇이 도입니까?" 하고 묻자 "나무토막이다." 하였고, "무엇이 선입니까?" 하고 묻자, "벽돌이다." 하였다.[18]

어느 스님이 운문(雲門, 864~949)[19]스님에게 "무엇이 불조(佛祖)를 초월한 이야기입니까?" 하고 묻자 "호떡이지." 하였고,[20] 또 조주(趙州, 778~897)[21]스님에게 "달마스님이 서쪽에서 오신 뜻이 무엇입니까?" 하고 묻자 "뜰 앞의 잣나무다." 하였다.[22] 또 청평(淸平, 832~906)[23] 스님에게 "무엇이 유루(有漏)입니까?" 하였더니 "조리(笊 籬)"라 하였고, "무루(無漏)가 무엇입니까?" 하고 물었더니 "나무 국 자"라고 하였으며,[24] 삼각(三角)[25] 스님에게 "3보란 무엇입니까?" 하 고 묻자 "쌀, 조, 콩"이라고 대답하였다.

이 모두는 지난날 본분종사(本分宗師)가 실제의 경지를 몸소 밟 아 보고 본분자리에서 자비를 베푼 말씀이다. 그런데 그 스님들의 이런 말들만 뒤쫓는다면 은혜를 저버리는 짓이 될 터이고 그렇다 고 그 스님들의 말을 따르지 않는다면 어떻게 깨달을 수 있겠는가! 금강정안(金剛正眼)을 갖추지 못하고서는 바로 귀결점을 알 수 없으 리라.

이 선문(禪門)에서는 홀연히 벗어나 깨쳐야지, 애초부터 다른 사 람이 어떻게 해주어서 되는 것이 결코 아니다. 캄캄한 맹인처럼 아 무것도 몰라도 일단 이근(利根)의 종성(種性)으로 맹팔랑(孟八郎)[26] 이어도 하루아침에 단박에 깨치는 것이다.

여기에서 곧바로 알아차려, 쓰고 싶으면 쓰고 가고 싶으면 갈 뿐, 허다한 일들이 없다. 마음씀[心行]이 익어져 모든 것을 단박에 놓아 버리면 어디에서든지 문득 쉬어서 안락해지고 종일토록 배부 르게 밥 먹고 코를 골며 잠을 자도 바름을 그르치지 않는다.

처리하기 가장 어려운 것은 이러지도 저러지도 못함이다. 그림자 를 인정하여 우러러보거나 소리를 듣되 그것을 따르지 않고, 맑고 고요한 성품을 꼭 붙들어 큰 보배를 얻은 양 가슴에 품고는 종일 소소영영(昭昭靈靈)하다고 하며, 잡된 알음알이로 스스로 자부하고 나도 한 소식 했다고 하는 것들이다.

그런가 하면 더 나아가서는 종사에게 인가를 받았다고 하여 아견만을 늘리고, 고금의 문장을 이리저리 천착하여 불조의 말씀을 확인해 보고는 일체를 업신여긴다. 묻기만 하면 재주를 부리며 그것에 착 달라붙어 한 무더기가 되었는데도 정반성(定槃星)[27]을 잘못 읽었다는 것도 끝내 모르는 것이다. 그러다가 누군가 그에게 방편을 베풀어 끈끈한 것을 떼어 주고 결박을 풀어 주면 도리어 "나를 가만두지 않고 옥죄는구나. 도대체 무슨 심보냐!"라고 하니, 이래 가지고야 어찌 구제될 수 있으랴!

오로지 단박에 그릇된 줄을 스스로 알아서 가지고 있던 것을 다 놓아 버려야 하리라. 선지식이 되어 이와 같은 무리들을 만나면 큰 솜씨로 단련시키되, 한 개나 반 개만이라도 깨치게 했다면 삿됨을 뒤집어 올바름을 이루었다 하리라. 이런 사람이야말로 도량을 헤아릴 수 없는 큰 인물이라 하겠으니, 병을 많이 앓아 보아야 약의 성질을 잘 알기 때문이다.

깨달은 사람은 마음 기틀[心機]이 모두 끊어져 비추는 체[照體]도 이미 사라졌다. 그런가 하면 알음알이도 전혀 없고 그저 무심한 경지만 지킬 뿐이어서 하늘 사람이 그에게 꽃을 바치려 해도 길이 없고 마군 외도가 가만히 엿보려 해도 보지 못한다.

깊고 깊은 바다 밑을 가고, 번뇌가 다하여 마음으로 헤아리고 하는 일이 모두 평상심(平常心)이어서 한가한 시골에 사는 것과 다름이 없다. 당장에 모든 생각을 놓아 버리고 본성을 길러서 이런 경지가 되어도 거기에 머물러 있지 않으니, 털끝만큼이라도 무언가 있기만 하면 태산이 사람을 가로막는 것처럼 여겨서 바로 털어 버린다. 비록 이렇게 하는 것이 순일한 이치이긴 하나 취할 만한 것이 없으니, 취했다 하면 바로 '견해의 가시'가 되기 때문이다.

그러므로 "도는 무심히 사람에게 합하고, 사람은 무심히 도에 합한다."[28]고 하였으니, 스스로 나는 체득한 사람이라고 자랑하려 해서야 되겠는가. 살펴보건대, 본분종사들은 사람들에게 전혀 알려지지 않으려 하였는데 사람들이 그 스님을 '배울 것이 끊겨 함이 없어 옛사람과 짝할 만한 참 도인'이라 부르게 된다.

덕산스님이 하루는 공양이 늦어지자 발우를 들고 방장실에서 내려오는데 설봉(雪峰, 822~908)[29]스님이 말하였다.

"종도 울리지 않고 북도 치지 않았는데 발우를 들고 어디로 가십니까?"

그러자 덕산스님은 머리를 푹 숙이고 그냥 되돌아가 버렸다. 암두(巖頭, 828~887)[30]스님이 이 말을 듣고 말하였다.

"가엾은 덕산스님이 말후구(末後句)도 모르는군."

그러자 덕산스님이 물었다.

"그대는 나를 긍정하지 않는가?"

암두스님이 이윽고 은밀히 그 뜻을 사뢰니 이튿날 덕산스님이 법좌에 올랐을 때는 평상시와는 전혀 달랐다. 암두스님은 손뼉을 치면서 대중들에게 말하였다.

"기쁘도다. 덕산 늙은이가 말후구를 알아 버렸네. 그렇기는 해도 앞으로 3년밖에 살 수 없도다."

이 공안(公案)[31]을 총림에서 알음알이로 아는 경우는 매우 많지만 정확하게 뚫은 자는 드물다. 어떤 사람은 "참으로 이 구절[此句]이 있다."고 하기도 하고, 어떤 사람은 "아비와 아들이 서로 부르고 화답하지만 실로 이 구절[此句]은 없다."[32]고 하기도 하며, 어떤 사람은 "이 구절[此句]은 비밀스럽게 전수해야만 한다."고 말한다.

그러나 이 모두는 말로만 이해한 것이어서 으로 기로(機路)만 늘릴 뿐이니 본분도리와는 거리가 대단히 멀다 하겠다. 이 때문에 "으뜸 가는 제호(醍醐)의 맛은 세상에서는 진미이지만 이런 사람을 만나면 도리어 독약이 된다."고 하였던 것이다.

본분종사는 활구(活句)를 참구했지 사구(死句)를 참구하지 않았다. 활구에서 깨달으면 영겁토록 잊어버리지 않겠지만 사구에서 깨치면 자신마저도 구제하지 못하리라. 불조의 스승이 되고자 하거든 활구만을 분명히 취해야 한다. 소양(韶陽, 운문)[33]스님은 한마디 꺼냈다 하면 마치 날카로운 칼로 자르는 것과도 같았다. 또 임제스님도 "취모검(吹毛劍)을 쓰고 나서 얼른 갈아 두어라."[34] 하였으니, 이것이 어찌 5음(五陰, 5온) 18계 가운데의 일이랴. 세간의 지혜와 총명함으로는 전혀 미칠 수가 없다.

밑바닥까지 깊이 사무쳐서 이제껏 남에 의지해 일으켰던, 밝고 어둡고 맞고 거슬리고 하는 알음알이를 모두 떨어버려, 금강정인(金剛正印)으로 도장을 찍고 금강왕보검(金剛王寶劍)을 휘둘러 본분의 수단을 사용했던 것이다. 그러므로 사람을 죽이는 데는 반드시 살인도(殺人刀)라야 하며 사람을 살리는 데는 꼭 활인검(活人劍)이라야 한다고 하였다.

사람을 죽일 수 있다면 사람을 살릴 수도 있어야 하며, 사람을 살릴 수 있다면 사람을 죽일 수도 있어야 한다. 그렇지 못하고 한쪽만 한다면 치우치게 된다. 중생을 제도하기 위해 손을 쓰려면 반드시 방편을 살펴보아 칼끝을 상하게 하거나 손을 다치지 않게 해야만 한다.

어디에나 몸을 벗어날 길이 있어서, 8면으로 영롱하여 저들을 비추어 보고서 비로소 칼날을 대야 한다. 여기에서 반드시 치밀해야 하며, 조금이라도 느슨했다간 일곱 번째 여덟 번째에 떨어지리라. 그저 자신이 무심하다는 그것도 털끝만큼이라도 남겨 두지 말아야 하며, 설사 조금 있다 해도 잘라서 세 동강을 만들어 버려야 한다.

그런데 더구나 예로부터 이 종문에 내려오는 본분수단은, 이 문중의 납자를 만나서 드러내 보였을 때 기연에 투합하면 함께 쓰고 기연에 투합하지 못하면 이로써 요점을 삼을 것이니, 그리하면 깨닫지 못할 일이 없다. 힘써 실천할 것을 간절히 바라노라.[35]

화장 명 수좌는 금관(錦官), 협산(夾山), 종부(鐘阜)로부터 나를 따라 행각한 지 10여 년이더니, 그 정리(情理)의 뛰어난 이해력을 이미 모두 드러내 보였도다. 이 문중에 들어와서는 조용(照用)과 기지(機智)와 견해의 길을 모조리 물리쳐 버리지 않음이 없는데, 오로지 향상일로의 도리 하나만은 조실에서 백천 번 단련하였다. 요즈음 민(民)³⁶ 노덕을 보살피느라 아침저녁으로 떨어져 나가 있으므로 붓으로 몇 마디를 얻어듣고자 한다기에 여기 몇 장을 조목별로 열거하여 함께 부치노라.

주:

1 화장(華藏) 명(明)으로 보이는 인물은 우선 화장사(華藏寺) 명극혜조(明極慧祚)를 떠올릴 수 있으나 '명극'이라는 법호를 '명'이라고 줄여 부른다고 생각하기 어렵고 명극혜조가 조동종 정자사(淨慈寺) 혜휘(惠暉, 1097~1183)의 법을 이었다는 점에서 『심요』가 설명하는 행적과 맞는다고 보기 어렵다. 또 '화장 명 수좌'를 정자사(淨慈寺) 초명(楚明)이라고 한 경우도 있는데 초명 역시 운문종의 법운선본(法雲善本, 1035~1109)의 법을 이었다는 점에서 원오극근과 관련이 있다고 보기 어렵다. 『심요』에서 설명하는 행적을 고려하면 '화장 명 수좌'는 경산보인(徑山寶印, 1109~1190)으로 보인다. 경산보인은 원오극근의 제자인 화장안민(華藏安民)의 법을 이었는데 『심요』에서 "명 수좌가 민 노장을 모시고 있다."고 한 민 노장이 바로 화장안민이다. 특히 경산보인은 원오극근처럼 사천성(四川省) 출신인데다가 원오가 사천성의 소각사(昭覺寺)에 있을 때 처음 만난 후에 곳곳에 머물렀다. 또한 『화엄』과 『기신』 등 경론에 능한

인물이었다는 평가를 받는다.

2   현재의 강소성(江蘇省) 남경시(南京市) 강녕구(江寧區).

3   『논어』「술이(述而)」"不憤不啓(불분불계) 不悱不發(불비불발) 擧一隅不以三隅反(거일우불이삼우반) 則不復也(즉불부야)"(알고 싶어 분발하지 않으면 깨우쳐주지 않고, 표현을 못해 더듬거리거나 답답해하지 않으면 말을 거들어주지 않는다. 또한 한 모서리를 가르쳐주어 나머지 세 모서리를 알아차리지 못하면 더는 가르치지 않는다.)

4   수주양수(壽州良遂) : 당대(唐代) 스님. 마곡보철(麻谷寶徹) 스님의 법을 이었다.

5   마곡보철(麻谷寶徹) : 당대(唐代) 스님. 마조도일(馬祖道一, 709~788) 스님의 법을 이었다.

6   이상의 양수스님 이야기는 『오등회원(五燈會元)』 권4 「수주양수선사(壽州良遂禪師)」(X80-99b).

7   낙초(落草) : 입초(入草)라고도 한다. 원래는 풀숲으로 들어간다는 뜻으로 양민이 난세를 피해 초야에 묻혀 초적(草賊)이 된다는 의미이다. 비유로 쓴 '초(草)'는 세속의 세계를 뜻한다.

8   혜가(慧可, 487~593)스님은 달마스님을 처음 만나 눈 속에서 팔을 잘라 구법의 의지를 드러내었으며 달마스님에게 "골수를 얻었다."는 평을 들음으로써 깨달음을 인가받아 선종 제2조가 되었다.

9   수주대토(守株待兎) : 『한비자(韓非子)』에 전하는 이야기이다. 송나라에 어떤 농부가 밭을 갈고 있었는데 갑자기 토끼 한 마리가 뛰어오다가 밭 가운데 있는 그루터기에 부딪쳐 목이 부러져 죽었다. 덕분에 토끼 한 마리를 공짜로 얻은 농부는 농사일보다 토끼를 잡으면 더 수지가 맞겠다고 생각하고 농사일은 집어치우고 매일 밭두둑에 앉아 그루터기를 지키며 토끼가 오기만 기다렸다. 그러나 토끼는 두 번 다시 나타나지 않고 농부는 웃음거리가 되었다. 한비자(韓非子)는 요순(堯舜)을 이상으로 하는 왕도(王道)정치는 시대에 뒤떨어진 생각이라고 주장하면서 이 비유를 들었다. 낡은 관습을 지키며 새로운 시대에 순응할 줄 모르는

사상이나 사람에게 이 비유를 적용한다.

10 각주구검(刻舟求劍) :『여씨춘추(呂氏春秋)』에 전하는 이야기이다. 전국시대(戰國時代) 자신의 칼을 매우 소중하게 여기던 초(楚)나라의 한 젊은이가 양자강(揚子江)을 건너다 실수로 들고 있던 칼을 강물에 떨어뜨리고 말았다. 젊은이는 허둥지둥 허리춤에서 단검을 빼 들고 칼을 떨어뜨린 그 뱃전에다 표시를 한 후 배가 나루터에 닿자마자 칼을 찾으려고 표시를 한 뱃전 밑의 강물 속으로 뛰어들었다. 시세의 변천도 모르고 낡은 생각만 고집하며 이를 고치지 않는 어리석고 미련함을 비유한다.

11 유하혜(柳下惠, 기원전 720~621) : 유하(柳下)는 식읍(食邑)으로 하사받은 땅 이름이고 혜(惠)는 시호이다. 춘추전국시대 노(魯)나라의 현인이다. 성은 전(展)이고 이름은 획(獲), 자는 계(季)·금(禽)이다. 유하혜의 성정을 알 수 있는 것으로『맹자』「공손추(公孫丑) 상」에 유하혜를 백이(伯夷)와 비교하여 평가하는 내용이 있다. 백이는 "자기의 임금이 아니면 섬기지 아니하며 자기의 벗이 아니면 벗하지 아니하며 악인들의 조정에는 서지 아니하며, 악인들과 함께 말도 하지 아니하였다. … 이런 까닭에 제후들이 비록 그가 인사말을 훌륭하게 해 가지고 오더라도 받아들이지 아니하니 받아들이지 않는 것은 또한 나아가는 것을 깨끗하게 여기지 않기 때문이니라."고 하였고, 유하혜는 "더러운 임금이라도 부끄럽게 여기지 아니하며 사소한 관직이라도 낮게 생각하지 아니하며 사람을 천거함에는 덕행이 있는 사람을 숨기지 아니하여 반드시 그 도로써 하였고 자기를 내버려도 원망하지 아니하며 곤궁하여도 근심하지 아니하였다. … 그러므로 스스로 만족스러운 모양으로 그 사람들과 함께 하여 자기를 잃어버리지 아니하여 남이 끌어당겨서 만류하면 멎으니 끌어당겨서 만류하는 대로 멈추는 것은 이것 또한 무조건 떠나가는 것을 깨끗하게 여기지 않기 때문이니라."고 하고는 "백이는 너무 좁고 유하혜는 공손하지 못한 편이니 좁고 공손하지 못한 것은 군자가 둘 다 따르지 않은 것이다."라고 평가한다.

12 "善學柳下惠(선학유하혜) 終不師其迹(종불사기적)" : 왕숙(王肅, 195~256)

이 편찬한 것으로 일려진 『공자가어(孔子家語)』 「호생(好生)」 제10에 유하혜와 관련한 이야기가 전한다.
"어느 노(魯)나라 사람이 홀로 살았고 이웃의 과부도 홀로 살았다. 밤에 몰아치는 폭풍 때문에 과부의 집이 무너져 달려가 부탁했으나, 노나라 사람은 문을 닫고 들이지 않았다. 과부가 창가에서 '어찌 인자하지 못하게 나를 들이지 않소?'라고 하자 '남자와 여자는 60살이 되지 않으면 같이 거처하지 않는다고 들었소. 지금 우리는 아직 젊으니 그대를 들일 수 없소'라고 했다. 여인이 '그대는 어찌 유하혜처럼 하지 않소? 오갈 데 없는 여자를 거둬 보살폈지만 나라에서 그를 문란하다 하지는 않았소'라고 하자 '유하혜라면 할 수 있으나, 나는 진실로 할 수 없소. 내가 장차 나의 할 수 없음으로 유하혜의 할 수 있음을 배우겠소'라고 했다. 공자께서 이를 듣고서 '훌륭하도다. 유하혜를 배우고자 하는 자 중에 아직 이와 유사한 자가 없었다. 지극히 좋은 점을 목표로 하면서도 그 행위는 답습하지 않으니, 지혜롭다 할 만하도다'라고 하셨다."
이 이야기는 '좌회불란(坐懷不亂)'으로 알려진 유명한 이야기인데, 마지막의 공자의 평가를 따와 다양한 선종 문헌에서 선사들이 화두처럼 쓰고 있음을 볼 수 있다.

13 골률추(骨律錐) : 날카로움이 사라진 송곳. 예리함을 감춘 송곳에 수행자의 원숙함을 비유한 말.

14 천황(天皇, 748~807) : 당나라 천황도오(天皇道悟). 속성은 장(張) 씨, 절강성 무주 금화현(金華縣) 출신. 14세에 출가하여 25세에 구족계를 받았다. 경산도흠(徑山道欽, 715~793)에게 참학하고 대력(大曆) 연간(766~779)에 대매산(大梅山)으로 들어갔다가, 건중(建中, 780~783) 초기에 강서성 종릉(鍾陵)에 이르러 마조도일(馬祖道一, 709~788)에게 참학한 후 석두희천(石頭希遷, 701~791)을 친견하고 그의 법을 이어받았다. 형주성(荊州城) 동쪽 천황사(天皇寺)로 옮겨 머물렀다. 제자에 용담숭신(龍潭崇信, 753~823)이 있다.

15 덕산(德山, 782~865) : 당나라 덕산선감(德山宣鑑). 속성은 주(周) 씨, 검

남(劍南, 사천) 출신. 20세에 출가하여 처음에는 경과 율을 공부하였다. 『금강경』에 정통하여 주금강(周金剛)이라고도 하였다. 용담숭신(龍潭崇信, 753~823)을 만나 30여 년 동안 참학하여 그의 법을 이어받았다. 덕산(德山)에 머물면서 분방하고 호쾌한 선풍을 널리 선양하였다. 당시의 두 가지 대표적 선풍을 '덕산방(德山棒) 임제할(臨濟喝)'이라는 어구로 표현하고 있다. 제자에 설봉의존(雪峰義存, 822~908), 암두전활(巖頭全豁, 828~887) 등이 있다.

16 『경덕전등록(景德傳燈錄)』권15(T51-318a).

17 석두(石頭, 701~791) : 석두희천(石頭希遷). 속성은 진(陳) 씨, 광동성 단주(端州) 출신. 조계에 가서 6조 혜능(慧能)에게 출가하였으나 얼마 안 있어 혜능이 입적하자 청원행사(靑原行思, 671~741)에게 참학하였다. 천보(天寶) 연간(742~756) 초기에 형산(衡山)의 남사(南寺)에 가서 그 절 동쪽의 석상(石上)에 암자를 짓고 항상 좌선하였으므로 석두(石頭)화상이라고 불렸다. 광덕(廣德) 2년(764) 문인들의 청에 응하여 종풍을 선양하다가 약산유엄(藥山惟儼, 746~829)에게 법을 부촉하였다. 시호는 무제(無際)대사. 저서에 『참동계(參同契)』 1권, 『초암가(草庵歌)』 1권이 있다.

18 『경덕전등록』권14(T51-309c).

19 운문(雲門, 864~949) : 운문종의 운문문언(雲門文偃). 속성은 장(張) 씨, 절강성 가흥(嘉興) 출신. 어려서부터 출가에 뜻을 두어 17세에 출가, 20세에 구족계를 받고 『사분율(四分律)』 등을 배웠다. 그 후 황벽희운(黃檗希運, 751~850)의 법을 이은 목주도명(睦州道明, 780~877)에게 참구하고, 다시 설봉의존(雪峰義存, 822~908)에게 참구하여 그의 법을 이어받았다. 설봉을 떠나 여러 곳을 떠돌아다니며 교류하다가, 건화(乾化) 원년(911)에 광동성 조계(曹溪)로 가서 6조의 탑에 예배하고, 복주대안(福州大安, 793~883)의 법을 이은 영수여민(靈樹如敏, 862~912) 회하로 들어갔다가 영수의 입적 후 그 법석을 이어 운문산(雲門山)에 30여 년을 머물렀다. 어록집으로 수견(守堅)이 엮은 『운문광진선사광록(雲門匡眞禪師廣錄)』 3권이 있다.

20 『운문광진선사광록(雲門匡眞禪師廣錄)』권1(T47-548b).

21 조주(趙州, 778~897) : 조주종심(趙州從諗). 속성은 학(郝) 씨, 산동성 조주(曹州) 학향(郝鄕) 출신. 남전보원(南泉普願, 748~835)에게 참학하여 깨달음을 얻고 남전에게 귀의하였다. 여러 곳을 유력하다가 나이 80이 되어서야 조주성(趙州城) 동쪽 관음원(觀音院)에 머물면서 40년 동안 선풍을 드날렸다. 시호는 진제(眞際)대사. 어록인 『조주록(趙州錄)』이 널리 읽힌다.

22 『고존숙어록(古尊宿語錄)』권13(X68-77c).

23 청평(淸平, 832~906) : 청평영준(淸平令遵). 속성은 왕(王) 씨, 악주(鄂州) 동평(東平) 출신. 어린 시절에 출가하여 율학을 배웠다. 취미무학(翠微無學)에게 참학하여 그의 법을 이어받았다. 대통선원(大通禪院)을 창건하여 종풍을 널리 선양하였다. 시호는 법희(法喜)선사.

24 『선림유취(禪林類聚)』권17(X67-101a).

25 삼각(三角) : 삼각법우(三角法遇). 위산영우(潙山靈祐, 771~853)에게 참학하여 그의 법을 이어받았다. 기주(蘄州) 삼각산(三角山)에서 법문하였다.

26 맹팔랑(孟八郞) : 맹(孟)씨 네 여덟 째 아들이라는 말이다. 도리나 관습에서 벗어난 일을 억지로 하려는 사람을 뜻한다.

27 정반성(定槃星) : 저울의 기준이 되는 눈금.

28 "道無心合人(도무심합인) 人無心合道(인무심합도)" : 『균주동산오본선사어록(筠州洞山悟本禪師語錄)』권1(T47-510a).

29 설봉(雪峰, 822~908) : 설봉의존(雪峰義存). 속성은 증(曾) 씨, 복건성 천주(泉州) 남안(南安) 출신. 12세에 출가하였으나 24세에 회창(會昌)의 파불(破佛)을 만나, 속복을 입고 부용영훈(芙蓉靈訓, ?~851)에게 참구하였다. 그 후 동산양개(洞山良价, 807~869)의 회하에서 반두(飯頭)의 일을 맡아 보았지만 특별한 계기를 맺지는 못했다. 동산의 가르침에 따라 덕산선감(德山宣鑑)에게 참구하였다. 어느 날 암두전활(巖頭全豁, 828~887)과 흠산문수(欽山文邃)와 함께 행각하다가 호남성 오산(鰲山)에 이르렀을 때, 내리는 눈 속에 파묻혀 지관좌선(只管坐禪)을 하다가 암두에게 한마

디를 듣고 깨달아 덕산의 법을 이었다. 중화(中和) 2년(882)에 당 희종(禧宗) 황제로부터 진각(眞覺)대사라는 호와 자색 가사를 받았다. 문하에 현사사비(玄沙師備, 835~908), 장경혜릉(長慶慧稜, 854~932), 운문문언(雲門文偃, 864~949), 보복종전(保福從展, ?~928) 등 많은 선승이 있고, 강남지역을 중심으로 독특한 종풍을 드날렸다.『설봉진각대사어록(雪峰眞覺大師語錄)』2권이 있다.

30 암두(巖頭, 828~887) : 암두전활(巖頭全豁). 속성은 가(痂) 씨, 천주(泉州) 출신. 설봉의존(雪峰義存, 822~908)과 흠산문수(欽山文邃)와 도반이 되어 앙산혜적(仰山慧寂, 807~883)에게 참학하고 덕산선감(德山宣鑑, 782~865)의 법을 이었다. 시호는 청엄(淸儼)대사.

31 『무문관(無門關)』권1(T48-294b) 등에서 '덕산탁발(德山托鉢)'로 널리 알려진 공안이다. 특히 성철스님『본지풍광』의 제1칙으로 등장한다.

32 『천동각화상송고(天童覺和尙頌古)』권2(X67-454c).

33 현재의 광동성(廣東省) 소관시(韶關市). 운문문언(雲門文偃, 864~949) 스님의 광태선원(光泰禪院)이 이곳에 있었기 때문에 운문스님을 가리키는 말로 쓰인다.

34 『경덕전등록』등에 따르면 임제스님이 입적할 때에 남긴 전법게의 일부이다. 전체 게송은 다음과 같다. "흐름 따라 머무르지 않는 도리를 묻는다면 참다운 관조는 끝없는 것이라 말해 주리라. 모습과 이름을 떠난 것 본래 성품 없으니 예리한 칼날을 쓰고서 얼른 갈아 두어라."(沿流不止問如何[연류부지문여하] 眞照無邊說似他[진조무변설사타] 離相離名如不稟[이상이명여불품] 吹毛用了急須磨[취모용료급수마],『경덕전등록』권12, T51-291a).

35 이 편지는『원오불과선사어록(圓悟佛果禪師語錄)』권14(T47-777b~778b)에도 전한다.

36 원오극근의 법을 이은 화장안민(華藏安民, 1086~1136)을 가리킨다. 호는 밀인(密印), 속성은 주(朱) 씨, 사천성 가정부(嘉定府) 출신. 처음에는 교학을 배웠으며 성도(成都)에서『능엄경(楞嚴經)』을 강의하였다. 원오극근에게 참학하여 인가를 받고 법을 이었다.

02

장선무(張宣撫)¹ 상공(相公)에게 드리는 글

예전부터 이 도리를 깊이 공부한 지가 오래 되었으니 어찌 말을 빌려 통할 것이 있겠습니까. 그러나 종지를 뛰어넘는 격외(格外) 도리는 크게 통달한 자라야 간직할 수 있습니다. 그들에게는 천변만화(千變萬化)도 손바닥을 벗어나지 않고 세간법과 불법이 결코 다르지 않습니다. 그것은 마치 매일 사용하는 거울 속의 그림자와 같아서 애초부터 비추는 작용과 그 그림자가 분리된 적이 없으니 이것이 바로 대정(大定)입니다. 그렇기 때문에 (삼매 속에서) 유마(維摩)거사가 향적(香積)여래로부터 공양을 받고² 수미등왕(須彌燈王)여래에게 사자좌를 빌려 오기도 하며³ 묘희세계(妙喜世界) 쥐기를 옹기장이가 돌림판을 다루는 듯⁴하였던 것입니다.

(보살이) 겨자씨에 수미산을 받아들이기도 하며⁵ 뱃속에 겁화(劫火) 빨아들이기를 마치 손바닥 뒤집듯 합니다.⁶ 이는 속이 텅 비었으면서도 신령스럽고 고요하면서도 비추기 때문입니다. 이밖에 사

물이 출몰하고 이리저리 변하는 데는 다른 힘을 빌리지 않습니다.

 이른바 불가사의를 깨침이 모두 한 떼기 마음밭일 뿐이라고 한 것이니, 더구나 수행을 쌓고 덕성을 지녀 좌우 어디서나 근원과 봉착하는 경우야 말해서 무엇 하겠습니까. 금강보검을 거머쥐고 살활(殺活)의 주장자를 휘두르는 순간들이 모두 이 오묘함에서 나오는 것입니다. 말과 뜻을 벗어나는 격외도리는 천만 리라 해도 오히려 몸소 목격할 따름이니, 부디 그렇게 되기를 바랍니다.

주:

1 남송의 재상 장준(張浚, 1097~1164). 자(字)는 덕원(德遠)이다. 당나라의 유명한 재상 장구령(張九齡, 678~740)의 동생 장구고(張九皋, ?~755)의 후손이다. 위국공(魏國公)에 봉해졌으며 충헌(忠憲)이라는 시호를 받았다. 자암거사(紫巖居士)라고도 한다.
2 『유마힐소설경(維摩詰所說經)』 권3 「향적불품(香積佛品)」(T14-552b).
3 『유마힐소설경』 권2 「부사의품(不思議品)」(T14-546b).
4 『유마힐소설경』 권3 「견아촉불품(見阿閦佛品)」(T14-555b).
5 『유마힐소설경』 권2 「부사의품(不思議品)」(T14-546b).
6 『유마힐소설경』 권2 「부사의품(不思議品)」(T14-546c).

03

장선무(張宣撫) 상공(相公)에게 함께 부치는 글

　예로부터 성현은 역량을 초월하여 걸출하였습니다. 그들은 대근기(大根器)를 심어 이 큰 인연을 홀로 깨치고 자비원력으로 '바로 가리키는 도'를 폈습니다. 만유가 한 몸인 지극히 깊고 묘한 이 일[一段事]은 단계를 세우지 않고 단박에 뛰어넘어 홀로 증득하는 것입니다.

　공겁(空劫) 이전으로부터 담담히 요동하지 않고 모든 생령(生靈)의 뿌리가 되며, 고금을 통하여 사려가 끊겼으며 범부와 성인을 벗어났고 알음알이[知見]를 뛰어넘었으며, 애초부터 움직이지 않고 확연히 드러난 채 살아 움직여, 바로 지금 모든 유정(有情)과 무정(無情)이 그것을 완전하게 갖추고 있습니다.

　그러므로 석가모니 부처님이 탄생하시자마자 하늘과 땅을 가리키며 크게 포효하여 대뜸 드러내 보이셨고, 다음으로는 밝은 별을 보셨으며, 마지막엔 꽃을 들어 보이신 것입니다. 여기서는 그것을 알아차릴 바른 안목을 갖는 일이 가장 중요하니, 그로부터 서천의 28대와 중국의 6대 조사[1]도 그것을 은밀하게 전했을 뿐입니다.

그러나 그런 줄을 모르는 자들은 뭔가 신통묘용이 있을 것이라 여겨서 말을 가지고 지류만을 좇을 뿐 애초에 그 근본을 밝혀 내려고는 하지 않습니다. 만약 궁극적인 그 이치를 움켜쥔다면 한마디도 필요하지 않습니다.

옛날에 이부마(李駙馬, 988~1038)[2]가 석문(石門, 965~1032)[3]스님을 뵙자 석문스님은, 이 대장부의 일은 장수나 재상이 할 수 있는 일이 아니라고 하였습니다. 그러자 이부마는 바로 깨닫고 게송을 지어 자기 뜻을 진술하였습니다.

> 도를 배우려면 반드시 무쇠로 된 놈이라야 하리니
> 착수하는 마음에서 결판내도록 하라
> 곧바로 위없는 보리에 나아가려거든
> 일체의 시비에 상관하지 말라.
> 學道須是鐵漢(학도수시철한)
> 著手心頭便判(착수심두변판)
> 直趣無上菩提(직취무상보리)
> 一切是非莫管(일체시비막관)[4]

지혜롭고 영리한 상근기는 천기(天機)를 이미 갖추었으므로 그저 확실하게 깨닫기만을 힘쓸 뿐입니다. 그것을 쓸 경우에는 대기(大機)를 거머쥐고 대용(大用)을 발휘하여 기미보다 앞서 작동하고 사물을 끊어 버리고 변통합니다.

암두(巖頭, 828~887)스님은 이렇게 말하였습니다.

"사물을 물리치는 것이 상급이고, 사물을 쫓는 것은 하급이다. 전쟁으로 비유해 보면 개개의 능력은 변통하는 데에 달렸다."

즉 어떤 상황에서라도 빠르게 변통할 수 있다면 모두가 자기 발 아래 있게 되고 자기 손아귀로 돌아오게 됩니다. 그렇게 되면 잡고 놓고 말고 폄이 모두 중생교화라 할 것이며, 늘 편안하고 고요하게 제자리에 거처하면서 실끝 만큼도 마음에 걸리는 것이 없습니다. 그리하여 움직여서 기연에 감응할 때도 저절로 바탕[璿璣]을 잡아, 회전변통함에 대자재를 얻을 수 있습니다.

수많은 무리와 인연들을 모두 칼 휘두르는 대로 베어내니, 온통 파죽지세여서 바람 부는 대로 쏠립니다. 그러므로 서 있는 그 자리가 진실하면 작용할 때도 힘이 있습니다. 나아가 영웅을 몽땅 거느리고 호랑이 같은 군사를 휘몰아 큰 도적을 물리치고 백성을 어루만지며 사직을 편안히 하고 중흥의 대업을 보좌함도 모두가 이 하나에 달려 있을 뿐입니다.

위의 문고리를 열어젖힘은 만세토록 없어지지 않을 공(功)이므로 옛 부처님과 같이 보고 같이 들으며, 함께 알고 함께 쓰는 것입니다.

사조(四祖, 580~651)[5]스님은 "마음이 아니면 부처를 묻지 못한다."⁶ 하였고, 덕산(德山, 782~865)스님은 "부처는 하릴없는 사람일 뿐이다." 하였고, 영가(永嘉, 665~713)스님은 "당처를 떠나지 않고 항상 담담하니, 찾으면 그대를 아나 볼 수 없도다."⁷ 하였으며, "무위진인(無位眞人)이 항상 얼굴로 드나든다."고 한 이 모두가 이런 부류입니다.

지금 추밀대승상(樞密大丞相)께서는 이미 말 밖에서 알아차리고 소리 이전에서 깨달아 버렸습니다. 괜스레 군더더기를 붙여 허물을 드러냈을까 걱정입니다. 크신 자비로 외람되이 살펴 보아달라는 청을 받잡아 마침내 나이 든 농부[老農老圃]⁸ 늙은 말[老馬]의 지혜⁹도 없으면서 부끄러운 말씀을 올렸습니다.

주 :

1 원문은 "四七二三(사칠이삼)"으로 표현하였다. 4×7은 28이고 2×3은 6이므로 각각 인도의 28대 조사와 중국의 6대 조사를 가리키는 표현이다.

2 이부마(李駙馬, 988~1038) : 부마도위(駙馬都尉)를 지낸 남송의 이준욱(李遵勖)이다. 곡은온총(谷隱蘊聰, 965~1032)에게 참학하여 깨달음을 얻고 인가를 받았다. 시호는 화문(和文)이다. 승천도원(承天道源)이 1004년에 완성한 『경덕전등록(景德傳燈錄)』의 뒤를 이어 이준욱이 『천성광등록(天聖廣燈錄)』을 1036년에 완성하였다.

3 석문(石門, 965~1032) : 곡은온총(谷隱蘊聰)을 말한다. 출가하여 처음에는 백장도상(百丈道常, ?~992)에게 참학했지만, 후에 수산성념(首山省念, 926~993)에게서 깨달음을 얻었다. 1006년에 곡은산(谷隱山)으로 옮겨 머물면서 임제 종풍을 널리 드날렸다. 양억(楊億, 974~1020) 등의 거사와도 교우가 깊었다. 시호는 자조(慈照).

4 『속전등록(續傳燈錄)』 권4 「부마도위이준욱거사(駙馬都尉李遵勖居士)」(T51-490b).

5 사조(四祖, 580~651) : 중국 선종의 제4조 도신(道信). 속성은 사마(司馬)씨, 기주(蘄州, 호북성) 광제현(廣濟縣) 출신. 13세부터 제3조 승찬(僧璨, 504~606)에게 10여 년 동안 참학하고 선법을 이었다. 이후 길주(吉州, 강서성)와 여산(廬山) 대림사(大林寺)에 10년 머물고, 그 후 기주 쌍봉산(雙峰山)으로 옮겨 30여 년간 머물렀다. 그래서 쌍봉도신(雙峰道信)이라고도 한다. 동산법문(東山法門)의 초조로서 문하에 5백여 제자를 두었다. 시호는 대의(大醫)선사.

6 "非心不問佛(비심불문불)" : 『경덕전등록』 권4(T51-227a).

7 "不離當處常湛然(불리당처상담연) 覓卽知君不可見(멱즉지군불가견)" : 『영가증도가(永嘉證道歌)』(T48-396b).

8 『논어』 「자로(子路)」 편에서, 번지(樊遲)라는 인물이 공자에게 곡식 가꾸는 일 배우기를 청하자 "나는 늙은 농부만 못하다[不如老農]."고 하였고, 채소 가꾸는 일 배우기를 청하자 "나는 늙은 채농(菜農)만 못하다[不如老圃]."고 하였다.

9 늙은 말[老馬]의 지혜 : 제(齊)나라 환공(桓公)이 추운 겨울에 길을 잃고 헤맬 때 관중(管仲)이 늙은 말을 풀어놓고 뒤를 따라가 길을 찾았다. 『한비자(韓非子)』 「세림(說林)」 편.

04

원(圓) 수좌(首座)에게 주는 글

　도를 체득한 사람은 선 자리가 고고하고 우뚝하여 어떤 법과도 마주하지 않는다. 움직일 때는 티끌 하나도 건드리지 않으니, 어찌 풀 하나 까딱 않고 숲속에 들어가는 정도나 물결을 일으키지 않고 물에 들어가는 정도에 그치겠는가. 그런 가운데 속이 이미 텅 비어 고요하고, 밖으로는 대상에 응하는 작용이 끊기면 어느덧 저절로 무심을 철저히 깨치게 되니, 비록 만 가지 일이 단박에 닥쳐온다 해도 어찌 거기에 정신이 휘둘리겠는가.

　평상시에는 마치 어리석고 바보스러운 듯 한가함을 지키다가도 사물에 임하게 되어서는 애초에 재주를 부리지 않는다. 헤아리고 결단함이 바람이 돌고 번개가 구르듯 기연에 딱딱 들어맞으니, 어찌 본래 지켜 온 것이 아니겠느냐.

　옛 스님이 "사람이 활쏘기를 배울 때, 오래도록 쏘아야만 비로소 적중시키는 것과도 같다."[1]고 하였다. 깨닫는 것은 찰나이나 공부를 실천해 가는 데는 긴 시간이 필요하다. 마치 비둘기 새끼가 태어나서는 어린 뼈가 허약하지만, 오랫동안 먹이를 주고 길러서 깃털이 다 나면 문득 높고 멀리 날 줄 아는 것과도 같다. 그러므로 투철하게 깨닫는 요점은 바로 다스림[調伏]에 있는 것이다.

예컨대 모든 티끌 경계가 항상 흘러 들어와 속을 꽉 막지만, 체득한 사람에게는 완전히 뚫려 있어서 모두가 자기의 큰 해탈문이다. 종일토록 무엇을 해도 한 적이 없고, 좋고 싫음이 전혀 없으며 권태도 없다.

모든 중생을 제도하면서도 제도를 한다느니 제도를 받는다느니 하는 생각이 없는데 하물며 염증을 내겠는가. 성품이 치우치고 메마른 이가 있으면 부족한 점을 보태주어 원만하게 해준다. 또한 방편²을 열어 중생을 섭수하여 교화하는 데에 위아래로 살펴 응대하며, 높고 낮고 멀고 가까움에 조금도 어긋남이 없게 한다. 상불경(常不輕)보살³의 행을 실천하고 인욕선인(忍辱仙人)⁴을 배우며 옛 부처님의 법도를 따라 37품의 조도법(助道法)을 성취하며, 사섭법(四攝法)을 견고하게 행하여 큰 작용[大用]이 목전에 나타나면 시끄러움과 고요함이 하나가 된다. 물 따라 내려가는 배에 노 젓는 수고를 할 필요가 없듯이 모두를 흠뻑 받아들여 보현보살의 행원(行願)을 원만하게 깨달으니, 세간과 출세간의 큰 선지식이다.

옛 스님은 "촌구석[三家村] 그대로가 저마다 총림이 되어야 한다."고 하였다. 왜냐하면 총림이 없는 곳엔 뜻 있는 사람이라 할지라도 자신의 편리만을 좋아하기 때문이다. 이렇게 되면 더욱 편리함에만 집착하게 되니, 반드시 힘써서 끝까지 게으르지 않도록 해야 한다.

　시끄러움과 고요함의 경우도 마찬가지다. 시끄러운 곳에선 두루두루 변화에 응하되 속은 텅 비고 고요하며, 텅 비고 고요한 곳에서는 고요함에 매이지 않아야 한다. 그렇게 되면 가는 곳마다 모두 나의 활발한 생활이다. 오직 속은 비고 밖은 따라주면서 근본이 있는 자여야만 이럴 수 있다.

　선지식이 된 자는 자비와 부드러움으로 중생들을 잘 제도하되, 평등하여 다툼이 없도록 처신해야 한다. 상대방이 나쁜 마음을 먹고 내게 욕하거나 이치에 맞지 않게 내게 관여해 오고 헐뜯고 욕되게 하는 경우에는, 뒤로 물러나 스스로를 비추어 보기만 하면 된다. 자기에게 잘못이 없으면 일체를 따지지 말며, 생각을 움직여 성내거나 원망하지도 말아라. 그저 그 자리에 눌러앉아 애초에 듣지도 보지도 않은 것처럼 해야 한다. 시간이 흘러가면 마군의 재앙은 저절로 없어진다. 만약 그들과 시비를 한다면 나쁜 소리가 서로 나오게 마련인데, 어찌 끝날 기약이 있으랴. 또 자기의 역량을 드러내지 말아라. 드러낸다면 세속의 무리들과 무엇이 다르랴. 부디 힘써 행하라. 그러면 자연스럽게 생각으로 굴복되지 않을 것도 없다.

　백추(白椎)[5]와 불자(拂子)[6]로 인간과 천상을 일깨워 주고 생사를 투철히 벗어나게 함이 어찌 작은 인연이랴. 화애로운 얼굴과 부드러운 말로 근기에 맞게 제접하고 인도하며, 그들의 동기를 살펴서 판단해 주고, 그가 있는 곳을 시험하며 치우침을 바로잡고 집착을 떨어 주어야 한다. 단도직입적으로 드러내 주어서, 불성을 보게 하여 푹 쉬어버린[休歇] 안락한 곳에 도달하게 해야 한다. 이른바 못과 쐐기를 뽑고 끈끈함을 없애고 결박을 풀어준다고 하는 것이다. 부디 실다운 법이라고 하면서 학인을 묶어 놓아서, 이처럼 머무르고 이처럼 집착하게 해서는 안 된다. 그들이 다른 사람들에게 휘둘려 전도(顚倒)되지 않게 하라. 그것은 독약이다. 그들에게 그것을 먹게 하면 일생을 한쪽만 보고 속아서 잘못될 것이니 무슨 이익이 있으랴.

불조께서 세상에 나오시어 이 큰 인연만을 주창하셨으니, "오직 마음[心印]만을 전할 뿐 문자를 쓰지 않는다."고 한 것이다. 최상 근기만을 상대하여 하나를 들으면 천을 깨닫는 자를 귀하게 여길 뿐이다. 그 자리에서 알아차려 수행을 마치고 명예와 이익을 구하지 말고, 오직 생사를 투철하게 벗어나고자 힘써야 한다.

지금 이미 그 자손이 되었으니 그 가풍[種草]을 간직해야 한다. 예로부터 도가 있었던 사람들을 살펴보니, 그들은 움쩍하면 용과 호랑이를 항복시켰으며7 불보살이 신통으로 계(戒)를 주었다. 괴로움과 싸우고 담백한 음식을 먹으며 인간 세상을 몽땅 잊고 티끌세계를 영원히 떠났다.

이삼십 년을 자취와 명예를 숨기고 다리 부러진 냄비로 밥을 해 먹으면서, 더러는 앉아서도 죽고 서서 죽기도[坐脫立亡] 하였다. 그

가운데 한 개나 반 개 도인이 여러 성인이 밀어내 줌으로써 출세하여 종풍을 세우고, 고매한 행을 지니며 부처님의 은혜에 힘써 보답하지 않음이 없었으니, 비로소 내놓은 한두 마디는 부득이해서 그렇게 한 것이었다. 이것은 중생들을 인도하여 진리로 들어가게 하는 문이며 문 두드리는 기왓조각이라는 점을 분명히 알아야 한다. 그들의 체제와 역량은 후학들의 모범이 될 만하니 마땅히 본받고 더더욱 힘써서 옛 가풍을 되찾아야 한다. 절대로 명리를 구하려 해서는 안 된다. 그러기를 깊이깊이 축원하노라.[8]

마조(馬祖, 709~788)스님이 옛날에 고향으로 돌아왔을 때 키[簸箕]장이 집이라는 조롱 때문에 도를 펴기가 어려울까 두려워하여 다시 협(峽) 땅을 나와 강서(江西)에 가서야 인연이 맞았다.[9] 대수(大隋, 834~919)스님은 지난날 고향으로 돌아와 우선 용회(龍懷)의 길 입구에서 3년 동안 차를 끓이면서 여러 인연을 맺다가 목암(木菴)에 은둔하여 촉(蜀) 땅에서 도를 행하였다.[10] 향림(香林, 908~987)스님은 옛날에 고향으로 돌아와 수정궁(水晶宮)에 자취를 감추고 40년 만에 한 덩어리가 되었다.[11] 지문광조(智門光祚)[12] 스님을 바로 가르치더니 이윽고 설두(雪竇, 980~1052)스님을 배출하여 운문(雲門, 864~949)스님의 정통 종지를 크게 펼쳤다.

이처럼 머무르기도 하고 다시 나오기도 하되, 이 모두를 인연으로 판단하였다. 지금은 이미 멀리 서쪽 만 리로 돌아갔지만 행각의 근본 뜻만을 간직할 뿐, 결코 머무르고 떠남에 얽매일 필요는 없다.

자명(慈明, 986~1039)[13]스님이 옛날에 분양(汾陽, 946~1023)스님을 하직하자 분양스님은 이렇게 축원하였다.

"절을 짓고 보수하는 일에는 자연히 사람이 있게 마련이다. 불법의 주인이 되도록 하여라."

자명스님은 그로부터 다섯 번이나 큰 사찰에 머무르게 되었으나 서까래 하나 건드리지 않고 임제스님의 정통 종지만을 드날렸다. 드디어 양기(楊岐, 992~1049)[14]·황룡(黃龍, 1002~1069)[15]·취암(翠巖, ?~1064)[16] 세 큰스님을 얻어 자손이 세상에 두루 퍼지니, 결과적으로 당부를 저버리지 않은 셈이다.

옛사람은 짐을 걸머질 만한 사람을 선택하는 데 이처럼 신중했다. 절집을 화려하게 장엄하는 일은 불법에서는 대단할 것이 없다 하겠다.

부처님의 도는 아득하고 넓어 오랫동안 부지런히 힘써야만 성취할 수 있다. 조사의 문하에선 팔을 자르고 눈 속에 서 있기도 했으며,[17] 허리에 돌을 지고 방아를 찧기도 했다.[18] 보리를 지고 수레를 밀기도 했으며, 채소밭을 건사하며 밥을 짓기도 했었다. 또는 밭을 개간하기도 하고 차를 달여 베풀기도 하며 흙을 나르고 연자방아를 돌리기도 했다. 이는 모두 높은 뜻으로 세속을 끊고서, 쉬지 않고 스스로 애쓰며 도를 성취하고자 한 자만이 할 수 있었던 일이었으니, 이를 두고 "게으름 속에서는 한 법도 나오지 않는다."[19]고 한 것이다.

마침내 연원(淵源)을 통달하고 나서 보니 그것은 너무나 어렵고도 험하여 아무도 달성하지 못할 것이었는데도 그들은 해냈었다. 그런데 세상에 나와 상대하며 허리 굽히거나 높여 보는 등의 일은 못 하겠다고 하니, 이것은 하지 않는 것이지 못 하는 것은 아니다.

당초에는 구름 위에 머물렀으나, 스스로 경책하여 방편문을 넓히는 것도 좋지 않겠느냐.

주
:

1 『경덕전등록(景德傳燈錄)』 권15(T51-318a) 등에서 암두전활(巖頭全豁, 828~887)의 말로 전하고 있다.

2 원문은 '謳和(구화)'로 표현하였다. 보통은 '漚和(구화)'로 쓴다. 갖추어서는 '漚和拘舍羅(구화구사라)'라고 하며 범어 'upāyakauśalya'를 소리 나는 대로 옮긴 말이다. '방편선교(方便善巧)', '방편승지(方便勝智)' 등으로 번역한다.

3 『묘법연화경(妙法蓮華經)』 권6 「상불경보살품(常不輕菩薩品)」20(T9-50)의 주인공인 보살이다. 출가한 이나 재가에 있는 이를 가리지 않고 만날 때마다 절을 하고는 "당신들을 깊이 공경하고 가볍게 생각하지 않습니다. 당신들은 모두 보살도를 수행하여 반드시 성불하기 때문입니다."라고 하였다. 이 말을 듣고 어떤 이가 욕하고 꾸짖으며 해치더라도 굴하지 않고 늘 이와 같은 말을 하였으므로 '상불경(常不輕)'으로 불렸다.

4 『전생담』에 부처님 전생으로 등장하는 인물이다. 가리왕(歌利王)이라는 포악한 왕이 자신의 궁녀 하나가 인욕선인의 법문을 듣고 있는 것을 발견하고는 질투와 분노 때문에 인욕선인의 온몸을 마디마디 잘랐다. 하지만 인욕선인은 담담하게 받아들이며 오히려 왕을 불쌍히 여겼다. 그때 하늘에서 조약돌과 모래가 쏟아지고 왕은 참회하며 용서를 빌었다. 이 상황에도 선인은 노여움이 없으니 용서도 없다며 평화로웠다. 그리고 선인의 몸이 원래대로 회복되었다. 『금강경』이나 선어록에도 자주 거론되는 전생담이다.

5 '백추(白槌)'로도 쓴다. '백(白)'은 '알린다'는 뜻이고 '추(椎)'는 쳐서 소리를 내는 방망이나 뭉치를 가리킨다. 산사에서 추를 쳐서 대중에게 알리는 일을 백추라고 한다.

6 '불진(拂塵)'이라고도 한다. 삼이나 짐승의 털을 묶어서 자루 한 끝에 매달은 기구이다. 주로 날벌레 등을 쫓는 생활 용구였는데 불가에서 번뇌를 털어낸다는 상징적 의미를 지닌 도구로 쓰인다.

7   원문은 '降龍伏虎(항룡복호)' 『증도가』에는 "용을 항복받은 발우와 호랑이 싸움 말린 석장[降龍鉢解虎錫]"(T48-396a)이라는 구절이 있다. '용을 항복받은 발우'는 석가모니 부처님이 가섭 3형제를 교화하면서 독룡에게 항복을 받고 발우 안에 들어가게 했다는 『불본행집경(佛本行集經)』(T3-840c~843b) 등에 전하는 이야기이고, '호랑이 싸움 말린 석장'은 승조(僧稠, 480~560)가 호랑이 다투는 소리를 듣고 석장을 던져 떼어놓았다는 『속고승전(續高僧傳)』(T50-554a) 등에 전하는 이야기이다.

8   여기까지는 『원오불과선사어록』 권15(T47-781)에 "서쪽으로 돌아가는 원 수좌를 보내며[送圓首座西歸]"라는 제목으로 전한다.

9   『오가정종찬(五家正宗贊)』 권1(X78-577b). 마조도일(馬祖道一, 709~788)이 남악회양(南岳懷讓, 677~744)에게 법을 얻은 후 고향인 촉(蜀) 땅으로 돌아가니 고향 사람들이 떠들썩하게 맞이하였다. 그런데 개울가에 있던 한 노파가 "어떤 대단한 인물인가 하였더니, 키[箕]쟁이 마씨네 아들이었군!" 하였다. 이 말을 듣고 마조가 다음과 같은 게송을 읊고 강서로 갔다.

   그대들에게 바라노니 고향일랑 가지 말아라.
   고향에 돌아가면 도인될 수 없으니
   개울가의 늙은 할미가
   나의 옛 이름을 부르는구나.
   勸君莫還鄉(권군막환향) 還鄉道不成(환향도불성)
   溪邊老婆子(계변노파자) 喚我舊時名(환아구시명)

10 『고존숙어록(古尊宿語錄)』 권35(X68-232c~233a) "대수개산신조선사행장(大隨開山神照禪師行狀)".

11 입적할 무렵에 대중들에게 "노승은 40년 만에 한 덩어리가 되었다."고 하였다. 『오가정종찬』 권4(X78-609a).

12 지문광조(智門光祚) : 절동(浙東) 출신. 향림징원(香林澄遠, 908~987)에게 참학하여 그의 법을 이어받고, 수주(隨州) 지문산(智門山)에 머물면서 종풍을 널리 선양하였다. 제자로 설두중현(雪竇重顯)이 있다.

13 자명(慈明, 986~1039) : 석상초원(石霜楚圓). 수계하고 총림을 두루 다니다가 분양선소(汾陽善昭)에게 참학하여 그의 법을 이어받았다. 석상산(石霜山) 숭승사(崇勝寺) 등에 머물렀다. 선풍이 엄한 것으로 알려졌지만 문중이 번창하여 황룡혜남(黃龍慧南, 1002~1069)과 양기방회(楊岐方會, 992~1049)를 배출하여 임제종의 큰 줄기를 만들게 하였다.

14 양기방회(楊岐方會, 992~1049) : 임제종 양기파(楊岐派)의 개조. 어려서 출가한 후 여러 지방을 다니다가 석상초원(石霜楚圓)에게 참학하여 그의 법을 이었다. 양기산(楊岐山)에서 종풍을 크게 날렸다.

15 황룡혜남(黃龍慧南, 1002~1069) : 임제종 황룡파(黃龍派)의 개조. 처음에 운봉문열(雲峰文悅, 997~1062)에게 참학하였다가 석상초원(石霜楚圓)에게 참학하여 그의 법을 이었다. 황룡산(黃龍山)에 머물면서 크게 종풍을 드날렸다. 시호는 보각(普覺)선사. 제자로 회당조심(晦堂祖心, 1025~1100), 보봉극문(寶峰克文, 1025~1102) 등을 배출하였다.

16 취암가진(翠巖可眞, ?~1064) : 석상초원을 참학하여 언하에 깨닫고 법을 이었다. 총림에서는 '진점흉(眞點胸)'이라고 칭하였다. 제자로 대위모철(大潙慕喆, ?~1095) 등이 있다.

17 보리달마에게 법을 구한 2조 혜가(慧可, 487~593)의 일화.『무문관(無門關)』제41칙 "달마안심(達磨安心)"(T48-298a).

18 5조 홍인(弘忍, 602~675)에게 법을 받은 6조 혜능(慧能, 638~713)의 일화.『육조대사법보단경(六祖大師法寶壇經)』(T48-349a).

19 "이러한 법들은 악업으로부터 나는 것이 아니며, 탐심·진심·질투심으로부터 나는 것이 아니며, 어리석은 사견(邪見)으로부터 나는 것이 아니며, 게으르고 해태함으로부터 나는 것이 아니며, 교만하고 방자함으로부터 나는 것이 아니니라. 오직 삼가고 조심하여 악업을 짓지 아니하고, 부지런히 선업을 행함으로부터 나오는 것이니라."『자비도량참법(慈悲道場懺法)』(T45-926b).

05

유(裕) 서기(書記)에게 주는 글

항주(杭州) 영은사(靈隱寺)에 주석한 불지선사(佛智禪師)[1]이다

　실다운 경지를 밟고 편안한 곳에 도달하고 나면, 그 가운데에는 헛되이 버릴 공부가 없고 끊임없어서 실낱만큼도 샐 틈이 없다. 담담하고 고요히 엉켜서 불조도 알 수 없고 마군 외도도 부여잡을 수 없으니, 이는 스스로 머무를 것 없는 대해탈문에 머무른 것이다. 다함없는 시간을 지낸다 해도 그저 한결같을 뿐이니[如如], 하물며 모든 인연이야 말할 필요가 있겠느냐.

　여기 머무르는 가운데 바야흐로 가풍을 세워 남들의 못과 쐐기를 뽑아 주며 그들의 집착을 없애 줄 수 있으니, 바로 이것을 일대사인연(一大事因緣)이라 한다. 여래가 간직하신 비밀스런 말씀을 가섭이 감추지 않았으니 이것이 바로 여래의 진실한 밀어(密語)이다. 감추지 않은 그것이 곧 은밀함이며 은밀한 그대로가 감추지 않음이니, 이를 어찌 미혹한 생각에 매이고 잘잘못을 따지며, 상투적인 격식에 빠져 알음알이를 짓는 자와 함께 거론할 수 있으랴! 투철히

벗어나 실제로 깨달은 경지에 도달하려면 격식에서 벗어나고 종지를 초월한 맨 꼭대기에서 알아차려야 할 것이다. 깨닫고 나서는 잘 간직했다가 상근기를 만나거든 그때 가서 인가해 줄 일이다.

불자를 들고서 법좌에 올라 종사라 불리면서도 본분작가(本分作家)의 수단이 없다면 사방에서 찾아오는 사람을 속여 그들을 풀밭 구덩이 속으로 끌어들여 자질구레한 물건으로 만들어 버리는 꼴을 면치 못하리라. 만약 금강의 바른 안목을 갖추었다면 먼지 하나 묻지 않은 말쑥한 경지에서 오로지 본분사를 가지고 지도할 일이다. 그러나 설사 견처(見處)가 부처님과 같다 해도 그들은 오히려 부처님의 경지라는 장애를 갖고 있는 것이다.

그러므로 예로부터 방(棒)을 휘두르고 할(喝)을 내뱉으며 한 기연과 한 경계, 한마디 한마디가 모두 낚싯밥이었다. 홀로 벗어남을 귀하게 여길 뿐, 풀잎이나 나무에 붙어사는 도깨비짓을 무엇보다 꺼린다. 이른바 농사꾼의 소를 빼앗고 주린 사람의 밥을 빼앗는다는 것이니, 그런 솜씨가 아니라면 모두가 흙장난이나 하는 자일뿐이다.

제방에서 찾아온 납자로서 숙세의 선근이 있어 공부를 하다가 곧장 깨달아 들어갈 수 있는 자라도 진정한 종사를 만나지 못하면, 도리어 그를 끌어다가 격식을 표방하고 기연과 경계에 떨어져서 오랏줄도 없는데 스스로 결박되어 이러지도 저러지도 못 하게 한다.

비슷하기는 하나 옳지 않은 이것이 가장 처리하기 어렵다. 요컨대 그의 병맥을 알고 막힌 곳을 가려내며 치우친 곳을 캐물어 일깨워 주고, 집착과 막힘을 버리게 해야 한다. 그런 뒤에 진정한 본분종지를 보여주어 의혹이 없게 해야 한다. 그리하여 분명하게 큰 해탈을 얻고 큰 보배 집에 거처하면 자연히 쫓아도 떠나지 않으리라. 그러면 불법을 크게 넓히고 조사의 법등(法燈)을 끊임없이 이어서 갚지 못할 은혜를 갚았다고 할 만하겠다.

　황룡혜남(黃龍慧南, 1002~1069) 선사가 지난날 석상(石霜, 986~1039)스님을 뵙기 전에는 한낱 밥통선[一肚皮禪][2]만을 알았었다. 취암(翠巖, 997~1062)[3]스님은 그를 가엾이 여기고 자명(慈明, 석상)스님을 찾아보라고 권하였다. 거기서 오로지 "영운(靈雲)스님은 투철하게 깨치지 못했다."고 한 현사(玄沙)스님의 말씀[4]을 끝까지 캐 들어갔는데, 시절이 맞아서 기왓장 부서지듯 하고 얼음 녹듯 하여 이윽고 인가를 받았다. 그리하여 30년을 이 도장으로 제방의 알음알이를 뽑아 주었다. 병을 낫게 하는 데는 이런저런 약이 필요치 않으니, 긴요한 곳에 어찌 그 많은 불법이 있으랴.

　훌륭한 종사가 학인을 위해서 정형화된 격식[窠臼]이나 어떤 표방[露布]을 내걸지 않더라도 오래 가면 배우는 무리들이 잘못 알아 기어코 격식과 표방을 만든다. 더욱이 그들은 격식 없음으로 격식을 삼고, 표방 없음으로 표방을 만든다. 모름지기 여기에 이르러서는 그루터기를 지켜 토끼를 기다리고[守株待兎][5] 손가락을 달로 착각하는 그런 일들을 모두 없애야 하리라.

기미보다 앞서서 비춰 보고 먼지바람에 움직이는 풀에서도 그 단서를 알아차려야 하는데, 더구나 시끄럽게 세상살이를 하는 경우이겠느냐. 가슴이 텅 비고 고요하여 아무것도 헤아릴 것이 없는 경우가 아니라면 어떻게 기미보다 먼저 사물을 알아차리고 착오 없이 원만하게 응대할 수 있겠는가. 이는 모두가 부처님의 나가선정(那伽禪定)의 효험이다.

임제(臨濟, 767~866)스님의 금강왕보검,[6] 덕산(德山, 782~865)스님의 말후구(末後句),[7] 약교(藥嶠, 746~829)스님의 한마디,[8] 비마(秘魔, 817~888)[9]스님의 나무집게, 구지(俱胝)[10]스님의 손가락[指], 그리고 설봉(雪峰, 822~908)스님이 공을 굴렸던 일[11]과 화산(禾山, 884~960)스님이 "북을 칠 줄 안다."[12]고 했던 것과 조주(趙州, 778~897)스님이 "차나 마시게."[13] 했던 것과 양기(楊岐, 992~1049)스님의 밤송이[栗棘蓬]와 금강 울타리[金剛圈][14] 등이 모두 같은 이치일 뿐이다. 깨치면 그대로 힘을 덜어 모든 불조의 말씀을 다 통달할 것이니, 오직 당사자 스스로 두루 널리 지니는 데 달려 있을 뿐이다.[15]

주
:

1   불지선사(佛智禪師) : 임제종 양기파 불지단유(佛智端裕, 1085~1150). 18
     세 때 정자사(淨慈寺)의 법진수일(法眞守一)에게 출가하여 계를 받았다.
     원오극근(圜悟克勤, 1063~1135)의 법을 이었다. 영은사(靈隱寺)에 머물다
     가 말년에 육왕산(育王山)에 머물렀다.
2   '두피(肚皮)'는 뱃속이라는 뜻이다. 그러므로 '두피선(肚皮禪)'은 그저 밥
     이나 축내는 선이라는 의미이다.
3   취암(翠巖, 997~1062) : 황룡혜남이 석상초원을 참학하기 전에 모시던 운
     봉문열(雲峰文悅)을 가리킨다. 대우수지(大愚守芝)를 참학하여 법을 잇고
     는 입적할 때까지 8년을 모시다가 곳곳을 다녔다. 취암사(翠巖寺)와 남
     악(南嶽)에 머물렀다. 남악의 운봉(雲峰)에 머물렀기 때문에 운봉문열이
     라고도 한다.
4   영운지근(靈雲志勤)이 복숭아꽃을 보고 깨달아 게송을 짓고 스승 위산
     영우(潙山靈祐, 771~853)의 인가를 받았다. 어떤 이가 이 이야기를 현사
     사비(玄沙師備, 835~908)에게 거론하자 현사는 영운이 깨닫지 못했다고
     하였다.『경덕전등록』권11(T51-285a).
5   원래의 그루터기를 지켜보며 토끼가 나오기를 기다린다는 뜻인데, 낡은
     관습만을 고집하여 지키고, 새로운 시대에 순응하지 못하는 사람을 빗
     대어서 가리킨 말이다.『한비자(韓非子)』「오두편(五蠹篇)」에 보인다. 송
     (宋)나라에 한 농부가 있었다. 하루는 밭을 가는데 토끼 한 마리가 달려
     가더니 밭 가운데 있는 그루터기에 머리를 들이받고 목이 부러져 죽었
     다. 그것을 본 농부는 토끼가 또 그렇게 달려와서 죽을 줄 알고 밭 갈던
     쟁기를 집어던지고 그루터기만 지켜보고 있었다. 그러나 토끼는 다시
     나타나지 않았고 그는 사람들의 웃음거리가 되었다.
6   임제의현(臨濟義玄)이 어느 스님께서 물었다. "어떤 할(喝)은 금강왕의
     보검과 같고, 어떤 할은 땅에 웅크리고 앉은 금빛 털 사자와 같으며, 어
     떤 할은 어부의 고기잡이 장대가 풀에 어린 그림자와 같다. 어떤 할은

할로서의 작용을 못하는데, 그대는 어떻게 알고 있는가?" 그 스님이 대답하려는데 할을 하였다. 『진주임제혜조선사어록(鎭州臨濟慧照禪師語錄)』(T47-504a).

7   '덕산탁발(德山托鉢)' 『무문관(無門關)』 권1(T48-294b).
8   약산유엄(藥山惟儼, 746~829)이 저녁 법문 때에 대중이 오자 등불을 켜지 않고 "나에게 한마디 말이 있는데 황소가 새끼를 낳으면 그대들에게 말해 주겠다."고 하였다. 『오등회원(五燈會元)』 권5(X80-110b).
9   비마(秘魔, 817~888) : 영태사(永泰寺) 영단(靈湍)의 법을 이어 마조(馬祖, 709~788)의 법손이다. 문수보살의 성지인 오대산 비마암(祕魔巖)에 머물면서 항상 나무집게를 가지고 다녀서 비마암(祕魔巖), 목차화상(木叉和尙)이라고도 한다.
10 금화구지(金華俱胝) : 무주(婺州) 금화(金華) 출신. 항주천룡(杭州天龍)에게 참학할 때, 스승이 손가락 하나를 세워서 보여 주자 홀연히 깨달았다. 사람들이 가르침을 청하면 손가락 하나를 세워 보이면서 답하였다. 『경덕전등록』 권11(T51-288ab).
11 설봉의존(雪峰義存)이 현사사비(玄沙師備, 835~908)가 오는 것을 보고 나무 공 세 개를 한꺼번에 굴렸다. 현사가 공을 도끼로 찍는 시늉을 하자 설봉이 칭찬하였다. 『설봉의존선사어록(雪峰義存禪師語錄)』 권2(X69-80a).
12 화산무은(禾山無殷)이 "익히고 배우는 것을 들음[聞]이라 하고, 더 배울 것이 없는 것을 도에 가까움이라 한다는데, 이 두 가지를 초월해야 참된 초월이라고 한다."고 법문하고 나서 대중이 묻는 말에 네 번 "북을 칠 줄 안다."고 답하였다. 『불과원오선사벽암록(佛果圜悟禪師碧巖錄)』 권5 제44칙 "화산타고(禾山打鼓)"(T48-180c~181a).
13 조주종심(趙州從諗)이 새로 온 두 납자에게 물었다. "여기에 와 본 적이 있는가?" 한 스님이 대답했다. "와 본 적이 없습니다." "차나 마시게." 또 한 스님에게 물었다. "여기에 와 본 적이 있는가?" "왔었습니다." "차나 마시게." 원주(院主)가 물었다. "스님께서는 와 보지 않았던 사람에게 차를 마시라고 하신 것은 그만두고라도, 무엇 때문에 왔던 사람

도 차를 마시라고 하십니까?" 스님께서 "원주야!" 하고 부르니 원주가 "예!" 하고 대답하자 "차나 마시게." 하였다.『고존숙어록(古尊宿語錄)』권 14(X68-88a).

14 양기방회(楊岐方會)가 어느 스님에게 물었다. "밤송이는 어떻게 삼키고 금강 울타리는 어떻게 뚫을 것인가?"『오등회원(五燈會元)』권19(X80-388b).

15 『원오불과선사어록』권15에도 같은 제목으로 전한다.(T47-781c~782b).

06

융(隆) 지장(知藏)¹에게 주는 글
소주(蘇州) 호구산(虎丘山)에 머물다

　조사가 나오신 뒤로, 바로 가리킴만을 오로지 전하는 데 힘썼을 뿐, 사람을 물에 띄우고 진창으로 이끄는 것을 좋아하지 않았으니, 표방과 격식을 늘어놓는다면 바보짓이다. 석가 부처님이 3백여 차례나 법회를 하시고 근기에 따라 교화를 베풀고 세상에 나와 모범을 보이신 것은 아마도 노파심에서 나온 번거로운 말씀들[周遮]이라고 하겠다.
　그러므로 끝에 가서는 요점만을 가지고 최상근기를 제접하셨던 것이다. 가섭으로부터 28대 조사까지 기연에 따른 관문[機關]을 보여준 일은 적고 이치를 설명한 적이 많았으나, 법을 부촉해 줄 때 가서는 언제나 직접 대면하여 받아 지니지 않음이 없었다.
　예컨대 찰간대를 거꾸러뜨리고,² 발우 물에 바늘을 던져 원상(圓相)을 보이고,³ 승리의 붉은 깃발을 잡으며 밝은 거울을 잡고 무쇠 말뚝처럼 전법게(傳法偈)를 설하였다.

달마스님이 6종(六宗)으로 외도(外道)를 규정짓자[4] 천하가 태평하여 "나는 하늘이고 너는 개다."로 낙착됐으니, 이는 헤아리고 따져서는 알 수 없는, 민첩한 신기(神機)이다. 마침내 양(梁)나라에 갔다가 위(魏)나라로 가서는 또다시 부처님 교설 밖에 따로 행하고 오직 마음[心印]만을 전하는 도리를 말씀으로 드러내 보였다. 6대에 걸쳐 가사를 전하며 지적한 도리가 분명하였고, 조계대감(曹谿大鑑, 혜능, 638~713) 스님에 이르러선 언설에도 통하고 종지에도 통함을 자세하게 드러내 보였다.

오래도록 이렇게 지내 오자 바른 안목을 갖추어 크게 해탈한 종장들이 격식을 변동하고 막힌 길을 틔웠다. 사람들이 이름과 모습에 걸리거나 이론과 말에 떨어지지 않게 하여, 우뚝하게 살아 있어서 씻은 듯 자유로운 묘한 기틀을 내놓았다. 그리하여 드디어는 방(棒)을 휘두르고 할(喝)을 내지르며, 말로써 말을 무찌르고 기틀로 기틀을 빼앗으며, 독으로 독을 쳐부수고 작용으로 작용을 타파함을 보게 되었다.

때문에 700여 년을 흘러오는 동안, 파가 갈리고 저마다 호호탕탕하게 자기 가풍을 드날려 그 종극점을 알 수 없었으나, 그 귀착점을 논하자면 직지인심(直指人心)을 벗어나지 않는다. 마음자리가 밝아지면 실낱만큼도 막힘과 장애가 없어서, 지고 이김, 너와 나, 옳고 그름 등의 지견(知見)과 알음알이를 버리고 크게 쉬어버린 안온한 데에 도달하거늘, 여기에 어찌 두 가지 이치가 있으랴.

말하자면 모든 시냇물은 제각기 흐르지만 바다로 다 함께 돌아간 것이다. 요컨대 원대한 식견을 갖춘 향상(向上)의 근기라야 불조의 뜻과 기개를 이을 수 있다. 그런 뒤에 조실의 문지방 안으로 깊숙이 들어가 철저하게 믿어서 곧장 붙들어 잡아야 비로소 인가를 받고 본분의 가풍을 감당할 만하리라. 이밖에 부디 비밀스럽고 보배로이 잘 간직하여 말을 삼가고, 쉽게 놓아 지내지 말라.

오조(五祖, ?~1104)[5]스님은 평생 고고하고 준엄하여 인가한 사람이 적었다. 무미건조하게 우뚝 서서 이 하나[一著子]만을 의지하며 항상 말하기를, "수미산을 의지하듯 하라." 하였는데, 어찌 허튼 농담과 우스개질로 사람을 속이는 데에 떨어졌겠는가. 아무 맛없는 생철맛을 학인들에게 처음부터 들이밀어 씹게 하여 반드시 통 밑이 쑥 빠진 듯한 데에 이르러야 그 많은 악지악견을 떨어 주고, 가슴엔 실낱만한 것도 남겨 두지 않아 투철하게 깨끗해야만 비로소 손을 써서 단련시키고 그런 뒤에야 비로소 주먹질과 발길질을 그만두었다.

그런 뒤에 금강왕의 보검으로 그가 과연 실천하고 감당할 수 있는지를 헤아려 보았다. 아무 일도 없이 깨끗하여 산은 산이고 물은 물이게 되면 다시 모든 성인이 가두어도 머무르지 않을 저쪽으로 옮겨가도록 하여, 예로부터 조사들이 깨닫고 전수해 왔던 정법안장(正法眼藏)에 계합하게 하였다. 나아가 중생들을 위해 응용할 경우에는 농사꾼의 소를 몰고 가버리고 주린 사람의 음식을 빼앗아서 완전함을 얻어 조금도 실수함이 없음을 증득해야만 바로 본분의 도류(道流)인 것이다.

마갈타국(摩竭陀國)에선 몸소 이 법령을 시행하였고, 소림의 9년 면벽(面壁)에선 바른 종지를 온전히 제창[全提]하였다. 그러나 뒷사람들은 뚝 끊겨 말없는 것으로써, 우뚝한 만 길 벼랑 같아 터진 틈도 없고 더듬어 볼 수도 없는 경계라고 잘못 알게 되었다. 그러나 이는 본분사를 전혀 잘못 알고 알음알이를 가지고 제멋대로 헤아리면서 문득 높은 견해인 양 여긴 것이니, 이야말로 큰 병통이다. 예로부터 내려온 이 일은 본래 이런 적이 없었다. 암두(巖頭, 828~887)스님은 이렇게 말하였다.

"목전에 드러난 바로 이것은 부싯돌 불이나 번뜩이는 번갯불과 같다. 만약 밝히지 못했다면 의심하지 말라. 이는 향상인(向上人)의 경계이니 그런 것이 있는 줄을 아는 사람만이 알 수 있는 것이다."

조주스님이 "차나 마시게." 했던 것과 비마스님이 나무집게를 들었던 것과 설봉스님이 나무공을 굴렸던 것과 화산스님이 "북은 두드릴 줄 안다." 했던 것과 구지스님의 한 손가락과 귀종(歸宗)스님이 연자방아 돌린 일[6]과 현사스님이 (영운스님을) 깨닫지 못했다 한 것과 덕산스님의 방망이와 임제스님의 할이 모두 철두철미하게 알음알이[葛藤]를 뚝 끊어 버린 것이다.

대기(大機)와 대용(大用)이 천차만별한 갈등들을 하나의 근원으로 돌아가게 한 것이니, 사람에게 끈끈한 것을 떼어 주고 결박을 풀어 줄 수 있었던 것이다. 만약 말을 따라 알음알이를 내는 이가 있다면 곧 본분수단[本分草料]을 써야 한다. 노새 젖 열 섬에 사자 젖 한 방울을 타면 모두가 흩어져 버리는 것과 같다. 요컨대 서 있는 그 자리에서 전수해 받아 면면히 계속 멀리 잇고자 하면, 부디 인정을 따르지 말고 쉽다고 여기지도 말지니, 이것이 바로 단적인 뜻이니라.

"마지막 한마디에 비로소 견고한 관문에 도달한다."고 하였는데, 참으로 진실한 말씀이다. 생사를 투철히 벗어나 정인(正印)을 지님이 모두가 이러한 시절이니, 향상의 문 빗장을 밟은 자라야 바로 알 수 있다.[7]

주
:

1   융(隆) 지장(知藏) : 호구소륭(虎丘紹隆, 1077~1136). 원오극근(圜悟克勤, 1063~1135)에게 참학하여 법을 잇고 20년간 시봉하였다. 고향으로 돌아가 화주 개성선원(開聖禪院)에서 개당하고, 나중에 복건성 선주 창교선원(彰敎禪院), 강소성 소주부(蘇州府) 호구산(虎丘山)의 운암선사(雲巖禪寺)에 머물렀다. 약평(若平)과 함께 원오의 어록을 편찬하였다.

2   마하가섭(摩訶迦葉)에게 아난이 물었다. "세존께서 사형에게 금란가사(金襴袈裟)를 전하셨다고 하는데, 그 외에 특별히 무엇을 전하셨습니까?" 가섭이 "아난아!" 하고 불렀다. 아난이 "예." 하니 가섭은 "문간에

있는 찰간(刹竿)을 꺾어 버려라." 하였다.『무문관(無門關)』제22칙 "가섭찰간(迦葉刹竿)"(T48-295c).

3 인도 제15조 가나제바(迦那提婆)가 제14조 용수(龍樹)를 찾아가자 용수는 미리 시자를 시켜 발우에 가득히 물을 담아 앞에 놓게 하였다. 가나제바가 그것을 보자 용수는 곧 바늘 하나를 던져 물속에 던지니 가나제바가 홀연히 깨달았다. 용수가 설법을 하다가 자리에서 일어나지 않고 보름달 모양을 나타내니 법문 소리만 들릴 뿐 그 모습은 볼 수가 없었는데 가나제바가 대중에게 설명하였다.『경덕전등록(景德傳燈錄)』권2(T51-211b).

4 보리달마와 함께 선을 배우던 불대승다(佛大勝多)가 제자들을 나누어 여섯 종(宗)을 만들었다. 첫째 유상종(有相宗), 둘째 무상종(無相宗), 셋째 정혜종(定慧宗), 넷째 계행종(戒行宗), 다섯째 무득종(無得宗), 여섯째 적정종(寂靜宗)이다. 보리달마는 이 여섯 종을 모두 타파하고 중국으로 건너왔다.『경덕전등록』권3(T51-217a~218b).

5 오조법연(五祖法演, ?~1104) : 임제종 양기파(楊岐派). 혜림종본(慧林宗本, 1021~1100)과 부산법원(浮山法遠, 991~1067)을 참학하였으나 백운수단(白雲守端, 1025~1072)을 찾아가 인가를 받고 법을 이었다. 법연이 머물던 기주(蘄州) 황매산(黃梅山)이 오조홍인(五祖弘忍, 602~675)이 머문 것으로 유명하여 오조산(五祖山)으로 불린다. 법을 이은 제자에 원오극근(圓悟克勤, 1063~1135), 불감혜근(佛鑑慧懃, 1059~1117), 불안청원(佛眼淸遠, 1067~1120) 등이 있다.

6 대중이 운력으로 연자방아를 돌릴 때에 귀종(歸宗)이 유나(維那)에게 물었다. "어디로 가는가?" "연자방아를 끌려고 갑니다." "연자방아야 네 마음대로 돌리겠지만 중심에 꽂혀 있는 나무꼭지는 흔들리지 않도록 하게."『불과원오선사벽암록(佛果圜悟禪師碧巖錄)』권5 제44칙 "화산타고(禾山打鼓)"(T48-181b).

7 『원오불과선사어록』권14(T47-776c~777b)에도 같은 제목으로 편지를 전하면서 선화(宣和) 6년(1124) 12월에 썼다고 밝혔다.

07

법왕(法王)의 충(沖)¹ 장로(長老)²에게 주는 글

●

　예로부터 내려온 종승(宗乘)에서는 높이 초월하여 곧바로 증득하였으니, 스승과 제자가 계합하여 깨닫는 일에 결코 소홀하지 않았다. 그러므로 이조(二祖, 487~593)스님은 눈에 서서 팔을 끊었으며, 육조(六祖, 638~713)스님은 황매산(黃梅山)³에서 돌을 지고 디딜방아를 찧었다. 그 나머지 분들도 이삼십 년씩을 부지런히 힘썼으니, 어찌 쉽게 인가하였겠는가.

　이는 아마도 근기를 관찰하여 맞게 가르치고 백천 번을 단련하였기 때문일 것이다. 편견이나 집착이나 의심 등이 생기자마자 모두 결단을 내주어 철저히 놓아 버리도록 하여, 마치 물이 새는 가죽부대를 새지 않도록 하는 것처럼 쳐도 부서지지 않는 곳으로 평온하게 옮겨 밟도록 하였다. 그런 뒤에야 세상에 나와 중생들을 지도하게 하였으니, 이야말로 작은 인연이 아니다. 한구석이라도 빈틈없게 하지 않으면 모양새가 바르지 못하니, 이리저리 들쭉날쭉

하면 선지식에게 비웃음을 당하고 만다. 이 때문에 옛 스님들은 8면으로 영롱한 구슬처럼 빈틈없고 올바르고자 힘썼을 뿐이다. 안으로는 자기 행실이 얼음장이나 옥처럼 청결하고, 밖으로는 방편을 원만하게 통달하여 뭇 유정들을 보살펴서 마치 방죽의 못물처럼 서로 잘 돌이켜 베풀도록 하였다.

그러다가 참문할 때에는 본분의 일을 가지고 낱낱이 묻고 점검하여 그가 알아차리면 그때 가서 수단을 써서 탁마해 주었으니, 비유하면 물 한 그릇을 조금도 흘리지 않게 다른 그릇에 쏟아 붓는 것과도 같다 할 것이다. 농사꾼의 소를 몰고 가고 주린 사람의 밥을 빼앗듯 하여 귀신도 알아차리지 못하니, 큰 해탈을 의지해야만 다시는 머리에 뿔 달린 이류(異類) 중생으로 태어나지 않는다.

함이 없는 데에 편안히 안주하면 참으로 5계(五戒) 10선(十善)으로 티끌세계를 벗어난 아라한이다. 달마스님도 "행동과 이해가 서로 일치한 사람이라야 조사라 부른다."[4]고 하였다.

두루 행각하여 제방을 초월함은 생사의 일이 큼을 근본으로 삼기 때문이며 중생을 지도하고 이롭게 하여 큰 선지식이 되는 것은 일대사인연을 밝히는 데 있다. 이는 서로를 필요로 하고 서로에게 도움이 되어 주는 이치이니, 예로부터 원래 그러하였다. 큰 법을 걸머질 만한 근기라야 만 길의 절벽에 서서 종사의 풀무와 쇠망치에 단련되고 완성되어 처음과 끝이 모두 바르고 참되었다. 나오지 않으면 그만이지만, 한 번 나왔다 하면 반드시 대중을 놀라게 하는 것은 언제나 그랬다. 그것은 아마도 이미 깨달음이 엉성하지 않으니 법을 전수할 때도 경솔하지 않았기 때문일 것이다.

회양(懷讓, 677~744)스님이 조계(曹溪)에 8년을 있었던 경우[5]와 마조(馬祖, 709~788)스님이 관음대(觀音臺)에 있었던 경우[6]와 덕교(德嶠, 782~865)스님이 용담사(龍潭寺)에 있었던 경우[7]와 앙산(仰山, 807~883)스님이 대원위산(大圓潙山, 771~853)스님에게 있었던 경우[8]와 임제(臨濟, 767~866)스님이 단제(斷際, 751~850)스님 회상에 있었던 경우[9]가 모두 십 년 이십 년을 하산하지 않았다. 이 때문에 한 기연 한 경계와 한마디 한마디가 쇳소리로 시작하여 옥소리로 끝나는 연주처럼 시작과 끝이 정연하여 뒷사람들은 엿볼 수도 없었으며, 훌쩍 뛰어넘어 증득하여 대동(大同)의 경지에 도달하면 자연히 그 귀착점을 살피게 된다.

예전에 마조(馬祖)스님이 서당(西堂, 735~814)[10]스님을 위해 하신 말씀을 생각해 보아라.

"그대는 교학을 공부하였는가?"

"교가 어찌 다르겠습니까?"

"그렇지가 않네. 이후에 그대는 여기저기에서 사람들을 위해 말하게 될 걸세."

"제 병이나 고쳐야지 어찌 감히 다른 사람을 위하겠습니까?"

"말년에 반드시 세상에 도를 크게 펼칠 걸세."

이 말씀이 과연 그렇게 되었다.

옛사람을 자세히 살펴보면, 향상의 한 덩어리 인연을 확철대오하여 언상(言像)과 분별을 떠나 확고한 곳에 이르렀으니, 그들은 홀로 즐기며 편안히 쉬는 경계를 스스로 알았던 것이 아니겠는가. 그러나 마조대사가 정작 이처럼 격려한 것은 원만자재한 변통으로 한 모서리만 지키며 한곳에만 달라붙지 않기를 바랐으며, 반드시 고금을 포괄하여 원만하게 실천하고 섭화해서 둥글게 뒤섞여서 그 한계가 없기를 바란 것이었다.

중생을 이롭게 할 때는 팔방으로 적을 받아들이고 초막 속을 헤쳐서 하나나 반 개의 꼬리 그을린 것[焦尾][11]을 찾아서 본분의 가풍을 담당할 법손 만드는 것이 가장 중요하니, 이 어찌 방편으로 불조의 은덕에 보답하고자 불사를 짓는 일이 아니겠는가.

요컨대 정신을 바짝 차리고 방편의 손을 드리워 척척 닿는 곳마다 몸을 벗어날 기틀이 있어야 하며 남의 눈을 멀게 해서는 안 되고 인과를 미혹해서 그르치면 안 되니, 도리어 이익이 되지 못한다. 이것이야말로 선지식에게 가장 요긴한 길이다.

황룡혜남(黃龍慧南, 1002~1069) 대선사께서는 "단정하게 방장실에 거처하면서 본분의 일로 사방에서 찾아오는 사람을 제접하는 것이 장로의 직분이다. 그 나머지 자잘한 일들은 소임 맡은 사람[知事]에게 맡기면 안 될 일이 없다."고 하신 적이 있는데, 정말 그렇다. 그러나 사람을 쓸 때는 반드시 조심스럽게 선택하고 일을 맡겨 그르치지 않게 해야 한다. 대위사(大潙寺) 진여(眞如, ?~1095)스님은 "주지하는 데는 특별한 재주가 없다. 그저 사람을 잘 쓰는 것이 중요할 뿐이다."라고 했으니, 깊이깊이 생각하라.

　속담에, 재주를 부리는 것이 원칙대로 하는 것만 못하다고 하였다. 백장대지(百丈大智, 720~814) 스님이 규범을 세우시니 천고에도 그것을 부수지 못하였고, 요즈음도 조심스럽게 준수할 뿐이다. 자기가 솔선하여 그 고아한 모범을 어기지 않으면 여러 사람들이 따르지 않을 수 없다.

　말후구를 꺾어 거꾸러뜨리고 생사를 투철히 벗어난 납자라면 모름지기 모든 성인들이 가두어도 갇히지 않고 번뇌의 뿌리[命根]까지 끊어 버리는 하나[一著子]가 있다는 사실을 알아야 한다.

　옛 분들에게는 잡고 놓고 죽이고 살리고 하는 큰 도리가 있었으며, 큰 해탈을 얻어 언제나 그 지식을 활용하였다. 알기가 어려운 것이 아니니, 일 속에서 살펴보아 그 근기에 마땅하게 초탈 단행해야만 비로소 영원토록 힘을 얻을 것이다.

　양기(楊岐, 992~1049) 조사는 금강 울타리[金剛圈]와 밤송이[栗棘蓬]을 제창하여 용과 뱀을 가려내고 호랑이와 물소를 사로잡았다. 만약 본분종사가 그 집안사람이라면, 무심코 드러내 보여도 납자의 혀끝을 앉은 자리에서 끊는다 하겠다.

주
:

1 충(沖) 장로(長老) :『속전등록(續傳燈錄)』권26(T51-649a)에서 원오극근의 제자로 언급한 정법화충(正法化沖)으로 보인다. 자세한 행적은 알 수 없다.

2 양억(楊億, 974~1020)이 경덕(景德) 원년(1004)에 써서『경덕전등록(景德傳燈錄)』권6 「백장회해(百丈懷海)」 장(章) 끝에 붙여『백장청규』의 내용을 요약하여 전하고 있다는 평가를 받는 「선문규식(禪門規式)」에는 "도안(道眼)을 갖추어 존경할 만한 덕이 있으면 장로(長老)라고 한다. … 즉 교화의 주체[化主]가 되어 방장(方丈)에 거처한다. … 장로가 상당하여 법좌에 오르면 대중은 기러기처럼 서서 귀 기울여 듣는다."(T51-251a)고 하여 '장로'가 '주지' 역할을 하는 자리임을 밝히고 있다.

3 현재 호북성(湖北省)에 있는 산. 당(唐)의 5조 홍인(弘忍, 602~675)이 머문 것으로 유명하기 때문에 후에 황매산을 오조산(五祖山)이라고 부르게 되었다. 송(宋)의 법연(法演, ?~1104)을 오조법연(五祖法演)이라고 부르는 것이 대표적이다.

4 "行解相應名之曰祖(행해상응명지왈조)"『소실육문(少室六門)』(T48-370a).

5 남악회양(南嶽懷讓, 677~744)이 조계산으로 가서 혜능(慧能, 638~713)에게 참배하였다. 혜능이 물었다. "그대는 어디서 왔는가?" 회양이 대답했다. "숭산에서 왔습니다." 혜능이 다시 물었다. "무슨 물건이 이렇게 왔는가?" 회양이 여기에서 말문이 막혔다가 8년 동안 정진 끝에 인가를 받았다.『오등회원(五燈會元)』권3(X80-69bc).

6 마조도일(馬祖道一, 709~788)의 행장을 전하는『사가어록(四家語錄)』(X69-2a)이나『경덕전등록』(T51-245c) 등에는 '형악(衡嶽)' 즉 남악(南嶽)의 '전법원(傳法院)'에서 남악회양(南嶽懷讓, 677~744)에게 깨달음을 얻고 10년을 시봉하였다고 하였다. 남악회양이 머물던 곳에 대해서는『송고승전(宋高僧傳)』권9에서「당남악관음대회양전(唐南嶽觀音臺懷讓傳)」이라는 제목으로 회양의 전기를 전하면서 "형악(衡嶽)의 관음대(觀音臺)

에 머물며 … 법을 이은 제자로는 도준(道峻)과 도일(道一)이 있다."(T50-761a)고 하였다.

7 덕산선감(德山宣鑒, 782~865)은 용담숭신(龍潭崇信, 753~823)에게 깨달음을 얻어 법을 잇고는 30년을 머물렀다.『경덕전등록』권15(T51-317c).

8 앙산혜적(仰山慧寂, 807~883)이 대원위산(大圓潙山, 771~853)에게 깨달음을 얻고도 15년을 위산에 머물렀다.『경덕전등록』권11(T51-282c).

9 임제의현(臨濟義玄, 767~866)은 스승인 황벽희운(黃檗希運, 751~850)을 20년 모셨음을 스스로 상당법어에서 밝혔다. "나는 20년 동안 황벽선사(先師) 회하에 있으면서 세 차례 불법의 정확한 뜻을 물었다가 세 차례 다 몽둥이로 얻어맞았으나, 마치 쑥대[蒿枝]로 살짝 스치는 것 같았다. 지금 다시 한차례 얻어맞으려 하는데 누가 나를 위해서 때려 주겠느냐?"『진주임제혜조선사어록(鎭州臨濟慧照禪師語錄)』권1(T47-496c).

10 서당(西堂, 735~814) : 당나라 서당지장(西堂智藏). 마조도일(馬祖道一)에게 참학하여 인가를 받았다. 건주(虔州) 서당(西堂)에 머물면서 마조의 종풍(宗風)을 널리 떨쳤다. 시호는 대각(大覺)선사. 신라 말에 명적도의(明寂道義)와 체공혜철(體空惠哲, 785~861) 등이 법을 받아와 신라에 선을 전했다.

11 초미(焦尾) : 잉어가 등용문(登龍門)을 넘어 용으로 변할 때 벼락을 맞아 꼬리가 그을린다고 한다. 이에 따라 진사에 합격한 이를 위한 연회를 '초미'라고도 한다. 또한 '초미'는『후한서(後漢書)』에 전하는 '초미금(焦尾琴)'을 가리키는 말이라고 볼 수도 있다. 어느 사람이 오동나무를 태워 밥을 짓고 있는데 채옹(蔡邕, 132~192)이 나무 타는 소리를 듣고 훌륭한 목재임을 알아보고 타다 남은 것을 얻어 거문고를 만들었다. 이 거문고 소리가 과연 아름다웠기 때문에 사람들은 거문고 끝이 불에 탄 것을 보고 '초미금(焦尾琴)'이라고 불렀다.

08

법제(法濟) 선사(禪師)에게 주는 글
사주(泗洲)의 보조사(普照寺)에 머무른 승(勝) 장로(長老)[1]이다

석가모니 부처님께서는 다자탑(多子塔) 앞에서 법좌를 반으로 나누어 앉으셨을 때,[2] 이미 이 도장[印]을 은밀히 전수하셨다. 그 뒤 꽃을 들었던 일[3]은 두 번째 공안이었으며 나아가 금란가사(金襴袈裟)를 맡겨서 계족산(雞足山)에서 미륵불을 기다리게 한 것[4]까지 많은 군소리가 있었다.[5]

달마스님은 멀리 서쪽 천축국으로부터 양나라에 갔다가 위나라에 들어와서는 소림굴에 차갑게 앉아 있었다. 그런데 깊은 눈 속에서 팔을 끊는 늙은이가 그것을 간파해 냈기 때문에, 누설하여 그에게 맡기지 않을 수가 없었다. 그리하여 이를 두고 "오로지 은밀한 기별(記莂)만을 전한다."고 하는데, 자세히 따져 보면 모두가 잘못된 것이다.

이로부터 서쪽에서 온 종지를 떠들썩하게 전하게 되었는데, 세간의 시류를 따라 잘못을 더하여 온 세상에 퍼져서 오가칠종(五家

七宗)으로 나뉘어 서로가 문호를 세우고 제창하였으나, 실제로 따져 본다면 결국 무슨 일을 이루었겠는가.

그러므로 예로부터 통달한 사람은 이런 다반(茶飯)은 먹지 않았는데, 그렇다면 무엇이 옳은 이치겠는가. 우주 바깥을 볼 수 있다 해도 그 자체와는 다른 것임을 알겠는데, 더구나 가없는 향수해(香水海)에 떠 있는 당왕찰(幢王刹)의 밑바닥을 볼 수 있는 사람이라도 그 실다운 곳을 볼 줄 아는 사람이 몇이나 되리오! 그러므로 이 대장부의 일은 박차서 뒤바꿔 놓고 번쩍 들어서 열어젖히는 걸음걸이와 지략으로써 똑같은 가풍을 깨쳐야만, 비로소 맡겨진 일을 제대로 홍포할 수 있다고 하는 것이다. 마침내는 모래와 흙도 쓸어버리지 않아야만 이윽고 석가세존과 가섭존자와 눈 푸른 달마와 신광(神光, 혜가)과 한자리에 앉게 되는 것이다.

그리하여 무심코 손을 드리워 사람을 죽이고 살림에 애초부터 정해진 격식은 없다. 긴밀하고 우뚝하여 천신만고의 지극히 험하고 독한 곳에서 곧바로 명근(命根) 끊는 솜씨를 얻는 것을 귀하게 여길 뿐이니, 그런 뒤에야 헛되이 인가해 주지 않게 되는 것이다. 백운(白雲, 1025~1072)스님께서도 "신선의 비결은 부자간에도 전하지 못한다."[6]고 하지 않았느냐.

주
:

1 승(勝) 장로(長老):『속전등록(續傳燈錄)』권26(T51-649a)에서 원오극근의 제자로 언급한 보조봉승(普照奉勝)으로 보인다. 자세한 행적은 알 수 없다.

2 부처님이 가섭에게 마음을 전하신 삼처전심(三處傳心)의 첫 번째. "세존께서 다자탑(多子塔) 앞에서 인간과 하늘의 무리에게 설법을 하시는데 가섭(迦葉)이 늦게 도착하자 세존께서 그와 자리를 나누어 앉도록 하시니 대중들이 모두 어리둥절했다."『선문염송』제4칙 "분좌(分座)"(H4-12c~13a).

3 부처님이 가섭에게 마음을 전하신 삼처전심(三處傳心)의 두 번째. "세존께서 영산(靈山)에서 설법하시는데 하늘에서 네 가지 꽃이 내렸다. 세존께서 그 꽃을 들어 올려 대중들에게 보이자 가섭이 빙그레 웃었다. 이에 세존께서 '나에게 정법안장(正法眼藏)이 있는데 마하가섭에게 전해주노라'고 하셨다."『선문염송』제5칙 "염화(拈花)"(H4-14a).

4 가섭이 열반 즈음에 아난에게 전법게를 전하고는 부처님께 받은 가사를 가지고 계족산으로 들어가 자씨(慈氏)가 하생할 때까지 기다리겠다고 하였다.『경덕전등록』권1(T51-206ab).

5 이 부분은『선문염송』제4칙에서 "원오극근(圜悟克勤)이 승(勝) 수좌(首座)에게 편지로 한 법어"(H4-13a)로 소개되어 있다.

6 "神仙秘訣(신선비결) 父子不傳(부자부전)":『백운수단선사광록(白雲守端禪師廣錄)』권1(X69-312b).

09

고(杲) 서기(書記)¹에게 주는 글

항주(杭州) 경산사(徑山寺)에 머무르다

임제의 정종(正宗)은 마조(馬祖, 709~788)스님과 황벽(黃檗, 751~850)스님으로부터 대기(大機)를 드날리고 대용(大用)을 발휘하였다. 그물을 벗어 버리고 소굴을 벗어나 호랑이와 용처럼 달리며 별똥이 튀고 번개가 부딪치듯 하여서 오므렸다 폈다 잡았다 놓았다 하는 이 모두가 본분(本分)에 의거하여 끊임없이 이어져 왔다.

풍혈(風穴, 896~973)스님과 흥화(興化, 830~888)스님에 이르러선 종풍을 더욱 높이 드날리고 기봉은 더욱 준험하였다. 서하(西河, 분양선소, 946~1023)스님은 사자를 희롱하였고,² 상화(霜華, 석상초원, 986~1040)스님은 금강왕(보검)을 흔들었는데, 종문(宗門)의 문지방 안으로 깊숙이 들어가 인가를 직접 받지 않고서는 그 규모를 알 수 없으며 부질없이 스스로 껍데기만 더듬는다면 희론만 더할 뿐이다.

대체로 하늘을 치솟는 기개를 가지고 격식 밖의 도리를 받아 지니고 싸우지 않고도 백성과 군사를 굴복시키며, 살인을 하고도 눈 하나 깜짝하지 않는다 해도 오히려 본분의 취지와는 비슷하지도 못한데, 하물며 별을 옮기고 북극성을 바꾸며 천륜(天輪)을 굴리고 지축(地軸)을 돌리는 경우이겠는가. 그러므로 삼현삼요(三玄三要)[3]와 사료간(四料簡)[4]과 사빈주(四賓主)[5]와 금강왕보검(金剛王寶劍)과 땅에 웅크린 사자[踞地師子]와 한 할이 할의 작용을 하지 못함[一喝不作一喝用]과 고기 찾는 장대와 그림자 풀[探竿影草][6]과[7] 한 번의 할에 객과 주인을 나눔[一喝分賓主]과 조용(照用)을 일시에 행함 등 까다로운 많은 언구[絡索]들을 보여주었다.

많은 납자들이 제 나름대로 분별 설명을 하였으나, "우리 법왕의 창고 속에는 이러한 칼이 없다."고 한 것을 사뭇 몰랐다 하리라. 희롱하여 가지고 나오면 보는 자들은 그저 눈만 꿈적거릴 뿐이니, 모름지기 저 빼어난 이들은 계합(契合) 증오(證悟)하여 시험과 인정을 받아 때로는 정면으로 때로는 측면으로 제접하며 본분의 수단을 쓰니, 어찌 일정한 단계와 매체를 빌리겠는가.

보수(寶壽)스님이 개당할 때 삼성(三聖)스님이 어떤 한 스님을 밀어내자 보수스님이 갑자기 후려쳤다. 그러자 삼성스님은 "그대가 이와 같이 사람을 대한다면 이 스님만 눈멀게 할 뿐 아니라, 진주(鎭州) 땅 온 성안 사람들의 눈까지 모두 멀게 하고 말리라." 하였다. 이 말에 보수스님은 주장자를 던져 버리고 곧바로 방장실로 되돌아가 버렸다.[8]

홍화스님이 함께 참학하던 스님이 찾아오는 것을 보더니 갑자기 할을 하자 그 스님도 할을 하였고, 홍화스님이 또 할을 하자 그 스님도 다시 할을 하니 홍화스님이 "보아라, 이 눈먼 놈아!" 하고는 곧바로 후려치며 법당에서 쫓아내 버렸다. 시자스님이 "그 스님에겐 무슨 잘못이 있었는지요?"라고 묻자 홍화스님은 "그에게는 권(權)도 있고 실(實)도 있었다. 내가 손을 가지고 그의 면전에 옆으로 두 번을 댔으나 그는 결코 알지 못하였다. 그러니 이처럼 눈먼 놈을 때리지 않고 어찌하겠느냐."

살펴보건대, 저 본분의 종풍은 월등히 뛰어나 지략을 귀하게 여기지 않고, 오직 저들의 눈이 바른 것만을 바랄 뿐이었다. 올바른 종지를 붙들어 걸머지고 바른 종안을 갖추려면, 모름지기 처음부터 끝까지 골수에 사무쳐 실오라기만큼도 구애됨이 없어 아득히 홀로 벗어나야만 한다. 그런 뒤에야 정확하게 서로 이어서 이 위대한 법의 깃발을 일으키고 이 큰 법의 횃불을 밝힐 수 있다. 그리하여 마조(馬祖, 709~788)·백장(百丈, 720~814)·수산(首山, 926~993)·양기(楊岐, 992~1049) 등의 스님을 계승할 뿐 외람되게 다른 곳을 넘보지 말아라.[9]

주
:

1 고(杲) 서기(書記) : 원오극근의 제자 대혜종고(大慧宗杲, 1089~1163)를 가리킨다. 호는 묘희(妙喜) 또는 운문(雲門)이다. 출가하여 선 문헌을 연구하다가 동산(洞山)으로 가서 잠시 조동(曹洞)의 종지를 배웠다. 뒤이어 보봉(寶峰)의 담당문준(湛堂文準, 1061~1115) 회하로 들어갔는데 문준의 입적이 다가오자 원오극근에게 가서 참구할 것을 권하였다. 청량덕홍(淸涼德洪, 1071~1128)을 찾아가 예를 올리고 그곳에서 장상영(張商英, 1044~1122)을 만나기도 하였다. 1124년, 원오가 천녕사(天寧寺)에 칙령을 받고 머물 때 그의 회하에서 참구하여 각고의 노력 후에 깨달음을 얻고 그의 법을 이었다. 1134년 무렵부터 조동종의 묵조선을 공격하고 공안선을 고취하였다. 경산(徑山)의 능인선원(能仁禪院)에 머물며 종풍을 크게 진작시켜 임제의현(臨濟義玄, 767~866)이 다시 출현했다는 평가를 받았다. 금과 화해의 의논이 성립되자 금과 한패라는 누명을 쓰고 호남성 형주(衡州)로 유배되었다. 유배지에서 『정법안장(正法眼藏)』 6권을 지었다. 그 후 사면되어 다시 경산에 머물며 황제의 귀의를 받아 대혜(大慧)선사라는 호를 받았다. 시호는 보각선사(普覺禪師).

2 "분양(汾陽)이 상당하여 말하였다. '나의 문하에는 서하(西河)의 사자가 문턱에 앉아 누구든지 오기만 하면 물어뜯어 죽인다. 어떤 방편을 써야 나의 문 안에 들어와서 분양의 사람을 보겠는가?'" 『분양무덕선사어록(汾陽無德禪師語錄)』 권1(T47-596c).

3 임제의현(臨濟義玄, 767~866)의 사상을 대표하는 것 중의 하나가 '삼현삼요'인데 실제 『임제록』에 전하는 '삼현삼요'에 대한 법문은 "한 구절[一句]에는 반드시 삼현(三玄)의 문이 갖추어 있고, 한 현[一玄]의 문에는 반드시 삼요(三要)가 갖추어 있어서 방편도 있고 활용도 있다. 그대들은 어떻게 이해하느냐?"(T47-497a)가 전부이다. 따라서 임제의 삼현삼요에 대한 설명은 후대의 것이다. 예를 들면 『벽암록』에서 "삼현(三玄)이 있으니, 곧 체중현(體中玄), 구중현(句中玄), 현중현(玄中玄)이다. 옛사람은 이러

한 경계에 이르러 온전한 기틀[全機]과 완전한 작용[大用]으로 삶을 만나면 그와 함께 살고, 죽음을 만나면 그와 함께 죽는다."(T48-155c)고 한 경우이다.

4 "임제스님이 만참 법문에서 대중에게 말씀하셨다. '어느 때는 사람[人]은 빼앗고 경계[境]는 빼앗지 않으며, 어느 때는 경계는 빼앗고 사람은 빼앗지 않으며, 어느 때는 사람과 경계를 함께 빼앗으며, 어느 때는 사람과 경계를 모두 빼앗지 않는다.'"『임제록』권1(T47-497a).

5 "도류들이여! 선종의 견해로는 삶과 죽음이 돌고 도나니, 참선하는 사람들은 매우 자세히 살펴야 한다. 주인과 객이 만났을 때 곧 말들이 왔다 갔다 하다가 혹은 사물에 맞게 모습을 나투기도 하고, 혹은 온몸으로 작용하기도 하며, 혹은 기연과 방편으로 짐짓 기뻐하거나 성내기도 하며, 혹은 몸을 반만큼 나타내 보이기도 하며, 혹은 사자를 타기도 하고 코끼리를 타기도 하는 것이다. 만약 진정한 학인이 대뜸 악! 고함을 치고는 먼저 끈적끈적한 아교(阿膠) 단지를 내놓으면 선지식은 그것이 경계인 줄 분별하지 못하고 그 경계 위에 올라 조작을 한다. 학인이 악! 하고 고함을 치면 앞의 선지식은 이를 놓아 버리려고 하지 않는다. 이것은 의사도 못 고치는 고질병이니, 이것을 '객이 주인을 간파한다[客看主]'고 한다.

또 다른 경우는, 선지식이 아무것도 내놓지 않고 학인이 묻는 족족 빼앗아 버린다[奪]. 학인은 빼앗기고 나서는 한사코 놓아 버리려고 하지 않는데, 이것을 '주인이 객을 간파한다[主看客]'고 한다.

또는 어떤 학인이 청정한 경계를 선지식 앞에 내놓으면 선지식이 그것이 경계인 줄을 알아차리고 집어다가 구덩이 속에 던져 버린다. 학인이 '참으로 훌륭한 선지식이십니다' 하면 선지식은 '쯧쯧! 좋고 나쁜 것도 모르는구나' 한다. 그러면 학인이 절을 하는데, 이것을 '주인이 주인을 간파한다[主看主]'고 한다.

또 어떤 학인이 목에 칼을 쓰고 발에는 족쇄를 찬 채 선지식 앞에 나타나면, 선지식은 그 위에다 칼과 족쇄를 한 겹 더 씌워 버린다. 그러면 학인은 기뻐 날뛰면서 피차를 분간하지 못하는데, 이것을 '객이 객을 간파한다[客看客]'고 한다."『임제록』권1(T47-500c~501a).

6 탐간영초(探竿影草) : 고기 잡을 때 장대 끝에 풀을 매달아 물속에 담가 풀 그림자를 드리우면 고기가 그곳으로 모이는데, 종사가 학인을 가르치고 시험하는 방편을 비유한다. 또 도둑이 밤에 남의 방에 침입하려 할 때 풀 몇 가닥을 방문 밖에서 비춰 흔들어 안에 자던 사람이 깨는지 안 깨는지를 먼저 탐색해 보고 들어갔는데 선문에서 이것을 종사와 학인이 탐색하고 시험하는 데 비유한다.

7 "임제스님께서 한 스님에게 물었다. '어떤 할(喝)은 금강왕의 보배 칼과 같고, 어떤 할은 땅에 웅크리고 앉은 금빛 털 사자와 같으며, 어떤 할은 어부의 고기잡이 장대가 풀에 어린 그림자와 같다. 어떤 할은 할로서의 작용을 못 하는데, 그대는 어떻게 알고 있는가?' 그 스님이 대답하려는데 스님께서 악! 하고 고함쳤다."『임제록』권1(T47-504a).

8 『경덕전등록』권12(T51-295a). 이 이야기는 '보수개당(寶壽開堂)' 화두로 알려져 있다.

9 이 편지는『원오불과선사어록』권15(T47-783ab)에도 전한다.

10

보령(報寧)의 정(靜) 장로(長老)[1]에게 주는 글

영산(靈山)에서 단독으로 전하고 소실봉(少室峰)에서 은밀히 내려준 법은 세상 무리에서 우뚝 뛰어난 이를 필요로 한다. 이들은 티끌바람에 풀이 움직이는 것을 증험하고 눈빛이 형형하여 푸른 하늘을 뚫는다. 산이 막혀 있어도 일어났는지 자빠졌는지를 알며 소리를 삼키고 자취를 없애서 털끝만큼도 남겨 두지 않는다. 그러면서도 물결 거슬리는 파도를 일으키고 흐름 끊는 기틀을 움직인다.

문턱에 올라가 사람을 물어뜯는데 날랜 매와도 같이 빨라서 그림자를 감추고 허공을 스치듯 한다. 등으로는 푸른 하늘을 어루만지며 눈 깜박할 새에 지나 버리고, 붙들면 오고 밀치면 가니 참으로 준엄하다 할 것이다. 그렇기 때문에 이 올바른 종지가 전해져 훗날까지 표준이 되었던 것이다.

누구라도 살인을 하고 눈 하나 깜짝하지 않은 뒤에야 선지식이 되었다. 황벽(黃檗, 751~850)스님은 태어나면서부터 이것을 알아 천

태산(天台山)에 행각할 적에 나한 같은 이가 홍수에 끊어진 길을 건너는 것을 보자마자 쳐 죽이려고 하였다.[2] 또 백장(720~814)스님이 마조(709~788)스님의 '할' 한마디에 사흘 동안 귀가 먹었다는 이야기를 듣고는 뒤로 물러나면서 혀를 내둘렀다.[3] 이는 대기(大機)의 작용인 줄을 알지니, 어찌 견해가 좁고 견문이 얕은 사람이 헤아릴 수 있겠는가. 그 후 임제(767~866)조사를 제접할 때는 온통 그대로 작용하여 눈썹을 아끼지 않고 가업을 이을 자식을 얻어서 천하 사람들에게 음덕을 입혔다.

뜻 있는 사람이라면 응당 충분히 알고 노련하게 단련하여 격식과 종지를 초월해야 한다. 그런 뒤에 주린 사람의 밥을 빼앗고 농사꾼의 소를 몰고 가는 솜씨로 옛 규범을 계승하여 방향을 잃지 않아야 한다. 아무리 미세한 곳이라도 물방울이 스며들 수 없고 햇빛도 뚫지 못하며, 너그러이 한가한 때라도 모든 성인이 그를 찾아낼 수 없어야만 비로소 향상의 씨풀[種草]이다.

오조산의 노스님(오조법연, ?~1104)이 항상 말씀하셨다.

"석가와 미륵도 오히려 그의 노예이다. 필경 그는 누구이겠느냐?"[4]

여기에서 어지럽게 송곳 찌르는 것을 어찌 용납하겠는가. 있는 줄을 알기만 하면 조금은 옳다 하겠다.

무릇 장부의 기개를 떨쳐 상류(上流)를 뛰어넘고자 한다면 반드시 손을 써서 바로 얽매이지 않게 해주며, 불러도 되돌아보지 않아야 하며 중생을 이롭게 하고 기연에 응대해 주어야 합당한 것이니, 말쑥하여 깨끗한 경지이다. 풀 구덩이 속에서 구르거나 귀신의 굴속에서 도깨비와 희롱하지 말라. 현묘한 이성(理性)을 가지고 눈썹을 드날리며 눈을 깜박이고, 손을 들고 다리를 움직이는 사이에 합당한 말만을 하여 실다운 법으로 세상의 남녀를 얽어 묶지 말아야 한다. 마치 한 맹인이 여러 맹인을 이끄는 것과 같으니, 어찌 방편이 될 수 있겠는가.

 이미 지위에 앉아 종사라 불리는 사람은 참으로 쉽게 생각해서는 안 된다. 자기의 분에 맞게 얼렸다 녹였다 하면서 고고하고 준엄하게 해야 한다. 마치 사자가 노닐 때 그 의기가 모든 짐승을 놀라게 하듯, 나왔다 들어갔다 사로잡았다 놓았다 함을 끝내 헤아리기 어렵다. 갑자기 땅에 웅크리고 앉아 반대로 몸을 매달리면 모든 짐승이 달아나면서 겁을 집어먹으니, 어찌 수승하고 기특하지 않겠는가.

 이러한 사람이라면 3천 리 밖에서도 이미 일의 단서를 모두 살핀다. 그래서 암두(828~887)스님은 "물위에서 호로병을 누르는 것과도 같아 무심하여 호호탕탕한 경지는 억지로 잡아당겨 얽어매려 해도 되지 않고, 부딪치고 누르는 대로 천지를 덮는다."고 하였다. 잘 기르고 실천하여 이 경지에 도달해야만 비로소 영산(靈山)·소실(少室)과 함께 한 가닥 길을 나눈다 하겠다.

 황벽(751~850)과 임제(767~866), 암두(828~887)와 설봉(822~908)

등의 스님은 서로 빈주(貧主)가 되어, 바람이 불면 풀이 쓰러지듯 하여 세상에 나온 것을 헛되게 하지 않고 이삼십 년 법을 펼쳤다. 그들의 집안에는 같이 흐르고 함께 증명하여 통달한 사람이 저마다 있어서 서로서로 보호하였다.

누가 변화(卞和)의 구슬[5]을 알아보는 이 없다 하는가.
나는 여룡(驪龍)의 여의주[6]는 어디에서나 드러난다고 하리라.
誰言卞璧無人鑒(수언변벽무인감)
我道驪珠到處晶(아도여주도처정)[7]

주
:

1 정(靜) 장로(長老) : 『속전등록(續傳燈錄)』권27(T51-656a)에서 원오극근의 제자로 언급한 덕산(德山) 정(靜) 선사로 보인다. 자세한 행적은 알 수 없다.

2 황벽희운(黃檗希運, 751~850)이 천태산(天台山)을 유람하다가 어떤 스님을 만났는데 오래 알아온 사람 같았다. 함께 가다가 불어난 개울물을 만나 지팡이를 짚고는 걸음을 멈추었다. 그 스님이 황벽을 데리고 건너려고 해서 먼저 건너라고 하자, 그 스님은 삿갓을 물 위에 띄우고 곧장 건너가 버렸다. 이에 황벽이 "저런 좀스러운 놈하고 짝을 했을까? 몽둥이로 때려죽이지 못한 것이 후회스럽다."고 하였다. 『천성광등록(天聖廣燈錄)』권8(X78-451c).

3   백장(720~814)이 마조(709~788)를 두 번째로 찾아갔을 때 마조의 할에 3일 동안 귀가 멀었다고 상당하자 황벽(751~850)이 저도 모르게 혀를 내밀었다.『경덕전등록』권6(T51-249c).

4   『법연선사어록(法演禪師語錄)』권2(T47-657a).

5   변화(卞和)의 구슬[卞璧]:『한비자(韓非子)』「화씨(和氏)」편에 전하는 고사. 초나라 사람 변화(卞和)가 산속에서 캐낸 원석을 여왕(厲王)에게 바쳤으나 옥세공인이 가짜라고 판정을 내려 한쪽 다리가 잘렸다. 무왕(武王)이 즉위하자 다시 돌을 바쳤는데 이번에도 가짜라는 판정을 받고 나머지 다리도 잘렸다. 문왕(文王)이 즉위하자 다시 옥을 바치려 했는데 다리가 없어 갈 수가 없어 변화는 원석을 안고 엉엉 울었다. 문왕이 이야기를 듣고 원석을 가져다 갈아 보니 과연 눈부신 옥이 나왔고, 문왕은 변화에게 봉록을 내려 여생을 편히 살게 했다. 그래서 '변화의 구슬' 또는 '화씨의 구슬'은 비교할 수 없는 보배의 비유로 쓰인다. 그 뒤 세월이 흘러 조나라 혜문왕(惠文王)의 손에 들어갔는데, 이 소식을 들은 진나라 소양왕(昭襄王)이 '화씨의 구슬'과 성 15개를 바꾸자고 제안했다. 욕심 많은 소양왕이 약속을 지킬 리가 없었으나 그렇다고 거절하면 강대국인 진나라가 트집 잡아 쳐들어올 판국이라 혜문왕은 딜레마에 빠졌는데, 이때 인상여(藺相如)가 문제를 훌륭하게 해결하여 재상이 되었다. 여기에서 유래한 말이 '완벽(完璧)'이다.

6   여룡(驪龍)의 여의주[驪珠]:『장자(莊子)』「열어구편(列御寇篇)」에 전하는 고사. 어떤 사람이 송(宋)나라의 왕에게 열 채의 수레를 받고 장자(莊子)에게 거만하게 자랑을 하자, 장자는 왕에게 아부를 하여 재물을 얻은 것이 깊은 연못에 있는 흑룡의 턱 밑에 있는 진주를 얻은 것과 같이 위험한 일임을 깨우쳐주었다. 이 고사에서 '탐려득주(探驪得珠)'라는 말이 유래하였다.

7   동안상찰(同安常察, ?~961)의『십현담(十玄談)』제4송 '진이(塵異)'의 제2구.『경덕전등록』권29(T51-455b).

11

개성사(開聖寺) 융(隆) 장로(長老)[1]에게 주는 글

　개성사(開聖寺) 주지 융(隆)스님과 정화(政和, 1111~1118) 연간에 상서(湘西)[2]의 도림사(道林寺)에서 만났을 때[3] 아교와 옻칠이 붙듯 하였고 화살과 칼끝이 부딪치듯 하여서 큰 그릇이라고 여겼다. 그러다가 다시 종부(鐘阜)[4] 땅에서 만났는데 이미 큰 풀무 속에서 담금질을 마치고, 이 큰 일의 인연을 요달하여서 날로 가까워지고 친근해져 있었다.

　예로부터 내려오는 불조가 격식과 종지를 초월하였고, 천만 사람을 가두어도 머무르지 않는 곳에서 털끝이나 바늘구멍 사이에서 확연히 통하여 백천만억의 가없는 향수찰해(香水刹海)를 포용하였다. 그리고는 주장자로써 대대로 내려오는 성인들의 명맥을 하나하나 발현했으며 취모검(吹毛劍) 위에서 주장들을 뚝 끊어 버렸다. 울퉁불퉁한 나무 선상에 앉아 사람들에게 쐐기와 못을 뽑아 주고 끈끈한 것을 떼어 주고 결박을 풀어 주어서 큰 자유를 얻게 하였다.

이문(夷門)⁵ 땅에도 전해져 자리를 함께하며 의지하였다. 오랫동안 임제(767~866)스님의 정법안장 하나가 면면히 이어져 자명(慈明, 986~1040)과 양기(楊岐, 992~1049) 두 스님에 이르렀으니 모름지기 바람도 들어가지 못하고 물도 적시지 못하는 영리한 이라면 살인을 해도 눈 하나 깜짝하지 않는 기개를 자부하고 깨달음의 도장[正印]을 높이 들어야 한다. 조사와 부처를 꾸짖고 욕하는 것은 오히려 그 밖의 일이다.

그대로 온 누리 사람들이 철저하게 생사의 소굴을 말쑥하게 끊게 하고 아무런 할 것이 없는 크게 통달한 경계에 도달하게 하여야 본분의 씨앗이 될 것이다.

주:

1   융(隆) 장로(長老) : 원오극근의 제자 호구소륭(虎丘紹隆, 1077~1136)을 가리킨다. 호구소륭은 원오극근의 법을 잇고 20년간 시봉하다가 고향으로 돌아가 화주 개성선원(開聖禪院)에서 개당하였다.
2   현재 호남성(湖南省) 주주시(株洲市).
3   호구소륭이 출가하고 나서 원오극근을 만나는데 원오극근이 도림사로 옮겨가자 따라가서 20여 년 동안 참선하여 깨달았다. 『보속고승전(補續高僧傳)』 권10 「호구륭선사전(虎丘隆禪師傳)」(X77-436c).
4   현재 강소성(江蘇省) 남경시(南京市)에 있는 산 이름.
5   현재 하남성(河南省) 개봉시(開封市)에 있는 산 이름.

12

보현사(普賢寺) 문(文) 장로(長老)[1]에게 주는 글

부처와 조사는 마음으로 마음에 전하였는데, 대개 모두는 투철하게 깨달아 벗어나서 마치 두 거울이 서로 비추듯 언어나 형상에 걸리지 않았다. 격식과 헤아림을 멀리 초월하여 화살과 칼끝이 서로 마주 버티듯, 애초에 다른 인연이 없어야만 도의 오묘함을 전수받아 조사의 법등을 계승할 수 있었다. 알음알이가 끊겨 사유를 벗어나고 정식(情識)을 뛰어넘어 호호탕탕하게 통하여 자유자재한 곳에 도달하였다. 사람을 택하여 법을 부촉할 경우에는 남다른 기상은 물론 모습이나 체제가 완전히 갖추어지기를 요구한다. 그런 뒤에야 집안의 명성을 떨어뜨리지 않고 위로부터 내려오는 수단을 체득하여야 비로소 서로가 부합한 것이다. 그렇기 때문에 수백 년을 계속 이어 오면서 갈수록 더욱 빛이 났으니, 이른바 근원이 깊어야 멀리까지 흐른다고 한 것이다.

요즈음은 자못 옛날의 자취를 잃어 가풍을 함부로 하며 주장들을 남기고 격식을 만든다. 스스로가 완전히 벗어나지 못하고서 도리어 남들을 위한다면, 이것은 마치 늙은 쥐가 소뿔에 들어가는 것과 같아서 점점 갈수록 좁아진다. 이러고서야 어떻게 위대한 강령을 땅에 떨어뜨리지 않을 수 있겠는가.

지난날 처음 스승[五祖法演]을 뵈었을 때 내가 공부한 것을 털어놓았는데, 그것은 모두 보고 들은 기연의 어구들로서 모두 불법과 심성의 현묘함에 대해서였다. 그러자 노스님께서는 무미건조한 두 구절을 들려주셨는데, "유구(有句)와 무구(無句)는 마치 등덩굴이 나무를 의지한 것과 같다."였다. 처음에는 이리저리 재주를 부려 보았고, 다음으로는 논리를 세워 설명하였으며, 끝에 가서는 해보지 않은 것이 없었다. 꺼내는 족족 간략히 물리치셨으니, 이윽고 나도 모르는 결에 눈물이 쏟아졌다. 그러나 끝내 들어갈 수가 없어 재삼 이끌어 주시기를 간구하였더니 법어를 내려 주셨다.

"네가 견해로 헤아리는 것이 다하여 일시에 모두 없어져 버리면 자연히 깨달으리라."

그리고는 이렇게 덧붙이셨다.

"나는 벌써 너에게 다 설명해 주었다. 가거라."

내 자리에 앉아서 침구하여 끝내 아무 터진 틈도 없는 도리를 요달하였다. 그래서 방장실에 들어가 입에서 나오는 대로 어지럽게 말씀드렸더니, "무슨 횡설수설이냐."고 나무라셨다. 즉시 마음속으로 복종하였는데 참으로 눈 밝은 사람이 나의 가슴속 일을 꿰뚫어 보았던 것이다. 그러나 끝내 깨치지는 못하고 이윽고 산을 내려와 2년쯤 지나 돌아가서 비로소 "소옥(小玉)아!' 하고 자주 부른 것은 원래 딴 일이 아니라…."[2] 한 구절에서 통 밑바닥이 빠진 듯하여 전에 보여주신 것이 참다운 약석(藥石)이었음을 비로소 엿보게 되었다. 이리하여 미혹했을 때는 깨닫지 못했던 것을, 바야흐로 진실타당한 그 당처를 알게 되었다. 양수(良遂)스님이 "여러분이 아는 것은 내가 모조리 알지만 내가 아는 것은 여러분이 모른다."[3] 하신 말씀과 같다. 참으로 진실하신 말씀이다.

설봉(雪峰, 822~908)스님이 덕산(德山, 782~865)스님에게 "위로부터 내려오는 종승(宗乘)의 일이 저에게도 해당하는지요?" 하고 묻자 덕산스님은 주장자로 때리면서, "뭐라고 지껄이느냐?"고 하였다. 설봉스님은 후에 "나는 덕산스님에게 매를 맞고 천 겹 만 겹 살냄새와 땀이 밴 장삼을 벗어 버린 것 같았다."고 하였다.

임제(767~866)스님은 황벽(751~850)스님에게 세 차례 매 맞고 대우(大愚)스님에게 가서 물었다.

"저에게 허물이 있습니까, 허물이 없습니까?"

대우스님이 말하였다.

"황벽스님이 이처럼 노파심이 간절하였는데, 너는 다시 와서 허물을 찾고 있느냐?"

이 말끝에 임제스님은 활짝 깨닫고 자기도 모르는 결에 말하였다.

"원래 황벽의 불법도 몇 푼어치 안 되는구먼!"

이 두 어른은 총림에서 걸출한 분들로, 모두 몽둥이 끝에서 크게 깨달아 뒤에까지 이 종풍을 크게 떨쳐 세상의 사다리와 배가 되었다. 참선하는 사람들은 잘 돌이켜보아야 한다. 어찌 그들이 거칠고 천박했겠는가. 그런데 요즈음 어떤 사람은 "주장자로 사람을 제접하는 것은 모두 경계[機境]에 떨어진 것이다."라고 한다. 반드시 심성을 참구하여 요달하고 나서 지극히 묘한 이치를 철저히 논할 것이니, 어느 때이고 바늘과 실처럼 면면밀밀(綿綿密密)해야 비로소 세밀한 데에 들어갈 수 있다.

  예컨대 저 일대장교(一大藏敎)인 오교(五敎)[4]와 삼종(三宗)[5]은 은밀하고 지극히 진실한 실제의 경지를 분석해 드러내며 부처 지위의 이치를 꿰뚫었으니, 어찌 세밀하게 조사서래의(祖師西來意)를 빌리지 않겠는가. 그러나 법이 오래 흐르다 보니 이견(異見)이 많이 나오고 참된 가르침을 전해 받지 못하여 제호(醍醐)를 가지고 독약을 만들었다는 점을 알아야 한다. 이것이 어찌 덕산(782~865)과 설봉(822~908), 황벽(751~850)과 임제(767~866)의 허물이겠는가. 속담에 "두레박줄이 짧으면 깊은 샘에 이르지 못한다."고 하였다.

  노조(魯祖)[6]스님은 납자들을 보면 그저 면벽을 할 뿐이었다. (이 이야기를 듣고 노조와 같이 마조의 제자인) 남전(南泉, 748~835)스님은 "내가 어떤 때에 '부모가 낳아 주기 이전에서 참구해 낸다 해도 오히려 아무 것도 얻지 못한다'고 했는데, 이렇게 해 가지고는 나귀해가 되도록 참구해도 기약이 없을 것이다."라고 하였다.[7]

이 두 어른들은 자취를 함께하고 눈썹을 나란히 한 분으로, 있음을 모르는 것이 아니었는데 무엇 때문에 굳이 이처럼 말하였겠느냐? 노조스님의 방법을 알겠느냐? 알아냈다면 남전스님 보기를 물이 물로 들어가듯 하겠지만 모른다면 노조스님을 잘못 알고 남전스님을 그릇되게 집착하여 빙글빙글 그저 말로 드러낸 주장을 쫓기만 할 뿐 어찌해볼 수가 없을 것이다.

석공(石鞏)[8]스님은 활을 당겨 화살을 쏘았고, 비마(秘魔, 817~888)스님은 나무집게를 들어 사람을 시험하였으며, 구지(俱胝)스님은 한 손가락을 치켜세웠고, 무업(無業, 761~822)스님은 "망상 피우지 말라."[9]고 하였다. 화산(禾山, 884~960)스님은 "북 칠 줄 안다."고 하였고, 설봉(雪峰, 822~908)스님은 나무공을 굴렸으며, 조주(趙州, 778~897)스님은 "차나 마시게." 하였고, 현사(玄沙, 835~908)스님은 "빗나갔군." 하였는데, 불법에 어찌 이런 것들이 있겠는가.

만약 낱낱이 방편을 지어 합당한 말을 한다면 만겁 천생토록 윤회한다 해도 꿈에도 보지 못할 것이다. 그러나 만약 진실하게 조계의 올바른 길을 밟았다면 앉아서 성패를 구경하고 이 한 무리의 허물을 엿볼 것이다.

감사(監寺) 자문(子文)이 이 편지를 기다린 지 수 년이 되었다. 요새 절에서 물러나 약간 한가하기에 천지를 덮으며 성현을 뛰어넘는 한마디를 꺼내본다. 그대는 오래 참구하였으니 스스로 양수(良

逢)스님처럼 알 것이다.

 건염(建炎) 3년(1129) 윤 8월 11일에 운거산(雲居山)의 동당(東堂)에서 쓴다.

주
:

1 문(文) 장로(長老) : 『속전등록(續傳燈錄)』 권27(T51-656a)에서 원오극근의 제자로 언급한 홍복자문(洪福子文)으로 보인다. 이 편지의 마지막에도 감사(監寺) 자문(子文)에게 보낸 편지임을 밝히고 있다. 자세한 행적은 알 수 없다.

2 소옥성(小玉聲) : 소옥(小玉)은 당 현종의 비였던 양귀비의 몸종 이름이다. 양귀비는 궁궐담 밖에서 듣고 있을 애인에게 자기 목소리를 들려주려고 일도 없이 몸종의 이름을 불러댔다. 입 밖으로 엉뚱하게 나온 '소옥(小玉)'이라는 소리와 양귀비 마음속의 '님 소식을 전함'을 선문(禪門)에서는 '언어문자'와 '마음'에 빗대 쓴다.

3 『오등회원(五燈會元)』 권4 「수주양수선사(壽州良遂禪師)」(X80-99b).

4 오교(五敎)는 일반적으로 화엄 교판을 따라 소승교(小乘敎), 대승시교(大乘始敎), 대승종교(大乘終敎), 일승돈교(一乘頓敎), 일승원교(一乘圓敎)의 다섯으로 설명한다.

5 삼종(三宗)은 보통 선종(禪宗), 교종(敎宗), 율종(律宗)의 셋으로 설명한다.

6 노조보운(魯祖寶雲) : 마조도일(馬祖道一, 709~788)의 제자이다. 자세한 생애는 알 수 없다.

7 『경덕전등록』 권7(T51-251c~252a).

8 석공혜장(石鞏慧藏)은 원래 수렵을 직업으로 했는데, 어느 날 사슴을 쫓다가 마조도일(馬祖道一, 709~788)을 만나서 설법을 듣고는 활을 버리고 출가하여 참학한 뒤 그의 법을 이었다. 강서성(江西省) 무주(撫州) 석공산(石鞏山)에 머물렀다. 『경덕전등록』 권6(T51-248b).

9 분주무업(汾州無業, 761~822)은 학인들의 질문을 받으면 흔히 "망상을 일으키지 말라."고 답하였다. 『경덕전등록』 권8(T51-257a).

13

정주(鼎州) 덕산(德山)
정(靜) 장로(長老)에게 주는 글

　장로와 도림사(道林寺)에서 상종한 것은 숙세의 큰 인연이다. 향상의 관문을 열어젖히고 한마디에 그대로 계합하여 빠짐없이 원만히 비춤은 예로부터 모두 대기와 대용을 썼기 때문이니, 용과 코끼리의 발자국은 노새가 감당할 바가 아니다. 만약 이 솜씨를 갖추지 않았다면 어떻게 사람에게서 끈끈함을 떼어 주며 결박을 풀어 주고 못과 쐐기를 뽑아 주겠는가. 이 본분의 일은 단지 한결같이 다잡아 농사꾼의 소를 몰고 가고 주린 사람의 밥을 빼앗는 솜씨만이 활구(活句)이다.

　모든 언어, 요긴한 기연, 사리(事理), 밝고 어두움, 침묵과 언어, 잡고 놓아줌, 살림과 죽임 등은 모두 다음 글에 갖추어져 있으니 더 이상 들먹이지 않겠다. 오로지 황벽(751~850)과 임제(767~866), 목주(780~877)와 운문(864~949), 위산(771~853)과 앙산(807~883), 설봉(822~908)과 현사(835~908) 사이에 더욱 오묘함을 체득하였다. 산승의 방안에서는 일찍이 이 관문을 밟지 않으면 결코 그냥 지나게 하지 않았으며, 부촉할 때에는 더더욱 철저하게 했다. 희귀하게 하는 것은 절대 금물이니 그런 건 아무짝에도 쓸모가 없다. 알아차린 사람이 없다면 모르겠지만, 그렇지 않다면 반드시 바로 이 문중의 사람이라야만 할 것이다.

14

담주(潭州) 지도(智度)
각(覺) 장로(長老)에게 주는 글

●

　지극한 도는 간단하고 쉬우면서도 깊고 오묘하여 애초에 등급이나 사다리를 세우지 않고 만 길 절벽에 서 있으니, 이것을 본분소식이라 한다. 이 때문에 마갈타(摩竭陀)에선 방문을 잠그고 바른 법령을 시행한 일[1]과 비야리(毘耶離)[2]에서 침묵으로 근본 종지를 천양한 것도 오히려 본분의 선지식이 있었다면 그냥 지나치지 않았을 터이니, 하물며 현묘함에 빠져 마음과 성품을 설명하고 따지는 경우야 말해 무엇 하겠는가. 땀 냄새 밴 장삼을 착 붙여 입고 벗어 버리지 않는다면 더더욱 낭패를 볼 뿐이다. 이것은 소실(少室)과 조계(曹溪)의 가풍과는 전혀 다르고, 임제(767~866)스님과 덕산(782~865)스님의 기량은 뼈를 발라낸 듯하며, 용과 호랑이가 달리고 천지가 회전하듯 하여서, 경쾌한 사람을 끝내 진흙탕으로 이끌지 않는 법이다.
　예로부터 크게 통달한 사람은 지극한 곳을 철저히 믿기만 하면 재빠른 새매와 같아서, 바람 타고 날아올라 해를 빛내고 등뒤로 푸른 하늘을 어루만지면서 당장에 벗어나, 하루 종일 실낱만큼의 장애와 막힘도 없었다. 칠통팔달하여 말아들이고 펴며 사로잡고 놓아주면서 성인의 지위에도 오히려 머무르려 하지 않았는데 어찌 범부의 부류에 처하려 하였겠는가.

  가슴은 텅 비어 지금과 옛날을 모두 감싸고 풀 한 줄기 집어서 장육금신(丈六金身)을 만들고 장육금신을 집어서 한 줄기의 풀을 만들기도 한다. 그렇기는 하나 애초에 낫고 못하고 취하고 버림이 없어 오직 활발하고 우뚝하게 기연에 응할 뿐이다. 어떤 때는 사람은 빼앗아도 경계는 빼앗지 않으며[奪人不奪境], 어떤 때는 경계는 빼앗아도 사람은 빼앗지 않으며[奪境不奪人], 어떤 때는 사람과 경계를 함께 빼앗기도 빼앗지 않기도 하면서[人境俱奪俱不奪] 형식과 종지를 초월하여 완전히 말쑥한 경지를 이룬 것이다.

  어찌 사람을 가두며 사람을 덮고 옮기며 치닫게 하는 것만을 귀하게 여긴 것이겠는가. 무엇보다 참된 자리에 당하여 기댐이 없는 무위무사(無爲無事)의 큰 해탈로 각각의 본분사를 밝게 보였던 것이다. 때문에 옛사람은 티끌바람에 풀끝이 움직이면 그에 앞서 알아차리고 털끝이 나오기만 하면 그 자리에서 잘라 버렸다. 그럼에도 불구하고 한 개나 반 개도 얻지 못했는데, 어찌 피차 어리석음 속에서 서로 뒹굴고 끌고 당기며 선문답을 두고 이리저리 따지고 가려서 격식을 만들어 사람들을 매몰시켜서야 되겠는가. 이는 눈을 뜨고 침상에 오줌 싸는 격임을 분명히 알아야 한다. 저 눈 밝은 사람은 결코 이런 틀에 박힌 짓은 하지 않는다.

　대장부의 의기(意氣)로 여러 사람을 놀라게 함에는 모름지기 임제스님의 근본 종지를 올바르게 이어, 할 한마디 몽둥이 한 대, 한 기틀 한 경계에서 분명히 해결해야 한다. "취모검을 쓰고 나서는 재빨리 다시 갈아 두라."³고 했던 말을 듣지 못하였느냐.

주
:
1　석존이 깨달음을 얻은 곳이 마갈타이기 때문에 '마갈타국의 법령'은 석존이 마갈타국에서 설한 법을 말한다.
2　비야리는 유마거사가 살던 곳이어서 유마거사를 가리키는 말로 쓰인다.
3　"吹毛用了急須磨(취모용료급수마)" : 임제스님이 입적할 때에 남긴 전법게의 일부이다. 『경덕전등록』 권12(T51-291a).

15

촉중(蜀中)의 축봉(鷲峰) 장로(長老)에게 주는 글

다자탑 앞에서 (석존은) 일찍이 법좌를 (가섭과) 반으로 나누었고, (달마는) 총령(葱嶺)의 서쪽 언덕에서 한 짝 신을 홀로 들고 갔으며,[1] 임제(767~866)스님은 눈먼 나귀로 혜연(慧然)스님에게 명하였고,[2] 협산(夾山, 805~881)스님은 청산(靑山) 때문에 낙포(洛浦, 835~899)스님에게 맡겼다.[3] 비록 근원이 나뉘고 유파가 갈렸으나, 요컨대 한 맥이 조계로부터 나와 큰 그릇의 영리한 근기를 골라 자취를 쓸어 없애게 하였다. 이 때문에 위로부터 용과 호랑이가 달리고 북두를 돌리고 별을 옮기듯 하면서 번뜩이는 번개 속에서 그릇된 것을 가려내고 부싯돌 불빛 속에서 검고 흰 것을 분간하였던 것이다.

어리석은 이는 문제 삼지도 않고 오직 준수한 부류에게만 힘썼을 뿐이다. 팔꿈치 뒤에 호신부적을 걸고 정수리 눈을 확철히 떠 종지와 강령을 세우고 바른 법령을 단독으로 제창하였다. 근원이 깊지 않으면 흐름이 멀지 못하고 공부가 쌓이지 않으면 쓰임이 오묘하지 못한다. 이 때문에 서하(西河, 분양선소, 946~1023)스님은 사자를 희롱하여 종지와 격식을 초월하려 하였고, 양기(992~1049)스님은 따가운 밤송이[栗棘蓬]를 삼키고, 흐르는 물을 칼로 잰 것이다.

 선불장(選佛場)4에 들어와 향상 관문의 빗장을 열고자 한다면, 모름지기 때로는 얼렸다 때로는 녹였다 하면서 견고한 무쇠 척추로 이 큰 임무를 걸머져야만 한다. 자기 자신에게는 자세하고 진실하며 다른 사람한테는 치우침이 없어야 하니, 속세의 인연에 떨어지기만 하면 바로 허물에 빠진다. 오조봉의 노스님(오조법연, ?~1104)은 고개를 좌우로 끄덕였고, 백운산의 상노스님(백운수단, 1025~1072)은 통째로 대추를 삼켜 항상 경책을 하셨다. 깊은 연못에 임한 듯하고 살얼음을 밟듯 해야만 백척간두(百尺竿頭)에서 백천 걸음을 나아가고 벼랑 위에서 억만 번이나 뛰게 된다. 이에 참다운 가죽 자루를 시험하여 부딪쳐도 부서지지 않는 줄 알 것이다. 무릇 이는 부처님의 뚜렷한 본분의 씨앗이니, 삼갈지어다.

주
:

1 보리달마를 웅이산(熊耳山) 아래에 장례를 치렀는데, 송운(宋雲)이 서역에 사신으로 갔다가 돌아오는 길에 총령(葱嶺, 파미르고원)에서 한쪽 신만 들고 서천으로 되돌아가는 달마스님을 보았다. 송운이 이를 황제에게 아뢰어 무덤을 파헤치니 한쪽 신만 남아 있었다. 『벽암록』 권5(T48-183c).

2 임제의현(臨濟義玄, 767~866)이 입적할 즈음에 삼성혜연(三聖慧然)이 원주(院主)로 있었는데, 임제가 상당하여 "내가 떠난 뒤에 나의 정법안장(正法眼藏)이 없어지지 않게 하라." 하니, 혜연이 "어찌 감히 화상의 정법안장을 없어지게 하겠습니까?" 하였다. 이에 임제가 "갑자기 누군가가 물으면 그대는 무엇이라 하겠는가?" 하니, 혜연이 할을 하였다. 임제가 "나의 정법안장이 저 눈먼 당나귀에게서 없어지게 될 줄을 누가 알았으리오." 하였다. 『종용록(從容錄)』 권1 제13칙(T48-235b).

3 낙포원안(落浦元安, 835~899)이 협산선회(夾山善會, 805~881)에게 와서 예를 표하지도 않고 꼿꼿이 서 있었다. 협산이 "닭이 봉(鳳)의 둥우리에 들어왔으나 종류가 다르구나. 어서 나가라." 하니, 낙포가 "먼 곳에서 이렇게 왔으니, 원컨대 가르침을 주십시오." 하였다. 협산이 "지금 여기에는 그대도 없고 노승(老僧)도 없다."고 하자, 낙포가 할을 하였다. 협산이 "그만 닥쳐라. 까마귀 울음 같은 소리는 걷어 치워라. 구름과 달이 하늘에 있는 것은 같지만, 산에서 보는 것과 계곡에서 보는 것은 위치에 따라 달라 보이는 것이니라. 천하인(天下人)을 꼼짝 못하게 할 수는 있어도 혀 없는 사람의 대해탈의 경계는 아득해 미치지 못한다."고 하자, 낙포가 아무 말도 하지 않았다. 이에 협산이 한 대 후려쳤다. 그러자 낙포가 문득 절을 했다. 『종용록』 권3 제35칙(T48-250bc).

4 선불장(選佛場) : 부처를 뽑는 도량이라는 뜻. 참선당을 가리킨다.

16

현(顯) 상인(上人)¹에게 주는 글
소주(蘇州) 곤산(崑山)의 혜엄사(惠嚴寺)에 머물다

견처(見處)가 투철히 통하고 용처(用處)가 명백하니, 번개 치듯 기봉을 휘두르며 물소 뿔에 달무늬 지듯 하며[結角羅紋] 종횡으로 뒤섞여도 스스로 회전해서 막힘과 걸림이 없어야 한다. 또한 견해를 세우지도 않으며 기틀을 남겨 두지도 않은 채 바람이 불면 풀이 쓰러지듯 도도해야 한다.

근원을 깨달아 들어갈 경우 연원에 사무치면 될 뿐, 수증(修證)에 관계할 것[回互]이 없으니, 앎도 오히려 용납할 수 없는데 더구나 알지 못하는 경우이겠느냐. 하루 종일 이렇게 얽어맴이 없을 뿐만 아니라 애초에 주관과 객관, 나와 남을 간직하지 않으니 불법에 무슨 상관이리오. 이 무심(無心)·무위(無爲)·무사(無事)의 경계를 어찌 총명하고 영리하고 지혜롭고 분별 있고 지식 많은, 세속의 근본 없는 사람이 헤아릴 수 있으랴.

달마스님이 서쪽에서 올 적에 어찌 이 법을 가지고 왔으랴! 달마스님은 오직 각각의 본인에게 본래 있는 성품을 곧바로 지적해서 그들이 분명하고 철저하게 드러내도록 하여, 수없이 많은 잘못된 깨달음이나 잘못된 지식, 망상과 계교에 물들지 않도록 하였다.

참구를 하려면 모름지기 실답게 참구해야 하며 진정한 스승을 만나야 한다. 풀 구덩이 속으로 끌려 들어가지 말고 당장에 깨달아야 한다. 그리하여 땀 냄새 밴 장삼을 벗어 버리고 가슴속을 텅 비워 한 털끝만큼이라도 범부니 성인이니 하는 망령된 생각이 없어야 하며, 밖으로 치달려서 구하려 하지도 말아야 한다. 담담하고 진실하면 모든 성인들이라도 밀쳐 버릴 수 없다. 한 덩어리 적나라 한 마음[田地]을 가지고 공겁(空劫)의 저쪽으로 투철히 벗어나면 위음왕불(威音王佛)도 오히려 자손이니, 하물며 다시 남을 좇아 찾으려 하겠느냐!

조사 이래 본분작가들은 모두 이러하였다. 예를 들면 육조(六祖, 638~713)스님은 신주(新州) 땅의 일개 땔감장사에 불과하여 눈으로는 글자도 알아볼 수 없었으나 대만(大滿, 602~675)²스님을 한 번 뵙자 가슴을 열고 투철히 벗어 버렸다. 그러므로 비록 성현이 세상 자취를 묻고 살아도 핵심은 방편으로 보여주려 했던 것이다. 이 일은 훌륭하고 어리석음에 관계없이 모두 자기에게 본래 갖추어 있다.

이제 이미 참선하는 부류에 들어갔다면 매일같이 그윽한 마음으로 참구해야 하리라. 이 큰 인연은 다른 사람에게서 얻을 수 있는 것이 아닌 줄을 알아야 한다. 이 일은 오로지 몹시 날카로운 근기로 본분사를 걸머지고 더욱 나아가는 데 있으니, 백천 번을 단련해서 순금을 만들듯 나날이 망상을 덜고 도를 늘려야 한다. 티끌세계를 벗어나는 요점과 중생을 이롭게 하는 근본은 무엇보다도 일곱 번 뚫고 여덟 번 거듭 뚫어서 어느 모로도 의심 없는 안온한 데 도달하여, 대기대용(大機大用)의 경지를 얻어야만 한다. 이 공부는 바로 은밀한 작용 가운데 있다. 매일 만 가지 인연이 엇갈리고 세속의 번뇌가 어지럽게 일어나 맞고 거슬리고 얻고 잃는 등의 경계가 즐비한 속에 출몰하면서도, 그것들에 굴림을 당하지 않고 오히려 그것들을 굴려서, 활발하여 물을 뿌려도 적셔지지 않는 경지라야 이것이 바로 자기의 역량인 것이다.

나아가 고요하고 텅 비어 응연(凝然)한 데에 이르러서도 다른 것이 아니다. 기묘한 말이나 험하고 빼어난 기연과 경계까지도 한결같이 공평할 뿐 전혀 득실이 없으면, 모두 나의 쓰임이 되는 것이다. 이와 같이 오래 갈고 닦으면 생사의 순간에 훌쩍 벗어나, 세간의 부질없는 명예와 이익을 마치 바람에 날리는 흙먼지처럼 보고, 또 꿈과 허깨비와 헛꽃처럼 여겨서, 아무 힘 들이지 않고 세상을 건너는 것이니, 어찌 티끌세계를 벗어난 큰 아라한이 아니겠느냐!

골좌(骨剉)[3] 스님은 평생토록 누가 묻기만 하면 "뼈를 잘라라[骨剉]."라고 대답을 했는데 마치 무쇠탄알과 같아, 참으로 긴요하다 하겠다. 이를 잘 참구한다면 참으로 조사 문하의 사자라 하리라.

혜충(慧忠, 675~775)[4] 국사가 본정(本淨, 667~761)[5] 선사에게 물었다.

"스님은 일체 미묘한 법문을 볼 때 어떻습니까?"

"한 생각도 좋아하는 마음이 없습니다."

"바로 이것이 스님의 집안일입니다."[6]

참구하는 자가 여기에 도달해야 말끔해져서 다른 사람에게 속지 않는 자이다. 그러면 나는 이렇게 말하겠다.

"참으로 본분소식에 맞는 것이다."

주
:

1 현(顯) 상인(上人) : 『속전등록(續傳燈錄)』 권27(T51-656a)에서 원오극근의 제자로 언급한 보화(寶華) 현(顯) 선사로 보인다. 자세한 행적은 알 수 없다.
2 오조홍인(五祖弘忍)의 시호.
3 골좌(骨剉) : 당나라 나한종철(羅漢宗徹). 황벽희운(黃檗希運, 751~850)의 제자이나 정확한 생애는 알 수 없다. 항주 나한사(羅漢寺)에 머물렀다. 참구하는 이에게 "뼈를 잘라라[骨剉]"는 말을 자주 해서 '골좌화상'이라 불렸다.
4 혜충(慧忠, 675~775) : 혜능의 제자인 남양혜충(南陽慧忠). 어려서 6조 혜능(638~713)에게 수학하고 그의 법을 이었다. 혜능 입멸 후 여러 곳을 다니다가 하남성 남양(南陽) 백애산(白崖山) 당자곡(黨子谷)으로 들어가 40여 년간 산문을 내려오지 않았다. 당 상원(上元) 2년(761) 숙종(肅宗)이 그의 명성을 듣고 수도로 모셔 스승의 예를 올렸다. 혜충은 청원행사(靑原行思, 671~741), 남악회양(南嶽懷讓, 677~744), 하택신회(荷澤神會, 684~758), 영가현각(永嘉玄覺, 665~713)과 더불어 혜능 문하의 5대 종장(宗匠)이다. 시호는 대증(大證) 국사.
5 본정(本淨, 667~761) : 혜능의 제자인 사공본정(司空本淨). 어린 시절에 출가하여 6조 혜능에게 인가를 받고 사공산(司空山) 무상사(無相寺)에 머물렀다. 내도량(內道場)에서 여러 종파의 학자들과 자주 논쟁을 벌였다. 시호는 대효(大曉) 선사.
6 『경덕전등록』 권5(T51-244c).

17

간(諫) 장로(長老)에게 주는 글
촉중(蜀中)의 무위산(無爲山)에 머물다

조주(778~897)스님은 "내가 남방에 있던 30년 동안에 죽과 밥을 먹는 두 때에만 마음을 잡되게 썼다."[1]고 하셨다. 옛 스님들은 이 일을 위해서 등한히 하지 않고 정중하게 했으며, 그렇기 때문에 열심히 닦고 간파해서 매우 분명한 데 이르렀다. 한 기틀, 한 경계, 한 마디 한마디가 전혀 헛된 데 떨어지질 않았다. 그러므로 세간법과 불법이 한 덩어리를 이루었던 것이다.

요즈음 시대에 실다운 데에 이르고자 한다면 무엇보다 몹시 날카롭게 분발해야만 한다. 창자와 위를 뒤집어 바꿔 버리고, 악한 지견을 취하지 말며 잡독을 먹지 않아서, 한결같이 순일하고 아주 진정묘명(眞淨妙明)하게 되어, 당장에 본지풍광(本地風光)을 밟고 안온한 대해탈의 경지에 도달해야 한다. 보신불(報身佛)과 화신불(化身佛)의 머리에 눌러앉아서[2] 늠름하게 홀로 높아 바람이 한 점 들어가지 않고 물에도 젖지 않는다. 바른 몸을 그대로 이루어 일상생활 속에 역량이 있으니, 소리를 듣고 사물을 보아도 취하거나 버리려는 마음을 내지 않고 착착 닿는 대로 몸을 벗어날 길이 있다.

어떤 납자가 구봉(九峰, 930~985)³스님에게 "스님께서는 연수(延壽)스님을 직접 뵈었다고 들었습니다만, 정말 그렇습니까?" 하고 물으니 구봉스님이 "앞산의 보리가 익었더냐?"⁴고 하신 일을 듣지 못하였는가.

그 친절하고도 가까운 곳을 알 수 있다면 납승의 본면목[巴鼻]을 보게 되리니, 이른바 사람을 죽이는 칼, 사람을 살리는 칼이라는 것이다. 다만 오래도록 스스로 살펴보아서 격식을 벗어난 곳에 이르러 마침내 자연히 귀결점을 알게 되기를 바라노라.⁵

주
:

1 『고존숙어록(古尊宿語錄)』 권13 「조주진제선사어록(趙州眞際禪師語錄)」 권상(X68-77c). 다만 『조주록』에서는 구체적인 햇수는 밝히지 않았다.
2 『진주임제혜조선사어록(鎭州臨濟慧照禪師語錄)』 권1(T47-497c).
3 구봉(九峰, 930~985) : 귀종도전(歸宗道詮). 담주(潭州) 연수사(延壽寺)의 혜륜(慧輪)에게 참학하여 그의 법을 이어받고 여산(廬山) 귀종사(歸宗寺)에 머물렀다.
4 『오등회원(五燈會元)』 권8(X80-183b).
5 이 편지는 『원오불과선사어록』 권14(T47-779a)에도 전한다.

18

원(元) 선객(禪客)에게 주는 글
성도부(成都府) 광효사(廣孝寺)에 머물다

조주스님은 "불(佛)이라는 한 글자를 나는 듣기 좋아하지 않는다."[1] 하셨다. 말해 보라, 무엇 때문에 그리 말씀하셨는가. 아마 부처님이 일체지(一切智)를 갖춘 분이어서 듣기를 좋아하지 않았을까? 이러한 도리는 아니라는 것을 분명히 알아야 한다. 그것이 아니라면 무엇 때문에 듣기를 좋아하지 않았을까? 눈 밝은 사람이라면 듣자마자 귀결점을 알리라. 그렇다면 귀결점이 어디에 있느냐? 한 번 꺼내 보아라.

노조(魯祖)스님은 납자들이 찾아오는 것을 보면 문득 벽을 마주하고 앉았다. 이는 사람을 위한 것이냐, 아니면 사람을 위하지 않은 것이냐? 그 요점[節文]은 어디에 있겠느냐? 만약 그와 기연을 투합하고 싶다면 어디로 나아가야 하겠느냐?

백장대지(百丈大智, 720~814) 스님은 상당설법을 끝낼 때마다 다시 대중을 불러서 대중들이 머리를 돌리면 "무엇이냐?"고 하였다.

이에 대해서 약산(藥山, 746~829)스님은 "백장스님이 당 아래에서 하는 법문이다."라고 하였다.[2] 말해보라. 그것으로 어떤 사람을 지도하였느냐? 어떻게 알아차려야겠느냐?

주
:

1 『고존숙어록(古尊宿語錄)』 권13(X68-80c).
2 『경덕전등록』 권6(T51-250c).

19

고(杲) 선인(禪人)에게 주는 글
항주(抗州) 경산사(徑山寺)에 머무르다

　고(杲) 납자(衲子)는 근기와 성품이 매섭고 영리하다. 책 상자를 걸머지고 교학의 바다에서 종장들을 두루 방문하였으며, 지난날 재상이었던 장무진공(張無盡公, 1044~1122)[1]에게 큰 그릇으로 인정되어 정중한 대접을 받았다. 빼어나게 뛰어난 기상을 자부하고 좀스럽게 자잘한 일 따위는 하려 들지 않았다. 진실하게 서로 만나 한마디 말에 기연이 투합하면 지난날의 속박을 단박에 벗어버렸다. 비록 철저히 깨닫지는 못했으나, 한마디로 훤출하여 다른 사람의 억압과 속박을 받지 않는 통쾌한 이다.

　그의 내력을 살펴보았더니, 부공(傅公, 장무진공)의 집에서 그를 선발해 준 것이 애초의 원인이었다. 이윽고 심한 추위를 무릅쓰고 잠깐 함평(咸平) 땅으로 가려고 나를 찾아왔다. 떠날 것을 알리며 법어를 청하기에 그에게 법어를 내린다.

　납자라면 의당 통렬하게 생사로써 일을 삼고 지견과 알음알이의 장애를 녹이도록 힘써서, 불조가 전수하고 부촉해 주신 큰 인연을 철저하게 깨쳐야 하리라. 이름나기를 좋아하지 말고 뒤로 물러나 실다움을 구해 수행과 이해, 그리고 도와 덕이 충실해야 한다. 숨으면 숨을수록 숨겨지지가 않아 모든 성인과 천룡이 그를 사람들에게 밀쳐 내리라. 그런데 하물며 세월에 묻혀 단련하고 탁마하며 기다리니, 마치 종소리가 치는 대로 울리듯, 골짜기에 메아리 울리듯, 대장장이의 천만 번 풀무질과 달금질 속에서 나온 진금이 만 세토록 변치 않듯, 만 년이 일념인 경지야 말해 무엇 하랴. 그렇게 되면 향상의 본분소식은 손아귀 속에 있어 바람이 부는 대로 풀이 쓰러지듯 하리니, 참으로 여유작작하지 않겠는가.

이 글을 부옹(장무진)에게 보여주어 증명을 삼겠다. 수행에는 오래도록 변치 않음이 중요하다.

주
:

1   장무진공(張無盡公, 1044~1122) : 무진거사 장상영(張商英). 자(字)는 천각(天覺)이고, 장문충(張文忠)이라고도 한다. 여러 관직을 거쳐 재상에까지 올랐다. 처음에는 불교를 믿지 않았으나 『유마경』을 읽고 깊은 신심을 내어 도솔종열(兜率從悅, 1044~1091) 스님의 제자가 되었다.

20

온초(蘊初) 감사(監寺)에게 주는 글
소주(蘇州) 명인사(明因寺)에 머무르다

그대에게 한마디라도 해주면 벌써 더러운 물을 사람에게 끼얹는 셈이니, 더구나 눈을 깜짝이고 눈썹을 드날리며 선상을 치고 불자를 세우며 "이것이 무엇이냐?"고 묻고 할을 하고 방망이질을 하는 것 등이 모두 평지에 쌓인 뼈 무더기임을 분명히 알아야 한다. 그런데 좋고 나쁜 것을 모르는 사람이 있어 부처와 법과 선과 도를 물으면서 자기를 위해 달라 하고 지도해 주기를 빌며, 향상(向上)이니 향하(向下)니 하는 불법의 지견과 말씀이나 도리를 구하니, 이 역시 진흙 속에서 흙을 씻고 흙 속에서 진흙을 씻는 격이어서, 어느 때에 말쑥하게 벗어난 경지에 이르겠느냐.

어떤 사람은 이런 말을 듣고는 문득 속으로 따지기를, "나는 알아 버렸다. 불법은 본래 아무 일 없는 것으로서 누구나 다 갖고 있다. 종일토록 밥 먹고 옷 입는 데에 무엇이 조금이라도 부족하였던가?"라고 하면서, 문득 하릴없는 일상의 경계 속에 안주해 버린다.

이야말로 '이러한 일'이 있는 줄을 전혀 모르는 것이다. 그러므로 본분 속의 사람이라야만 위로부터의 종승본분(宗乘本分)을 알게 되는 것임을 알아야 한다.

만일 실제로 깨달아 들어간 곳이 있다면 일어났는지 자빠졌는지를 식별하고, 나아갈지 물러날지를 알며, 허물 쉴 줄을 알고 번뇌를 떠난다. 나날이 가까워지며 더욱 좋은 쪽으로 변해 가되 소굴을 지키지 않고 올가미에서 벗어 나와 천하 늙은이의 혀끝을 의심치 않는다. 생철(生鐵)을 단련하듯 노력하고 수행하면서 공양한 뒤에야 다함없는 법등(法燈)을 태우고 끊임없는 도를 실천한다. 몸과 목숨을 버리면서 뭇 생령을 건져내 그들 각자가 속박의 굴레를 벗어나 집착의 결박을 버리게 한다.

그러면 부처나 조사에 집착했던 병이 모두 치유되고 해탈의 깊은 구덩이에서 이미 벗어나서 함이 없고 하릴없는 쾌활한 도인이 되리라.

그러나 자신을 제도하고 나면 모름지기 행원(行願)을 버리지 말고 모두를 제도할 것을 생각해야 한다. 괴로움과 수고로움을 참고 견디면서 살바야해(薩婆若海)에서 배가 되어야만 비로소 조금이나마 상응함이 있으리라.

바싹 메마른 사람이나 노주등롱(露柱燈籠)[1]이 되지 않도록 삼가야 한다. 정갈스런 공[毬]처럼 되어 자신의 일만 마친다면 무슨 일을 이루랴. 이 때문에 옛 스님은 반드시 사람들에게 한 가닥 길을 가면서 보답할 수 없는 큰 은혜를 감당하여 보답하라고 권하였던 것이다.

요즈음 제방에는 영리한 납자들이 많은데 이들은 당장 깨달으려고만 한다. 어떤 사람은 너무 지나치게 탐구하여 쉽게 알려 들고, 그러다가 겨우 나아갈 길을 알기만 하면 즉시 세상에 나오고 싶어 한다. 반대로 또 하나의 잘못된 무리들은 추천해도 세상에 나오지 않으려 하는데, 이도 역시 원만하게 통하진 못한 것이다. 시절인연을 알아서 기회를 잃지 말아야만 막힘없는 사람이라 할 것이다.

주
:
1   노주등롱(露柱燈籠) : 법당 앞의 큰 돌기둥과 석등.

21

일(一) 서기(書記)에게 주는 글
사명(四明)의 설두산(雪竇山)에 머무르다

　영특하고 신령한 납자는 바탕이 뛰어나고 남다른 자태를 쌓아서 비분강개한 마음으로 세속의 벼슬을 버리고, 자기 자신과 세상의 들뜬 명예를 날아다니는 티끌이나 뜬구름 혹은 골짜기의 메아리처럼 본다. 숙세의 대근기(大根器)로써 생사 문제를 훌쩍 뛰어넘고 성인과 범부를 끊는 '이 일'이 있음을 안다. 이리하여 삼세여래가 깨달으신 금강정체(金剛正體)와 역대조사가 단독으로 전한 오묘한 마음을 그대로 밟아 향상(香象)과 금시조(金翅鳥)가 된다. 요컨대 억천만 부류 위에서 달리고 날며 뭇 흐름을 끊어 버리고 하늘을 나는데, 어찌 고니나 제비가 되어 이기고 지고 높고 낮음에 얽매이며, 목전의 전광석화 사이를 비교하면서 이로움과 해로움에 휘둘리겠는가.
　이 때문에 옛날 크게 통달한 사람은 세세한 일을 기억하지 않고 천박한 일을 도모하지 않았다. 문득 불조의 경지를 높이 초월할 뜻을 세우고 그 누구도 감당해 내지 못할 무거운 짐을 걸머지려 하였다. 그리하여 나루터에서 사생구류(四生九類)[1]를 건네주며 괴로움을 없애고 편안함을 널리 주려 하였다. 도를 가로막는 우매함을 타파하고 무명의 전도된 독화살을 꺾어 버렸다. 그리고 법안(法眼)의 견해 가시를 뽑아내어 본지풍광을 맑히니, 공겁 이전의 면목이 밝게 드러났다. 마음과 힘을 다하여 추위와 더위를 꺼리지 않고 뼈저린 의지와 고상한 행동으로 세 가닥 서까래 아래에서 원숭이 같은 마음을 죽여 버리고 말같이 뛰는 의식을 죽여 버렸다. 그리하여 고목과 썩은 나무같이 하여 갑자기 뚫어 버리니, 어찌 다른 사람으로부터 얻어진 것이랴. 가려졌던 것을 드러내서 어두운 방에 밝은 등불을 켜고 나루터에서 배가 되고자 한다면, 큰 해탈을 증득하여 한 생각도 일으키지 않고 단박에 올바른 깨달음을 얻어야 한다. 진리[理]에 들어가는 문을 통달하고 그런 뒤에 보광명장(普光明場)에 올라 번뇌 없는 청정한, 그리고 수승하고 위대한 법공(法空)의 자리에 앉는다. 바다 같은 입에서는 물결이 출렁이듯 걸림 없는 네 변재[四無碍辯]를 떨친다. 한 기연을 세우고 한마디를 내려 주며 수승한 한 가지 모습을 나타내어 널리 범부·성인·유정·무정들이 모두 위엄스러운 광채를 우러러보며 은혜를 입게 하여도, 이는 아직 절승한 공훈의 상태는 아니다.

다시 저쪽으로 더 나아가서, 모든 성인들이 가두어도 갇히지 않고 모든 신령이 경모하려 해도 방법이 없으며, 모든 하늘이 꽃을 받들 길이 없는데, 마구니 외도가 어떻게 옆에서 엿볼 수 있으랴.

지견을 놓아 버리고 현묘함을 몰아내며 작용을 날려 버려, 배고프면 밥 먹고 목마르면 물 마실 뿐이다. 애초에 유심(有心)인지 무심(無心)인지, 옳은 생각인지 잘못된 생각인지를 모르는데, 하물며 이제까지 배워 이해한 현묘함, 이치와 성품의 분류[分劑]와 명상(名相)에 꽉 막힌 지견과 부처다 법이다 하는 견해, 그리고 천지를 뒤흔들 세간의 지혜와 총명함에 연연하랴. 스스로를 얽어매 바다에 들어가 모래를 헤아린들 무슨 믿을 만한 점이 있으랴.

참으로 대장부라면 힘써 적을 이기고 여러 사람을 놀라게 해서, 자기의 본래 의지와 발원이 만족해야만 본분의 큰마음과 큰 견해로 크게 해탈하여 함이 없고 일없는 참다운 도인이라 하겠다.

주:

1 사생구류(四生九類) : 과거에 지은 선악의 행위에 따라 받는 생(生)의 모습을 통칭하는 표현. 태생(胎生)·난생(卵生)·습생(濕生)·화생(化生)이 '사생(四生)'이며 이 '사생'에 유색(有色)·무색(無色)·유상(有想)·무상(無想)·비유상비무상(非有想非無想)의 다섯을 합하여 '구류생(九類生)'이라고 한다.

22

일(一) 서기(書記)에게 준 법어에 덧붙여

나는 정화(政和, 1111~1117) 말기에 낭야(瑯琊)에 가서 한 스님을 만났는데, 마치 오랜 친구 사이 같았다. 나는 그가 도를 지향하는 뜻이 다른 사람 같지 않아서 좋았고, 그래서 앞의 게송을 지었다. 대량산(大梁山)에 주지하라는 조서를 받고 가게 되어서는 함께 다닐 수 있었고, 그는 매일 이 문제를 더욱 열심히 물었다. 수백 명의 대중 가운데서 힘써 배우려 하였으므로 다시 뒤의 법문을 주었다. 건염(建炎) 원년(1127)에 동남으로 가려 하여 거듭 글을 쓰고 거기에 발문을 붙여 뒷날 다시 만날 것을 기약하면서 우선 헤어지기로 하였다. 도인의 본분은 천만 리 밖에서도 털끝만큼도 막히지 않는다는 것을 서로 안다. 옛날에는 이 경우에도 바른 법령[正令]을 행한 경우가 많았다.

예컨대 조주(趙州, 778~897)스님은 "부처가 있는 곳에도 머무르지 말며, 부처가 없는 곳은 얼른 지나가라."[1] 하였으며, 석실(石室)스님은 "한결같이 가기만 하지는 말라. 뒤에 다시 내게로 오리라."² 하였다. 동산(洞山, 807~869)스님은 "풀 한 포기 없는 만 리 밖으로 가라."³ 하였고, 대자(大慈, 780~862)스님은 "나도 데리고 가라."⁴ 하였으며, 귀종(歸宗)스님은 "날씨가 추우니 가는 길 조심하라."⁵ 하였다. 또 조산(曹山, 840~901)스님은 "가도 달라질 것 없다."⁶ 하였고, 오본(悟本, 동산양개, 807~869)스님은 "비원령(飛猿嶺)은 험하니 잘 살펴 가라."⁷ 하였으니, 이 모두가 가리고 숨길 것 없이 단도직입적으로 보여준 것이었다.

백 갈래에서 오직 근본 밝히기에 힘써서 그 자리에서 알아차리기만 하면, 남쪽 고을이나 북쪽 지방 어느 곳에선들 그[渠]를 만나지 않으랴.

끝으로 은근한 마음에서 한마디 더 하지 않을 수 없도다. 자, 무엇이 진실한 곳인가?

  주장자를 비껴들고 인간을 돌아보지 않은 채
  곧바로 천 봉우리 만 봉우리로 들어간다.
  櫛標橫擔不顧人(즐표횡담불고인)
  直入千峰萬峰去(직입천봉만봉거)⁸

주
:

1   『경덕전등록』 권27(T51-437a).
2   『경덕전등록』 권14 「담주석실선도화상(潭州石室善道和尙)」(T51-316b).
3   『경덕전등록』 권17(T51-338a).
4   『경덕전등록』 권9 「항주대자산환중선사(杭州大慈山寰中禪師)」(T51-267a).
5   『경덕전등록』 권7 「여산귀종사지상선사(廬山歸宗寺智常禪師)」(T51-256b).
6   『경덕전등록』 권17 「무주조산본적선사(撫州曹山本寂禪師)」(T51-336a).
7   『경덕전등록』 권17(T51-339b).
8   『고존숙어록』 권41 「운봉열선사초주취암어록(雲峰悅禪師初住翠嵓語錄)」(X68-266c).

23

종각(宗覺) 선인(禪人)에게 주는 글

종문에서는 날카로운 지혜를 가진 최상근기로서 생사를 벗어나고 지견을 끊으며 언설을 여의고 성인과 범부를 초월하는 오묘한 도를 가진 자를 제접(提接)한다. 그러니 어찌 천박하고 좁은 식견을 가지고 도리를 따지거나 기연과 경계 등의 알음알이 위에서 살 궁리를 하는 자가 헤아릴 수 있으랴.

반드시 용과 호랑이처럼 사람을 죽이고도 눈 하나 깜짝하지 않을 자를 필요로 한다. 그들은 재빠르고 날카로운 역량을 써서 거량하는 소리를 듣기만 하면 바로 떨치고 일어나 떠나 버린다. 밖으로는 세간의 속박과 집착을 버리고 안으로는 성인이니 범부니 하는 미혹한 생각을 버리고, 곧바로 홀로 아득하며 높고 높은 곳에 도달한다. 실낱만큼도 의지하지 않고 그 자리에서 분명히 알아차리고 온몸으로 짊어져, 부처님이 와도 현혹되어 동요하지 않는데 더욱이 조사나 종장의 말과 기봉이야 말해서 무엇 하랴. 한 칼에 끊어 다시는 돌아보지 말고 그 밖의 잡다한 것들에는 무심해야 조금이라도 뛰어난 무리[上流]와 상응할 수 있다.

듣지도 못하였느냐. 영가(永嘉, 665~713)스님은 조계에 들어서자마자 사자후를 하였으며,[1] 단하(丹霞, 739~824)스님은 마조(馬祖, 709~788)스님이 선불장(選佛場)을 보여준다는 말을 듣자마자 그 자리에서 결판을 냈으니,[2] 이들은 두 스님 앞에 이르자마자 흐름을 거슬러 투합하였던 것이다. 또 양(亮) 좌주(坐主)는 (마조스님의) 한 마디 말끝에 42권 경론이 얼음 녹듯 하였고,[3] 덕산(德山, 782~865)스님은 (용담스님이) 지촉(紙燭)을 불어 끄는 순간 경론의 소초(疏鈔)를 모두 태워 버렸으며,[4] 임제(767~866)스님은 육십 방망이를 맞은 뒤에 뒤집어엎었으니[5] 모두가 투철히 벗어난 사람들이다. 그런데도 이들은 일찍이 몇 차례나 조사의 방에 들어갔으며 법문을 몇 차례나 청했는지를 알지 못한다.

요즈음 도를 배우는 납자들은 노력을 하지 않는다고는 말할 수 없으나, 대개는 그저 공안이나 기억하고 예와 지금을 비교하여 따지고 말을 외워 복잡한 이론을 풀고 표방하는 주장을 배운다. 그러니 어느 때에 쉴 수 있으랴. 이렇게 한다면 한바탕 너절한 잡동사니만 불어나게 할 뿐이다. 그렇게 된 근본 원인을 추궁해 보건대, 위로는 아직 선지식을 만나지 못하였으며 스스로는 대장부의 뜻과 기상을 걸머지지 않았기 때문에 일찍이 뒤로 물러나 자기에게로 돌아서서 정신을 차리고 이제껏 가져왔던 승묘(勝妙)하다는 생각을 놓아 버리고 단도직입적으로 벗어나 본분의 일대사인연을 알지 못한다. 그러므로 이러지도 저러지도 못하고 분명하게 깨닫지를 못했던 것이다.

이렇게 한다면 일생을 애써 수고한다 해도 꿈에서도 보지 못하고 말리라. 때문에 옛사람은 "보리는 말을 떠났으며, 애초부터 얻은 사람이 없다."[6]고 하였다. 또 덕산(782~865)스님은 "나의 종지에는 말이 없으며, 아무 법도 사람에게 줄 것이 없다."[7]고 하였으며, 조주(778~897)스님은 "부처[佛]라는 한마디를 나는 듣기 좋아하지 않는다."[8] 하였다.

이들을 보면 벌써 흙을 뿌려 사람들을 호도해 버린 것이다. 만약 다시 몽둥이질 속에서 현묘함을 구하고 "할" 소리에서 오묘함을 찾으며 눈을 부릅뜨고 손과 발을 움직인다면 더욱 여우의 소굴로 떨어지게 되리라.

이 종지는 깨달음을 귀하게 여길 뿐이다. 은산철벽(銀山鐵壁)의 만 길 깎아지른 벼랑에서 전광석화가 치는 가운데 이럴까 저럴까 망설인다면, 바로 구덩이 속으로 떨어지리라. 때문에 예로부터 보호하고 아껴 왔던 이 하나[一著子]는 함께 도달하고 함께 깨달은 이들이 그대가 움켜잡거나 더듬을 여지가 없는 곳에서 마음을 다하여 얽힌 인연을 버리고서 선지식을 의지하여 수행을 하였다. 만일 다시 천만 어려움 속에서 마음이 참아내지 못하고, 가까이 다가갈 수 없는 곳에서 몸과 마음을 놓아 버리고 궁구하여 철저하게 깨달지 못한다면 진실로 애석하리라. 천생백겁(千生百劫)에서 지금에 이르기까지 공부가 끊어진 적이 있었더냐. 끊어진 적이 없었다면 무슨 나고 죽고 가고 옴을 의심하랴. 인연에 속한 일은 본분사에 있어선 아무 관계가 없음을 분명히 알아야 한다.

오조(五祖, ?~1104) 노스님께서는 항상 "나는 여기 50년을 있으면서 선상 밑에 왔던 무수한 납자들을 보았다. 그들은 다만 부처를 찾으며 불법을 말할 뿐이었으니, 결국 본분납자를 만나 보지는 못하였다."고 하셨는데 참으로 그렇다. 요즈음 시대를 살펴보면 불법을 설명하는 사람조차도 만나기 어렵다. 그러니 더구나 본분(本分)을 구하는 사람이야 말할 것이 있겠는가.

시절이 말세여서 성인과의 간격이 더욱 멀어져 우리 당(唐)나라 안에는 부처의 종족들을 살펴보고 살펴보아도 다 없어졌다. 하나나 반 개의 지조 있는 이를 얻기는 해도 감히 옛 큰스님들과 같기를 기대하지는 못한다. 그러나 수행해 나아갈 바를 알아 머리부터 발끝까지 바르게 한다면 벌써 이는 불 속에서 연꽃이 피어난 격이니, 부디 모든 인연을 떨쳐 버려야 한다. 그러면 고래로 크게 깨달았던 이들의 가슴속을 알아 버리니, 어디를 가든지 쉬어서 은밀한 행을 실천하리라. 그리하여 모든 천신이 꽃을 받들 길이 없으며, 마군 외도가 찾아도 자취를 볼 수 없게 되리니 이는 진정한 출가인이다.

자기를 철저히 요달하여 만약 복(福)에 보답할 인연이 있다면,

세상에 나와서 한 손을 드리운다 해도 분수 밖이 아니다. 다만 마음을 결판내어 긍정한다면 결코 서로 속이지 않으리니, 노승의 이런 말도 보주(普州)⁹ 사람이 도적을 쫓는 격이라 하겠다.

주
:

1   영가현각(永嘉玄覺, 665~713)이 조계의 6조 혜능(慧能, 638~713)을 찾아가 여러 차례 문답하여 곧바로 인가를 받고 그날 일숙(一宿)하였다고 해서 영가현각을 일숙각(一宿覺)이라고 하였다. 『경덕전등록』 권5(T51-241b).

2   단하천연(丹霞天然, 739~824)이 유학을 배우고 과거를 보러 가던 길에 한 선승으로부터 관리를 뽑는[選官] 과거보다는 부처를 뽑는[選佛] 과거가 훌륭한데 마조도일(馬祖道一, 709~788)이 있는 곳이 그 선불장(選佛場)이라는 말을 듣고 마조도일을 찾아갔다. 『경덕전등록』 권14(T51-310b).

3   촉(蜀) 출신의 양(亮) 좌주는 마조도일을 만나 문답을 하고서 "경론을 강하는 일은 아무도 나를 따를 수 없다고 하였는데 대사의 질문을 받아 평생 공부가 단번에 얼음같이 녹아버렸습니다." 하고는 홍주(洪州) 서산(西山)에 숨어서는 전혀 소식이 없었다. 『경덕전등록』 권8(T51-260a).

4   주금강(周金剛)이라는 별명이 있을 정도로 강사로 유명했던 덕산선감(德山宣鑒, 782~865)은 용담숭신(龍潭崇信, 753~823)을 찾아가 문답을 하고 용담숭신 촛불을 불어 끄자 깨달음을 얻었다. 그리고는 주석서를 법당 앞에 모아놓고 태워버렸다.『벽암록』권1(T48-143bc).

5   임제의현(臨濟義玄, 767~866)은 스승 황벽희운(黃檗希運, 751~850)에게 세 차례 불법의 정확한 뜻을 물었다가 세 차례 다 몽둥이로 얻어맞았다.『진주임제혜조선사어록(鎮州臨濟慧照禪師語錄)』권1(T47-496c).

6   "菩提離言說(보리이언설) 從來無得人(종래무득인)":『금강경』에 대한 부대사(傅大士, 497~569)의 송(頌).『양조부대사송금강경(梁朝傅大士頌金剛經)』권1(T85-3a).

7   제자 설봉의존(雪峰義存, 822~908)이 "최고의 종풍은 어떤 법을 사람에게 제시합니까?" 하는 질문에 대한 덕산선감(德山宣鑒, 782~865)의 대답.『경덕전등록』권15(T51-318a).

8   『고존숙어록』권13(X68-80c).

9   보주(普州)는 지금의 사천성(四川省) 안악현(安岳縣)으로 도둑이 많이 모여 살던 곳이다. 그래서 보주(普州) 사람이라 하면 곧 도둑을 뜻한다.

24

광(光) 선인(禪人)에게 주는 글

　적실[親切]한 뜻을 얻고자 하면, 무엇보다도 구하려 하지 말라. 구해서 얻으면 벌써 알음알이에 떨어진다. 더구나 이 큰 보배 창고는 예로부터 지금까지 역력하게 텅 비고 밝아서 시작 없는 오랜 시간으로부터 자기의 근본이니, 모든 움직임이 그 힘을 받는다. 오로지 망상을 쉬어 한 생각도 생기지 않는 곳에 도달해야 그대로 투철히 벗어나 망정의 티끌에 떨어지지 않고 알음알이[意想]에 머무르지 않는다. 훤출히 벗어나면 온 세상 어디에서도 감추어지지 않아서 물물마다 모두 대용(大用)을 이루며, 낱낱이 모두가 자기의 흉금에서 흘러나온다.
　옛사람은 이것을 두고 집안의 재물을 풀어 쓴다고 했다. 한 번 얻으면 영원히 얻으니 쓰고 누림에 어찌 다함이 있으랴. 단지 몸소 참구한 곳이 기초가 튼튼하지 못하여 철저하게 깨치지 못할 것만이 근심스러울 뿐이다. 그러니 분연히 모든 인연을 끊어 실낱만큼도 기댐이 없어서 몸과 목숨을 놓아 버리고 당장에 알아차려서 두 번째 것이 없게 해야만 하리라. 이렇게 되면 설사 모든 성인들이 나온다 해도 그를 움직일 수 없다. 그때그때 마음대로 밥 먹고 옷 입으면서 성스런 씨앗[聖胎]을 길러 알음알이를 남기지 않으니, 이야말로 마음을 깨닫는 지름길[徑截]로서 빼어난 법문(法門)이 아니겠느냐!

25

민(民) 선인(禪人)에게 주는 글

　옛 성인께서는 삼씨 한 말과 보리 한 톨을 먹었으며, 옛 스님들은 괴로움을 몸소 겪고 음식을 담박하게 먹으면서 여기에만 정결한 뜻을 두었다. 잠도 잊고 먹을 것도 잊은 채 오로지 확고히 참구하여 실제를 깨치고자 하였으니, 어찌 흔히 말하는 4사(四事)[1] 공양이 풍요롭기를 바랐겠느냐. 도가 옛날만 못하게 되자, 법륜(法輪)은 채 구르지도 않았는데 식륜(食輪)이 먼저 구른다는 비난이 있게 되었다. 그리하여 총림에선 장로를 죽반두(粥飯頭)라 부르게 되었으니, 옛날과 비교하면 완전히 상반된다 하지 않을 수 있겠느냐.

　그러나 인연을 따라 변화하는 부분에서는 두 번째 단계라도 시행하여야 하는데, 북쪽 산에 앉아 사방에서 찾아오는 납자를 제접하면서도 그저 남쪽 밭두덩을 쳐다볼 뿐이다. 마침 금년 가을은 크게 풍년이 들어서 각민(覺民) 선객(禪客)에게 부탁하여 베어 거두게 되었다. 떠나는 길에 한마디 청하기에 위의 이야기를 해주고, 무엇보다도 근본을 받들어 지말에 파급하는 일을 중히 여겨야 날카로움과 관조를 겸하게 되리니, 이는 원만하게 깨닫고 통달한 사람의 본분사이므로 힘써 실천해야 좋으리라고 해주었다.

일반적으로 도를 배우고 현묘함을 참구하려면 반드시 큰 신근(信根)을 가져야 하니, 이 일은 언어문자와 모든 경계 위에 있지 않다는 사실을 깊이 믿고 자기의 체험을 확실하게 해야만 한다. 지난날 지었던 알음알이와 미치고 허망한 마음을 놓아 버리고 곧바로 실낱만큼도 염두에 두지 말아야 한다.

본래 청정무구하고 원만 고요하며 오묘한 본성 속에서 철저하게 알아차려 주관과 객관을 둘 다 잊어버리고 언어와 사고의 길이 끊어진 자리에서 확연하게 본래의 면목을 보아야 한다. 한 번 얻으면 영원히 얻어서 견고하게 움직이지 않게 한 다음에야 걷고 몸을 움직이며 말하고 숨을 쉬는 모두가 오음(五陰)의 마군 경계에 떨어지지 않으리라.

그러면 일체의 불법이 앉은 자리에서 눈앞에 나타나리니, 마침내 움직이거나 앉거나 모두 선(禪)에 계합하여 생사의 근본을 벗어 버리고 일체의 번뇌와 매임을 영원히 떠나 씻은 듯이 하릴없는 도인이 되리라. 무엇하러 종이 위의 저 죽은 말들을 찾아야 하겠느냐?

온갖 것에 조사의 뜻이 있음을 협산(夾山, 805~881)스님이 지적해 내어 사람들이 알아차리게 하였고,[2] 너른 밭에도 큰 뜻이 있음을 백장(百丈)스님이 손을 펴 보이며 사람들이 알도록 하였다.[3] 만일 알맹이가 완전히 성숙하였다면 단독으로 심인(心印)을 전하겠지만, 여기서 더욱 탁 트이기를 바라고 첫째의 성제(聖諦)를 깨닫게 하려면 속제(俗諦)를 벗어난 한마디는 어떻게 이르겠는가?⁴

배 가득히 밝은 달만 싣고 돌아오도다.
滿船明月載將歸(만선명월재장귀)

주
:

1   4사(四事) : 스님들이 소유할 수 있는 네 가지라는 의미에서 신도가 공양하는 네 가지를 가리킨다. 의복·음식·침구·의약의 네 가지를 거론하거나, 방사(房舍)·음식·의복·향의 네 가지를 거론하기도 한다.
2   협산선회(夾山善會, 805~881)가 상당하여 "모든 것에서 노승을 알아보고 시끄러운 저자에서 천자를 알아보라."고 하였다. 『오등회원(五燈會元)』 권5 「예주협산선회선사(澧州夾山善會禪師)」(X80-121b).
3   백장유정(百丈惟政)이 밭을 일구어주면 대의를 설해주겠다고 하고 나서 두 손을 펴보였다. 『경덕전등록』 권9(T51-268c).
4   이 편지는 "일반적으로 도를 배우고 현묘함을 참구하려면 … 종이 위의 저 죽은 말들을 찾아야 하겠느냐?" 부분을 제외하고는 『원오불과선사어록』 권14(T47-778c)에도 전한다.

26

재(才) 선인(禪人)에게 주는 글

　구지(俱胝)스님은 납자들과 문답할 적에는 한 손가락을 세웠을 뿐인데,[1] 이는 위아래로 철저히 통달하여 의심 없이 깨달아, 병을 치료하는 데에 많은 약이 필요하지 않았기 때문이다. 그런데 후인들은 그 본뜻을 모르고 그저 겉모습만을 따라 손가락을 세우면서 전혀 흑백을 분간하지 못한다. 이는 제호(醍醐)를 가지고 독약을 만드는 격이니 참되고 불쌍하다.

　참되고 정확한 견해로 꿰뚫은 사람이라야 비로소 신중하여 결코 소홀히 하지 않을 줄을 안다. 이른바 천 균(鈞) 무게의 활[弩][2]은 생쥐를 잡기 위해서는 쏘지 않는다는 것이다. 그러므로 모름지기 정수리 위에 눈을 갖추어야만 바야흐로 작용할 수 있게 된다.

　뒷날 현사(玄沙, 835~908)스님이 이 일을 거론하고 "구지스님이 알아차린 곳은 거칠었으니 한 기틀, 한 경계만을 인식하였을 뿐이다."라고 하였다.[3] 어떤 눈먼 놈은 말을 따라 알음알이를 내어 구지스님을 억누르고는 실답다고 말한다. 이야말로 구운 벽돌이 바닥까지 얼어붙었음을 전혀 몰랐다 하리라. 여기에 이르러선 자세히 살펴야지 바보짓은 금물이다. 구지스님은 임종을 앞두고 스스로 "나는 천룡(天龍)스님의 한 손가락 선[一指頭禪]을 얻어서 일생 사용했는데도 다 쓰지 못하였다."⁴고 하였는데, 어찌 괜한 말이겠는가.

조계대감(曹溪大鑑, 638~713) 스님이 출가하기 전에 신주(新州)의 땔감장수였다. 보잘것없이 수십 년을 지내다가 어느 날 아침에 나그네가 경전 외우는 소리를 듣고 그 본원(本願)을 세우고는 어머니를 버리고 고향을 떠나 멀리 황매산의 스님(오조홍인, 602~675)을 찾아갔다. 처음 뵙고 몇 마디 대화 사이에 기연이 투합하여 자취를 숨기고 8개월 동안 방아를 찧었다.

이윽고 신수(神秀, 605~706)대사와 함께 게송을 바치고서야 비로소 칼끝을 드러냈더니, 황매산의 스님은 드디어 가사와 바리때를 그에게 전수하였다. 이때 여러 대중들이 쫓아가 다투어 빼앗으려 하였다. 몽산(夢山, 697~780)⁵이 먼저 대유령(大庾嶺)에 이르러서 의발을 들려 했으나 들지 못하고 비로소 힘으로 빼앗을 수 없다는 사실을 깨달았다. 그리하여 머리를 숙이고 약을 내려 주기를 빌었다. 대감께서 "착함도 생각하지 말고 악함도 생각하지 말라. 이런 때 상좌의 면목이 어디에 있느냐?"는 질문을 던지자 그는 곧바로 귀착점을 알았다.

시절인연이 아직 이르지 않아 대감스님은 다시 사회(四會)⁶의 사냥꾼 속에 오랫동안 은둔한 뒤에야 번우(番禺)[7]로 나와 "깃발이 움직이는 것도 아니고 바람이 움직이는 것도 아니고 마음이 움직이는 것이다."는 말을 토로하였다. 이 말을 들은 인종(印宗, 627~713)법사는 스승으로 모시는 예의를 갖추고 머리를 깎아 준 다음 구족계단(具足戒壇)에 오르게 하였다. 그러자 즉시 큰 법요(法要)를 여시고 2천의 대중을 격발시켜 명성이 대궐에까지 알려졌다. 천자는 가까운 신하에게 명령하여 가사와 발우를 하사하였으나 스님은 끝내 받지 않았다. 용상(龍象) 대덕 수십 사람을 제도하였는데 모두가 대종사였으니, 어찌 그리도 위대하신가![8]

성현이 세상에 나와 존망진퇴(存亡進退)하며 사람을 지도하는 데에 빠뜨림이 없었다곤 하나 걸을 때는 걷고 달릴 때는 달렸던 취향이 저 미천함으로부터 저명한 데까지 이르렀다. 이것을 가만히 살펴보자면 세상의 인연을 끊지 않고 오묘한 풍규(風規)를 보였으니, 오랜 세월이 지난다 하더라도 그와 함께 비교할 자가 없다. 지금까지 온 세상이 모두 그의 자손이니 커다란 규범을 매번 우러러볼 때마다 털끝만큼이라도 헤아려 보려 하지만 되지 않는다. 역량 있는 후학들에게 힘쓸 것을 바라면서 부족하나마 대략을 기술하였다.[9]

현재 나타난 견문각지(見聞覺知)가 그대로 법이지만 법은 견문각지를 떠나 있다. 그러므로 견문각지에 집착한다면 그것은 그저 보고 듣고 느끼고 아는 것이지 법을 통달한 것은 아니다. 대체로 법에 통달한 사람은 견문각지를 뛰어넘어 견문각지를 수용하면서 견문각지에 안주하지 않고 똑바로 당장에 투철히 벗어나서 전체가 그대로 법이다. 이 법은 있지도 않고 없지도 않으며 말도 아니고 침묵도 아니다. 그러나 있음도 나타내고 없음도 나타내며 말을 나타내고 침묵을 나타내어 오랜 세월에 걸쳐서 변하지 않는다.

그러므로 운문(雲門, 864~949)스님은 "말할 땐 있다가 말하지 않을 땐 없으며, 생각할 땐 있다가 생각하지 않을 땐 없다고 해서는 안 된다."[10]고 하였다. 곧바로 이 법을 오묘하게 통달하여 대용을 얻으면 말하거나 침묵하거나 무엇을 하든 간에 영원히 반야가 눈앞에 나타날 터인데, 거기서 다시 선지식에게는 가까이 있고 농부에게는 멀리 있다고 논할 필요가 있겠는가! 한 번만 뚫고 나가 보면 자연히 부딪치는 곳마다 그를 만나리라.

옛 부처님과 조사들은 명백한 이 한 가지 일을 우러르고 귀중하게 여기면서도 여러 중생들 속에서 베풀어서, 높고 낮음과 귀하고 천함을 조금도 가리지 않고, 어디나 천진 분명하고 원만하게 하셨다. 그러므로 새삼스레 불법이 현묘하다는 견해를 내면 잘못이며, 만일 견해를 일으키지 않으면 그대로 적나라하여 완전하게 드러난다.

때문에 말하기를, "숲에 들어가도 풀을 건드리지 않고 물에 들어가도 물결을 일으키지 않는다."고 하였다. 산은 산이요 물은 물이며, 스님은 스님이요 속인은 속인이며, 주장자를 보면 주장자라고 부를 뿐이니, 이를 두고 체(體)를 본다고 한다. 만약 여기에서 철저히 보아 내면, 아침부터 저녁까지, 저녁부터 아침까지 실낱만큼도 빈틈이 없어 전체가 나의 활용이 되고, 하나하나가 모두 분수 밖이 아니라 본분의 일인 것이다. 서 있는 자리에서 아직 체득하지 못했다면 털끝만큼도 움직여서는 안 되니, 어찌 그대로 완성된 분명한 기요(機要)가 아니랴!

단도직입하여 요점을 깨닫는 데에 현성공안(現成公案)을 사용할 뿐이다. 널리 작위(作爲)하면서 밤낮으로 십자로에서 어묵동정(語黙動靜)과 전체의 움직임을 일시에 간파하여 애초부터 가려 나가니, 참으로 통쾌하도다.

이 일이 만일 말속에 있다면 합당한 한마디 말이 고정불변의 것이 되고 만다. 그러나 천 마디 만 마디를 말한들 결국 끝이 없음을 어찌하랴. 그러므로 이 일이 말속에 있지 않고 다만 말을 빌려 이 일을 드러내려 할 뿐임을 알라. 영리한 자라면 당장에 이 뜻을 체득하여 말을 초월하여 철저히 증득할 것이다.

그리하여 활발히 살아 움직이는 경지, 그것에서 한 구절을 가지고 백천 구절로 만들어 쓰게 하며, 백천 구절을 가지고 한 구절로 만들어 쓰게 한다. 그러니 "마음 그대로가 부처다[卽心卽佛]"[11], "마음도 아니고 부처도 아니다[非心非佛]"[12], "마음도 아니고 부처도 아니며 물건도 아니다[不是心不是佛亦不是物]"[13], 나아가서는 "마음은 부처가 아니고 지혜는 도가 아니다[心不是佛智不是道]"[14] 하는 것과 "동쪽 산이 물위로 간다[東山水上行]"[15], "한낮에 삼경(三更)의 종을 친다[日午打三更]", "후원에서 나귀가 풀을 먹는다[後園驢喫草]"[16], "북두성 속에 몸을 숨긴다[北斗裏藏身]"[17] 하는 말들이 모두 하나로 관통해 있음을 어찌 의심하랴!

엄양(嚴陽) 존자(尊者)가 조주(778~897)스님에게 물었다.

"한 물건도 가져오지 않았을 땐 어찌합니까?"

"놓아 버리게."

"저는 한 물건도 가져오질 않았는데 무엇을 놓아 버리라 하시는지 잘 모르겠습니다."

"보아 하니, 아직 놓아 버리지 못했군."

엄양 존자는 그 말끝에 크게 깨달았다.

그 후 황룡(黃龍, 1002~1069)스님이 송(頌)하였다.[18]

한 물건도 가져오지 않았지만

양 어깨에 걸머지고 일어나질 못한다

[눈 밝은 사람은 속이기 어렵다]

말끝에 대번 잘못인 줄 아니

[뒷걸음질 치다가는 구덩이에 빠진다]

마음속에 기쁨이 한이 없다

[가난한 이가 보배를 얻은 것 같다]

매서운 독이 가슴속에서 삭아지니

[아무런 상관없다]

뱀과 호랑이를 친구 삼고

[짐승들이 골고루 알아듣는다]

쓸쓸한 천백 년에

맑은 바람 그치지 않는다.

[놓아 버리게][19]

一物不將來(일물부장래)

兩肩擔不起(양견담불기)

[明眼人難謾(명안인난만)]

言下忽知非(언하홀지비)

[退步墮深坑(퇴보타심갱)]

心中無限喜(심중무한희)

[如貧得寶(여빈득보)]

毒惡旣忘懷(독악기망회)

[沒交涉(몰교섭)]

蛇虎爲知已(사호위지기)

[異類等解(이류등해)]

寥寥千百年(요요천백년)

淸風猶未已(청풍유미이)

[放下著(방하착)]

    이를 상식적으로 논한다면 그가 "한 물건도 가져오질 않았다."고 하였는데, 무엇 때문에 대뜸 그에게 "놓아 버리게."라고 말하였을까? 이것은 법안(法眼)으로 미세한 곳까지 비추어 그를 위해 큰 병통을 끄집어내어 부끄러움을 알도록 해준 것임을 알겠다. 그는 그래도 깨닫질 못하고 다시 질문하므로 거듭 점검해 주었더니 그대로 기왓장 부서지듯 얼음이 녹듯 하였다. 비로소 밑바닥이 뒤집어지면서 일시에 벗어나 이윽고 사나운 호랑이를 조복 받고 독사를 길들이는 데에 이르렀다. 이 어찌 안으로 느끼고 밖으로 감응함이 아니겠느냐.

방거사(龐居士, ?~808)[20]의 식구들이 모두 불을 쪼이고 있었다. 거사가 갑자기 "어렵구나, 어려워! 열 섬의 참깨를 나무 위에 늘어놓는 일이다."라고 하자, 방거사 부인이 "쉽다, 쉬워! 모든 풀에 조사의 뜻이 있다." 하였다. 그러자 딸인 영조(靈照)는 "어렵지도 않고 쉽지도 않다. 배고프면 밥 먹고 피곤하면 잠을 잔다."고 말했다.[21]

보통 때 사람들에게 이 화두를 거량하면, 영조가 한 말이 힘을 던 것이라고 많은 사람들이 좋아하며, 방거사와 그 부인이 '어렵다' 혹은 '쉽다' 한 것은 싫어한다. 그러나 그것은 말을 따라 이해한 것일 뿐, 그 근본 뜻은 전혀 살피지 못한 것이라 하겠다. 그러므로 말의 자취가 일어나면 다른 길들이 그것으로부터 생기게 된다. 말을 잊고 뜻을 체득할 수 있다면 비로소 이 세 사람이 각각 한 솜씨에서 나와 밑 빠진 대바구니를 함께 들고 새우도 건지고 조개도 건지면서, 닿는 곳마다 살인의 기틀이 있고 곳곳마다 몸을 벗어날 길이 있음을 보게 되리라.

주
:

1 금화구지(金華俱胝)는 항주천룡(杭州天龍)이 손가락 하나를 세워서 보여 주자 홀연히 깨달은 후로 사람들이 가르침을 청하면 손가락 하나를 세워 보이면서 답하였다.『경덕전등록』 권11(T51-288ab).

2 활[弩] : 무기의 일종으로 여러 개의 화살이나 돌을 잇따라 쏘게 되어 있는 큰 활.

3 이 편지를 전하는 『원오심요』나 『원오불과선사어록』에서는 이 말을 한 사람이 '현사(玄沙, 835~908)'라고 하고 있으나 『벽암록』(T48-159b)이나 『종용록』(T48-281a) 등에서는 '조산(曹山, 840~901)'이라고 하였고, 실제 조산본적(曹山本寂)에도 그런 말이 보인다. 『무주조산원증선사어록(撫州曹山元證禪師語錄)』 권1(T47-531b).

4 『경덕전등록』 권11(T51-288b).

5 몽산(夢山, 697~780) : 진(陳) 선제(宣帝)의 자손으로서 장군 또는 4품장군이라고 한다. 어려서 출가하여 5조 홍인(弘忍)에게 참학하고 있었다. 보리달마의 가사가 6조 혜능(慧能)에게 전해졌다는 소식을 듣고 혜능을 쫓아갔다가 대유령(大庾嶺)에서 혜능의 설법에 깨달았다. 혜능과 헤어져 여산(廬山)에 머물다가 원주(袁州) 몽산(蒙山)에 머물렀다. 원래의 법호는 혜명(慧明)이었으나 혜능의 '혜(慧)' 자를 피하여 도명(道明)이라고 개명하였다.

6 광동성(廣東省) 사회시(四會市).

7 광동성(廣東省) 광주시(廣州市) 번우구(番禺區).

8 이상의 육조혜능(六祖慧能, 638~713)의 행적은 『육조대사법보단경(六祖大師法寶壇經)』「행유(行由)」(T48-347c~349c) 참조.

9 여기까지의 내용이 "재(材) 지장(知莊)에게 주는 글"이라는 제목으로 『원오불과선사어록(圓悟佛果禪師語錄)』 권14(T47-780bc)에 전한다.

10 실제『운문록』에는 앞부분의 내용만 보인다. 『운문광진선사광록(雲門匡眞禪師廣錄)』 권2(T47-559b).

11 마조도일(馬祖道一, 709~788)의 말.『경덕전등록』권6(T51-246a).
12 마조도일(馬祖道一, 709~788)의 말.『경덕전등록』권6(T51-246a).
13 남전보원(南泉普願. 748~835)의 말.『벽암록』권3 제28칙(T48-168ab).
14 동사여회(東寺如會, 744~823)의 말.『경덕전등록』권7(T51-255b).
15 운문문언(雲門文偃, 864~949)의 말.『운문광진선사광록(雲門匡眞禪師廣錄)』권1(T47-545c).
16 암두전활(巖頭全豁, 828~887)의 말.『경덕전등록』권16(T51-327a).
17 운문문언(雲門文偃, 864~949)의 말.『경덕전등록』권19(T51-358c).
18 『황룡혜남선사어록(黃龍慧南禪師語錄)』권1(T47-632ab);『종용록』권4 제57칙(T48-263ab).
19 『원오심요』가 소개하는 게송은 황룡혜남(黃龍慧南, 1002~1069)의 게송에 원오 자신의 착어가 붙어 있는 형태이다.『원오심요』의 "68. 증(曾)대제(待制)에게 드리는 글"에는 황룡혜남의 게송만 소개하고 있다.
20 방거사(龐居士, ?~808) : 마조도일(馬祖道一, 709~788)의 재가제자 방온(龐蘊)을 가리킨다. 자는 도현(道玄)이다. 대대로 유학을 업으로 했지만 번잡한 세상이 싫어 호북성 양양(襄陽)으로 이사한 후 대바구니를 팔아 생계를 유지했다고 한다. 석두희천(石頭希遷, 701~791)을 만나 선지(禪旨)를 얻은 다음, 마조에게 2년 동안 참학하였다. 일생을 거사로서 마쳤지만 독자적인 깨달음의 경지를 얻어 진단(震丹)의 유마(維摩) 거사라고 불린다.
21 『선문염송』제310칙 "난난(難難)"(H5-270c).

27

찬(璨) 상인(上人)에게 주는 글

달마스님은 서쪽에서 와서 문자나 말을 세우지 않고 오직 사람의 마음을 그대로 가리켰을 뿐이다. '그대로 가리킴'을 논한다면, 모든 사람마다 본래 갖추고 있으며 무명(無明)의 껍데기 속에서 전체로 감응하여 나타나며, 위로부터의 모든 성인과 털끝만큼의 차이도 없다. 이른바 천진(天眞)한 자성은 본래 청정하고 밝고 오묘하여, 시방의 허공[十虛]을 머금기도 하고 토해내기도 하며 6근(六根)과 6진(六塵)을 오롯이 벗어났다고 한 것이다.

이 한 뙈기의 심전지(心田地)는 생각을 여의고 알음알이를 끊어 일상적인 격식을 아득히 초월하였으니, 큰 근기와 큰 지혜 있는 이는 본분의 역량으로 곧장 자신의 근본자리로 나아가서 알아차린다. 마치 만 길 절벽에서 손을 놓아 몸뚱이를 버리고도 다시는 돌아보지 않듯 하여, 지견(知見)과 알음알이의 장애를 밑바닥까지 엎어 버리고 완전히 죽은 사람처럼 이미 숨이 끊겨 버렸다.

본 바탕에 도달하여 크게 쉬게 되면 입·코·눈·귀가 애초에 서로 알지 못하며, 알음알이[識見]와 생각[情想]도 모두 도달하지 못한다. 그런 뒤에 꺼진 불과 찬 재와 두두물물 위에서 밝게 빛나고 마른나무 썩은 그루터기 사이에서 사물마다 비춘다. 이리하여 아득하고 높은 데 계합하면 다시는 결코 마음을 찾거나 부처를 찾을 필요가 없으니, 착착 들어맞아 원래 밖에서 얻은 것이 아니다.

예로부터 깨달았다는 백천 가지의 사례가 바로 이것일 뿐이니 마음으로 다시 마음 찾을 필요가 없다. 무엇 때문에 부처가 다시 부처를 찾느라고 수고하겠느냐. 혹시 말 위에서 격식을 짓거나 경계 사물 위에서 알음알이를 내어 알려 한다면 너절한 쓰레기 포대 속에 빠져서 끄집어내려 해도 끝내 어쩔 수 없는 꼴이 되고 만다. 이처럼 생각도 잊고 비춤이 끊긴 것이 진제(眞諦)의 경계라 하겠다.[1]

거친 밭에서 가리지 않고 손 가는 대로 집어 오니 밝고 밝은 풀 끝마다 그대로가 분명한 조사의 뜻이다. 하물며 푸른 대나무와 탐스런 누런 국화와 장벽과 기와부스러기 등이 무정설법을 하고, 물새가 숲에서 고(苦)·공(空)·무아(無我)를 연설하는 경우야 말해서 무엇 하겠느냐. 이는 하나의 실제에 의거하여 인연 없는 자비를 드러내며, 고요한 큰 보배 광명에서 함이 없는 빼어난 힘을 나타내기 때문이다.

장경(長慶, 854~932)스님은 "도반과 만나 어깨를 스치고 지나는 사이에 일생 참학(參學)하는 일을 모두 끝냈다."[2]고 하였다.

남탑(南塔, 850~938)³스님은 말하기를, "내가 한 조각 나뭇잎을 가지고 성곽에 들어가는 것이 바로 앙산(仰山) 한 무더기를 옮겨 버린 것이다."라고 하였다.

그러므로 향엄(香嚴, 799~898)스님의 '대나무에 부딪치는 소리'⁴와 영운(靈雲)스님의 '복사꽃을 보았던 일'⁵과 자복(資福)스님의 '찰간대'⁶와 도오(道吾)스님의 '신령한 주장자'⁷와 대앙(大仰, 807~883)스님의 '가래를 꽂은 것'⁸과 지장(地藏, 867~928)스님의 '씨 뿌린 것'⁹이 모두 다 금강의 진정한 모습을 드러낸 것이니, 당자로 하여금 한 걸음도 떼지 않고 크게 해탈한 참 선지식을 참례하고 말없는 교화를 시행하여 걸림 없는 변재를 얻게 한다.

그리하여 삼라만상의 모든 사물 위에서 긴 시간 두루 참례하면서 원융한 법계를 널리 다 포섭한다. 보신불과 화신불의 머리에 앉아서는, 앉고 눕고 나타나고 숨으면서 변행삼매(徧行三昧)를 초연히 증득하나니, 무엇 때문에 굳이 (선재가 처음 문수를 만난) 각성(覺城)의 동쪽에서 (선재가 마지막에 미륵을 만나는) 누각(樓閣) 문전까지 가고 웅이산(熊耳山, 총령) 조사(달마)에게 승당입실(陞堂入室)한 뒤에라야 친히 전수하고 증득한다고 할 수 있느냐.

혜초(惠超)스님이 묻기를, "어떤 것이 부처입니까?" 하자 법안(885~958)스님이 "그대가 혜초이다." 하였는데, 혜초스님은 여기서 깨달았다.¹⁰ 이것이 "너에게서 나온 것이 너에게로 되돌아간다."고 하는 것이다.

당(唐)나라의 옛 스님인 영(英) 선사(禪師)가 별로 알려지지 않았을 때였다. 밭일을 하느라 망치로 흙덩이를 부수다가 큰 흙덩이 하나를 보고 장난삼아 힘껏 후려쳤더니, 곧바로 폭삭 부서졌다. 그러자 홀연히 크게 깨닫고, 이로부터 은현자재하여 남들이 헤아리지 못하게 되었고, 자못 신이(神異)함을 나타냈다.

한 노스님이 이 이야기를 가지고 말하기를, "산하대지를 이 스님이 한 번 후려치자 산산이 조각나 버렸다. 부처님께 공양하는 데 반드시 많은 향을 써야 하는 것이 아니다." 하였으니, 참으로 진실한 말씀이다.[11]

주:

1 여기까지는 "선인에게 주는 글"이라는 제목으로 『원오불과선사어록』 권14(T47-779ab)에 전한다.
2 『연등회요(聯燈會要)』 권24(X79-210b).
3 남탑(南塔, 850~938) : 당나라 말기의 남탑광용(南塔光涌). 어릴 때부터 유교와 불교 경전을 배우고 출가, 앙산혜적(仰山慧寂, 807~883)에게 참학하고 깨달음을 얻어 법을 잇고 앙산(仰山) 남탑(南塔)에 머물렀다.
4 "香嚴擊竹(향엄격죽)" : 등주(鄧州) 향엄지한(香嚴智閑, 799~898)이 기와 조각을 던지다가 대나무에 맞아 나는 소리를 듣고 깨달은 뒤에 게송을 읊었다. 『선문염송』 제597칙 "일격(一擊)"(H5-463a).

5 "靈雲見桃花(영운견도화)": 복주(福州) 영운지근(靈雲志勤)이 위산(潙山)에서 복숭아꽃을 보고 깨닫고는 게송을 읊었다.『선문염송』제590칙 "도화(桃花)"(H5-454c).

6 "資福刹竿頭(자복찰간두)": 길주(吉州) 자복정수(資福貞邃)가 상당하여 "강 건너 자복사의 깃대를 보고 그대로 돌아갔더라도 발바닥에 서른 방망이를 때려야 좋겠거늘 하물며 강을 건너왔음에랴."라고 하였다. 어떤 스님이 나서자 자복이 "같이 이야기를 나눌 수 없다."고 하였다.『선문염송』제1271칙 "격강(隔江)"(H5-844a).

7 "道吾神杖子(도오신장자)": 삼성혜연(三聖慧然)이 도오원지(道吾圓智)에게 가니 도오가 이를 미리 알고는 비단으로 이마를 닦으며 신장(神杖)을 들고 문 앞에 서서 삼성을 기다렸다. 삼성이 "조심스럽게 기다리십시오." 하자 도오가 알았다고 하였다.『오등회원』권11(X80-224c).

8 "大仰揷鍬(대앙삽초) : 위산영우(潙山靈祐, 771~853)가 앙산혜적(仰山慧寂, 807~883)에게 "어디서 오는가?" 하고 물으니 앙산이 "밭에서 옵니다."라고 하였다. 위산이 "밭에 사람이 얼마나 있던가?" 하니 앙산이 가래를 땅에 꽂고 손을 모으고 섰다. 위산이 "남산(南山)에서 오늘 여러 사람들이 띠를 베는구나." 하자 앙산은 다시 가래를 뽑아 들고 나가 버렸다.『선문염송』제369칙 "삽초(揷鍬)"(H5-308c).

9 "地藏種田(지장종전)": 장주(漳州) 지장계침(地藏桂琛, 867~928)이 수(脩)산주(山主)에게 "어디서 오는가?" 하고 묻자 수 산주가 "남방에서 옵니다." 하고 대답하였다. 다시 지장이 "남방의 불법이 요즘 어떤가?" 하고 물으니 수 산주가 "분별이 끝없습니다." 하였다. 지장이 "어찌 내가 여기서 씨앗을 심어 주먹밥을 먹는 것만 하겠는가?" 하니 수 산주가 "삼계는 어찌하시렵니까?" 하자 지장이 "그대는 무엇을 삼계라 하는가?" 하였다.『종용록』권1 제12칙(T48-234c).

10 『경덕전등록』권25(T51-417a).

11 당나라 영 선사 이야기부터는『원오불과선사어록』권15(T47-782b)에도 "찬 선인에게 주는 글"이라는 제목으로 전한다.

28

찬(璨) 상인(上人)에게 주는 글

　머무를 것 없는 근본에 의지하여 일체 법은 건립하나니, 머무름 없는 근본은 머무름 없는 데에 근본한다. 이를 투철하게 깨치면 만법이 한결같아 털끝만큼의 머무르는 모양[住相]도 찾을 수 없다. 뿐만 아니라 지금 드러난 행위 그대로가 모두 머무름 없음이다. 근본이 이미 밝혀졌다면 이것은 마치 사람에게 눈이 있어 햇빛이 밝게 비추면 갖가지 물건을 보는 것과도 같으니, 이 어찌 반야의 문빗장이 아니랴!

　영가(永嘉, 665~713)스님은 "그 자리[當處]를 떠나지 않고 항상 담연하다."[1] 하였으니, 이보다 더 가까운 말은 없으리라. "찾은즉 그대를 알지만 보지는 못한다."[2]고 했는데, 담연한 당처에서 두 가지 극단을 끊은 자리에서 평온해야지 알음알이를 내서 찾으려 해서는 절대 안 된다. 찾았다 하면 마치 그림자를 잡은 것과도 같으니라.

　(방거사가) "만법과도 짝하지 않는 사람은 어떤 사람입니까?" 하

였는데, 마음의 광채를 돌이켜 스스로 비추어 보라. (마조스님이) "그대가 한입에 서강(西江)의 물을 모두 마시면 그때 가서 말해 주리라."³ 하였는데, 팔각의 맷돌이 허공에서 구르듯 하였다. 이를 참구해 꿰뚫으면 눈앞에서 평지가 푹 꺼져서, 시작을 알 수 없는 망상이 말끔히 없어지리라.

덕산(782~865)스님이 강 건너에서 부채로 부르자 문득 알아차린 사람이 있었고,⁴ 조과(鳥窠, 741~824)스님이 실올 하나를 뽑아서 훅 불자 깨달은 사람도 있었다.⁵ 이러한 큰 인연들은 시절이 이르자 뿌리에서 싹이 스스로 튼 것이 아니고 무엇이겠는가! 그렇지 않으면 기틀과 감응이 서로 딱 들어맞을 바탕이 있었던 것인가? 아니면 바로 그 사람이 빈틈없이 가만히 운용하다가 스승의 문호를 빌려 발휘한 것이었던가? 이처럼 어려운 일을 어찌 그리 준엄하게 끊어서 그리 쉽게 증득했을까? 옛사람이 겨자씨를 굴려 바늘을 맞춘다는 비유를 하였는데, 진실로 헛말이 아니다.

마음을 믿어서 다다르고 성품을 확연히 보면 매일 쓰면서 실낱만큼도 빈틈이 없다. 세간법 모두가 그대로 불법이며 불법 모두가 그대로 세간법이니 평등하고 한결같다. 어찌 말할 땐 있다가 말하지 않을 땐 없으며, 생각할 땐 있다가 생각하지 않을 땐 없으랴. 이와 같다면 바로 망상과 알음알이 속에 있는 것이니, 어찌 철저하게 깨친 것이겠는가!

생각마다 마음마다 빠짐없이 관조해야 한다. 세간법과 불법이 전혀 간격이 없으면 자연히 순수하게 익어 어디에서나 근원을 만나리라. 질문이 있으면 질문에 곧바로 대답하고 질문이 없으면 담연하여 항상 고요하니, 이 어찌 실제로 생사를 투철히 벗어나는 요점이 아니랴.

최후의 한 구절[末後句]을 모두 꿰뚫고 난다면, 말 있음과 말없음, 향상과 향하, 방편과 진실, 조(照)와 용(用), 오므림과 폄, 줌과 빼앗음에 간파하는 일이 필요하지 않다. 조주스님의 이 본분소식을 뉘라서 알 것인가. 모름지기 우리 본분가풍의 자손이라야 알 수 있다.[6]

주
:

1 "不離當處常湛然(불리당처상담연)" 『영가증도가(永嘉證道歌)』(T48-396b).
2 "覓卽知君不可見(멱즉지군불가견)" 『영가증도가(永嘉證道歌)』(T48-396b).
3 『사가어록(四家語錄)』(X69-4c).
4 양주(襄州) 고정(高亭) 간(簡)이 강 건너 덕산선감(德山宣鑒, 782~865)을 보고 멀리서 합장하면서 인사하자 덕산이 부채로 부르는 시늉을 하였다. 간이 갑자기 깨닫고 피해 달아나서는 다시는 돌아보지도 않았다. 『선문염송』 제842칙 "합장(合掌)"(H5-615c).
5 항주(杭州) 조과도림(鳥窠道林, 741~824)이 어느 날 회통(會通) 시자가 떠나려 하자 어디로 가려는지 물었다. 시자가 "저는 불법을 위해 출가했는데 화상께서 가르쳐 주시지 않으니, 이제 제방(諸方)에 가서 불법을 배우렵니다." 하자 조과가 "그와 같은 불법이라면 나에게도 약간은 있느니라." 하고는 몸에서 실보푸라기[布毛]를 들어 올려 부니 시자가 마침내 깨달았다. 『선문염송』 제747칙 "포모(布毛)"(H5-558ab).
6 마지막 단락은 『원오불과선사어록(圓悟佛果禪師語錄)』 권14(T47-779b)에 "선인에게 주는 글"이라는 제목의 일부 내용으로 전한다.

29

영(寧) 부사(副寺)에게 주는 글

　옛사람은 이 큰 인연만을 위하였으니 스승과 제자가 서로 만나면 언제나 이것으로 일깨워 주었고, 나아가 밥 먹고 잠자고 한가한 때라도 여기에다 생각을 두지 않은 적이 없었다. 그러므로 한마디 한마디와 주장자를 치고 할을 하고 눈을 깜짝이고 눈썹을 치켜세우고 손을 들고 발을 움직임이 다 기연에 투합하였다. 이는 정성스런 마음을 오로지 하여 허다한 나쁜 지견에 물들지 않고 똑바로 알아차렸기 때문에 어려움이 없는 듯하였다. 요즈음의 형제들은 근성이 약간 둔한데다가 잡다하기까지 하다. 비록 선지식을 찾아뵙고 참구하여 오래 훈습하면서도 오히려 마음속에 유예를 두어 한 번에 철저히 깨닫지 못한 것은, 그 병통이 순일하게 오래하지 못한 데에 있다.

　만일 밤낮을 가리지 않고 잠자는 것도 밥 먹는 것도 잊은 채 애써 도를 닦으면 옛사람만 못할까봐 근심할 필요가 없으리라.

30

상(詳) 선인(禪人)에게 주는 글

뜻을 세워 도에 힘쓰는 인재라면 하루 종일 스스로 관조하고 스스로 알아서 오직 여기에만 생각을 두어야 한다. 자기가 서 있는 자리에 있는 한 덩어리 큰 인연은 성인이라 해서 더 늘지도 않고 범부라고 해서 줄지도 않아 6근과 6진을 홀로 벗어나 아득히 사물 밖으로 초월한 줄을 알아라. 그것이 작용할 때는 언제나 방향과 처소를 가리지 않고, 맑고 고요하고 흩어지지 않는다. 비록 천변만화를 한다 해도 애초에 움직이지 않고 인연 따라 나타나고 일을 만나면 발현하되, 원만하게 성취되지 않음이 없다.

무엇보다도 텅 비고 고요하여 모든 것에 초연하여야 한다. 주된 근본이 이미 밝혀지고 나면 밝히지 못할 어두움이 없어 만 년이 일념(一念)이고 일념이 만 년이다. 철두철미하고 온전한 기틀[機]과 위대한 작용[用]은 비유하면 장사가 팔을 굽히고 펼 때 다른 힘을 빌리지 않는 것과도 같으며, 생사의 허깨비가 영원히 소멸하고 금강의 참모습이 홀로 드러나 한 번 얻으면 영원히 얻어 끊어짐이 없다. 고금의 말씀[言敎], 기연(機緣), 공안(公案), 문답(問答), 작용(作用)이 모두 이 일을 온전히 밝힌 것이다.

오래도록 씻은 듯이 청정하게 실천하다 보면 자연히 어디에서나 근원을 만나 한 덩어리가 되리라. 법등(法燈)스님의 이런 말을 들어보지 못했느냐.

거친 밭에 들어가 가리지 않고
손 가는 대로 풀을 움켜쥐니
눈에 보이는 대로 기틀에 맞닿지 않는 것이
없다고 어찌 말하지 않으랴
뿌리 없건만 살았고
흙을 떠났으나 자빠지지 않는다
매일 쓰면서도 모르는데
다시 어느 곳에서 찾으랴.
入荒田不揀(입황전불간)
信手拈來草(신수염래초)
觸目未嘗無(촉목미상무)
臨機何不道(임기하부도)
無根兮得活(무근혜득활)
離地兮不倒(이지혜부도)

日用尚不知(일용상부지)

更向何處討(갱향하처토)

이 소식은 참으로 간절하고도 마땅하도다.[1]

주
:
1　『원오불과선사어록』 권14(T47-778c)에도 "세상(世祥) 선인에게 주는 글"이라는 제목으로 전한다.

31

혜(慧) 선인(禪人)에게 주는 글

　수료(水潦)스님이 마조스님을 뵙고 불법의 분명한 대의를 묻자 마조스님이 한 번 밟아 버렸다. 그러자 크게 깨닫고는 "모든 법문과 한량없이 오묘한 의미를 한 털끝에서 근원을 알았으니, 어찌 기쁘지 않으랴." 하더니 껄껄 크게 웃었다. 그 뒤로는 평생토록 대중 법문을 할 때면 늘 "마조스님에게 한 번 밟히고 난 뒤로부터 지금까지 웃음 그친 적이 없었다." 하고는 다시 껄껄 웃었다.

　이는 굳게 정성껏 찾았으나 들어갈 곳을 찾지 못하다가 갑자기 발에 밟히자 문득 철저하게 알아차리고 걸머졌던 짐을 훌쩍 벗어버려 전혀 의심이 없었기 때문이다. 드디어는 가슴속에 깨달았던 것을 토해냈으나 그것이 결코 다른 일은 아니다.

　요즈음 참선하는 사람들이 과연 종사들이 하신 한마디 경계를 진실하게 실제 체험으로 만나 헤치면서 나아간다면 무슨 어려운 일이 있으랴! 다만 근본이 들뜨고 식견이 천박함을 걱정할 뿐이다.

바람이 나무 끝을 스치듯 해 가지고는 천 번 만 번 들이대도 계합하지 못한다. 그런데 더구나 알음알이를 짓는 자가 이렇게 깨달아 들어갈 일은 없다고 지시해 주는 경우야 어떠하겠느냐!

마조스님과 수료스님도 이처럼 한 번에 건립하였을 뿐이다.

이같이 한다면 나귀해가 되도록 꿈에서도 보지 못하리라. 그러므로 도를 배우려면 진실한 믿음을 숭상해야만 한다. 혜(慧) 선인(禪人)은 실천에 전념하므로, 부족하나마 이 정도만 방편으로 보여 주는 것이다.

이 일을 논한다면 부싯돌 불이나 번개불빛과도 같아서, 밝혔거나 밝히지 못했거나 간에 꼼짝없이 목숨을 잃는다. 밝히지 못한 경우에 목숨 잃는 것은 굳이 그렇다 치고, 밝혔는데도 무엇 때문에 목숨을 잃을까? 상당한 사람들이 이 점에 대해 의심을 하는데 그들은 끝까지 도달하여 명근(命根)이 끊긴 곳에 이르러, 심장과 간장 등 오장육부가 바뀌어서 향상(向上)의 경계와 같아진다는 사실을 전혀 모르고 있다.

그러므로 "절벽에서 그대로 손을 놓아 버린 뒤에야 생철(生鐵)로 주조한 가시덤불을 뚫고 나왔다고 할 만하다."고 하였으니, 천하 늙은이의 혀끝을 의심하지 않아야만 진정으로 참구하고 배울 자격이 있음을 믿으라.

32

수도하는 약허(若虛) 암주(菴主)에게 주는 글

비구니

●

  도를 배우는 납자들이 처음에는 신심과 취향이 있어 세상의 번거로움과 더러움을 싫어하며 들어갈 길을 얻지 못할까를 늘 염려한다. 그러다가 이미 스승의 지도를 받게 되거나 혹은 자기 자신으로 인하여 원래부터 각자에게 갖추어진 완전하고 묘한 진심(眞心)을 밝혀서 경계나 인연을 만나면 스스로 귀착점을 알아서 그대로 간직하여 안주하려 하니, 그것에서 벗어나지 못하고 드디어 고정된 형식을 만들까 염려스럽다. 마침내 기연 위에 조(照)와 용(用)을 세우고 혀를 차고[咄] 손뼉을 치며, 눈을 부릅뜨고 눈썹을 날리면서 한바탕 유난을 떤다.

  그러다가 다시 본색종장(本色宗匠)을 만나 수많은 알음알이를 모조리 들추어내어 단박에 본래의 함이 없고 하릴없는 무심한 경계에 계합한 뒤에야 부끄러움을 알고 쉴 줄을 알게 되어 한결같이 그윽해진다. 모든 성인도 그가 일어난 곳을 찾지 못하는데, 더욱이 그 나머지야 말해서 무엇 하겠는가! 때문에 암두(828~887)스님은 "체득한 사람은 한가한 경지만 지킬 뿐 하루 종일 하고자 함도 없고 의지함도 없다." 하였는데, 이야말로 안락법문이 아니겠는가!

옛날에 관계(灌溪, ?~895)스님이 말산(末山) 비구니 스님에게 갔더니 말산스님이 물었다.

"방금 어디에서 오셨습니까?"

관계스님은 말하였다.

"길 입구에서 옵니다."

"왜 덮어 버리질 못합니까?"

관계스님은 대꾸가 없었다.

다음날 관계스님이 "어떤 것이 말산의 경계입니까?" 하고 물었더니 말산스님이 말하였다.

"꼭대기를 드러내지 않습니다."

"무엇이 산중 사람입니까?"

"남녀 따위의 모습이 아닙니다."

"왜 변화하질 않습니까?"

"신(神)도 아니고 귀(鬼)도 아닌데 무엇으로 변하겠습니까?"[1]

이러한데 어찌 실제의 경지를 밟지 않고 만 길 절벽 같은 곳에 도달하지 않았으랴! 그러므로 "마지막 한마디라야 비로소 굳게 닫힌 관문에 도달하여 요충지를 차지하고서 성인이든 범부든 통과시키지 않는다."고 하는 것이다. 옛사람은 이미 그러하였는데, 요즈음 사람인들 어찌 조금이라도 부족하랴. 다행히도 금강왕보검이 있으니, 지음(知音)을 만나면 반드시 꺼내 보여라.

주
:
1   『경덕전등록』 권11(T51-289a).

33

양(良) 노두(蘆頭)¹ 선인(禪人)에게 주는 글

금색두타(金色頭陀, 가섭)는 계족산(鷄足山)에서 오랜 겁 동안 앉아 있고, 달마스님은 소림에서 9년을 면벽하였으며, 조계(曹溪, 혜능, 638~713)스님은 사회현(四會縣)에서 사냥꾼을 따라다녔고, 대위(大潙, 위산, 771~853)스님은 깊은 산 속에다 암자를 세우고 10년을 지냈다. 대매(大梅, 752~839)스님은 한 번 안주하자 인적을 끊었고, 무업(無業, 761~822)스님은 대장경을 열람하였으며, 예전에 성인(부처님 전생)께서는 7일 밤낮을 발을 들고 저사(底沙) 부처님을 찬탄하였고,² 상제(常啼)보살은 수개월 동안 심장과 간을 팔았으며, 장경(長慶, 854~932)스님은 앉아 있느라 일곱 개의 방석이 닳았다.³

이는 모두가 이 하나의 큰 인연을 위해서 그런 것으로, 그 뜻이 가상하니 영원토록 후학들의 표준이 될 만하다. 그들의 몸을 긴 선상 위에 놓는다 해도 역시 그윽한 마음으로 몸소 참구할 뿐이다. 다만 마음과 생각을 맑고 고요하게 하여 어지럽고 시끄러운 곳에서도 훌륭하게 공부를 하였는데, 공부를 할 때에는 철두철미하여 실낱만큼도 빠짐없게 하였다. 전체가 있는 그대로여서 다시는 나라든가 혹은 남이라든가 하는 견해를 일으키지 않는다. 오직 이 하나의 큰 기틀을 자유자재하게 운용할 뿐인데, 다시 무슨 세제(世諦)니 불법이니를 말하랴.

오래도록 한결같이 평등하게 간직하다 보면 자연히 서 있는 자리가 실제의 확고한 자리로서 바로 이것이 그대 양(良) 상좌(上座)가 계합한 곳이다. 물이 물로 들어가고 금에다 금을 올리듯, 한결같이 평등하여 맑고 참되리니, 이것이 바로 살 궁리할 줄을 아는 것이다. 다만 한 생각도 내지 말고 또렷또렷하도록 놓아 버려 옳고 그름, 나와 남, 얻고 잃음 등이 조금이라도 있기만 하면 그것을 따라가지 말아야 한다.

이것이 낮이 다하고 밤이 다하도록 자기 참 선지식을 몸소 참구하는 것이니, 어찌 이 일을 끝내지 못할까 근심하랴. 스스로 살펴보기를 간절히 바라노라.[4]

주
:

1 노두(爐頭) : 화롯불을 담당하는 소임. 선가에서는 매년 음력 10월 1일부터 화로에 불을 피워 이듬해 2월 1일에 끄는데, 이 화로에 불이 꺼지지 않도록 관리하는 선승.
2 『대지도론(大智度論)』권4(T25-87bc).
3 장경혜릉(長慶慧稜, 854~932)이 설봉의존(雪峰義存, 822~908)과 현사사비(玄沙師備, 835~908)에게도 20년 동안을 왕래하면서 일곱 개의 방석이 닳도록 좌선하였으나 도를 밝히지 못하다가 어느 날 발을 걷어 올리면서 홀연히 깨달았다.『오등회원』권7(X80-152c).
4 『원오불과선사어록』권14(T47-779c)에 "양 노두에게 주는 글"이라는 제목으로 전한다.

34

허(許) 봉의(奉議)¹에게 드리는 글
정규(庭圭)이다

　이 일은 날카로운 지혜를 가진 상근기에게 있는 것으로서 하나를 듣고 천을 깨닫는 것이 어렵지 않으니, 요컨대 서 있는 자리를 견고히 하여 확실히 믿고 꽉 잡아 주인공이 되어야 합니다. 맞고 거슬리는 모든 경계와 갖가지 인연들을 한 덩어리로 만들어 마치 허공에 실낱만한 장애도 없듯 텅 비고 밝아 전변(轉變)함이 없어야 합니다. 이렇듯 백겁천생이 시종여일해야 평온함을 얻을 수 있습니다.
　그런데 총명하고 민첩한 사람이 근기가 들뜨고 근본이 얕아서 말 위에서 전변할 줄 알고 세간에서는 가히 숭상할 만한 게 없다고 하는 경우를 많이 보게 됩니다. 마침내는 견해의 가시를 키우고 능력과 알음알이를 내보이며 잽싸고 영리하게 언어를 사용하면서 불법이란 이러할 뿐이라고 여기기도 합니다. 그러다가 경계 인연이 생기면 벗어나지 못하고 거기서 진퇴를 이루니, 참으로 안타깝습니다.

그러므로 옛사람은 모든 마구니와 어려움을 일찍이 두루 다 겪었으니, 일곱 토막으로 잘려도 생각을 움직이지 않고 한 번 마음을 다잡으면 마치 철석같았습니다. 나아가 생사를 투철히 벗어나는 데에 이르러서는 전혀 힘을 들이지 않았으니, 어찌 식정(識精)을 초월하여 강개한 뜻을 지닌 대장부가 아니겠습니까.

재가보살이 출가인의 수행을 닦는 것은 마치 불 속에서 연꽃이 피어나는 것과도 같습니다. 대체로 이름과 지위, 권(權)과 실(實)의 의기(意氣)를 졸지에 조복받기는 어려운데, 더구나 삼계화택(三界火宅)의 번거롭고 시끄러움이 백천 갈래로 지지고 볶는 경우야 말해서 무엇 하겠습니까.

오로지 본래 참되고 오묘하고 원만한 자기 자리에서 당장 크게 쉬어 버린 대적정삼매의 경계에 도달하고, 나아가 그것마저 놓아 버리면 텅 비어 평등하고 항상하며, 무심(無心)을 철저하게 깨닫고 일체 법을 꿈이나 허깨비처럼 여깁니다. 텅 비고 툭 트인 경지에서 인연 따라 세월을 녹인다면 유마힐(維摩詰)·부대사(傅大士, 497~569)[2]·배상국(裴相國, 797~870)[3]·양내한(楊內翰, 974~1020)[4] 등 여러 훌륭한 재가(在家)의 수행인들과 그 정인(正因)을 함께할 것입니다. 자기의 역량을 따라 깨닫지 못한 사람을 교화하여 함이 없고 아무 일 없는 법성(法性)의 바닷속으로 함께 들어간다면 남섬부주를 한바탕 뛰쳐나온다 해도 본전을 밑지지는 않을 것입니다.

불법은 대단할 것이 없으니 구지(俱胝)스님은 한 손가락만 세웠고, 타지(打地, ?~778)스님은 땅만 쳤으며, 조과(鳥窠, 741~824)스님은 실오라기를 입으로 불었고, 무업(無業, 761~822)스님은 망상 피우지 말라 하였으며, 중읍(中邑)스님은 시끄럽게 재잘거렸으며, 고제(古提)스님은 불성이 없다 하였고, 골좌(骨剉)스님은 일생 동안 뼈가 꺾인다고만 말했을 뿐입니다. 다만 믿음으로써 여기에 이르렀을 뿐이니, 때문에 일생 동안 써먹어[受用]도 다 쓸 수 없었습니다.

만일 의심을 내면 다른 견해와 차별이 생겨 향상이니 향하니 하는 것이 있게 되니, 어떻게 그 향상 향하를 타고 앉을 수 있겠습니까. 그렇기 때문에 오래하는 것을 귀하게 여겼으니, 이것이 사람 얻기 어려운 대목입니다.

이미 들어갈 곳을 알아 근본이 밝아지면 만 길 벼랑처럼 높고 아득하게 씻은 듯 초탈해야 합니다. 부처병과 조사병을 버리고 현묘한 이치와 성품도 버리고 한가로이 호호탕탕하여 아무것도 모르는 촌구석 사람과 전혀 다르지 않아야 합니다. 이렇게 오랜 세월을 길러 나가다 보면 소박하고 진실하며 매우 안온하여 바야흐로 안락을 얻게 될 것입니다.

그리하여 마침내는 자기를 노출하여 총명한 체 하거나 책략을 드러내 지견(知見)을 자랑하며 결코 구두선(口頭禪)으로 빠지지 않습니다. 그러므로 열 번 말하여 아홉 번 들어맞는다 해도 한 번 말 없느니만 못하다고 하였고, 또 "나는 부처가 되기를 바라는 사람은 백천 명이나 보았지만 그 가운데서 무심도인은 한 사람도 찾아

보기 어려웠다." 하였던 것입니다. 이 일에서 가장 중요한 것은 실천해 나가는 것입니다. 그러나 실천해 나가면서도 모양에 집착하지 않고 덕에 머무르지 않는 것을 '모양 없는 진실한 수행'이라 이름합니다.

  큰 코끼리는 강을 건널 때 물결을 넗고 지나가는데, 이렇게 수행 실천해 가면 물이 방울마다 얼듯 가슴속에 자취를 남겨 두지 않는데, 하물며 특별히 마음을 일으켜 모든 죄악을 짓는 경우이겠습니까. 이미 이처럼 깨달음을 간직하고 또한 이처럼 깨닫지 못한 이를 격려하다 보면, 문득 이 위에서 바로 조복되고 믿음이 순수하여 함이 없고 하릴없어지리니, 어찌 통쾌하지 않겠습니까.

주
:

1   봉의(奉議) : 이름만 있고 실제로 직무는 없는 벼슬의 품계를 '산계(散階)'라고 하는데, '봉의'는 문관에게 주는 종6품 산계이다.
2   부대사(傅大士, 497~569) : 자는 현풍(玄風)이고 이름은 흡(翕)이다. 쌍림(雙林) 대사(大士), 동양(東陽) 거사라고도 불리고 무주(婺州) 출신의 선혜(善慧)라고도 한다. 속성을 따라 부르는 부(傅)대사가 일반적이다. 24세에 숭두타(嵩頭陀, ?~569)에게 느낀 것이 있어서 숨어서 수행하다가 쌍림수(雙林樹) 아래에서 깨달음을 얻었다. 때때로 무애한 행으로 출가자와 재가자에게 존경을 받았고 양(梁) 무제(武帝)의 귀의도 받았다. 종산(鍾山) 정림사(定林寺)에서 머물렀다.
3   배상국(裵相國, 797~870) : 당나라 거사 배휴(裵休)를 가리킨다. 자는 공미(公美)이다. 산서성 하동(河東) 문희(聞喜) 출신이어서 하동(河東) 대사(大士)라고도 부른다. 규봉종밀(圭峰宗密, 780~841)과 깊은 교유를 하였고, 황벽희운(黃檗希運, 751~850)을 임지(任地)인 용흥사(龍興寺)와 개원사(開元寺)에 초빙하여 조석으로 문안하며 선법을 참구하고 공부하며 제자가 되었다. 황벽과의 문답을 실은 『전심법요(傳心法要)』가 전하고, 규봉종밀의 여러 저서에 서문을 지었다.
4   양내한(楊內翰, 974~1020) : 송나라 거사 양억(楊億)을 가리킨다. 자는 대년(大年)이고 양문공(楊文公)이라고도 부른다. 처음에는 유교를 공부하다가 광혜원련(廣慧元蓮)을 만나 선 수행을 하고 오랜 참학 끝에 수산성념(首山省念, 926~993)을 만나 깨달음을 얻었다. 『경덕전등록(景德傳燈錄)』을 정리하고 서문을 썼다.

35

해(諧) 지욕(知浴)¹에게 주는 글

　이 큰 법은 삼세 모든 부처님이 함께 깨닫고 역대 조사가 함께 전하여 똑같은 도장으로 인가하였다. 사람의 마음을 바로 가리켜 본성을 보아 성불하게 하며 문자나 말을 세우지 않았으니, 이를 두고 교(敎) 밖에 따로 행하며, 단독으로 심인(心印)을 전한다고 한다. 만약 말과 교리로써 설명하며 단계를 세우고 격외(格外)니 격내(格內)니를 논한다면 근본 종지를 잃어버리고 옛 성인을 저버리게 되리라.
　요컨대 처음 입문할 적부터 곧바로 본분인(本分人)을 만나서 그대로 근원을 알아 뒤로 물러나 자신에게 나아가야 한다. 철석같은 마음으로써 종전의 망상과 견해, 세간의 지혜와 총명, 너와 나, 얻음과 잃음 따위를 밑바닥까지 뒤집어 일시에 놓아 버려야 한다. 곧바로 마른나무나 불 꺼진 재처럼 하여 망정과 견해를 모두 없애 정나라적쇄쇄(淨倮倮赤灑灑)한 곳에 도달하여 활연(豁然)히 계합 증득하면, 위로부터의 모든 성인과 실낱만큼도 차이가 나질 않는다.

　진실로 믿어서 다다르고 분명하게 보아서 사무친다면 이것이 바로 진리에 들어가는 문이다. 여기서 다시 일념이 만 년이 되게 하고 만 년이 일념이 되게 하여 하루 종일 순일하여 잡됨이 없어야 한다. 실낱만큼이라도 일어나거나 꺼짐이 있기만 하면 25유(有)[2]에 떨어져 빠져나올 기약이 없으리라.

　죽기살기로 물어뜯어 끊어 버린 뒤에야 바탕[田地]이 안온하고 은밀하리라. 성인이니 범부니 하는 지위에 들어가지 않아야만 비로소 새가 새장을 벗어난 것처럼 스스로 쉬고 스스로 깨달은 곳에서 자리를 잡고 옷을 입을 수 있으리라. 그러면 백 번 단련한 순금처럼 일거일동이 넓고 한가로워 6근과 6진의 생사와 현묘한 경(境, 대상)과 지(智, 주관)가 마치 끓는 물에 눈을 뿌리는 것과도 같으리라. 마침내는 스스로 시절을 알아 다시는 본분을 벗어나지 않으니, 이를 일러 무심한 도인이라 이름한다. 이렇게 닦고 증득하며 아직 깨닫지 못한 사람을 일깨워 이렇게 실천하게 한다면, 어찌 도를 닦는 요점이 되지 않으랴!

　옛사람이 이 하나의 인연을 위하여 어찌 침식을 잊는 정도에만 그쳤으랴! 머리와 눈과 골수를 희사하고, 팔을 끊고 방아를 찧어가며 걸핏하면 이삼십 년씩을 지냈다. 예컨대 암두(巖頭, 828~887)·설봉(雪峰, 822~908)·흠산(欽山)스님은 총림을 함께 돌아다녔으나 각자 한 가지 일을 잡고 부지런히 노력하였다. 동산(洞山, 807~869)

을 아홉 차례 갔었고[九度洞山] 투자(投子, 819~914)스님에게 세 번 갔었는데[三到投子], 갔던 곳마다 하룻밤 한 순간을 그냥 지나쳐 버린 적이 없다. 반드시 서로 거론하여 비교해 주고 서로 갈고 닦아주더니, 신풍(新豐)³에서 깊숙이 계합하여 활연히 종지를 깨달은 것이다.

덕산(德山, 782~865)스님은, 그의 걸음걸이와 체재를 보건대, 불법 문중의 용과 코끼리라고 할 만하다. 후학들은 그들의 자취를 우러러, 세월을 헛되게 보내 옛날의 훌륭했던 어른들을 욕되게 하지 말아야 한다.

옛날에 천태(天台) 소(韶, 891~972)⁴국사는 어려서부터 자질이 뛰어났다. 총림을 행각할 때 가는 곳마다 기연이 맞아서 스승 대접을 받게 되었다. 그러다가 나중에는 금릉(金陵) 땅 청량사 대법안(大法眼, 885~958)스님의 회상에 가게 되었다. 그곳에서 묻고 참례하는 것은 게을리 하고 오직 열심히 시봉을 들며 방장실에서 옷깃을 여미고 있었을 뿐이었다.

하루는 대중 참당(參堂)에 따라갔는데, 한 스님이 "어떤 것이 조계근원의 한 방울 물입니까?" 하는 질문에 법안스님이 "이것이 조계근원의 한 방울 물이다."라고 대답하는 말을 듣고, 전에 깨닫고 이해했던 것이 마치 얼음 녹듯 풀려 큰 안온함을 얻었다.⁵ 이로써 배워서 이해하는 것은 사람을 피곤케 한 것임을 알 수 있다.

한마디, 한 구절, 한 기틀과 한 경계에서 아는 것은 다문(多聞)을 더할 뿐이니, 궁극의 지극한 실제 자리에 이르려면 모름지기 통 밑바닥이 빠져 버리듯 해야만 하리라. 이 일은 결코 말 가운데 있질 않다. 이를 집착하고 기억하여 자기의 견해로 삼는다면 마치 그림 속의 떡과 같으니, 어떻게 배고픔을 달랠 수 있으랴.

그러나 크게 통달한 인재는 진실한 이치를 초월하고 증득한다. 나아가 기연에 투합할 경우에는 말 사이에 있으면서 그 자취에서 멀리 벗어나 기틀이나 경계 등의 그물로 그를 잡아 둘 수 없다. 예컨대 석두(石頭, 701~792)스님이 약산(藥山, 746~829)스님에게 물었다.

"그대는 여기서 무엇을 하느냐?"

"아무것도 하질 않습니다."

"그렇다면 한가하게 앉아 있는 거로군."

"한가하게 앉아 있는 것도 하는 겁니다."

석두스님이 다시 물었다.

"그대는 아무것도 하지 않는다 하였는데, 무엇을 안 한다는 건가?"

"모든 성인도 모릅니다."

석두스님은 이에 게송으로 찬탄하였다.

> 이제껏 함께 있어도 이름 모르고
> 마음대로 서로 함께 그렇게 갈 뿐이네
> 예로부터 현인들도 알지 못했으니

경홀한 범부가 어찌 밝히랴.
從來共住不知名(종래공주부지명)
任運相將只麽行(임운상장지마행)
自古上賢猶不識(자고상현유불식)
造次凡流豈可明(소차범류기가명)[6]

이 같은데 어찌 철저하게 깨달은 사람의 말이 아니랴. 기연으로 헤아리는 말로써야 어떻게 그를 구속할 수 있었으랴. 만일 이치자리[理地]를 밝히지 못했다면 가슴속에 물건이 막힌 듯 질문을 해도 마치 모포 위에서 고양이를 끌듯 한 것이다. 그러므로 조사는 이런 말도 하였다.

마음이 모든 경계를 따라 움직이나
움직인 자리마다 실로 오묘하구나
흐름을 따라 본성을 알아차리니
기쁨도 근심도 없도다.
心隨萬境轉(심수만경전)
轉處實能幽(전처실능유)
隨流認得性(수류인득성)
無喜亦無憂(무희역무우)[7]

총림의 형제들이 찾아와 법을 물을 때, 맨 처음에는 정인(正因)이 분명히 있어서, 생사의 일이 큰데도 스스로의 일을 밝히지 못하는 것을 선지식에게 고백한다. 그러니 이렇게 말하는 것이 어찌 흔히 말하는 명예와 지위를 위하고, 나의 능력과 나의 우수함을 내보이기 위해서이겠는가! 그러나 만일 시종일관 항상 이런 마음을 가지면 자기 일을 밝히지 못함을 근심하지 않는다. 나아가 오랫동안 가까이하다가 끝내는 자기의 분상에 털끝만큼도 서로 상응하는 곳이 없게 되면, 문득 이러쿵저러쿵 따지며 상대방 견해를 시비하고 아견(我見)을 늘리면서 빠져나올 곳을 찾는다.

그렇게 하면 뒷날 한 줄기의 향으로 감히 화상을 저버리진 않았다 하겠으나, 최초의 정인(正因)을 잃어버리고 마군의 경계에 떨어진다는 것은 전혀 모른다. 옛사람은 말하기를, "권속의 장엄은 구하지 않아도 스스로 이른다."[8] 하였다. 이미 짚신을 다 밟아 떨어뜨린 무리들이라면 이제는 응당 처음의 마음을 깨달아 생사 벗어나기를 기약하는 것이 무엇보다 중요하다. 세월은 사람을 기다려 주지 않으니, 각자 힘써야 하리라.

주
:

1 지욕(知浴) : 대중의 목욕물을 담당하는 소임. 욕주(浴主) 또는 욕두(浴頭)라고도 한다.
2 25유(有) : 중생의 생사윤회하는 세계를 25종으로 분류한 것. ① 4악취, ② 4주(州), ③ 욕계 6욕천, ④ 색계 7천, ⑤ 무색계 4천의 25종이다. 줄여서 3계 6도라고 한다.
3 신풍(新豐) : 광동성(廣東省) 소관시(韶關市) 신풍현(新豐縣). 동산양개(洞山良价, 807~869)를 가리키는 말이다. 동산양개가 동산(洞山)에 들어가기 전에 이곳에 머물렀기 때문에 신풍(新豐) 노인 또는 신(新) 화상 등으로도 부른다.
4 천태(天台) 소(韶, 891~972) : 당나라 말기 법안종 천태덕소(天台德韶). 17세에 출가하여 50여 선사들을 두루 참구한 다음 법안문익(法眼文益, 885~958)의 법을 이어받았다. 천태산에 들어가서 지자(智者, 539~598)대사의 도량 수십 곳을 부흥시켰다.
5 『선림승보전(禪林僧寶傳)』 권7(X79-505c).
6 『경덕전등록』 권14(T51-311b).
7 제22조 마나라(摩拏羅) 존자의 게송. 『경덕전등록』 권2(T51-214a).
8 분주무업(汾州無業, 761~822)의 말. 『경덕전등록』 권28(T51-445a).

36

인(印)¹ 선인(禪人)에게 주는 글

　도는 깨달아 통달함에서 오니, 깨달음에는 입지(立志)가 우선이다. 갖가지로 매어 있는 범부로부터 훌쩍 뛰어 성인의 세계에 곧바로 깨달아 들어가려는 것이 어찌 작은 인연이랴! 진실로 철석같은 마음을 가지고 생사의 흐름을 끊어 본래의 바른 성품을 알아차려야 한다. 티끌만치도 속이나 밖에 법이 있음을 보지 않고 가슴속을 텅 비워 아무 걸림이 없으면 하는 작용마다 모두 근본 속에서 흘러나온다. 근본이 이미 확실하면 일체의 사물을 굴릴 수 있는데, 이를 '금강의 바른 몸'이라고 말한다. 한 번 얻으면 영원히 얻는데 어찌 밖에서 구할 것이 있으랴. 그러므로 옛 스님은 말하기를, "이 종지는 그 오묘함을 얻기가 어렵다."고 했으니, 부디 자세하게 마음을 쓰는 가운데서 정인(正因)을 단박에 깨달아야 티끌세상의 계급과 구덩이를 벗어난다.

　옛 스님들은 강을 사이에 두고 부채를 흔들기도 하고 포단의 실오라기를 불기도 하다가 문득 계기가 트이는 수가 있었다. 나아가 문득 입을 막아 버리고 방망이로 등허리를 때리기도 했으며, 또한 통 밑이 빠지는 것처럼 풀리기도 했다. 이는 오래도록 전일하게 했기 때문에 하루아침에 홀연히 깨달은 것이니, 어찌 밖에서 얻었겠는가. 모두가 스스로 증오하고 스스로 깨달음에서 온 것이다.

대매(大梅, 752~839)스님이 마조(709~788)스님에게 질문하여 "마음 그대로가 부처다[卽心卽佛]."라는 말을 듣자마자 문득 깨달음의 문지방 속으로 깊숙이 들어가 이로부터 산에 머물렀다. 후에 "마음도 아니고 부처도 아니다[非心非佛]."라고 한 마조스님의 말을 듣고 바로 말하기를, "이 늙은이가 사람들을 놀리는구나. 이래 가지고야 어느 때 마칠 기약이 있겠는가. 그대는 마음도 아니고 부처가 아니라고 하지만, 나는 마음 그대로가 부처일 뿐이다."라 하였다.[2] 이는 물을 거슬리는 파도가 있어 마조스님의 허물을 간파해 버림이 아니겠느냐.

약산(746~829)스님이 대중에게 말하였다.

"나에게 한마디가 있는데, 송아지가 새끼를 낳으면 그때 가서 그대들에게 말해 주겠다."[3]

당시에 그냥 놓아 보내지 않았더라면 그에게 "참선하는 납자가 낭패로군." 하고 말해 주었으리라.

주
:

1 『속전등록(續傳燈錄)』 권27(T51-656b)에서 원오극근의 제자로 언급한 건명(乾明) 인선사(印禪師)로 보인다. 자세한 행적은 알 수 없다.
2 『선문염송』 제265칙 "즉불(即佛)"(H5-245ab).
3 『경덕전등록』 권14(T51-312ab).

37

신(信) 시자(侍者)에게 주는 글

 도를 배우는 요점은 뿌리를 깊이 박고 줄기를 견고하게 하는 데에 있으니, 하루 종일 자기의 근본을 비추어야 한다. 생각을 크게 일으켜서도 전혀 속으로 관여하지 않을 때에 원융하여 끝이 없고, 전체가 텅 비게 응어리져 일체의 하는 것에 일찍이 의심하는 간격이 없으니, 이를 '있는 그대로의 본분사[現成本分事]'라고 말한다.

 한 털끝만큼이라도 견해를 일으키고 알아차려서 주체가 되겠다고 바라면 바로 음계(陰界) 속에 떨어진다. 그리하여 견문각지(見聞覺知)와 득실시비(得失是非)에 걸려 정신이 반은 취하고 반은 깨어난 상태에 휩싸여 분별하지 못한다. 사실대로 따져 보면 시끄러운 속에서 가지고 다녀도 아무 일도 없는 것과 같아서, 철두철미하게 그 자리에서 원만 성취하여 아무 형상이 없으면, 전혀 힘을 들이지도 않고 작위에 걸리지도 않는다. 말과 말없음, 일어남과 자빠짐이 결코 다른 사람 때문이 아니니, 털끝만큼이라도 막힘을 느낀다면 이는 모조리 망상이다. 곧바로 큰 허공같이, 밝은 거울이 경대에 걸린 것같이, 솟아오른 해가 하늘에 빛나는 것같이 아무것도 없이 깨끗해야 한다.

움직임과 고요함, 가고 옴이 하나하나 밖에서 오는 것이 아니니, 자유자재하도록 놓아 버려 법에 매일 것도 없고 법을 벗어나려 할 것도 없다. 처음부터 끝까지 한 덩어리를 이루었는데, 어느 곳에 불법을 떠난 밖에 따로 세간법이 있으며, 세간법을 떠난 밖에 별도로 불법이 있으랴! 그러므로 조사께서는 곧바로 사람의 마음을 가리켰던 것이다.

금강반야(金剛般若)는 사람이 모양[相] 떠난 것을 귀하게 여기니, 비유하면 장사가 팔을 굽히고 펼 때 다른 힘을 빌리지 않는 것과도 같다. 이처럼 요점을 살펴서 긴 시간을 스스로 물러나 참구해야 좋으리라. 그리하여 진실로 깨달은 경지에 도달하게 되면 바로 이것이 생각생각에 끝이 없고 헤아릴 수 없는 대선지식을 두루 참례한 것이니, 부디 진실하게 믿고 힘써 공부해야만 가장 훌륭하다고 하겠다.

38

조인(祖印) 사미(彌沙)에게 주는 글

영가(665~713)스님은 "그 자리[當處]를 떠나지 않고 항상 담연하니, 찾은즉 그대를 알지만 볼 수는 없다."[1]고 하였다. 당처의 고요한 경지에서 두 가지 극단을 끊은 자리에서 평온하게 해야 하며, 알음알이를 지어서 찾으려 해서는 절대 안 된다. 조금이라도 찾았다 하면 그림자를 잡으려는 것과 같으니라.

마조(709~788)스님은 "마음 그대로가 부처[卽心卽佛]."라고도 하였고, 또 "마음도 아니고 부처도 아니다[非心非佛]."라고도 하였으며, 다시 "마음도 아니고 부처도 아니고 물건[物]도 아니다."라고 하였다. 동사(東寺, 744~823)스님은 말하기를, "마음은 부처가 아니며, 지혜는 도가 아니다. 칼이 떠나 버린 지가 오래인데 그대는 이제서야 배에 칼 떨어진 자리를 표시하고 있구나."[2]라고 하였다. 가령 각자의 말을 따라간다면 어찌 정해진 결론이 있으랴.

그러나 말을 잊고 깨닫는다면 다시 백천억 마디를 연설한다 해도 하나의 참다움[一實]에 불과하다. 무엇이 참다운 자리일까! 대매(752~839)스님이 말했듯이 "그대는 그저 마음도 아니고 부처도 아니라고 말하라. 나는 마음 그대로가 부처라고 하리라." 하였는데,[3] 이 어찌 참됨이 아니랴. 요컨대 철저히 믿어서 몸소 깨닫고 몸소 보아야만 자연히 다른 사람에게 속지 않으리라.

주
:
1 "不離當處常湛然(불리당처상담연) 覓卽知君不可見(멱즉지군불가견)": 『영가증도가(永嘉證道歌)』(T48-396b).
2 『경덕전등록』권7(T51-255b).
3 『선문염송』제265칙 "즉불(卽佛)"(H5-245ab).

39

민(民) 지고(知庫)¹에게 주는 글

민(民) 선인(禪人)은 금관(錦官) 대자사(大慈寺)의 전법사(傳法師)인 소(昭)율사의 법손이다. 머리를 깎자마자 즉시 가업(家業)을 익혀 『사분율(四分律)』을 배웠다. 이윽고 포건(布巾)을 벗어 던지고 율법을 떠나 스스로 청정하려 하여, 지팡이를 어깨에 걸머지고 남쪽에 유람하여 조사가 서쪽에서 온 종지를 물으려고 내가 살고 있는 협산(夾山)에 와서 서로 만났으며, 도림사(道林寺)에 머무른 지 오래였다.

내가 장산(蔣山)을 맡게 되었을 때는 더욱 확실하게 묻고 참구하였다. 깨닫는 문제에 있어선 스스로 지해(知解)를 털어 버리고 온전한 기틀로 곧바로 꿰뚫어야 하는데, 인연 따라 묻고 대답할 때마다 한 번에 단도직입하여 상당히 공부가 쌓였으니 기뻐할 만한 일이다.

그러나 이 근기로써 다시 부지런히 노력하고 마음[志]을 쉬어서 더없이 깊고 오묘한 곳에 크게 쉬어 버리고 완전히 안온한 곳에 도달해야 한다. 가는 티끌도 움직이지 않고 그저 한가로운 경지만을 지켜 범부와 성인도 헤아릴 수 없게 하고 모든 덕도 거느리지 않는 뒤에야 의발을 맡길 만한 것이다.

암두(828~887)스님은 "사물을 물리치는 것이 상급이고, 사물을 쫓는 것이 하급이다."라고 하였다. 모든 경계와 모든 인연, 나아가 고금의 가르침과 임기응변에 이르기까지 만약 자기의 근본이 텅 비어 고요하며 원명적조하면 모든 것이 다 나에게 간여해 온다 해도 금강왕보검으로 단칼에 잘라 버릴 수 있다. 그렇게 되면 늠름하고 신령한 위엄으로 일체를 앉은자리에서 끊어 버려, 물리치지 않아도 저절로 물러나리니 어찌 여유작작하지 않으랴.

만일 근본을 밝히지 못하고 약간이라도 의심하고 머뭇거린다면 휘둘림을 당하여 분명하지 못할 것은 뻔하니, 어떻게 남의 굴림을 면할 수 있으랴. 남에게 딸려가다 보면 끝내 자유로울 리가 없으리라. 지극한 도는 간단하고 쉬우니 다만 물리치느냐 쫓아가느냐에 달렸다. 도를 잘 체득한 사람이라면 깊이 생각해야 된다.

옛사람은 이 하나의 일을 위해서 그대로 온몸을 희사하기도 하고, 눈 속에 서 있기도 했으며, 방아를 찧기도 했고, 심장과 간을 팔기도 했으며, 양쪽 팔뚝을 태우기도 했고, 훨훨 타는 불무더기 속에 몸을 던지기도 했고, 온몸이 일곱 토막으로 잘리기도 했으며, 몸을 호랑이 먹이로 바치기도 하고 비둘기를 구하기도 했으며, 머리를 희사하고 눈을 보시하기도 하였다. 이런 백천 가지의 경우라도 모두가 간곡하고도 피나는 노력을 하지 않으면 깊이 도달하지 못한다. 뜻이 있는 사람이라면 반드시 옛사람을 본받아 안자(顔子)²처럼 되기를 바라고 인상여(藺相如)³를 흠모해야 한다.

원만담연하고 텅 비어 응연(凝然)한 것은 도의 체(體)이고, 펴기도 하고 오므리기도 하고 죽이기도 하며 살리기도 하는 것은 현묘한 작용[用]이다. 훌륭한 솜씨로 칼을 휘두르고 능히 조심하여 지키되, 마치 구슬이 소반에 구르듯, 소반이 구슬을 굴리듯 하여 잠시도 허망함에 떨어지지 않았다. 그리고 세간법이니 불법이니 구분을 하지 않고 그대로 한 덩어리를 이루니 "부딪치는 곳마다 그를 만난다." 한 것이 그것이다. 종횡으로 출몰하되 애초부터 외물(外物)이 없다. 적나라하고 자유자재하여 본분의 일로써 인정(印定)하고 두두물물마다 밝고 묘연하다. 그러니 어느 곳에 다시 얻고 잃음, 옳고 그름, 좋고 나쁨, 길고 짧음이 있으랴. 다만 자기의 바른 안목이 환하게 밝지 못할까 염려스러울 뿐이다. 양변(兩邊)에 떨어지면 전혀 관계가 없게 된다. 영가(665~713)스님이 "상근기는 한 번 결단하여 일체를 알아 버리나, 중하근기는 많이 들을수록 더더욱 믿지 못한다."⁴고 했던 말을 듣지 못하였느냐.

부처님과 조사의 말씀은 그저 통발과 그물에 불과할 뿐이니, 이를 의지하여 진리에 들어가는 문으로 삼는다. 그리하여 마침내 확연하고 분명히 깨달아 알게 되면 그 바른 자체[正體] 위에 모든 것이 원만하게 구비된다. 그러니 불조의 말씀을 모두 그림자나 메아리 정도의 일로 보아서, 결코 받들어서는 안 된다.

요즘 들어 참선하는 많은 납자들이 종지가 되는 법에 근본하지 않고 그저 언구만을 지니고 간택할 뿐이다. 그리하여 친소를 논하고 득실을 분별하며, 뜬 물거품 위에서 참다운 견해라고 생각하여 이를 과시한다. 꽤 많은 공안을 잘도 가려내어 제방에 있는 오가종파(五家宗派)의 말을 묻고 해석하나, 한결같이 알음알이[情識]에 빠져 그 자체[正體]를 미혹하였으니, 참으로 가련하다.

참되고 바른 종사가 있어 눈썹을 아끼지 않고 위에서와 같은 잘못된 지견을 떠나라고 권하면 도리어 반대로 "마음씀이 뒤바뀌었다."고 하면서, 단련받기를 그만두고 더더욱 가시덤불 속으로 들어간다. 이른바 "작가 선지식을 만나지 못하면 늙어지도록 쓸모없는 물건이 될 뿐이다."라고 하는 것이니, 요점을 살피는 데에서는 한 수도 쓰지 못한다. 살 속에 피가 흐르는 사람이라면 귀결점을 알겠지만 혹 주저하는 경우에는 핵심[鼻頭]을 잃으리라.

과거 칠불(七佛) 이전에는 과연 어떠했는가? 곧바로 모름지기 빡빡하고 긴밀하게 머리의 피부에 달라붙어서 분명하고 역력하게 이 한 덩어리의 심전지(心田地)를 알아차려 오래도록 안온 면밀하였다. 이리하여 스스로 알고 물러나서 마침내는 "나는 견처가 있으며, 나에겐 오묘한 이해가 있다."고 말하지 않았다. 왜냐하면 그 가운데 실낱만큼이라도 주관이니 객관이니 하는 견해의 가시가 있게 되면 그 무게가 태산보다 더하기 때문이어서, 이런 것은 예로부터 결코 서로 인정하지 않았기 때문이다.

그러므로 석가모니불께서는 연등부처님에게 무법(無法)으로써 수기(受記)를 얻으셨으며, 노(盧, 혜능, 638~713)스님은 황매산에서 "본래 한 물건도 없다."⁵는 말로써 의발을 직접 받으셨다. 생사 순간에 이르러서 조금이라도 짊어진 것이 있었다 하면 곧 신령한 거북이가 꼬리자국을 남기는 격이다.

그러므로 반드시 청정하다느니 더럽다느니 하는 극단을 모두 의지하지 말아야 한다. 마음이 있느니 없느니, 견처가 있느니 없느니 하는 것들은 마치 벌겋게 타는 화로에 한 점의 눈[雪]을 떨어뜨리는 것과 같아서, 하루 종일 철두철미 쇄쇄낙락하게 하여 모든 성인도 길을 함께하지 않는 이런 곳에 노닐면서, 당장에 순수하게 하여 배울 것이 끊어지고 아무 하릴없으며, 천만 사람도 잡아 둘 수 없는 진실한 도인을 자연히 성취한 것이다.

조주(778~897)스님은 납승을 보기만 하면 앞으로 가까이 오라고 불러서, 그 스님이 앞으로 가까이 가면 그냥 가라고 했다. 얼마간 힘을 덜어 알아차린다면 십분 성취한 것이겠지만, 이러쿵저러쿵한다면 지견(知見)만 생기리라.

옛사람은 큰 자비를 갖추고 있었으니, 사람들이 정면에서 스스로 알아차리지 못하는 것을 보면 바르게 방편을 열어 들어갈 길을 열어 주었다.

예컨대 고제(古提)스님의 경우, 납자들이 오는 것을 보기만 하면 대뜸 "물러가거라! 물러가! 너에게는 불성이 없다."고 하였는데, 후에 오직 앙산(仰山, 807~883)스님이 나와서 그 분명한 소식을 알았다.[6] 그러니 요즈음의 경우, 이것을 끄집어내서 참학하는 자들에게 묻기만 하면 열이면 열 모두 멍하니 그만 그 말속에서 죽어 버린다. 그러므로 단박에 깨칠 여지가 없기 때문이니, 만약 산 경계[活處]에 의거한다면 어떻게 토로해 내겠는가. 남의 말 따르는 것을 무엇보다도 조심해야 된다.

영운스님은 복사꽃을 보고 깨달아 게송을 지었지만 현사(835~908)스님은 "그는 아직 철저히 깨닫지 못했다."고 하였으며, 어떤 노파가 오대산 가는 길을 가르쳐 주자 조주(778~897)스님은 되돌아와서 노파를 감정했다고 하였다.[7] 총림에서는 이것을 갖가지로 따지면서 시끄럽게 떠들 뿐이니, 이야말로 옛사람이 말한 '문을 두드리는 기왓조각'과 같다 한 것을 전혀 몰랐다 하리라.

문에 들어가는 것이 무엇보다 중요한 일이므로, 문에 들어갔으면 그만이지 문 두드리는 기왓조각을 대단한 것인 양 집착하겠는가. 명확한 뜻은 곧바로 드러내야 한다고 하였으니, 그 귀결점이 어느 곳에 있느냐? 도리를 알겠는가? 털끝만큼이라도 어긋나면 하늘과 땅만큼이나 차이가 나느니라.

무성한 풀숲에 들어가 이것저것 가리지 않고 손 가는 대로 풀을 집어내 오더라도 그것이 사람을 죽일 수도 있고 살릴 수도 있는 데야 어찌하랴. 참으로 착안이 바르고 손놀림이 정확하다면 한 줄기의 풀로도 장육금신(丈六金身)을 만들게 할 수 있으니, 더구나 그

밖의 변화야 말해 무엇 하겠느냐. 근본이 이미 밝아지고 나면 일상생활 속에서 밭을 매고 땅을 개간하며 봄에 씨 뿌리고 가을에 추수하는 것들이 모두 나 협산(夾山) 늙은이와 직접 화답(和答)하는 것이며, 지장(地藏, 867~928)스님이 연설하던 일과 똑같은 범행(梵行)이 될 것이다. 오래도록 익히고 실천하여 비로봉에 높이 걸터앉아 이 정법(正法)을 전하니, 어찌 현묘하지 않으랴!

주
:

1   지고(知庫) : 창고를 맡아서 관리하는 사찰의 소임.
2   안자(顏子) : 공자의 제자 안회(顏回)를 높여 부르는 호칭이다. 자연(子淵)이 자(字)여서 안연(顏淵)이라고도 부른다. 학덕이 높고 재질이 뛰어나 공자의 가장 촉망받는 제자였다. 그러나 공자보다 먼저 죽었다. 빈곤하고 불우하였으나 개의치 않고 성내거나 잘못한 일이 없으므로, 공자 다음가는 성인으로 받들어졌다.
3   인상여(藺相如) : 중국 전국시대 말기 조(趙)나라 혜문왕(惠文王)의 가신(家臣)이다. '완벽(完璧),' '문경지교(刎頸之交)'의 고사로 알려져 있다. 보통 문무와 지용(知勇)을 모두 갖춘 장수의 모습으로 묘사된다.
4   "上士一決一切了(상사일결일체료) 中下多聞多不信(중하다문다불신)" : 『영가증도가』 권1(T48-396a).
5   오조홍인(五祖弘忍, 602~675)에게 법을 이어받게 되는 육조혜능(六祖慧能, 638~713)의 게송의 한 구절. "보리에는 본래 나무가 없고[菩提本無樹(보리본무수)] 거울에도 대가 없으니[明鏡亦非臺(명경역비대)] 본래 한 물건도 없는데[本來無一物(본래무일물)] 어디에서 먼지를 떨까[何處惹塵埃(하처야진애)]" 『육조대사법보단경』(T48-349a).
6   『경덕전등록』 권9(T51-270a).
7   "趙州勘婆(조주감파)" : 조주(趙州, 778~897)가 사는 오대산(五臺山)으로 들어오는 길가에 한 노파가 있다가 스님들이 오대산으로 가는 길을 물으면 가르쳐주고는 "멀쩡한 스님이 또 저렇게 가는구나." 하였다. 이 이야기를 전해들은 조주가 이튿날 그 노파에게 가서 길을 물으니, 노파는 역시 그렇게 대답하였다. 조주가 돌아와서 대중들에게 "내가 그대들을 위해 그 노파를 감정하였다."고 하였다. 『선문염송』 제412칙 "대산(臺山)"(H5-339c).

40

서울을 떠나는 자문(自聞) 거사(居士)를 전송하면서

　어떤 길로 왔습니까? 만일 배를 타면 물의 형세를 알아서, 노를 들어 물결을 갈랐을 것인데, 무엇 때문에 간곡하게 애써 알려주겠습니까. 자신이 한 번 휘저으면 그만입니다. 그렇기 때문에 바람 같고 번개 같아서 따졌다 하면 천 리 만 리 동떨어지니, 빼어난 부류만 제접할 뿐 어리석은 이와는 상대하지 않는 법입니다. 따라서 사해에 낚시를 드리우는 것은 사나운 용을 낚으려 함이며, 격식을 벗어난 현묘한 기틀은 선지식을 찾기 위함입니다.

　이 종지를 통달하고 나면 일체의 세간과 출세간이 조금도 다르지 않음을 봅니다. 낱낱이 처음부터 끝까지 꿰뚫어 문득 몸과 목숨을 버릴 줄 알고 천차만별한 경계에서도 편안하여 요동하지 않습니다. 설사 바람 같은 칼날을 만난다 해도 꿈쩍도 안 하며, 가령 독약을 마신다 해도 몹시 한가롭고도 한가롭습니다. 만일 실천하며 기르지 않는다면 어떻게 대명천지에 해와 달이 걸리듯 크게 통달하여 자유롭게 출몰할 수 있겠습니까. 이 경지는 원래 앞뒤가 없으니, 곧바로 향상의 관문을 열어젖혀야 합니다.

41

용(湧) 도자(道者)에게 주는 글
비구니

　옛사람은 이 큰 법을 위해 신명을 버리고 한량없는 괴로움을 겪었다. 그리하여 깊은 종지를 환하게 밝히고서는 지극한 보배처럼 소중히 여겼으며, 눈동자처럼 보호하였다. 엉겁결에도 경솔하게 행동하지 않았으며, 털끝만큼이라도 수승하다는 생각이 일어났다 하면 마치 맑은 하늘에 구름이 낀 듯 거울에 때가 낀 듯 여겼다.

　그러므로 조주(778~897)스님은 "내가 남방에 삼십 년 동안 있으면서 죽 먹고 밥 먹는 두 때에만 마음을 잡되게 썼다."[1]고 하였던 것이다. 그런가 하면 조산(曹山, 840~901)스님은 이 일을 보임(保任)하는 것을 가리켜 "독충이 사는 곳을 지나듯 물 한 방울조차 적시지 않아야만 한다."[2]고 하였다.

　마음도 잊고 마음의 작용[照]도 끊김으로 실천을 삼아서, 여여하고 실다운 경계에 다다르니, 마음에 일삼을 것이 없다. 마음에 일삼을 것이 없으므로 평온하고 고요하여 함이 없이 초연하게 홀로 움직인다. 스스로 실제의 경지를 밟고 나야만 다른 사람의 결박을 풀어 주고 모든 사람을 다 제도하리라. 그러나 실제로는 제도할 사람이 없는 것이니, 반드시 최후의 구절을 얻어야만 두두물물(頭頭物物) 모든 곳에서 몸을 벗어날 경지가 있게 되리라.

주
:
1 『고존숙어록(古尊宿語錄)』 권13(X68-77c).
2 『무주조산원증선사어록(撫州曹山元證禪師語錄)』 권1(T47-529a).

42

실(實) 상인(上人)에게 주는 글

　옛사람은 이 큰 일을 생각하여 심산유곡에 있으나 마을에 있으나 그것에 잠시도 어긋나지 않았다. 바깥 경계와 인연을 만나면 물질[色]이든 소리[聲]든 행동이든 베풂이든 그것을 모두 자기의 본분으로 되돌렸으니, 투철히 깨달은 옛사람과 행적이 전혀 다르지 않았다.

　그래서 근본이 견고하여 경계의 바람을 따라 움직이지 않았다. 고요하고도 편안하여 성인이니 범부니 하는 알음알이에 떨어지지 않고 곧바로 완전하게 쉬어서, 자기 자리를 얻고 옷을 입었다.

　지금 그대는 고향으로 돌아갔으니, 옛사람이 빈틈없이 간파해 버리듯 할 수만 있다면, 종산(鐘山) 방장스님이 백추를 치고 불자를 든 일과 나아가 세 가닥 서까래 아래의 일곱 자 떨어진 단(單) 앞[1]에서 정진하는 일에까지 무엇이 다르랴. 만일 조금이라도 어긋남이나 끊어짐이 있으면 전혀 관계없는 곳에 들어간다. 갈림길에 임하게 되거든 부디 이 말을 기억하고, 뒷날 앞길에서 거꾸로 헤아리지 말아라.

주
:
1 "三條椽下七尺單前(삼조연하칠척단전)" : 『선림상기잔(禪林象器箋)』권2(B19-37ab)의 설명에 따르면, 선상(禪牀)에 앉아 있는 모습을 옆에서 보면 대략 세 척쯤 되는데 그 폭이 서까래 세 개 정도이기 때문에 '삼조연하(三條椽下)'라고 한다. 『사미율의비니일용합참(沙彌律儀毗尼日用合參)』권2(X60-385b)에서는 선방에 들어온 사람의 이름을 적어 붙여놓은 것은 '단(單)'이라고 하였다. 따라서 '세 가닥 서까래 아래의 일곱 자 떨어진 단(單) 앞'은 한 사람이 앉을 정도의 좌선하는 자리를 가리키는 말이다.

43

추(樞) 선인(禪人)에게 주는 글

현묘함을 배우는 사람이 본성을 보고 이치를 깨달아 부처의 계단을 밟는 것은 일상의 다반사이다. 모름지기 불조의 정수리 위에 환골탈태시킬 만한 오묘한 이치가 있는 줄을 알아야만 격식과 종지를 초월하여 향상인의 행동을 하며, 덕산(782~865)스님과 임제(767~866)스님이라도 작용을 베풀 곳이 없게 한다. 평소에 무심한 경지만을 지킬 뿐이니, 애초부터 재주를 부리지 않아 흡사 무식한 촌사람 같다. 그렇기만 하면 바로 모든 하늘이 꽃을 바치려 해도 길이 없고 마군 외도가 가만히 엿보려 해도 볼 수가 없다. 넓고도 넓어서 털끝만큼의 모서리도 노출되지 않으며, 마치 억만의 보배더미 속에 있으면서 굳게 닫힌 듯하다. 또한 얼굴에는 흙 바르고 머리에는 재 쓰면서, 미천한 사람들과 함께 섞여 살면서 입으로는 말하지 않고 마음으로는 생각하지 않아, 세상 사람들이 헤아릴 수는 없으나 신의(神意)는 태연하였다. 이것이 어찌 도가 있어 함이 없고 조작 없는, 진정으로 하릴없는 사람이 아니랴!

말을 이해하는 것은 혀에 달려 있지 않고 말을 잘하는 것은 언사에 있지 않으니, 옛사람이 혀끝으로 한 말은 의지할 곳이 못 된다는 점을 분명히 알아야 한다. 그러니 옛사람이 한두 마디 한 것은 사람들이 곧바로 본래의 일대사인연을 깨닫게 하려는 데 의도가 있었을 뿐이다.

그렇기 때문에 경전의 가르침은 달을 가리키는 손가락에 불과하고 조사의 말씀은 문을 두드리는 기왓조각인 것이다. 이러한 사실을 알면 그대로 쉬어서 행리처가 면밀하고 수용처가 관통하리라. 이렇게 오래 하다 보면 흔들리거나 바뀌지 않아서 붙잡고 풀어주는 법과 거두고 내버려두는 일에 익숙해진다. 소소한 경계까지도 모두 다 관조하여 끊어 버리며 어떠한 조짐이나 흔적도 남기지 않는다.

생사의 순간에 이르러서는 물소 뿔에 달그림자가 새겨지듯 하여 서로가 섞이지 않는다. 조용히 움직이지 않은 채 홀연히 벗어나 버리니, 이것이 바로 섣달그믐 열반당(涅槃堂) 속의 참선이다.[1]

주:

1   "말을 이해하는 것은 혀에 달려 있지 않고" 부분부터는 『원오불과선사어록』 권15(T47-781c)에 전한다.

44

실(實) 선로(禪老)에게 주는 글

위음왕불(威音王佛) 이전에는 스승 없이 스스로 깨달았다. 한 번에 훌쩍 뛰어 증득하여 모든 성인과 같은 길을 갔다. 그리하여 놓아서 행하게 하고 잡아서 머무르게 하며, 지어서 주인이 되게 하여 전체가 그대로 이루어지니, 단련하지 않더라도 저절로 완전하게 익었다. 그런가 하면 위음왕불 이후에는 비록 자기에게 높이 초월한 곳이 있어 곧바로 알아차려 의심 없는 경지에 이르렀다 해도, 반드시 스승을 의지하여 결택해서 인가를 받아 법기(法器)가 되도록 해야만 한다. 그렇지 않으면 반드시 마군의 재앙이 있어 정인(正因)이 파괴되리라.

그러므로 조사가 계신 이래로 스승 제자 간에 전함에 있어서는 스승의 법을 가장 귀하게 여겼던 것이다. 그런데 하물며 이 일은 세간의 지혜나 변론이나 총명으로 알 수 있는 것이 아니며, 견문각지에 구애될 것이 아니다. 참으로 용맹한 대장부의 뜻과 기상을 지니지 못했다면 진정으로 좋은 벗과 선지식을 만나서 생사의 흐름을 끊고 무명의 껍데기를 부술 수 있겠는가. 자주자주 찾아가 묻고 오래도록 한결같이 하다 보면 시절인연이 익어 단박에 통 밑이 빠진 듯 확연하게 깨달으리라. 그런 뒤에 정성을 다해 결택하여 근거를 깨달으면, 자연히 마치 흐르는 물을 따라 내려가는 배에서 노 젓는 수고를 하지 않는 것과도 같이, 또한 바늘과 겨자씨가 서로 투합하듯 하리라.

  이미 종지를 체득한 뒤엔 면면히 지니고 계속 끊임이 없게 하여 성태(聖胎)를 길러야 한다. 설사 나쁜 인연이나 경계를 만난다 해도 바른 지견(知見)에서 나오는 선정의 힘[定力]으로 이를 원융하게 섭수하여 한 덩어리를 이룬다면 생사의 큰 변고가 생기더라도 그대를 움직일 수 없다. 자기의 가슴속에 오래도록 길러 가다 보면 함이 없고 하릴없는 큰 해탈인이 되는 것이니, 이 어찌 할 일을 끝내고 수행하는 일을 모두 마쳤다고 하지 않겠는가!

45

영(瑛) 상인(上人)에게 주는 글

　이 일은 당사자의 예리함에 달려 있으니, 이미 알아차려 짐을 걸머졌으면 자기의 근본이 있음을 알고 더욱 우뚝 서서 홀로 행해야만 한다. 모름지기 알음알이를 끊고 작용[照]을 떠나 확연히 텅 비고 고요하게 해서 한 법도 얻을 만한 게 없어야만 하며, 모든 인연을 끊어 버리고 쇄쇄낙락하여 완전히 안온한 경지에 도달하여 물샐 틈 없이 면밀하게 해야 한다.

　이것을 '만 길 절벽에 서 있는 듯 높고 우뚝한 경지'라고 한 것이니, 그런 뒤에 다시 되돌아와서 속세에 뛰어들어 중생을 제접해야 한다. 애초에 나라는 생각[我相]이 없는데, 어찌 성색(聲色)에 맞고 거슬리는 경계와 마구니이니 부처니 하는 경계가 있으랴!

　가장 곤란한 일은, 등한하게 아무 뜻도 없이 있던 자리에서 갑자기 끌려 들어가 휘둘리는 것이니, 그러면 곧 허물을 짓는 것이다. 반드시 끊임없이 지켜서 조작으로 치달리지 말게 해야 한다. 그러기를 오래 하면 한 덩어리를 이루어 쉴 곳이 되리라. 그런 뒤에 다시 향상(向上)의 행리를 알아야 하니, 옛사람은 "자리에 앉아 옷을 입은 다음에 스스로 살펴보라."고 하였다.

46

천(泉) 상인(上人)에게 주는 글

법을 묻는 데는 본성을 보아 이치를 깨닫는 것이 필요하다. 알음알이를 잊고 작용[照]을 끊어 가슴을 깨끗이 해야 하니, 마치 어리석고 우둔한 듯 잘잘못을 따지지 말고 우열을 다투지 말아야 한다. 조금이라도 맞거나 거슬림이 있으면 다 끊어 버려 이어지지 않도록 해야 한다. 그러기를 오래 하면 자연히 함이 없고 하릴없는 경지에 이르리라.

그러나 털끝만큼이라도 일부러 함이 없게 하려 하면 벌써 일이 생겨 버린다. 파도 하나가 움직이면 모든 파도가 따라서 움직이는데, 어찌 끝날 기약이 있으랴. 바로 이럴 때 죽음이 찾아와 손발을 허둥대는 까닭은 씻은 듯 말쑥하게 벗어 버리지 못했기 때문이다. 그러므로 이것만 확실히 하면 자연히 시끄러움 속에서도 물같이 고요하리니, 어찌 자기 일을 결판내지 못할까 근심하랴.

"시비가 있기만 하면 어지러이 마음을 잃으리라."[1]고 한 이 한 구절은 많은 사람들을 놀라게 하여 이런저런 생각을 내게 하였다. 만일 애초에 끊어 버린다면 위음왕불 저쪽으로 훌쩍 벗어날 것이요, 이 말에 끄달려 간다면 정말로 어지러워지리라. 반드시 스스로 회광반조(回光返照)하라.

여래선(如來禪)과 조사선(祖師禪)이 어찌 두 가지이겠는가. 어리석음을 면치 못하여, 각자 검고 흰 것을 나누어 크게 어긋나 버린 것이다. 사리(事理)의 기봉(機鋒)을 일시에 끊어 버림이 바로 정결한 공을 치는 것이다. 확실한 곳을 알았느냐! 놓아 버리고 보도록 하라.[2]

주
:

1   "纔有是非(재유시비) 紛然失心(분연실심)": 『신심명(信心銘)』(T48-376c).
2   『원오불과선사어록』권15(T47-782b)에도 전한다.

47

사(思) 선인(禪人)에게 주는 글

　일체 만법은 모두 자기에게 위배됨이 없어 곧바로 투철히 벗어나 한 덩어리를 이루니, 시작 없는 때로부터 다만 이러할 뿐이다. 단지 당사자가 스스로 위배할까 걱정일 뿐이다. 억지로 취사하는 마음을 내면 하릴없는 데서 일을 만들어 그 결과 쾌활하지 못하다. 그러나 만약 밖으로 반연을 끊고 안으로 자기라는 견해를 잊을 수 있다면 바깥 물건이 그대로 나이며, 내가 그대로 바깥 물건이다. 사물과 내가 하나여서 탁 트여 경계[際]가 없어지면 하루 종일 무엇을 하든지 모두가 만 길 절벽에 서 있는 듯하리라. 그러니 어느 곳에 허다한 수고로움이 있으랴.
　구참들을 볼 때마다 그들은 정신을 응집하고 관조를 맑게 한 지가 오래되어, 비록 어떤 들어갈 곳이 있긴 해도 문득 한 기틀 한 경계를 단단히 부여잡고 뽑아내 주는 것을 받아들이지 않으니, 이게 바로 큰 병통이다. 요컨대 녹이고 놓아 버려 스스로 크게 쉴 곳을 얻어야만 옳으리라.

48

걸(傑) 상인(上人)에게 주는 글

　그대는 행각하고 참문(參問) 청익(請益)하여 이미 선지식에 의지하였고, 대총림(大叢林)에서 청아하고 고상한 대중에 참례한 지가 오래되었다. 어느 날 아침에 부모의 인연 때문에 잠깐 되돌아가지만 움직였다 하면 수백 리 먼 길을 가야 한다. 그러니 모름지기 자기의 역량을 따라 실천할 것을 잊지 말고, 가는 곳마다 티끌이 나지 못하게 해야 하리라.

　더구나 이 하나의 일은, 선지식의 주변에 살 때는 있다가 고향에 거처할 때는 문득 없어진다고 하지 말아야 하리라. 이른바 잠시라도 도에서 생각이 떠나면 죽은 사람과 같다고 하는 것이다. 그렇다고 생각이 도에 있을 때라 해도 그림을 본뜨는 시늉이나 내서는 안 된다. 비록 평상(平常)이라 해도 단절 없이 빼어나게 정식(情識)을 끊어 함이 없고 하릴없고 무심한 사업을 이루어야 한다. 겉과 속이 툭 트여 경계가 없고 만법과도 서로 짝이 되지 않으며, 모든 성인과도 길을 함께하지 않아야 한다.

뿌리를 깊이 박고 줄기를 단단히 하여 다만 한가하게 길러 가고 길러 오면 철저히 깨닫지 못할까를 근심하지 않아도 된다. 그저 범부의 망정을 다하여 자기의 공부를 할 뿐 외연을 관계하지 말며, 명예와 이익을 좇아 아견(我見)을 일으켜 승부를 다투지도 말아라. 그러므로 옛사람은 "날듯이 자유자재하여 마치 어리석은 사람처럼 해야 한다."고 하였는데, 그분들은 남들을 통하게 해주려는 애정이 있었던 것이다.

걸 선인이 갑자기 찾아와 고향으로 떠나려 하면서 경책을 구하므로, 이 말을 적어 준다.[1]

주
:
1 『원오불과선사어록』 권15(T47-782c)에는 "걸 선인에게 주는 글"이라는 제목으로 전한다.

49

성(成) 수조(修造)¹에게 주는 글

나[蔣山]의 문하에서는 설명할 선(禪)도 없고 전수할 도(道)도 없다. 비록 5백 명의 납자가 모이긴 했으나 오로지 금강 울타리[金剛圈]와 밤송이[栗棘蓬]만을 들 뿐이니, 뛸 자는 힘껏 뛰고 삼킬 자는 뜻을 다해 삼키라. 아무 맛이 없다거나 몹시 험하다고 해서 괴이하게 여기지 말라. 만일 단박에 체득하기만 하면 마치 비단 옷 입고 고향으로 되돌아가니 천만 사람의 선망을 받듯 하리라.

한마디로 그가 어디서부터 오는지를 찾지 못한다는 것이니, 사람마다 있는 본분사라고 한 것이 바로 그것이다. 조금이라도 마음을 내고 생각을 움직여 알아차렸다고 하면 벌써 본분이 아니다. 곧바로 모든 틀을 쉬어 버려 모든 성인들과도 함께하지 않는다 하더라도, 기특함에 의지함이 있으니 어찌하랴! 모름지기 뿌리치고 저쪽 편으로 투철히 벗어나야만 하리라. 때문에 말하기를, "털끝만큼이라도 있으면 바로 티끌이며 생각[意]을 일으켰다 하면 그대로 마군에게 휘둘리리라."고 하였던 것이다.

 모든 것이 그로 말미암아 성취되고 일체가 파괴되는 것도 오직 그로 말미암는다. 기특하고 수승함이 항하사처럼 많은 공덕장에서 연유하고, 한량없이 오묘한 장엄과 세간을 초월한 희유한 일들이 모두 그것에서 성취되는 것이다. 그런가 하면 간탐과 증오, 질투, 헤아림, 집착, 유위(有爲)와 유루(有漏), 물듦과 잡됨, 알음알이와 명상(名相), 지견(知見)과 망정이 모두 그것으로 인해 파괴되는 것이다. 오직 그만이 일체의 사물을 움직이게 할 뿐 일체의 사물은 그를 움직이지 못한다. 비록 형체나 겉모습은 없으나 시방의 허공을 둘러싸고 범부와 성인을 모두 그 속에서 기른다. 그러나 만약 이를 모양을 지어 취한다면 바로 견해의 가시에 떨어져 끝내 어찌해볼 수가 없으리라.

 모든 부처님께서 열어 보여주시고 조사께서 곧바로 지적하신 것은 오로지 이 오묘한 마음이니, 곧 알아차려서 한 생각도 일으키지 않으면 처음부터 끝까지 있는 그대로 나타난다. 있는 그대로의 순간에 마음에 힘을 들이지 않고 자유롭게 소요하여 취하거나 버림이 전혀 없어야만 그것이 진실한 밀인(密印)이다.[2] 이 밀인을 옆에 차고 마치 어둠 속에서 등불을 든 것처럼 세간에 유희하면서 기쁨과 두려움을 품지 않으면, 어디나 나의 큰 해탈마당이다. 영겁토록 한 번도 끊어진 적이 없어서 "장육금신으로 한 줄기 풀을 만들어 쓰기도 하고 한 줄기 풀로 장육금신을 만들어 쓰기도 한다." 하였으니, 어찌 다른 것이 있겠느냐.

설봉(雪峰, 822~908)스님은 "이것이 무엇이냐?" 하였고, 운문(雲門, 864~949)스님은 "수미산이다." 하였으며, 동산(洞山, 910~990)스님은 "삼서근[麻三斤]이다." 하였고, 조주(778~897)스님은 "차나 마시게." 하였다. 암두(巖頭, 828~887)스님은 "허허[噓]." 하였으며, 투자(投子, 819~914)스님은 "악[噁]!" 하였고, 임제(767~866)스님은 할을 하였으며, 덕산(782~865)스님은 몽둥이로 때렸다. 주장자를 높이 쳐들고 손가락을 들며, 북을 치고 연자방아를 돌리는 이 낱낱이 향상의 종풍을 나타내고 사물마다에서 본분의 소식을 보인 것이다.

크게 통달한 자라면 한 번 엿보고 곧바로 꿰뚫으며, 한 번 들려주면 귀결점을 알아 종풍을 감당하여 이어받으리라. 그러나 어리석은 이는 모래를 세듯 하여 당장에 빗나가 버린다. 그러므로 준수한 부류를 만나야만 종자[種草]를 삼을 수 있는 것이다.

주
:

1 수조(修造) : 당우의 수리 등 사찰의 토목공사를 맡는 소임.
2 여기까지의 내용은 『원오불과선사어록』 권15(T47-782c)에 전한다.

50

유(逾) 상인(上人)에게 주는 글

　뜻을 품은 사람이 결정코 이 큰 일에 믿고 들어가려 한다면 모름지기 이제껏 지혜와 총명으로 이해하고 알았던 것을 몽땅 버려야만 한다. 그리하여 마치 어리석은 사람처럼 가슴속을 허허롭게 텅 비우며, 모든 것을 다 몰라서 천 번 쉬고 만 번 쉬어야 한다. 단박에 본지풍광을 좇아 어디에도 얽매이지 않고 투철히 벗어나 앞뒤가 모두 끊겨서, 마치 한 타래의 실을 단박 가지런히 자르듯 철저하게 스스로 깨달아 금강정체에 계합해야 한다. 비록 겁화(劫火)가 활활 탄다 해도 애초에 조금도 달라짐이 없으니, 믿어서 다다르고 꽉 붙들어 두며 작용하여 주체가 되어, 하나를 하면 모든 것을 하고 하나를 알면 모든 것을 알게 되어야 한다. 잠깐 동안에 몸을 옮기고 걸음을 옮기는 등의 모든 행위가 완전히 하나의 바탕으로 귀결하는데, 다시 무슨 세간법과 불법을 말하랴.

　두두물물(頭頭物物) 부딪치는 곳마다 있는 그대로여서 바로 불조

(佛祖)와 다름이 없으며, 뭇 생령들과도 차이가 없다. 왜냐하면 근본이 이미 밝아서 밝히지 못할 어둠이 없기 때문이니, 손 가는 대로 집어내 오고, 발걸음 가는 대로 가며, 입에서 나오는 대로 말하여도 원래 그가 아니며, 그렇다고 다른 곳을 따라서 움직이는 것도 아니다. 이를 두고 "크게 베푸는 문을 연다."[1]고 한다. 갖가지 오묘한 작용을 종횡으로 하면서 처음부터 끝까지 꿰뚫어 불성을 분명히 증득하여 긴 시간 끊임없이 해야 하리라. 한 번 체득하면 영원히 체득하여 실천이 완전히 익었으니, 어찌 요점을 살펴서 힘을 얻은 곳이 아니랴. 이처럼 믿고 들어가기만 한다면 분명히 남을 그르치지는 않으리라.

어떤 스님이 설봉(822~908)스님에게 물었다.

"제가 이제 막 총림에 들어왔습니다. 스님께서 들어갈 곳을 지시해 주시기 바랍니다."

그러자 설봉스님은 말하였다.

"잠깐 티끌처럼 몸을 부숴 버릴 수만 있다면 결코 스님의 눈을 멀게 하진 않겠다."

자, 옛사람이 이처럼 했던 의도는 어느 곳에 있겠느냐? 가령 참구하는 데 있는 것이라면, 회피할 수 없어서 모름지기 들어갈 길이 분명코 있다 하리라. 다만 그저 말이나 따라가고 의미만을 좇는다면 적지 않게 빗나가리라. 나도 벌써 눈썹을 아끼지 않느니라.

어떤 스님이 석두(石頭, 701~791)스님에게 물었다.

"어떤 것이 도입니까?"

석두스님은 말하였다.

"나무토막이지."

다시 "어떤 것이 선(禪)입니까?" 하고 묻자 석두스님은 말하였다.

"푸른 벽돌이다."²

기괴하도다. 옛사람은 이처럼 유난히도 단도직입적이어서 겨를도 없었음이여! 이를 두고 "매우 적실하고 가까워서 지견(智見)이 있어 충분히 계교를 부릴 사람이라도 마치 은산철벽에 가로막힌 듯하다."고 하는 것이다. 그렇지 않으면 입에 붙은 말을 종승(宗乘)으로 오인하여 더더욱 멀어진다. 그러므로 진실한 도인은 순박함에 힘쓸 뿐, 지견을 내지 않고 곧바로 알아차린다. 그러나 이렇게 설명하는 것도 벌써 흙 위에 진흙을 수백 겹이나 더하는 격이니, 나에게 석두스님의 본분소식을 되돌려주는 것만 못하다.

삼조(三祖, 504~606)스님께서도 "급히 상응하려느냐. 다만 불이(不二)라고 할 뿐이다."³라고 하였는데, 나 같으면 "불이(不二)라 해도 벌써 둘이 되어 버렸다."라고 하리라. 참구하라.

조주(778~897)스님이 노파를 감정해 버린 일에 대해 총림에서는 천만 가지로 의논하면서 수많은 견해를 짓는다. 이야말로 저들 고인이 자유로이 깨끗한 곳에 서서 그대들이 진흙구덩이 속에서 출몰하는 것을 보고 있다는 사실을 전혀 모른다 하리라.

마조(709~788)스님께서는 (방거사에게) "그대가 한입에 서강(西江)

의 물을 모두 마신 뒤에야 비로소 말해 주리라." 하였다. 진실로 이 어른은 천하 사람을 밟아 버렸다 하리니, 무심하게 꺼낸 한마디 말이 문득 무한한 지견을 짓게 하였다. 이 늙은이의 까다로운 언구[葛藤]를 끊어 버릴 줄 아는 사람이 있다면, 곧바로 참구를 그만두라고 하리라.

주:

1 "大施門開(대시문개)":『영가증도가』(T48-396b).
2 『경덕전등록』 권14(T51-309c).
3 "要急相應(요급상응) 唯言不二(유언불이)":『신심명(信心銘)』(T48-377a).

51

정(淨) 선인(禪人)에게 주는 글

정(淨) 도인(道人)이 입실했을 때 의심하던 것을 마침내 물으며 "이 일은 무엇 때문에 종사들이 이쪽저쪽을 사람에게 많이 제시합니까?" 하였다. 이 말을 살피건대, 본분에 의거하여 끊는다면 어찌 군더더기가 있으랴. 그러나 방편을 드리우는 쪽에서는 들어갈 길을 찾는 것을 귀하게 여긴 것이니, 애써 나누기는 했으나 뜻은 실제로 두 종류가 아니다.

그대는 듣지 못했느냐. 어떤 스님이 조산(曹山, 840~901)스님에게 "옛사람은 저쪽 사람[那邊人]을 이끌어 주었는데, 학인이 어떻게 나아가야 할지 가르쳐 주십시오."라고 하였다. 조산스님이 "뒤로 물러나 자기에게로 나아가라. 그러면 만에 하나도 잃지 않으리라."라고 하자, 그 스님이 깨달았다.[1]

이것이 바로 "낚싯바늘 끝의 뜻을 알아차릴지언정 저울 눈금을 잘못 읽지 말라."는 것이니, 다만 현실[今時]을 극진히 다하고 향상

(向上)의 일을 알아차리게 하려던 것이다. 그런데 현실이란 것을 어떻게 해서 극진히 하여 다다를 수 있을까? 다만 당사자가 정신을 바짝 차려 반연의 티끌을 떨쳐 버리는 데에 달려 있을 뿐이다. 곧바로 가슴속을 말끔히 씻어 버려, 가는 터럭이라도 남겨 두지 않아 철두철미하게 환히 비워서 고요해야 하니, 빼어난 지식으로 알음알이를 짓는 것을 무엇보다 조심해야 한다. 본래면목에 상응하면 자연히 스스로 깨달아 완전히 안온한 경지를 얻을 수 있을 터인데, 어찌 종이 위에다 말로써 설명할 수 있는 것이겠느냐. 스스로 착안해 보도록 하라.

주:

1   『무주조산원증선사어록(撫州曹山元證禪師語錄)』 권1(T47-527b).

52

견(堅) 도자(道者)에게 주는 글

불조의 오묘한 도는 지름길이어서 오직 사람의 마음을 바로 가리켜서 견성성불(見性成佛)에 힘쓸 뿐이다. 이 마음의 근원은 본래 텅 비어서 고요하고 밝고 묘하여 애초부터 털끝만큼의 막힘도 없다. 그러나 망상의 장애 때문에 가림이 없는 자리에서 스스로 물듦의 장애를 내, 근본을 위배하고 지말을 좇으면서 생사윤회를 부질없이 받는 것이다. 그러나 만약 큰 근기를 갖추었다면 다시는 밖에서 구하지 않고 자신이 서 있는 자리에서 씻은 듯이 홀로 깨닫는다. 잘못된 깨침의 들뜬 가림이 사라지고 나면 본래의 바른 견해가 두렷하고 오묘하리라. 이를 두고 마음이 그대로 부처[卽心卽佛]라고 말한다. 이렇게 해서 한 번 얻고 나면 영원히 얻어 마치 통밑이 빠진 듯 활연히 계합하여 한 법도 망정에 해당함이 없으리라.

당체를 보아 순수하고 고요하여 수용(受用)함에 의심할 것이 없어지면 하나를 알 때 모두를 알 것이다. 나아가 "마음도 아니고 부처도 아니다."는 말을 듣는다든지 혹은 자신에게 거슬리거나 맞거나 좋거나 싫은 경계에 직접 임하여도 한 번 도장 찍으면 확실히 찍히는데, 무슨 너와 나, 혹은 같으니 다르니 하는 갖가지 뒤섞인 지견이 있으랴. 그러므로 옛사람은 한 기틀, 한 경계, 한마디 말, 한 번의 침묵에 성의를 다하여 진리에 들어가니 천만 가지 방법이 전혀 차이가 없었던 것이다. 이를 비유하면 백천 갈래 다르게 흘러 들어온 물이 큰 바다로 모이는 것과도 같다. 그러면 자연히 거처가 편안해지고 작용이 투철해져서, 함이 없고 하릴없어 배울 것이 없는 도인이 되리라.

하루 종일 다른 마음을 내지 않고 다른 견해를 일으키지 않아, 때 되면 먹고 마시고 옷 입으면서 모든 경계와 인연에서 텅 비어 응결하지 않음이 없다. 비록 천만 년이 지난다 해도 한 털끝만큼도 변하지 않고 이 큰 선정에 처하니, 어찌 불가사의한 큰 해탈이 아니랴.

무엇보다 중요한 것은 언제까지 끊임없이 안팎과 중간이나 유무나 더러움과 깨끗함에 떨어지지 말고 당장에 쉬어 버려 부처와 중생을 아무 차이 없이 똑같이 보아야만 비로소 안락한 경지를 완전히 이룬다는 것이다.

그대는 지금 이미 방향을 잡았으니 다만 그것을 오랫동안 길러 익혀야 한다. 백 번 단련한 순금처럼 끊임없이 단련해야 비로소 큰 법기를 이루리라.

53

상(尙) 선인(禪人)에게 주는 글

　다행히 그 자체로 완전한데 그밖에 무엇이 특별하게 필요하랴. 설사 자비심을 내어 손 가는 대로 집어내 보인다 해도 억지로 군더더기 내는 것을 면치 못하리니, 도리어 이전에 칼끝을 드러내지 않았을 때만 못하리라. 지금 이렇게 하는 것도 결국 진창에 뒹구는 격이 적지 아니하니, 무엇보다 그 속에서 알아야만 한다.

　잘 알았느냐! 한 톨의 작은 알갱이 속에 온 세계를 간직하고, 온 천지를 두루하여 시절인연에 응하여 거두도록 하라.

54

영(瑛) 상인(上人)에게 주는 글

도는 본래 말이 없으나 말을 통해야 도가 드러난다. 만일 진실로 도를 체득한 사람이라면 마음을 통달하고 근본을 밝혀서 곧바로 천 겹 만 겹의 땀 냄새 밴 장삼을 벗어 버리고 본래의 진정명묘(眞淨明妙)하고 텅 비고 고요하여 담박하고 여여부동하고 진실한 바른 몸을 활연히 깨닫는다. 한 생각도 나지 않고 앞뒤가 끊긴 자리에 이르러 본지풍광을 밟아서 다시는 많은 잘못된 깨달음과 지견, 나와 남, 옳고 그름, 삶과 죽음의 더러운 마음이 없다. 밝고 청정함을 드러내어 믿고 사무쳐서 옛사람들과 비교하여 조금도 다름이 없다. 무심하여 인위적인 조작이 없고 단단히 고집하지도 않아 허통(虛通)하여 자유롭고 원용하기가 끝이 없다. 시절에 맞게 밥 먹고 입으면서 평상에 계합하니, 이를 두고 '함이 없고 하릴없는 진정한 도인'이라 말한다.

이는 근본이 이미 밝아졌기 때문에 6근이 순수하고 고요하여 지혜와 이치가 모두 그윽해지고 경계와 마음[神]이 모두 회합하였기 때문이다. 그리하여 더 깊게 할 그 무엇도 없고 더 이상 오묘하게 할 것도 없어진다. 나아가서는 실천하는 데서도 스스로 알아서 두루 융통하니, 이를 두고 "자리에 앉아 옷을 입는다."고 한다.

그리하여 이후로는 스스로 살펴서, 결코 언구 속에서 살 길과 옛사람의 공안 사이에 매몰되거나 귀신의 굴속이나 검은 산 속에서 살 궁리를 하지 않는다. 오직 깨달아 들어가 깊이 증득하는 것을 요점 삼으면 자연히 지극히 간단하고 쉬운 평상의 하릴없는 자리에 이르게 된다. 그러나 결코 죽은 듯이 앉아서 도리어 하릴없는 세계 속으로 떨어지지 말아야 한다.

그러므로 예로부터 작가 선지식과 고덕들은 몽둥이질과 할을 행하면서 종지를 세우고 부정과 긍정으로 밝히며, 조(照)와 용(用), 삼현삼요(三玄三要), 오위편정(五位偏正)[1]을 시설하고, 준엄한 기틀로써 번개 말아 올리듯 하고, 말 이전의 격외도리로써 옆으로 끌고 바로 누르는 이 모든 일들이, 오로지 천만 사람도 붙들어 둘 수 없는 당사자의 활발하고 당당함을 귀하게 여겼을 뿐이었다. 그리하여 향상의 종승이 있는 줄 알게 하여 끝내 지시하거나 설명하여 사람을 결코 구덩이에 매몰시켜 버리진 않았다.

만약 이런 사람이 있다면 그야말로 쓸데없는 짓을 하는 놈일 뿐 결코 비분강개한 마음으로 투철히 벗어나 진정한 안목을 갖춘 납자가 아니다. 그러므로 남들이 먹다 남긴 국물이나 쉰밥을 먹으면서 노새 매는 말뚝에 매이지 않아야 한다.

이는 종풍을 매몰할 뿐만 아니라 자기 자신도 생사문제를 투철히 벗어나지 못한 것이다. 하물며 더 나아가 표방이나 격식이나 알음알이를 가지고 후학에게 전수해 주는 것이야 말해 무엇 하랴. 드디어는 한 맹인이 여러 맹인을 이끌고 함께 불구덩이 속으로 들어가는 격이 되니 어찌 작은 재앙이랴. 나아가 진정한 종풍을 보잘것 없고 얄팍하게 보이게 하여 부처와 조사의 기강을 땅에 떨어뜨리는데, 어찌 애통하지 않으랴.

그러므로 도를 배우려면 우선 올바른 지견을 지닌 스승 문하를 선택하고 그런 뒤에 짐 보따리를 내려놓아야 한다. 세월을 따지지 말고 하는 일을 끊임없이 하여, 들어가기 어려운 고충을 두려워하지 말고 투철하게 참구해 나가야 한다.

듣지도 못하였느냐. 목주(睦州, 780~877)스님이 "들어갈 곳을 아직 찾지 못했거든 모름지기 들어갈 곳을 찾아야 한다. 만약 들어갈 곳을 찾았다면 노승을 저버리지 말라."[2]고 하였다. 오래도록 정성껏 한 뒤에 크게 겸추(鉗鎚)를 거치고 큰 용광로에서 단련해야만 한다. 매일매일 가까워져서 바탕이 은밀해지면 거기서 다시 오래도록 몸에 지녔던 것을 결판내야 한다.

여여하게 깨달아 시종 끊임없이 세간법과 불법을 한 덩어리로 만들면 사물마다에 몸을 벗어날 곳이 있어 티끌 인연에 떨어지지 않고 외물에 끄달리지 않는다. 시끄러운 시장의 네거리 속이거나 넓고 넓은 가운데서도 잘 노력해야 한다.

　오조 노스님(법연, ?~1104)께서는 평소에 가장 민첩하고 빠른 길로 학인들을 지도하였다. 매번 제자들에게 법문할 때마다 옛 스님들의 "물새는 조리이고 물새지 않는 나무국자이다", "대승의 두레박줄이고 소승의 돈꾸러미이다", "얼굴을 마주할 때는 어떻게 전좌(典座)에게 분부하는가?", "어떠한 것이 현묘한 종지인가?", "벽에 돈이 걸려 있다"의 인연을 거론하시고 학인들에게 "그대들이 이렇게 철저하게 안다면 그대로 참선을 끝내도 되리라."고 하셨다.

　말하자면 오직 이 한 가지 일이 그대로 시뻘건 심장을 굳게 덩어리지어서 한 실낱만큼도 가로막음이 없게 하는 것이다. 만약 진실하게 참구하여 이 경지에 도달할 수 있으면 비로소 강종(綱宗)을 거머쥐고 정법안장(正法眼藏)을 전수할 수 있으리라.

주
:
1　오위편정(五位偏正) : 동산양개(洞山良价, 807~869)가 불교 교리의 대강(大綱)을 다섯 항목으로 요약한 것. ① 정위각편(正位却偏), ② 편위각정(偏位却正), ③ 정위중래(正位中來), ④ 편위중래(偏位中來), ⑤ 상겸대래(相兼帶來). 후에 조산본적(曹山本寂, 840~901)이 이 명칭을 ① 정중편(正中偏), ② 편중정(偏中正), ③ 정중래(正中來), ④ 편중지(偏中至), ⑤ 겸중도(兼中到)로 바꾸었다. 여기에서 '정(正)'은 평등한 본체나 진여를 가리키고 '편(偏)'은 차별적인 현상을 말한다.
2　『경덕전등록』 권12(T51-291a).

55

승(昇) 선인(禪人)에게 주는 글

참선의 요점은 한결같이 하는 데에 있으니, 억지로 조작하지 않고 다만 본분을 지켜야 한다. 모름지기 발밑에 투철하게 깨달을 곳이 있으니 본래면목을 분명하게 보아서 본지풍광을 밟아야만 한다. 애초부터 일상의 행리처를 조금도 바꾸지 않고 속과 겉이 한결같아 자유롭게 생활한다. 특별난 짓을 하지 않고 보통 사람과 조금도 다를 것이 없으니, 이런 사람을 두고 배울 것이 끊겨 함이 없는, 한가하고 고요한 도인이라고 부른다.

그리하여 자신이 처한 곳에서 마음의 자취를 드러내지 않으니 설사 모든 하늘들이 꽃을 바치려 해도 길이 없고 마군 외도가 엿보려 해도 보이지 않는다. 이것이 바로 소박하고 진실하며 착실한 자리이다. 이렇게 오래도록 기르다 보면 세간법과 불법이 한 덩어리가 되어 구별 없이 뒤섞여 힘과 작용이 그대로 이루어지니 생사를 투철히 벗어나는 일이 어찌 어려운 일이리오.

다만 깨달아 들어가는 곳이 진실로 합당하지 못할까만을 염려해야 한다. 가슴속에 무엇인가가 있으면 그것에 머물러 장애가 되니, 속히 깨닫고 싶으면 휘둘러야 할 것을 휘두르면 활활 타는 화로에 눈을 떨어뜨리듯 녹을 것이다. 그러면 자연히 툭 트여 고요하여 큰 해탈을 얻으리라.

다만 선지식을 가까이한 지가 오래지 않은 것은 아닌데, 그 때문에 닦아 온 경지에 분명하고 확실한 귀결점이 있는지를 스스로 물러나 살펴보라. 귀결점이 있다면 다시 무엇을 의심하겠는가. 당장 한 생각도 일으키지 않으면 그대로 깨달으리라. 한곳이 진실하기만 하면 천 곳 만 곳인들 어찌 그렇지 않겠느냐.

조사께서는 오로지 사람들이 견성하기를 바랐고, 모든 부처님들은 그저 사람들에게 마음만 깨치라고 했다. 심성이 참되어 순일무잡하면 4대 5온과 6근 6진, 나아가 일체의 모든 존재가 모두 자기 신명을 놓아 버릴 곳 아닌 데가 없다. 무심하고 호호탕탕하여 마치 해가 두루두루 비추어 허공 끝을 헤아릴 수 없는 것과도 같다. 그러니 어찌 한계 있는 몸과 마음으로 도리어 자신을 구속하고 국한시켜 자유스럽지 못하게 하겠는가.

옛사람은 10년이고 20년이고 오로지 참구하여 뚫으려고만 했고, 한 번 뚫고 나면 그런 뒤에 계책 세울 줄 알았었다. 그러니 요즘이라고 해서 어찌 못 하겠느냐. 다만 하려는 생각을 일으키지 않을 뿐이다. 집착을 내지 말며 능력에 따라 인연을 만나면 투철하게 사무치지 못할 것이 없다. 무엇보다도 한결같음과 순일하게 고요함만을 귀하게 여길 뿐이다. 비록 일과 인연에 관계하더라도 바깥 대상이 아니니 이를 거두어 자기에게로 귀결한다면 바로 오묘한 작용이 된다.

8만의 번뇌가 즉시에 8만의 바라밀로 뒤바뀌어 다시는 따로 선지식을 참례할 필요가 없다. 늘 생활하는 속에서 이루 다 셀 수 없는 중생을 제도하고 헤아릴 수 없는 불사(佛事)를 이룬다. 또 한량없는 법문을 두루 섭렵하더라도 모두가 자기 가슴속에서 흘러나오니, 어찌 다른 것이 있으랴. 이른바 백 척의 장대 끝에서 한 걸음을 더 내디뎌야 삼천대천 사바세계에 온몸을 드러낸다는 것이다.

56

민(民) 상인(上人)에게 주는 글

　도를 배우려면 절실히 한 걸음 물러나 몸소 참구하되 오로지 생사 문제만을 염두에 두어야 한다. 세속법은 덧없고 이 몸도 오래 가지 않아서 한 번 숨이 끊어지면 바로 다른 세상 다른 몸이 되어 버린다. 혹시라도 이류(異類) 속으로 빠져들면 계속하여 천생만겁을 지나도록 전혀 벗어날 기약이 없다.

　요행히도 지금 나이가 있으니 잘 노력하여 생각마다 목적을 향하고 마음마다 변하지 않아 근본을 포착해 내서, 한 생각도 일어나지 않고 앞뒤가 끊긴 경지에 도달하면 홀연히 깨달아, 마치 물통 밑이 빠져 버린 듯하여 그 기쁨이 생기는 곳이 있을 것이다. 그윽하고 깊숙함을 지극히 하여 본지풍광을 밟고 본래면목을 분명하게 보아 천하 노화상들의 혀끝을 의심하지 않는다.

　눌러앉아 꽉 붙들어 두고 무심(無心)·무위(無爲)·무사(無事)로 길러 나간다면 하루 종일을 결코 부질없이 보낸 공부가 되지는 않는다. 항상 마음이 사물에 구애되지 않고 걸음마다 일정한 처소가 없는 바로 이것이 일을 모두 마쳐 버린 납승인 것이다. 명예를 도모하지 않고 이익에 구애받지 않으며 만 길 절벽에 서서 자유롭게 자기를 결판하고 생사 문제를 투철하게 벗어난다. 그 나머지는 관계하지 않으며 성색(聲色)에 흔들리지 않고 여러 사람을 놀라게 하지 않으면서 문득 홀로 벗어나니, 진실로 6진을 벗어난 아라한이다. 간절히 믿고 실천해야 한다.

옛날 몽산(蒙山) 땅의 혜명(慧明, 697~780) 도인이 황매산(黃梅山)에서부터 노(盧)스님(혜능, 638~713)을 좇아가 대유령(大庾嶺)에 이르러 따라잡았다. 이윽고 "의발 때문에 온 것이 아니라 법을 위해서 왔을 뿐입니다."라고 말씀드리자, 노 스님은 반석에 앉아 마음을 잠잠하게 한 다음 말씀하셨다.

"그대는 선과 악을 모두 생각하지 말라. 바로 그러한 때에 한 물건도 생각하지 않은 채로 나에게 명 상좌의 본래면목을 가져오너라."

혜명이 그 말에 의지해 생각을 모아서 드디어 깨친 것이 있었다. 이리하여 다시 노스님에게 물었다.

"이것뿐입니까. 아니면 따로 비밀스런 뜻이 있습니까?"

"내가 그대에게 말한다면 비밀이 아니다. 다만 위에서 말한 것을 그대가 알아차린다면 비밀은 그대 쪽에 있을 뿐이다."

몽산스님은 이에 확실히 알아 의심이 없었다. 여기서 비밀스런 뜻이 바로 밀인(密印)임을 알라. 만약에 내가 보여준 것을 체득하여 마음자리가 활짝 열린다면 밀인이 어찌 다른 사람 쪽에 있으랴. 비밀스런 말과 깨침을 나타냄이 모두 찰나에 있으니, 마음을 내어 생각을 일으키면 어찌해볼 도리가 없어진다.

57

심(心) 도자(道者)에게 주는 글

　조사 이래로 이 하나의 큰 인연을 곧바로 지적하심은 바로 생사를 투철하게 벗어나게 하기 위함이었다. 지혜로운 상근기라면 말과 정식(情識)을 뛰어넘어 너와 나, 높고 낮음, 강하고 약함, 번성과 쇄락 등 세속 인연을 마음에 두어서는 안 된다. 곧바로 자기의 근본 자리에서 깨달아 본래 청정하고 텅 비고 고요하며 고금에 빛나며 지견(知見)이 아득히 끊긴 본분의 일을 취하도록 해야 한다. 이리하여 문득 홀연히 홀로 서게 되면 삼라만상도 숨기거나 덮어 버리지 못하며, 모든 성인이라 할지라도 견주려고 하지 못한다.

　무심하고 호호탕탕(浩浩蕩蕩)하여 한 물건도 생각하지 않고 한 물건도 행위하지 않아서, 자연히 욕구도 없고 의지함도 없이 모든 삼매를 초월하는데, 그밖에 무슨 문호(門戶)를 세운다느니 차별적인 조작을 한다느니 하겠는가. 그대로 앉은자리에서 천 길 절벽에 선 듯하여 범부에 매이지도 않고 성인에 끄달리지도 말아야만 비로소 일을 마친 납승이라 하리라. 몸과 마음이 마른나무나 썩은 기둥 같고, 불 꺼진 차가운 재 같아야만 참으로 쉬어 버린 것이다. 그 때문에 예로부터 생각을 잊고 홀로 체득함을 귀하게 여겼을 뿐이다. 체득하고 난 뒤엔 아견(我見)을 세우지 않고 자신을 뽐내지 않으면서 종횡으로 날듯이 자유자재하여 바보 같고 우두커니 앉은 사람 같아야만 비로소 함이 없고 하릴없는 도인의 행리처라 할 만하다. 설사 30년, 50년이 지난다 해도 변하지 않으며, 천생만겁에 이른다 해도 그저 여여할 뿐이다.

그래서 오래도록 하는 사람을 얻기가 가장 어렵다는 것이다. 한결같이 이처럼 믿고 다다라서 철저히 깨닫는다면 세상을 제도하지 못할까, 번뇌와 생사의 구덩이에서 벗어나지 못할까를 근심할 일이 없다. 이는 오직 당사자의 모든 6근이 맹렬한가 아닌가에 달려 있을 뿐이니, 비로자나 부처님을 뛰어넘고 조사의 대(代)를 초월함도 어렵지 않다. 이것이 참으로 큰 해탈의 문인 것이다.

달마조사께서 처음 소림(少林)에 오시어 9년을 면벽하면서 차갑게 앉아 있다가 깊은 눈 속에서 혜가(慧可, 487~593)조사를 만났다. 체득한 것을 감변(勘辨)하여 증명할 때에 다만 세 번 절하고 제자리에 서 있을 뿐이었으니, 이것이 어찌 많은 말이 오가야만 되는 것이겠는가. 요컨대 대뜸 알아차려 처음부터 끝까지 실끝이나 겨자씨만큼도 어김이 없어야만 한다. 있는 그대로 완전하여 때려 부술 수도 없고 모든 방편도 도달할 수 없어야 한다. 그런 뒤에 머무름 없는 근본 속에서 일체를 흘려내며 융통하여 걸림이 없다. 모든 행위가 다 나의 오묘한 작용이며, 곳곳에서 사람들에게 못과 쐐기를 뽑아 주어서 그들을 각자 편하게 해주니, 어찌 요점을 살핀 것이 아니겠느냐.

현사(835~908)스님이 하루는 사람이 시체를 메고 지나가는 것을 보더니 그것을 가리키며 대중들에게 "죽은 놈 네 명이 산 놈 한 명을 메고 간다." 하였다. 만약 망정의 견해를 따른다면 현사스님과 자신이 서로 전도된 것이겠지만, 향상의 진정한 안목으로 견해를 여의고 망정을 초월한 자라면 현사스님이 사람을 위하는 것이 몹시 친절함을 알 수 있으리라. 그러므로 투철히 벗어나려면 반드시 5음(陰) 18계(界)를 벗어나야 한다.

옛사람의 말을 듣지 못했느냐.

흰 구름은 담담히 떠가고
물은 푸른 바다로 흐른다
만법은 본래 한가하지만
사람 스스로가 시끄럽다.
白雲淡佇(백운담저)
水注滄溟(수주창명)
萬法本閑(만법본한)
而人自鬧(이인자료)[1]

과연 맞는 말이다. 이런 얘기를 언뜻 듣기만 해도 귀결점을 알아야만 생사를 투철히 벗어나 5음 18계 속에 갇히지 않고 마치 새가 새장을 벗어난 듯 자유자재하다. 그 나머지 모든 기용(機用)과 말은 단번에 끊어 버려 그대로 쉴 뿐, 다시는 두 번째의 견해에 떨어지지 않는다.

주
:
1 남양혜충(南陽慧忠, 675~775)의 상당법어 "靑蘿夤緣(청라인연) 直上寒松之頂(직상한송지정) 白雲淡泞(백운담저) 出沒太虛之中(출몰태허지중) 萬法本閑而人自鬧(만법본한이인자료)"(『오등회원』 권2, X80-61a)와 대위모철(大潙慕喆, ?~1095)의 게송 "白雲澹泞(백운담저) 水注滄溟(수주창명) 萬法本閑(만법본한) 復有何事(부유하사)"(『오등회원』 권12, X80-255b)가 섞여 있다.

58

조(照) 도인(道人)에게 주는 글
비구니

불문은 기특하여 지름길로 질러서 초월 증득하니, 반야와 빨리 상응하는 것으로는 선종(禪宗)보다 더 나은 것이 없다. 이는 여래의 최상승 청정선이다. 영산회상에서 꽃을 들어 보이자 금색두타(金色頭陀, 가섭존자)가 미소를 짓고 석가모니께서 열반묘심(涅槃妙心)인 정법안장을 전한 때로부터 교(敎) 밖에 따로 행하고 외길로 심인(心印)만을 전하였다. 그렇게 28대를 거쳐 달마가 서쪽에서 와서는 인심(人心)을 곧바로 지적하여 견성성불하게 하였다. 범부나 성인이나 오래 수행했거나 아니거나를 논할 것 없이, 근기가 서로 투합하여 한 생각 투철히 벗어나면 다시는 삼아승지겁의 수행을 빌리지 않고도 곧바로 본래부터 원만하게 이루어진 청정오묘한 조어장부를 증득한다.

그러므로 이 종지에 헤엄쳐 노니는 데는 큰 법기를 바탕으로 처음 뜻을 세워 걸음을 내디디면서부터 곧바로 높이 초월해야 한다.

이것이 바로 선 자리에서 성불한다는 것이니, 잠시만 생각을 모으면 무생법인(無生法忍)을 바로 증득하리라. 앞뒤 경계의 구별을 두지 않고 다른 사람을 의지해서 얻는 것도 아니며, 그저 자기의 본분자리에서 맹렬하고 날카롭게 수행할 뿐이다. 한 꾸러미의 실을 자를 때 한 번 자르면 모두가 끊어지듯이 본성의 신령함도 단박에 벗어날 뿐이다. 앞생각은 범부였지만 뒷생각은 성인이다. 헤아리거나 헤아리지 않거나 범부이거나 성인이거나 한결같아, 시방의 허공을 머금기도 하고 토해내기도 하면서 결코 정해진 방향이나 처소가 없다.

영가(665~713)스님은 이렇게 말하였다.

> 어찌 함이 없는 실상의 문에서
> 한 번 뛰어 여래의 경지에 곧바로 들어감만 하랴.
> 爭似無爲實相門(쟁사무위실상문)
> 一超直入如來地(일초직입여래지)[1]

법화회상에서 용녀(龍女)가 구슬 한 개를 바치고 즉시 정각(正覺)을 이루었으니, 어찌 한 생각 돌이켜 오묘한 과보를 얻은 것이 아니겠느냐. 참으로 이 법은 천지라도 덮어 버리거나 싣지 못하며, 허공도 둘러싸지 못한다. 이것은 일체 중생의 근본에 간직되어 있으면서 일체의 의지처가 된다. 항상 적나라하여 어디고 두루하지 않음이 없다. 다만 정식(情識)에 매이고 문견(聞見)에 막혀 허깨비를 마음으로 잘못 알고 4대(四大)가 제 몸뚱이인 줄 여기므로, 이 진정한 자체를 결코 증득하지 못한다. 그 때문에 모든 성인들이 자비원력으로 그것을 지적해서 사람들에게 보여주었다. 그리하여 근기가 있는 모든 중생이 회광반조(回光返照)하여 저 혼자도 증득하게 하였던 것이다.

그렇다면 저 용녀가 바쳤던 보배 구슬은 도대체 지금은 어느 곳에 있는가? 거량하자마자 바로 앉은자리에서 투철히 알아차린다면 결코 말속에서 알음알이를 내거나 마음과 생각 속에서 형식을 만들지 않으니, 단박에 영산회상의 티 없는 세계와 조금도 다르지 않으리라. 옛날부터 오직 최초의 한 생각과 최초의 한마디를 귀하게 여겼을 뿐이다.

한 생각이 생기기 전, 소리가 아직 드러나지 않은 자리에서 그대로 끊으면 천만 성인의 신령스런 기봉과 만 생령의 깨달음을 일시에 타파해 버릴 것이니, 이것이 바로 씻는 듯이 자유자재로움을 얻은 핵심적이고 오묘한 자리가 아니랴!

방거사(龐居士, ?~808)가 마조(709~788)대사에게 물었다.

"만법과 짝이 되지 않는 사람은 어떤 사람일까요?"

그러자 마조대사는 말하였다.

"그대가 한입에 서강(西江)의 물을 모두 마시고 나면 그때 말해 주리라."[2]

이 공안을 말로써 많이 이리저리 따지고 방편과 경계를 지어서 이해하기도 하는데, 결코 종지를 이어받지 못했다 하리라. 요컨대 생철(生鐵)로 만든 이라야 번뇌의 흐름을 거슬러 초월 증득하고 두 늙은이의 쇠로 만든 배를 뒤집을 줄 알리니, 무엇보다도 만 길 절벽에 서야만 허다한 일이 없음을 알라.

주:

1 『영가증도가(永嘉證道歌)』(T48-396a).
2 『사가어록(四家語錄)』(X69-4c).

59

윤(倫) 상인(上人)에게 주는 글

어느 것이라도 마음을 두기만 하면 하늘과 땅만큼의 차이가 생기는 것은 뻔하다. 지금 관문을 뚫지 못하는 까닭은 무엇보다 마음에 집착이 많기 때문이다. 만약 벗어나서 무심한 경지에 이르기만 하면 모든 망령된 생각과 더럽혀진 습기가 다 없어지고 지견과 알음알이의 장애가 모두 사라질 것인데, 다시 무슨 일이 있겠는가. 그러므로 남전(南泉, 748~835)스님은 "평상시의 마음이 도"라고 하였다.

그러나 생각을 일으켜 평상하기를 기다린다면 벌써 어긋나 버린다. 이것이야말로 아주 미세하여 어떻게 갖다 대기가 어려운 곳이다. 도량을 헤아릴 수 없는 대인이라도 여기에 이르러선 주저하는데, 하물며 배울 것이 남아 있는 사람이야 어떠하겠느냐. 그저 죽기살기로 물어뜯어 끊어 버려야 한다. 마치 호흡이 끊어져 완전히 죽은 사람 같았다가 다시 살아나야만 비로소 허공같이 확 트인 줄을 알고 실다운 경지를 밟으리라. 이 일을 깊이 깨쳐 훤하게 밝히고, 믿어 다다라서 무심하고 호호탕탕하여 모든 것에 알음알이가 없어서 척척 들어맞는 경지에 이르기만 하면, 대뜸 자유롭게 노닐면서 다시는 얽매이지 않으며, 다시는 일정한 방향과 처소가 없어진다.

  쓰고 싶으면 쓰고 행하고 싶으면 행하는데, 다시 무슨 좋고 나쁨과 옳고 그름이 있으랴. 위로 통하고 아래로 사무쳐 일시에 거두어들이니, 이런 무심의 경계를 어찌 쉽사리 밟을 수 있으리오. 반드시 그만한 사람이라야만 비로소 가능하다. 만일 이러하지 못하다면 꼭 몸과 마음을 놓아 버리고 그윽하게 하여 한 털끝만큼도 기대는 것을 용납해서는 안 된다. 오래도록 항상 살피다 보면 자연히 천지를 덮는 기상으로 부딪치는 곳마다 그대로 완전함을 이루리라.

  태어날 때부터 석가모니이거나 저절로 이루어진 미륵은 없다. 누구라서 어머니의 뱃속에서부터 대뜸 알았겠는가. 그러니 정신을 바짝 차려야 한다. 시절은 사람을 기다려 주지 않으니 단박에 한 번 물어뜯어 끊어 버리면 그대를 어찌할 수 없으리라. 대장부라면 모름지기 자유자재한 경지에 도달해야 할 것 아닌가.

60

정(正) 상인(上人)에게 주는 글

참당하여 법문을 청하는 데는 반드시 영리한 근기가 기봉 위에서 바로 알아차리기를 바란다. 애초부터 막혀서 걸림이 없고, 또한 깊은 믿음이 익어 오랜 세월 속에서 효험을 얻어야, 자기 자리에 앉아 공부를 하는 것이다. 완전히 쉬어 버려 입술 위에 곰팡이가 피듯 하고, 옛 사당의 향로처럼 되어야 한다는 것이다.

아마도 이래야만 생사를 투철히 벗어나고 범부의 망정을 초월하여 피안(彼岸)을 뛰어넘을 것이다. 더욱이 인간의 잡다한 일을 완전히 잊어버려야 하니, 영리하게 분별하는 총명함으로는 세간을 벗어나지 못하고 그저 허망만 늘릴 뿐이다.

조사께서는 서쪽에서 오시어 바로 이 하나를 제창하여 사람들에게 그 자리에서 철저히 깨닫게 하려 하였다. 시작 없는 무명주지(無明住地)를 확실히 알아 남김없이 쓸어 없애서, 본지풍광을 분명히 증득하고 본래면목을 분명히 보게 하였다. 비록 모든 성인들이

나온다 해도 실낱만큼도 움직이지 못하니 이를 두고 "사람의 마음을 곧바로 가리켜 본성을 보아 성불케 한다[直指人心 見性成佛]."고 한 것이다.

어찌 그저 말이나 따르면서 방편과 경계를 짓고 주장을 일삼으면서, 지견 넓힘을 도모하며 다른 사람을 이겨서 명리를 취하려 해서야 되겠는가. 결코 이러한 도리가 아니다. 이미 지향하는 목적이 있는 사람이라면 한결같이 헤진 짚신을 밟고 철두철미한 곳을 참구해야 한다.

예컨대 어떤 스님이 운문(864~949)스님에게 "모든 부처님은 어디로부터 나왔습니까?" 하고 묻자, "동쪽 산이 물위로 간다[東山水上行]."고 대꾸했으니, 그것이야말로 철저히 깨닫고 그렇게 말한 것이 아니겠느냐! 낙엽 한 잎사귀만 보고서도 가을이 왔음을 아는 것이니, 다시 말 위에 말을 보태고 알음알이 위에서 알음알이를 짓는다면 어떻게 철저히 깨달을 수 있으랴. 운문스님의 이 의도를 체득할 수 있다면 고금의 말을 일시에 뚫어 버리리라. 다만 마음을 깨닫고자 애를 쓰며 그렇게 해나간다면, 항아리 속의 자라가 도망쳐 봤자 어디로 가겠는가. 그러므로 옛 스님은 "영리한 자는 듣자마자 문득 들어 보이고 뽑아들면 곧 행한다."고 하였던 것이다.

61

성연(性然) 거사(居士)에게 드리는 글

　도산(道山)의 성품은 도에 합치하여 고요함을 좋아하고 겉치레를 숭상하지 않으며, 숙세의 깊은 신심을 간직하고 무엇보다 현묘한 가르침을 흠모하십니다. 늘 편안하고 고요하여 밤낮으로 그윽히 안으로 밝게 비춰 보니 마치 얼음 항아리나 옥으로 만든 거울같이 겉과 속이 훤히 사무치십니다. 또한 나물 음식으로 오랜 세월을 재계(齋戒)하며 향상의 종승을 참구하며 선지식을 두루 참례하여 한결같이 지성으로 탐구하고 연구한 지 여러 해가 되었습니다. 처음엔 견해나 말에 끌려 형식에 뜯어 맞추며 이리저리 뚫더니만, 여기저기 다니며 바탕이 쌓이자 그 뜻이 더욱 확고해졌습니다. 거기서 홀연히 모두 벗어 던지고 곧바로 불조 심성의 연원을 꿰뚫어 묘한 이치에 깊이 들어가 실천하고 설통(說通)과 종통(宗通)을 모두 갖추어서 열반과 생사를 원융하게 껴잡아 몸과 마음이 한결같은 훌륭하고 청정한 경지에 도달하였습니다.

방편 지혜[機智]는 더욱 밝아져 고삐를 벗고 스스로 즐긴 지가 오래되었습니다. 그렇게 하고도 그만두지 않고 여러 곳에서 도에 통달한 최상의 대근기에게 가서 부처다 법이다 하는 견해를 부숴 버리자, 큰 작용[大用]이 분명해졌습니다. 향상의 문빗장을 용광로 속에서 더욱 삶고 단련하여, 현묘함도 밀쳐 두고 미세한 것까지도 뽑아 버려 살활(殺活)의 요점을 거머쥐고 성현의 깊은 세계도 초탈하였습니다.

마침내 잘잘못을 분별하고 좋고 나쁨을 식별하며 진퇴를 알아 방편과 실다움을 분별하여 참다운 경지에 도달했습니다. 마치 편안하고 한가로운 수레를 정비하여 텅 비어 고요한 경지에 노니니, 함이 없고 하릴없는 경지에 무찌르며 도착하여, 가두어도 머무르지 않고 불러도 돌아오지 않습니다. 비로자나 부처를 뛰어넘고 석가의 장엄 청정하고 자유로운 큰 해탈의 경지를 초월하였습니다. 다만 잠시 세상의 인연에 끌리고 매였으나 그곳에 살면서도 역시 유연하였습니다. 뜻 있는 사람이라면 아승지겁을 눈 깜박할 사이로 여기고 마땅히 여유롭게 근본을 완수할 따름입니다.

시원한 날씨를 보내다 종이와 붓이 있길래 적어 보았습니다.

62

혜공(慧空) 지객(知客)에게 주는 글

여러 부처님들이 세상에 출현하셨던 것과 조사가 서쪽에서 오셨던 그 본뜻을 집어내 보면 결코 다른 일이 아니다. 오직 동체대비(同體大悲)와 무연자비(無緣慈悲)로 이 큰 인연을 보여주시어 지혜로운 상근기에게 격식과 종지를 초월하여 단박에 알도록 했을 뿐이니, 이른바 교(敎) 밖에 따로 행하고 외길로 심인(心印)을 전했다는 것이다. 그러므로 십만 대중 앞에서 연꽃을 들어 보이자 가섭만이 유독 증득하고 자기도 모르는 결에 미소를 지었던 것이다.

이 일을 계기로 석존께서 법을 전수하여 달마가 양(梁)나라를 거쳐 위나라에 가서 사람을 찾으며 소림사에서 오래 면벽하던 중 신심 깊은 이조(二祖, 487~593) 한 사람을 얻었는데, 그는 눈에 서서 팔을 끊고 한마디 말끝에 마음을 편안히 하여 드디어는 의발을 전해 받았으니, 이것이 어찌 작은 일이겠느냐. 위로부터 모든 성인이 세상에 감응하니, 전하는 사람도 훌륭하고 받는 이의 근기도 강하여 용상대덕(龍象大德)이 많이 나왔다. 연원(淵源)이 깊으니 그 흐름도 짧지 않아서, 서천의 28대 조사와 동토의 6대 조사 이후로 시대마다 영특 신령한 고덕들이 걸출하게 이어졌다.

행사(行思, 671~741)·회양(懷讓, 677~744)·마조(馬祖, 709~788)·석두(石頭, 701~791)스님은 세상에서 독보적이었다. 덕산(782~865)스님은 『금강경』 주석서를 태워 버렸고, 임제(767~866)스님은 선판(禪板)을 태운다 하였으며, 약산(藥山, 746~829)·천황(天皇, 748~807)·백장(百丈, 720~814)·황벽(黃檗, 751~850)과 5가(五家)의 종주(宗主)들은 각각 문호와 가풍을 수립했다.

이는 마치 하늘만한 그물을 던지고 만 리나 되는 낚시를 드리운 것 같아서 처음부터 끝까지 철두철미하였다. 이들에게는 천만 인을 능가하는 기량이 있으니, 드나듦과 펴고 말아들임, 잡고 놓아줌, 조용(照用)과 권실(權實)이 어찌 한 가지 길, 한 가지 지견만을 고수하여 일정한 틀을 남기고 알음알이를 세워, 죽은 물속에 빠져 참다운 법이라는 것으로 사람을 얽어맸으랴. 그 때문에 온 천하에 사찰이 즐비하고 수백 년이 지나도록 강종(綱宗)이 떨어지지 않았다. 명확하게 계승하여 근원에서 근원이 이어졌으니, 단순히 보고 들은 천박하고 고루한 견문으로 걸머질 수 있는 것이 아니었다.

탁월한 식견과 빼어난 자태를 지니고 불조를 뛰어넘는 기량으로 행하여, 천지를 덮어 애초부터 소굴을 벗어나 아득히 수승하고 빼어나야 한다. 우선 자기의 근본을 밝히고 본분종사에 의지하여,

개돼지 같은 솜씨로 물고 늘어져야 한다. 통달한 종사는 맞고 거슬리는 경계에서 투철히 벗어나서, 분골쇄신(粉骨碎身)하는 뜻과 지견을 갖추어 큰 것을 도모할지언정 자잘한 것을 도모하지 않고, 원대함을 도모할지언정 눈앞의 것을 도모하지 않는다. 지극히 험난한 천신만고(千辛萬苦)의 은산철벽 같은 곳에서 신명을 놓아 버리고 저편으로 손을 놓아 이 일대사인연을 알아차려서 망정을 끊고 견해를 여의어 미친 업식(業識)을 쉬고 큰 해탈문을 열며, 자기의 생사대사를 깨달아 처음 발심했던 뜻에 보답해야 한다.

 6근·4대·5온·12처·18계·7대성(七大性)[1]을 허공에서 헛꽃[空華]이 어지럽게 일어났다 어지럽게 사라지는 것처럼 보아야 할 것이다. 오직 불가사의하게 불조가 증득한, 확연히 사무치고 신령하게 밝으며 넓고 텅 비어 고요한 금강의 정체를 그대로 이어받아서 근본이 깊고 편안함이 지극하니, 밥 먹는 사이에도 한 털, 한 티끌, 한 기틀, 한 구절을 드는 것이 근본 속에서부터 발현하지 않음이 없다. 그렇다고 이를 대기대용(大機大用)이라 말한다면 벌써 어지럽게 이름만 더듬은 것이 되어 버린다. 그러니 다시 어느 곳에 심성이니 현묘함이니 이사(理事)를 붙이겠느냐.

 여기에 이르러선 활활 타는 화로 위의 한 점 눈송이와도 같아서, 선과 도를 들으면 자취를 쓸어버리고 소리를 삼킨다 해도 오히려 극치는 아니다.

 그런데 하물며 그 나머지인 빛과 그림자, 모양과 소리, 산하대지,

노주(露柱)와 등롱(燈籠), 눈으로 보고 귀로 듣고, 쇠칼을 쓰고 쇠고랑을 차는 따위야 말해서 무엇 하리오.

들지 못하였느냐. 덕산(782~865)은 문에 들어가기만 하면 방망이로 때렸으며, 임제(767~866)는 문에 들어가기만 하면 대뜸 할을 하였으며, 목주(睦州, 697~780)는 있는 그대로의 공안[現成公案]을 자세히 살피라고 했다. 그들은 이미 진흙탕 속으로 들어가면서까지 노파심이 간절하였던 것이다. 그리하여 "한결같이 으뜸 되는 가르침만을 제창하자면 법당 위에 풀이 한 길은 우거졌을 것이다."고 하였다.

그러므로 그 나머지의 방편문은 부득이하여 할 수 없이 그렇게 한 것임을 분명히 알아야 한다. 이 모든 것은 위로부터 큰 선지식들이 자비를 드리워 쓰신 것으로서, 후세의 본보기로 만들어 뜻 있는 사람들이 마침내는 때려 부술 수 없는 팔면으로 영롱한 곳에 도달하게끔 한 것이다. 이들은 자신만 이익되게 할 뿐 아니라 다른 사람까지 이롭게 하면서 다함없는 법등(法燈)을 전하고 불조의 혜명을 이었던 것이다.

당(唐, 618~907)나라에서 5계(五季)² 시대를 지나 송(宋, 960~1279) 초기에 이르기까지, 두터운 신망을 걸머지고 조사의 지위에 올라 용과 호랑이가 달리듯 남북으로 넘나들며 사람들에게서 못과 쐐기를 뽑아 주고 결박을 풀어 준 분들이 어찌 한정이 있었으랴. 근세에도 사람이 없다고 말하진 않겠다. 그러나 홀로 벗어나 본분의 수단을 떨쳐 작가 선지식의 용광로와 풀무를 열어 준 사람을 찾아

보면 참으로 많지가 않다. 이는 스승은 어정거리며 천박 고루하고 제자 또한 뿌리와 줄기가 깊고 튼튼하지 않았기 때문이다. 그저 쉽게 깨달을 것만 도모하여 아교나 칠처럼 꽉 막혀 조종(祖宗)의 위 없이 오묘한 도와 고원(高遠)한 큰 기틀을 거의 끊어지게 하였던 것이다.

다행히도 후배들 중에 견줄 수 없이 빼어나 옛사람과 짝이 될 만한 자가 있었으니, 그들은 옳고 그름, 이익과 손해, 너와 나, 취함과 버림을 돌보지 않고 철석같은 마음으로 포기하지도 변하지도 않을 뜻을 갖추었다. 괴로움을 참고 담박한 음식을 먹으며 어려움을 두려워하지 않고 앞을 향해 몸소 참구하였다. 그리하여 향기로운 자취를 계승하고 지난 세대의 고상한 가풍을 이어 인간 세상의 밝은 촛불이 되고 어두운 거리의 일월이 될 수 있었다. 이것이 내가 마음속으로 항상 갈망하는 것이다.

지금은 이미 분심을 내서 발심하려고 도모하였으니, 중요한 것은 처음부터 끝까지 하는 데 있다. 살인을 하고도 눈 하나 깜짝하지 않는 솜씨를 갖춘 종사를 교해(敎海)에서 선택하여 깨닫기를 도모한다면, 어찌 제방을 초월한 자기 본심에만 보답이 되겠느냐. 또한 불법의 큰 바다에서 한쪽 손을 내미는 일이 될 것이다. 하물며 나와 남의 구별이 끊기고 사랑과 증오를 떠난 이 문중에서는 다만 올바른 지견을 귀하게 여길 뿐이니, 어찌 누구 집안의 자식인가를 따지겠느냐. 똑같이 조계의 문하이니, 무슨 저쪽 종파니 이쪽 유파니 하는 것이 그 사이에 있을 수 있겠느냐!

주
:

1 7대성(七大性) : 색심(色心)의 모든 법의 체성(體性)을 7종으로 나눈 것. 지대(地大)·수대(水大)·화대(火大)·풍대(風大)·공대(空大)·견대(見大)·식대(識大).

2 5계(五季) : 당나라가 멸망하고 송나라가 건국될 때까지의 시기인 5대(五代)를 요순(堯舜)시대에 비유해서 부르는 호칭이다. 후량(後梁), 후당(後唐), 후진(後晋), 후한(後漢), 후주(後周).

63

장(張) 직전(直殿)에게 드리는 글

　불조의 오묘한 도에 계합하려면 무엇보다도 지혜로운 상근기가 알음알이를 잊고 몸소 참구하여 방편과 경계에 떨어지지 않는 것이 가장 좋습니다. 당장에 무리에서 빼어나 텅 빈 마음으로 알아차려 곧바로 원명(圓明)하고 광대하게 비춰 천지를 꿰뚫고 생사의 근원을 사무쳐서 언어문자의 표방을 벗어나야 합니다. 가슴속이 말끔하여 한 생각도 생기지 않고 앞뒤가 끊겨 한 구절에서 당장에 알아차려 알음알이를 벗어나며, 진실하게 증득하여 끝내 의혹이 없어야 합니다.

　옛날 현칙(玄則)스님이 청림(青林)[1]스님에게 물었습니다.

　"무엇이 부처입니까?"

　"병정동자(丙丁童子)가 찾아와 불을 찾는구나."

　그러자 그는 곧바로 말속에서 도리를 찾았습니다.

　"병정(丙丁)은 불인데 다시 찾아와 불을 찾는 것은, 마치 내가 부처인데 다시 가서 부처를 물은 격입니다."

 법안(法眼, 885~958)스님에게 가서도 법안스님이 궁구하여 바름을 드러내주었지만 전혀 믿을 수 없었습니다. 그러다가 돌연 마음에 투합하게 되었는데, 법안스님도 앞의 말을 해준 것뿐입니다.[2] 그가 크게 깨달은 것은 종풍에 증험해서 비로소 회광반조할 줄 알아 다시는 잘못된 지견을 내지 않았기 때문입니다. 당장에 어둠에서 등불을 만난 듯하고 가난한 사람이 보배를 얻은 듯하니 이것이 어찌 작은 일이겠습니까. 성실하게 믿으면 천만억겁토록 길이 쓰고 누릴 수 있을 것입니다.

 그러므로 도는 본래 말이 없으나 말을 의지하여 도가 나타나니 만일 이 도를 얻기만 하면 결코 말 위에 있지 않습니다. 뒤에 말이 있기만 하면 밑바닥까지 알아 곧바로 종횡무진으로 엎어지고 자빠져도 실제의 경지를 밟게 됩니다. 말을 따라 이해를 내지 않아서 드디어는 자유롭게 들고 나며 주고 뺏음이 연원과 근본을 다하지 않음이 없습니다. 위로부터 크게 통달한 사람이라면 누구나 이 마당을 지나 탁마 단련해서 비로소 행하여 지님을 감당하였습니다. 단지 푹 익은 곳은 놓아서 설게 하고 설은 곳은 만져서 푹 익혀, 그러기를 오래 하면 대기와 대용을 얻습니다. 일체의 천변만화를 보아도 모두 바로 알아 버리고 믿고 다다르며 꽉 잡아 붙들고 작용하여 주인이 되는데, 무슨 빛을 놓고 땅을 흔들고를 가리겠습니까.

 천백만억의 부처님이 온다 해도 깨달을 요(了) 자를 쓸 필요가 없습니다. 암두(828~887)스님은 "사물을 물리치는 것이 상급이고, 사물을 좇아가는 것이 하급이다."라고 하셨습니다. 전투로 설명한다면 개개의 힘이 변통에 달려 있는 것과 같습니다. 오직 향상만 굴릴 뿐 아래로는 떨어지질 않으니 바로 이것이 급히 착안할 곳입니다. 머뭇거리면서 오지 않으면 바로 눈동자를 바꾸어 버리십시오. 바로 통쾌하게 끊어 버려야만 하니, 오랫동안 순수하게 익으면 유마힐(維摩詰)이나 방거사(龐居士, ?~808)와 다름이 없을 것입니다.

주
:
1 다른 문헌에서는 '청봉(靑峰)'이라고 한다. 청봉은 당나라 낙보원안(洛浦元安, 835~899)의 법을 이은 청봉전초(靑峰傳楚)를 가리킨다.
2 현칙스님이 청봉스님에게 물었다.
"어떤 것이 학인의 자기 자신입니까?"
"병정동자가 불을 찾는다."
그 후 법안스님을 뵈었는데 법안스님이 물었다.
"어디에서 왔는가?"
"청봉에서 왔습니다."
"청봉스님은 어떤 말씀을 하시던가?"
스님이 전에 말한 병정동자화두를 말하자 법안스님이 물었다.
"스님은 그 말씀을 어떻게 이해하고 있는가?"
"병정은 불에 속하는데 그 사람이 다시 와서 불이 어디 있느냐고 찾는다는 것은 마치 자기 자신을 가지고 자기가 어디 있느냐고 찾는 것과 같은 일입니다."
"그렇게 이해해서 어떻게 깨달음을 얻겠느냐?"
"저는 오직 그렇게밖에는 생각이 안 됩니다. 스님은 어떻게 이해하십니까?"
"네가 나에게 물어보아라. 그러면 너에게 말해 주겠다."
"어떤 것이 학인의 자기 자신입니까?"
"병정동자가 불을 찾는다."
스님이 이 말을 듣자마자 깨달았다.『금릉청량원문익선사어록(金陵清涼院文益禪師語錄)』권1(T47-591c).

64

호(胡) 상서(尚書) 오성(悟性)에게 드리는 권선문(勸善文)

●

사람마다 자기의 발아래 텅 비어 신령하게 통하는 이 한 덩이의 큰 빛이 있으니, 이를 본지풍광(本地風光)이라 합니다. 중생도 부처도 본래 갖추었고 원융하여 끝이 없으며 자기의 마음속에서 4대 5온의 주체가 되기도 합니다. 애초부터 물듦이 없이 그 본성은 맑고도 고요하나, 다만 망상이 갑자기 일어나 그것을 가리고 장애하기 때문에 6근과 6진에 묶이게 됩니다. 6근과 6진이 서로 짝이 되어 찰싹 들러붙어 집착이 생기면, 일체의 경계를 취하여 일체의 허망한 생각을 내고 생사의 번뇌 속에 빠져들어 벗어나지 못합니다.

모든 부처님과 조사께서 이 참된 근원을 깨닫고 훤하게 근본을 통달하여, 생사에 빠진 모든 중생을 가엾이 여기고 대비의 마음을 일으켜 세상에 나오심도 바로 이 때문입니다. 달마스님이 서쪽에서 오셔서 교(敎) 밖에 따로 전하였던 것도 이 때문이었습니다. 큰 근기와 영리한 지혜를 갖춘 이가 회광반조하여 한 생각도 나지 않는 곳에서 이 마음을 분명히 깨치는 것만을 귀하게 여길 뿐입니다. 더군다나 이 마음은 일체의 세간법과 출세간법을 내고 오랫동안 마음속에 도장을 찍어 두고 홀로 아득하고 활발발(活潑潑)하는데, 잠깐이라도 마음을 내어 생각을 움직이기만 하면 즉시 이 본래의 밝음을 어둡게 합니다.

요컨대 지금 곧바로 끊어 버려 쉽게 꿰뚫으려고 한다면, 다만 몸과 마음을 놓아 버려 텅 비어 신령하고 고요하면서도 비추어서, 안으로는 자기라는 견해를 잊고 밖으로는 가는 티끌마저도 끊어져서 안과 밖이 환하여 한결같아야 하니, 오직 하나의 진실뿐입니다.

눈·귀·코·혀·몸·의식과 색·소리·냄새·맛·촉감·법은 모두 그것에 의지해서 건립된 것인데, 그것은 저 모든 인연을 훌쩍 벗어나 뛰어넘습니다. 그러나 허다한 모든 인연들은 애초에 일정한 모습이 없어서, 오직 이 광명에 의지하여 모두 전변합니다. 만약 이 한 덩이의 심전지(心田地)를 믿어 도달할 수만 있다면 하나를 깨쳐 일체를 깨치며 하나를 밝혀 일체를 밝힙니다. 그렇게 되면 곧바로 하는 것마다 모두 철두철미하여 대해탈 금강의 바른 몸입니다. 요컨대 우선 이 마음을 깨닫고 나서 그런 뒤에 모든 선행을 닦아야만 합니다.

들지 못하였습니까. 시인 백낙천(白樂天, 772~846)이 조과(鳥窠, 741~824)스님에게 물었습니다.

"도란 무엇입니까?"

조과스님은 말하였습니다.

"모든 악한 일은 하지 말고 뭇 착한 일을 받들어 행하십시오."

"세 살 먹은 어린아이도 말할 수 있는 것입니다."

"세 살 먹은 아이가 말할 수는 있어도 팔십 늙은이도 행하지는 못합니다."[1]

그러므로 응당 허물을 살펴서 눈과 발이 서로 의지하듯 닦아 나아가야 합니다. 만약 모든 악한 일을 하지 않고 뭇 착한 일을 알뜰하게 닦으면, 5계(五戒)와 10선(十善)만 잘 지킨 사람일지라도 생사윤회에는 떨어지지 않습니다. 그런데 하물며 먼저 밝고 묘한 진심의 견고한 정체를 깨닫고 나서 힘에 따라 수행하는 경우에야 말할 것이 있겠습니까.

그들은 착한 행동을 하면서 남들도 인과에 미혹되지 않도록 하여 지옥과 천당의 원인이 모두 본래의 마음에서 만들어졌다는 것을 알도록 해줍니다. 이 마음을 평등하게 지녀서 나와 남의 구별이 없고 사랑도 미움도 없으며 좋고 싫음도 없고 이익과 손해를 따지지 않아, 차츰차츰 이삼십 년을 길러 가면 맞고 거슬리는 경계를 만나도 더 이상 물러남이 없게 됩니다.

생사의 갈림길에서도 자연스럽고 태연하여 아무 두려움이 없습니다. 이것이 바로 이치[理]는 단박에 깨달으나 사실[事]은 점진적으로 닦아야 한다는 것입니다. 불법을 배우는 무리들 중에 많은 이들이 그저 세간의 지혜와 총명함으로 불조의 말씀 중에서 기묘한 구절을 잘도 외워서 말밑천으로 삼아 능력이나 해박함을 과시하는 경우를 봅니다. 이는 올바른 견해가 아니므로 버려야 합니다. 잠잠한 마음으로 고요히 앉아서 반연을 잊고 몸소 참구하여 철저하게 영롱한 데에 이르면, 계산할 수도 없고 끝도 없는 자기 자신의 보배 창고에서 쏟아내게 되니, 진실하지 않은 것이 어디 있겠습니까.

모름지기 먼저 본래면목을 깨닫고 마음이 곧 부처[卽心卽佛]인 진정한 자체를 분명하게 보아야만 합니다. 모든 허망한 반연을 여의고 문득 청정하게 된 뒤에 모든 착한 일을 받들어 행하고 대비심을 일으켜 중생들에게 요익되도록 합니다. 그러고 나면 하는 일마다 모두 평등하여 나[我]도 없고 집착도 없습니다. 오묘한 지혜가 환하게 드러나서 본체에 사무쳐 통하니, 착한 행동이 어찌 오묘하지 않겠습니까.

그러므로 말씀드립니다. 마음 깨치는 데만 애쓴다면 반드시 속지 않을 것입니다. 깨달음을 목표 삼을 뿐 느리거나 더딜까를 의심하지 마십시오.

몸조심하십시오.

주
:
1 『경덕전등록』 권4(T51-230b).

65

장선기(張宣機) 학사(學士)에게 드리는 글

예로부터 크게 통달한 사람은 밀전(密傳)만을 외길로 제창하였으니, 홀로 벗어난 최상의 이 한 가지[一著子]가 그 지극한 요점입니다. 오직 근기가 빼어난 상지(上智)가 기연에 투합하여 단박에 알아차리기만을 힘썼을 뿐, 어느 틈에 향상(向上)·향하(向下)·이성(理性)·현묘(玄妙)·정위(正位)와 편위(偏位)·빈주(賓主) 따위의 수많은 언어작용이 있었겠습니까. 알음알이를 잠깐이라도 내기만 하면 그대로 얽매여 다시는 조금도 자유로울 분이 없어집니다.

그러므로 본분작가는 결코 남의 낚시 끝에 걸리거나 다른 사람의 올가미에 떨어지지 않고, 오직 스스로 환하게 비추어 가슴속에 털끝만큼도 남겨 두지 않고 초연히 고고합니다. 만법과 짝하지도 않으며, 모든 성인과 자리를 함께하지도 않은 채 밝고 청정함을 완전히 노출하여 담담히 텅 비어 맑을 뿐입니다. 나아가 인연 따라 방편을 사용하는 경우에도 날아다니는 칼 바퀴 같고 맹렬한 불무더기 같은데 어떻게 가까이하겠습니까. 말함과 말없음, 있음과 없음, 움직임과 조용함, 너와 나를 한꺼번에 끊어 버립니다.

그러므로 "마지막 한 구절이라야 비로소 견고한 관문에 도달하니, 요긴한 나루터를 차지하여 범부도 성인도 통하지 못한다."[1]고 하는데, 부득이하여 '일구(一句)', '정위(正位)', '정문(頂門)', '금강왕(金剛王)'이라고 말합니다. 이렇게 말한 의도를 알면 틀림없이 꿰뚫어 통하여, 망정과 의상(意想)과 견해의 수승한 지혜가 자연히 녹아 버리고 하루 종일 넓고 너그러이 완전한 자유로움을 얻습니다. 이로써 자기 자신을 수행하고 나라를 다스리면 은택(恩澤)이 백성들에게 미쳐 지위와 덕망이 더욱 융성할 것입니다. 마음씀씀이는 더더욱 정대하여 그 공로에 머무르려 들지 않고 그 덕을 지니려 하지 않습니다.

만 세(世)가 한 때이고 만 년도 한 생각일 뿐이며, 시방(十方)도 오히려 눈 깜짝하는 사이며 조화도 손아귀에 있습니다. 다만 사물을 자유롭게 운용할 뿐이어서 하늘땅을 뒤바꾸며 수미산을 겨자씨 속에 집어넣기도 하고, 대천세계를 세상 밖으로 던져 버리는 것이 어찌 어렵다 하겠습니까.

이미 깊이 살폈으니 그것을 바탕으로 덜고 연마하여 더더욱 역량을 갖추어, 정신을 수고롭게 하지 말고 태연히 안정되도록 하십시오. 어찌 금생에서만 하고 말 것이겠습니까? 앞으로 오는 세상이 끝날 때까지, 이를 바탕으로 하지 않음이 없겠습니다. 같은 길을 가고 같은 깨달음을 증득한 사람을 만나면 설명하지 않아도 알고 말하지 않아도 계합할 것이니, 이를 버리고서 이러쿵저러쿵하는 것은 옳지 못합니다. 전하는 말에 "여래께는 밀어(密語)가 있지만 가섭은 감추지 않는다[如來有密語 迦葉不覆藏]." 하였으니, 가섭만 감추지 않을 줄 아는 이것이 바로 (여래의) 비밀이 되는 까닭입니다.

주
:

1 "末後一句始到牢關(말후일구시도뇌관) 鎖斷要津不通凡聖(쇄단요진불통범성)" : 『경덕전등록』 권16(T51-331b)에 낙보원안(樂普元安, 835~899)의 법문으로 전한다.

66

동감(同龕) 거사(居士) 부신지(傅申之)에게 드리는 글

●

　학사대부(學士大夫)들이 서로 만나 이치와 성품을 논하는 경우가 많은데 근본에 가까이하기에는 차이가 있습니다. 즉 지견(知見)을 넓히고 현묘한 도리를 해박하게 섭렵하여 하늘과 인간 사이를 꿰뚫고 (유불도) 3교를 회통하여 유교로 통일해 가지고는 그것을 저술하여 후대에까지 명성을 드리우려 합니다. 보건대, 실천을 하면서 절개를 세우며 뒤로 물러나 남에게 귀 기울이며 어진 행업(行業)을 닦기는 하나 좀 얕은 데가 있습니다. 오직 두루두루 섭렵하여 얘기 밑천으로 삼고 남 이기기를 좋아함으로써 동료들을 굴복시켜 아견(我見)을 늘리는데, 모두가 도를 이루기 위한 바른 씨앗은 아닙니다.

　그들이 비록 (방향을 알려주려고) 박수를 쳐주어야 하는 맹인보다는 현명하다고 하겠으나, 믿고 나아갈 바를 모르고 제멋대로 자기의 짧고 천박한 견문으로 남을 헐뜯는 마음을 내어 인과를 모르고 속세의 흐름 속에 떨어져 들어가는 자들입니다. 그러나 진실하게 마음을 비우고 자기를 청결히 하여 괴로움을 무릅쓰고 한 걸음 물러나 알음알이를 잊고 깨달아 실제의 경지를 밟아 6근과 6진을 꿰뚫고 잔재주를 끊어 옛사람과 짝이 된 자들을 비교해 보면, 유마대사(維摩大士)와 급고독장자(給孤獨長者)와 같은 부류로서 그들은 도과(道果)를 거뜬히 증득하고 세간과 출세간을 뛰어넘었습니다.

저 당나라 조정의 배상국(裵相國, 797~870)[1]·육긍(陸亘, 764~834)[2] 대부(大夫)·진조(陳操)[3] 상서(尙書)·왕경(王敬)[4] 상시(常侍)·우양양(于襄陽, ?~818)[5]·이습지(李習之, 772~841)[6]·정우(鄭愚)·위주(韋宙)의 경우는 마음을 다해 몸소 참구하여, 평생이 다하도록 쓰고 누림을 얻었습니다.

또한 우리 종문에서는 더욱 환하게 밝히고 출몰자재하게 지극히 심오한 데까지 궁구한 분들이 있으니, 내한(內翰) 양대년(楊大年, 974~1020)[7]과 도위(都尉) 이부마(李駙馬, 988~1038)[8]는 방거사(龐居士, ?~808)[9]와 함께 나란히 달릴 만하였습니다.

이는 커다란 역량을 갖추고 벼슬길에 있으면서 관직을 버리지 않고서도 세속 밖에서 노닐었기 때문일 것입니다. 불조의 본분소식을 제창하여 세상 사람들을 단련하면서, 동사섭(同事攝)을 해나갔습니다. 가정생활을 하는 가운데나 지방에 관직을 맡아 나가는 경우에도 대종사와 함께 안과 밖에서 불법을 보호하였습니다. 이것이야말로 옛날에 영산(靈山)에서 수기를 받아 백겁천생토록 연마하겠다는 서원을 내었기에 이와 같이 기연을 드날리는 것이 아니겠습니까!

근세엔 불법이 쇠미해지긴 했습니다만 벼슬하는 사람들 중에 깊이 신봉하는 자들이 극히 많습니다. 거의 옛 가풍이 있다 하겠으니 요컨대 앞의 세 부류와 서로 짝하려 해야 합니다. 만약 이 문제에 뜻을 둔다면 반드시 상상(上上)의 큰 기틀[大機]과 반연을 맺어야지 중하(中下)의 체제와 법도를 짓지 말아야 합니다. 그렇게 하면 범부를 초월하고 번뇌를 벗어나 완전한 해탈을 얻는 데에 어렵지 않을 것입니다. 다만 한결같이 오래 하면서 어떤 경계나 악연을 만나더라도 그 자리에서 끊어 버려야 합니다. 이것이 "쇠바퀴[鐵輪]를 정수리 위에서 굴린다 해도 정혜(定慧)가 원명하여 끝내 잃지 않는다."[10]는 것입니다.

이발(李渤, 773~831)[11] 습유(拾遺)가 구강(九江) 땅으로 부임해 나와 적안(赤眼)[12] 귀종(歸宗)스님과 만났는데, 한 번의 대면에 투합하여 깨우쳤습니다.

이발이 하루는 갑자기 물었습니다.

"교(敎)에서는 '겨자씨에 수미산을 받아들인다' 하였는데, 어찌 그럴 수가 있겠습니까?"

"사람들이 공(公)을 이만권(李萬卷)[13]이라고 하던데, 그렇습니까?"

"그렇습니다."

"공의 몸을 살펴보니 다섯 자도 채 못 되는데 만 권의 서적을 어느 곳에 두었소?"

그러자 이발은 곧바로 그 뜻을 깨달았다고 합니다. 이를 어찌 모양과 망정에 집착하여 알음알이를 지키는 자와 따질 수 있는 것이겠습니까.

요컨대 손가락을 통해 달을 보고, 그물과 덫을 잊고 물고기와 토끼를 챙기는 근기라야만 방편과 소굴을 지키지 않을 만합니다. 한 번 거량하여 그대로 귀결점을 안 뒤에 민첩하게 빠져 나와 종횡무진으로 통달한 경지에 이르면 큰 수용(受用)이 환하게 나타납니다.

한문공(韓文公, 768~824)[14]이 대전(大顚, 732~824)[15]스님에게 물었습니다.

"저 유(愈)는 공적인 사무가 바쁘니 불법의 핵심을 한마디로 해 주십시오."

그러자 대전스님이 자리에 앉아 가만히 있으므로 문공은 어쩔 줄 몰랐습니다. 이때 삼평(三平)스님이 모시고 서 있다가 즉시 선상(禪床)을 한 번 어루만지면서 "시랑(侍郎)이시여, 화상의 도는 먼저 정(定)으로 움직이게 하고 나중에 지혜로 뽑습니다."라고 하자 문공은 크게 기뻐하였습니다.

"선사의 불법은 높고도 준험하십니다. 저는 오히려 시자(侍者)의 가르침 속에서 깨우친 바가 있습니다."[16]

영리한 근기여서 한 번 통겨 주니 바로 돌이켰습니다. 그들 스승과 제자를 살펴보았더니, 서로가 방편을 지어 이름 붙일 수도 없고 말할 수도 없는 자리에서 발휘했던 것입니다.

영리하고 빼어난 한문공이 아니었다면 어떻게 알아차릴 수 있었겠습니까. 말하자면 도끼를 휘두르는 자도 솜씨가 민첩하고, 도끼를 받는 자도 움쩍하지 않는 자질이 있었던 것입니다. 그런 뒤에 둘이 함께 오묘한 경지에 들어간 것이니, 그렇지 못하면 한바탕 허물을 이룰 뿐입니다.

이렇게 보건대 어느 겨를에 매일같이 조사의 방에 들어가 아침마다 묻고 참례하겠습니까. 그러므로 옛사람은 강을 사이에 두고 부채를 흔들면 대뜸 깨쳤던 것입니다. 지금 이처럼 종이와 먹으로 형용하는 것은 알면서도 고의로 범하는 것입니다.

주
:

1 배상국(裴相國, 797~870) : 당나라 거사 배휴(裴休). 황벽희운(黃檗希運, 751~850)의 제자.

2 육긍(陸亘, 764~834) : 자는 경산(景山). 관리들의 잘못을 바로 잡는 어사대부(御史大夫)로서 선종에 입문하여 남전보원(南泉普願, 784~835)의 재가제자가 되었다.

3 진조(陳操) : 목주(睦州)에서 자사(刺史)를 맡고 있을 때 목주도명(睦州道明, 780~877)을 만나 깨달음을 얻고 제자가 되었다.

4 왕경(王敬) : 이름은 왕경초(王敬初)이다. 위산영우(潙山靈祐, 771~853)에게 깨달음을 얻고 제자가 되었다. 직위가 상시(常侍)여서 왕상시 또는 왕경 상시라고도 한다.

5 우양양(于襄陽, ?~818) : 당나라 재상 우적(于頔)을 가리킨다. 우적은 호주자사(湖州刺史), 소주자사(蘇州刺史), 산남동도사(山南東道使) 등을 거쳤는데 산남동도사를 지낼 때 양양(襄陽)에 머물렀기 때문에 우양양(于襄陽)이라고 하였다. 자옥도통(紫玉道通, 731~813)에게 깨달음을 얻고 제자가 되었다.

6 이습지(李習之, 772~841) : 당나라 유학자 이고(李翶)를 가리킨다. 유학자인데도 불교를 받아들여 심성에 관한 새로운 해석을 시도하였다. 낭주(朗州) 칙사로 재임하던 시절에 약산유엄(藥山惟嚴, 746~829)을 만나 제자가 되었다.

7 양대년(楊大年, 974~1020) : 송나라 거사 양억(楊億)을 가리킨다. 양문공(楊文公)이라고도 한다. 처음에는 유교를 공부하다가 광혜원련(廣慧元蓮)을 만나 선 수행을 하고 오랜 참학 끝에 수산성념(首山省念, 926~993)을 만나 깨달음을 얻었다.

8 이부마(李駙馬, 988~1038) : 부마도위(駙馬都尉)를 지낸 남송의 이준욱(李遵勗)이다. 곡은온총(谷隱蘊聰, 965~1032)에게 참학하여 깨달음을 얻고 인가를 받았다. 시호는 화문(和文)이다.

9 방거사(龐居士, ?~808) : 마조도일(馬祖道一, 709~788)의 재가제자 방온(龐蘊)을 가리킨다. 자는 도현(道玄)이다. 석두희천(石頭希遷, 701~791)을 만나 선지(禪旨)를 얻은 다음, 마조에게 2년 동안 참학하였다. 진단(震丹)의 유마(維摩) 거사라고 불린다.

10 "假使鐵輪頂上旋(가사철륜정상선) 定慧圓明終不失(정혜원명종불실)" : 『영가증도가』(T48-396c).

11 이발(李渤, 773~831) : 당나라 시인이자 관료이다. 여산(廬山) 남쪽 자락에서 학문을 연구하고 후학을 가르쳤는데 그가 움직일 때마다 흰 사슴이 따랐다고 해서 그를 '백록(白鹿)'이라고도 불렀다. 후대에 이곳에 '백

록동서원(白鹿洞書院)'이 세워지는데 남송의 주희(朱熹, 1130~1200)가 쇄락한 이곳을 재건하였다. 이 서원의 이름을 본떠서 조선의 풍기군수 주세붕(周世鵬, 1495~1554)이 영주에 백운동서원(白雲洞書院)을 세웠고 이것이 조선 서원의 시초로 전해지고 있다.

12 여산(廬山) 귀종사(歸宗寺) 지상(智常)은 눈이 안 좋아서 항상 약수(藥手)로 눈을 부볐기[拭眼] 때문에 눈이 빨개서 적안귀종(赤眼歸宗)이라 불렀다. 『경덕전등록』 권7(T51-256b).

13 이발(李渤, 773~831)은 아는 것도 많고 백가의 책을 안 읽은 것이 없어서 '이만권(李萬卷)'이라고 불렀다. 『송고승전』 권17(T50-817b).

14 한문공(韓文公, 768~824) : 당송 8대가의 한 명인 한유(韓愈)를 가리킨다. 자(字)는 퇴지(退之), 호는 창려(昌黎)이며 문공(文公)은 시호이다. 원화 14년(819), 독실한 불교신자인 헌종(憲宗)이 봉상(鳳翔, 지금의 섬서성) 법문사(法門寺)의 불사리를 장안의 궁중으로 들여 공양하고자 하자 배불론자인 한유가 「논불골표(論佛骨表)」를 올려 간언하였다. 헌종은 대노하여 사형시키려 하였지만 주변의 만류로 조주(潮州)로 좌천되었다.

15 대전(大顛, 732~824) : 석두희천(石頭希遷, 701~791)의 법을 이은 대전보통(大顛寶通)을 가리킨다. 광동성의 조주(潮州) 영산(靈山)에서 머물렀다. 원화(元和) 14년(819)에 「논불골표(論佛骨表)」를 헌종(憲宗)에게 올리고 조주(潮州)에 유배 와있던 배불론자(排佛論者) 한유(韓愈, 768~824)와의 교류로 유명하다.

16 『선문염송』 제353칙 "양구(良久)"(H5-298c).

67

황성숙(黃聲叔)에게 드리는 글

서로 만나도 드러내 보이지 않고 생각을 드러내면 곧 있음을 알아차린다 해도, 자세히 점검해 보면 이미 진탕 속으로 끌어들이고 물에 띄운 격인데, 하물며 그 나머지 번다한 이론들이겠습니까.

통달한 사람의 분상은 마땅히 엄준하고 빼어나야 하는데, 어찌 어지럽게 이끄는 것을 용납하겠습니까. 대개 이것은 유독 쇄쇄낙락한 것만을 인정할 뿐, 번개 치고 별똥이 떨어지는 듯한다 해도 빗나감을 면치 못합니다. 그저 이렇게 말해 줘서 깨우치게 함도 그 허물이 하늘에 넘칩니다. 서로 만나기 이전, 생각을 움직이기 이전의 상태에서 단박에 알아차렸다면, 그것을 그냥 그 사람에게 남겨 둘 것이요, 다시 형상과 문채로써 알음알이를 지어서는 안 됩니다.

부디 몸조심하십시오.

68

증(曾) 대제(待制)에게 드리는 글

어떤 스님이 조주스님에게 "조사가 서쪽에서 오신 뜻이 무엇입니까?" 하고 물었더니, 조주스님은 "뜰 앞의 잣나무"라고 대답하여 천하 참 학인의 모범이 되었습니다. 그러나 이것을 다르게 이해하는 자들이 극히 많습니다. 그대로 꿰뚫어 의지하지 않고 알음알이를 내지 않아야만 통렬하게 알 수 있습니다. 견해의 가시가 그저 털끝만큼이라도 있기만 하면 깜깜하게 됩니다.

듣지 못하였습니까. 법안(法眼, 885~958)스님이 각철취(覺鐵觜)스님에게 "조주(778~897)스님께서 '뜰 앞의 잣나무'라는 말씀을 하셨다는데, 그런가요?" 하자, 각철취스님이 "스승[先師]을 비방하지 말라. 스승께서는 이런 말씀을 하신 적이 없다."고 했습니다.[1] 이처럼 참구하기만 하면 그대로 옛사람이 깨친 자리가 됩니다.

엄양(嚴陽) 존자(尊者)가 조주스님에게 물었습니다.

"한 물건도 가져오지 않았을 땐 어떻게 합니까?"

"놓아 버리게."

"한 물건도 가져오질 않았는데, 무엇을 놓아 버리라는 건지 잘 모르겠습니다."

"보아 하니, 아직 놓아 버리지 못하였군."

엄양 존자가 마침내 크게 깨달았습니다.

뒤에 혜남(慧南, 1002~1069)선사가 게송을 지었습니다.[2]

> 한 물건도 가져오지 않았지만
> 양 어깨에 걸머지고 일어나질 못한다
> 말끝에 대번 잘못인 줄 아니
> 마음속에 기쁨이 한이 없다
> 매서운 독이 가슴속에서 삭아지니
> 뱀과 호랑이를 친구 삼고
> 쓸쓸한 천백 년에
> 맑은 바람 그치지 않는다.
>
> 一物不將來(일물부장래)
> 兩肩擔不起(양견담불기)
> 言下忽知非(언하홀지비)
> 心中無限喜(심중무한희)
> 毒惡旣忘懷(독악기망회)
> 蛇虎爲知己(사호위지기)

寥寥千百年(요요천백년)

清風猶未已(청풍유미이)

시험 삼아 자주 이 화두를 들어 보십시오. "한 물건도 가져오질 않았을 땐 어떻게 합니까?" 하니 조주스님이 "놓아 버리라." 했다. 이리하면 단박에 깨닫기가 어렵지 않을 것입니다.

어떤 스님이 운문스님에게 물었습니다. "한 생각도 일으키지 않았는데 허물이 있습니까?" 그러자 운문스님은 "수미산만큼!"이라고 했습니다.[3] 이것도 역시 단도직입적으로 요점을 살핀 것입니다. 하릴없이 마음을 비우고 생각을 고요히 하여 우둔한 듯이 공부하십시오. 그저 화두를 들어 보십시오. 오래 하다 보면 저절로 들어갈 곳이 있을 것입니다.

주
:

1 『선문염송』 제421칙 "백수(栢樹)"(H5-351a).

2 『황룡혜남선사어록(黃龍慧南禪師語錄)』 권1(T47-632ab) ; 『종용록』 권4 제57칙(T48-263ab).

3 『운문광진선사광록(雲門匡眞禪師廣錄)』 권1(T47-547c).

69

여(呂) 학사(學士)에게 드리는 글

　초조 달마스님이 양나라에 와서 무제(武帝)를 뵙고 그 자리에서 정수리 위의 하나[一著子]를 썼으나 무제는 알아차리지 못했습니다. 그리하여 사람들이 지금까지 팔짱을 끼게 만들어 그 뒤로도 상당한 사람들이 진흙과 물속에 빠져 헤매게 되었습니다. 그의 발자취를 더듬고 헤아리면서 백천 갈래로 다르게 알음알이를 냅니다. 핵심은 꿈에서도 보지 못하고 그저 기연 위에서 기연을 내고, 견해 위에서 견해를 낼 뿐입니다. 그 때문에 "칼은 멀리 떠나 버렸는데 그대는 이제야 칼 떨어진 뱃전에 표시를 하고 있다."고 한 것입니다. 당시에 달마 오랑캐놈을 동강내 버렸더라면 다른 사람에게 누를 끼치는 데는 이르지 않았을 것입니다. 그래서 "은혜를 알아야만 은혜에 보답할 줄 안다."고 한 것입니다. 자, 어떻게 해야만 그를 동강낼 수 있습니까?

70

촉(蜀) 태수(太守) 소중호(蘇仲虎)에게 드리는 글

●

큰 법은 본래 평상(平常)스럽기 때문에 영리한 근기가 정밀하고 민첩하게 관통하는 데에 있는 것이니, 총명으로 안 것 가지고 쉽게 깨달아 들어간다고 생각하지 마십시오. 매양 근심스러운 것은 알음알이가 지나치게 많은 것이니, 이윽고 이 근원에 빠져 따지면 따질수록 더욱 멀어져 깨칠 수 없습니다.

만약 일체에 평상(平常)스러운 마음이면 마음이라 할 것도 끝내 얻을 수 없어서, 싹 다 없어지면 원명한 본성이 뒤섞인 그대로 완전하여 조작을 필요로 하지 않습니다. 뭇 흐름을 절단하고 깊이 증득하여 지나치거나 모자라는 곳이 없게 됩니다. 그리하여 천진(天眞)한 기요(機要)에 나아가니 "착수하는 마음에서 바로 결판내야 한다."고 한 것입니다.

일상생활을 하는 사이에 항상 있는 그대로 이루어지게 하면 어찌 크게 안정되지 않겠습니까. 옛사람이 마음을 깨달았다 한 것도 이 마음을 깨달은 것이며, 방편을 드러낸 것도 이 방편을 드러낸 것입니다. 이로부터는 설사 만 세가 지나더라도 움직이지 않고 그저 무심한 경지만 지키면서, 초연히 홀로 체득하여 다시는 상대가 없습니다. 상대가 있다면 양쪽이 생겨서 갑자기 너와 나, 이익과 손해가 있게 되어 참된 경지를 밟을 수 없습니다.

그러므로 다시 일보 전진하여 한 법도 세우지 말아야 합니다. 그런 뒤에야 편안히 안주하여 본래인(本來人)을 분명히 보게 됩니다. 가슴속의 물건을 떨어 버리고 눈앞의 일마저도 잃어버려, 전체로 안온하여 영원히 물러서지 않게 됩니다. 두려움 없는 방편을 얻어 이로써 뭇 중생들을 제도할 수 있으니, 정말로 오래도록 서로 끊임없이 해야만 좋을 것입니다.

원오심요 하

71

황(黃) 태위(太尉) 검할(鈐轄)에게 드리는 글

●

　이 도는 그윽하고 깊어 천지가 아직 형성되기 전, 중생과 부처가 나뉘지 않은 데까지 다다르고 담연히 고요하여 모든 변화의 근본이 됩니다. 애초에 있고 없음이 아니어서 티끌 인연에 떨어지지 않고 찬란히 빛나 그 끝을 헤아릴 수가 없습니다. 진실이라 할 만한 진실도 없으며 오묘하다 할 만한 오묘함도 없이, 초연하게 의식과 형상의 바깥에 거처하므로 그것에 비교할 만한 물건이 없습니다.
　그러므로 지인(至人)은 홀로 증득하고 민첩하게 빠져 나와 깨끗하여 아무것도 없습니다. 이 연원을 꿰뚫고서 방편의 힘으로 단박에 그것만을 제창하여 최상의 근기를 제접하며 수행에 단계를 세우지 않습니다. 그 때문에 이 종승(宗乘)은 교(敎) 밖에 따로 전한다고 말합니다. 하나의 도장으로 눌러 찍어서 문빗장을 열어젖히고 머뭇거림을 용납하지 않습니다. 나아가서는 염화미소(拈花微笑)와 (발우 물에) 바늘을 던지고 불자를 들었던 것과 지팡이를 꽂고 선판

(禪板) 궤안(机案)을 거절했던 일과 눈을 깜짝이고 눈썹을 드날렸던 일 등은 모두가 형식적인 도리와 말을 빌린 주장을, 별안간 지나치는 전광석화와도 같이 신속히 벗어난 것이었습니다. 천변만화를 하면서도 전혀 기댐이 없이 철두철미하게 속박의 그물과 굴레를 끊어 버립니다.

그러나 준수한 부류만 허용할 뿐 어리석은 놈은 얘기할 것도 못됩니다. 바로 살인을 하고도 눈도 깜짝하지 않는 기개를 갖추기를 요하는 것이니, 하나를 깨치면 모두를 깨치고 하나를 밝히면 일체를 밝힌 다음에 훤출하게 통달하여 생사문제를 투철히 해결하여 범부를 뛰어넘어 성인의 경지에 들어갑니다. 높고도 원대한 식견을 쌓고 평소에는 칼끝을 노출하지 않다가 무심하게 돌출했다 하면 여러 사람을 놀라게 합니다.

그것은 대개가 뿌리가 깊숙하고 줄기가 견고하여 위음왕불 이전 공겁(空劫)의 저쪽을 간파한 나머지 바로 지금의 일상생활과 다를 것이 없기 때문입니다. 이미 이렇게 해 나갈 만한 힘이 있고 나면, 무거운 짐을 지고 멀리 가되 완전한 자재로움을 얻습니다. 삼아승지겁을 줄여서 일념(一念)으로 삼고 7일을 늘려서 일겁(一劫)을 만드는 것 따위도 오히려 별것 아니거늘, 더구나 삼천대천세계를 시방 밖으로 내던지고 수미산을 겨자씨 속으로 집어넣는 것쯤이야 집안에서 일상 차 마시고 밥 먹는 정도일 뿐입니다.

옛날에 배상국(裴相國, 797~870)이 황벽(黃檗, 751~850)스님에게서

종지를 얻은 일, 양대년(楊大年, 974~1020)이 광혜(廣慧)스님에게서 인가를 받은 일, 유마거사가 묘희세계(妙喜世界)를 한 손에 쥔 일, 방거사(?~808)가 한입에 서강(西江)의 물을 마시는 것이 어찌 어려운 일이었겠습니까. 오직 단박에 이 큰 인연을 깨쳤을 뿐이었습니다.

이윽고 이 도의 기본을 갖추고 나서야 다른 사람의 처분을 듣지 않고 용맹을 가지고 떨칠 수 있습니다. 대답하고 부르는 찰나에 착안하여 뛰어난 근기와 영리한 지혜를 운용하여 일체의 모든 것을 자기의 손아귀로 되돌려서 자유자재롭게 하면, 크게 통달하여 도와 덕을 간직하고 잘 실천한 옛 분들과 어찌 차이가 있겠습니까. 다만 근원에서 근원이 끊임없이 이어지게 해야만 영원히 사는 길 위의 쾌활한 사람이 될 것입니다.

조사는 "마음이 모든 경계를 따라 움직이나 움직이는 곳은 실로 그윽하여라! 흐름 따라 성품을 알면 기쁨도 없고 근심도 없다."[1]고 하였습니다. 바로 그 움직이는 자리에서 그윽하고 심오한 뜻을 체득하고 흘러 움직이는 그때에 본성을 철저하게 보아 양쪽의 치우침도 초월하고 중간에도 머물지 않습니다. 그런데 어찌 다시 거슬림과 따름, 근심과 기쁨, 좋음과 싫음을 남겨 자신의 누림[自受用]을 가로막아서야 되겠습니까.

마음으로 마음에 전하고 본성으로 본성에 도장 찍기를 마치 물이 물로 들어가듯 하고 금으로 금을 입히듯 합니다. 즐겁고도 쉽고 일상적이며 함이 없고 하릴없어서, 경계와 인연을 만나더라도 한 번의 응수도 필요치 않습니다.

　덕산(782~865)스님이 방망이를 휘두르고, 임제(767~866)스님의 할을 사용하고, 운문(864~949)스님과 목주(780~877)스님의 바람이 회오리치고 번개가 치는 듯 하는 것들이 무슨 먼 데 있는 것이겠습니까. 다만 정식(情識)에 휘둘리지 않아 색(色)을 덮고 소리를 누르며 고금을 초월하여, 모든 사물 위에서 통쾌하게 칼날을 휘두른 것입니다. 그래서 향상의 한 구멍을 열기만 하면 모든 성인이 나란히 아래에 선다고 하는 것입니다.

　조과(鳥窠, 741~824)스님은 실오라기를 입으로 불었고, 구지(俱胝)스님은 한 손가락만 보였으며, 조주(778~897)스님은 세 차례나 "차나 마시게."라고 했고, 화산(禾山, 884~960)스님은 네 번이나 "북 칠 줄 안다." 하였으며, 운문(864~949)스님은 "수미산."이라 하였고, 동산(910~990)스님은 "삼서근[麻三斤]이다." 하였습니다. 이는 병·소반·비녀·팔찌를 녹여서 하나의 금덩이로 만들고 소(酥)·낙(酪)·제호(醍醐)를 휘저어 한 맛으로 만든 것으로서, 매우 미묘한 위없는 도에서 벗어나지 않습니다.

　엄양 존자가 조주스님에게 물었습니다.

"한 물건도 가져오질 않았을 땐 어찌합니까?"

"놓아 버리게."

"한 물건도 가져오지 않았는데 무엇을 놓아 버리라 하십니까?"

"보아 하니, 놓아 버리지 않았군."

그는 즉시 크게 깨달았습니다. 이 어찌 신령하고 날카로운 이해로 말끝에 돌이켜 반조한 것이 아니겠습니까. 단도직입으로 투철히 깨달아 마음을 잊고 생각을 끊은 완전한 해탈의 근원으로서, 본지풍광을 밟아 본래면목에 계합한 것입니다. 이 한 구절로써 증득하기만 하면 천 구절 만 구절, 6근과 6진이 모두 함께 사라져서 심종(心宗)에 묵묵히 계합하는데, 결코 다른 것이 아닙니다. 그런 뒤로는 독사와 사나운 호랑이를 항복받고 불가사의한 영험을 나타내니, 그 어찌 특수하다고 하지 않겠습니까.

주
:

1 "心隨萬境轉(심수만경전) 轉處實能幽(전처실능유) 隨流認得性(수류인득성) 無喜亦無憂(무희역무우)": 제22조 마나라(摩拏羅) 존자의 게송. 『경덕전등록』 권2(T51-214a).

72

뇌공달(雷公達) 교수(教授)를 전송하면서

석가세존이 계신 영산회상에는 백만억의 현성(賢聖)이 모여들어 용상(龍象)들이 숲처럼 많았으니, 모두 그 어떤 무리들보다 뛰어난 큰 근기들이었습니다. 바람을 맞이하는 대로 투합계오하여 산 너머 바다 건너에서도 알아차릴 정도였으니, 어찌 하나를 들으면 열을 아는 정도였겠습니까. 털끝에 붙은 먼지만 슬쩍 건드려도 지극히 은미하고도 그윽한 곳까지를 훤하게 보았습니다. 당연히 밝혀주지 않아도 털끝만큼도 빠뜨리지 않고 먼저 알아차렸습니다.

그러나 꽃 한 송이를 들자 유독 금색두타(金色頭陀, 가섭존자)만이 미소를 짓는 데에 이르러서는, 노란 얼굴의 늙은이 석가는 마음을 열고 손을 펴서 조금도 숨기지 않고 바로 말하였습니다.

"나에게 있는 정법의 눈과 열반의 마음을 맡기노니, 잘 간직하도록 하라."

그 뒤로 과연 28세 조사에게 각각 정확하게 전수되고, 바로 초조(달마)에게 열어 증명해 보이며, 지금까지 유통돼 오면서 진실한 풍규(風規)가 떨어지지 않았습니다. 이때에 문수·보현·미륵·금강장·관세음보살들도 모두 팔짱을 끼고 묵묵히 듣기만 했는데, 왜 그랬을까요? 그 지극한 뜻을 시험 삼아 잡아내 보건대, 주고받는 찰나를 맞이해서 어찌 신중히 허가하지 않아서 그러한 것이겠습니까. 비록 눈으로 눈을 비추고 성스러움으로 성스러움을 잇는다고는 하나, 깃으로 날고 걸음걸이로 내닫는 그 체재는 지름길을 끊어 버리지 않습니다.

다만 향상의 하나[一著子]를 혼자서 제창하고 실천할 뿐인데, 이야말로 모든 성인들이 전수하지 못한 오묘함이며, 모든 중생들이 우러르는 종지로서, 틀을 벗어나고 식정을 초월하여 범부도 성인도 벗어나서 천지에 빛나고 고금에 광채를 드날립니다. 그러므로 2천 년을 지나면서도 그대로 눈으로 본 듯합니다.

아난이 유래를 물으면서 "금란가사 외에 따로 어떤 법을 보여주셨습니까?"라고 하자, 가섭이 아난을 불렀습니다. 아난이 대답을 하자마자 "문 앞에 찰간대를 넘어뜨려 버려라." 하였습니다. 이것이 지난날의 염화미소와 무엇이 다르겠습니까. 같다면 면면히 이어져서 처음부터 두 갈래가 없습니다. 『전등록(傳燈錄)』[1]과 『보림전(寶林傳)』[2]에 실려 있는 것들은 마치 물이 물로 들어가듯 하고 금으로 금을 입히듯 합니다. 그 때문에 달마스님이 "사람의 마음을 곧바로 가리켜 교 밖에 따로 전한다[直指人心 敎外別行]."고 부르짖었으니

고인을 욕되게 하지 않은 것입니다.

위산(771~853)스님은 "이 종지는 그 오묘함을 얻기 어려우니 부디 자세하게 마음을 써야 한다."[3]고 했습니다. 그러니 그 가운데서 정인(正因)을 단박에 깨달으면 대뜸 6진과 계급 점차(漸次)의 구덩이를 벗어나는 것이 됩니다. 다 떨어진 누더기를 입고 봉두난발로 비틀비틀 걸어가는 모습을 많은 사람들 속에서 살펴보면 반 푼의 가치도 못 됩니다만, 홀연히 사무치게 뒤집어 한량없는 생의 업식종자(業識種子)를 물리치고 아무것도 모르고 아무것도 이해하지 못하는 곳에서 입에서 나오는 대로 말하고 손 가는 대로 집어내 보이면, 있음[有]을 모르는 자는 마치 오리가 우렛소리를 듣듯 눈만 끔벅일 뿐입니다.

그런 뒤로는 문빗장에서 문득 천군만중(千群萬衆)을 거느립니다. 진실로 그것을 갖추기만 하면 큰 도를 갖춘 종사들이 번번이 모두 이렇습니다. 고귀한 세도에 처하여 재상과 대신을 지낸 경우라면, 배상국(裵相國, 797~870)·진조(陳操) 상서(尙書)·백낙천(白樂天, 772~846)·왕상시(王常侍)와 우리 왕조의 문공(文公) 양대년(楊大年, 974~1020)·부마(駙馬) 이도위(李都尉, 988~1038) 같은 이는 주위사람을 놀라게 하고 성인에 필적하였으니, 믿음이 사무치고 견해가 투철하여 다함없는 복을 누렸습니다. 모두가 특출한 지모와 빼어난 견해를 타고나서, 세간에 물들지 않고 출세간의 길목을 장악코자 하였기 때문에 이와 같았던 것입니다.

이 산승은 천성적으로 모자라고 우매하나 우연히 분별하여 선철(先哲)의 조예를 부여잡아 오르려 하고 있습니다. 비록 다른 사람을 능가하는 재주는 없으나 다만 오래도록 절개를 지킬 따름입니다. 믿음이 미약한 탓으로 잘 가르쳐 내보이지 못하면서, 사람을 위한답시고 40여 년이 흘러가 버렸습니다. 매번 걸출한 영재를 만날 때마다 언제든지 속에 있는 것을 다 끄집어내어 늘어놓았습니다. 마음이 향하는 대로 기연(機緣)에 내맡겨 오로지 그런 가운데 한 구절, 한마디 말을 통겨 처음부터 끝까지 모든 성인들의 정수리 위에서 대자재 해탈의 역량과 작용을 밝혀 얻는 데에 전력할 따름입니다.

　과연 온 세상의 뭇 중생들을 모두 제도하여 이들을 들어다가 함이 없고 하릴없는, 안락하고 은밀한 경지에 도달할 수 있게만 한다면, 석가모니와 금색두타(金色頭陀)로부터 아래로는 6대 조사, 당송(唐宋)의 크게 깨친 장군과 재상들에 이르기까지 어찌 차이가 있겠습니까. 근원이 깊으면 물줄기가 멀리 가고 뿌리가 단단하면 꼭지가 견고합니다. 헛되이 인정하지 않아야만 이것이 진실하게 깨달은 영웅호걸의 신령스런 해탈대인인 것입니다.

주
:

1 『전등록(傳燈錄)』: 송나라 승천도원(承天道源)이 경덕(景德) 원년(1004)에 30권으로 편집한 책이다. 양억(楊億, 974~1020)이 교정하여 황제에 진상하여 대장경에 편입되었다. 과거 7불부터 서천(西天)의 28대, 동토(東土)의 6대를 거쳐 법안문익(法眼文益, 885~958)의 제자에 이르기까지, 대략 53세(世) 1701인을 언급하고, 다시 권말에 게찬(偈贊), 송명(頌銘), 가잠(歌箴) 등을 기록하였다. 최초의 본격적인 선종 사서(史書)일 뿐만 아니라, 유가(儒家)에도 큰 영향을 주어 유가의 사서가 편찬되었다.
2 『보림전(寶林傳)』: 801년 무렵 지거(智炬)가 지었다. 6조 혜능(慧能, 638~713) 문하의 선종이 서천(西天) 28조의 법을 바르게 이어받은 것임을 입증하기 위해, 서천 28조의 전기와 중국 조사들의 전기를 법을 이어받은 차례에 따라 기록한 것으로, 28조설을 처음으로 주장한 책이다. 원나라 때 불태워지기도 하는 등 우여곡절 끝에 현재는 전체 8권 중에 7권 정도만 단편으로 전한다.
3 『위산경책주(潙山警策註)』 권1(X63-228c).

73

거제(巨濟) 요연(了然) 조봉(朝奉)[1]

  자기 자신 속에 각자 이 한 덩어리[此段]를 갖추고 있으나 다만 숙세에 선근을 깊고 두텁게 심은 사람만이 세제(世諦)와 인연이 가볍습니다. 역량을 갖추어 스스로 헤쳐 나아가 오랫동안 뒤로 물러나서 고고하게 운행하고 홀로 관조합니다. 그리하여 3업을 청결히 하고 단정히 앉아 참구하면서 오묘하게 살펴서 명쾌하게 벗어납니다. 그런 사람은 자기 분상에서 견해를 여의고 망정을 끊어 만 길 절벽에 서 있는 듯합니다.

  시작 없는 때부터 익혀 온 깊은 습관과 악각(惡覺)을 놓아 버리고, 나[我]라는 산(山)을 꺾어 부수며 애견(愛見)을 고갈시키고 단박에 깨치면, 모든 성인도 어찌할 수 없으며 만물도 그것을 덮어 숨겨 버릴 수가 없습니다. 하늘 끝까지 빛나고 땅 끝까지 환하게 비쳐 옛 불조께서 똑바로 지적하신 오묘하고 단엄청정하여 본래부터 갖추어져 있는 정체를 백 겹 천 겹 쌓여 분별할 수 없는 곳을 향하여 착안하고, 종횡무진하여 끝내 갈라놓을 수 없는 곳에서 칼을 놀립니다. 기봉(機鋒)은 사물보다 앞서 나오고 말은 생각을 초월합니다. 쇄쇄낙락하여 맑고도 맑아서 변통하고 움직임에 자유롭고 역량의 작용이 활발하게 벗어납니다.

예전부터 깨달은 상류들과 같이 체득하고 같이 작용함이 전혀 차이도 없고 구별도 없습니다. 무심한 경지에서 다만 고요묵묵함을 지킬 뿐 애초에 칼끝을 드러내지 않아 흡사 어리석은 사람 같습니다. 인연 따라 널리 놓아 버려, 주리면 밥 먹고 목마르면 물 마시는 것이 평상시와 다름이 없습니다. 이것이 "여러 사람을 놀라게 하고 대중을 술렁이게 하지 않고 가만가만히 작용을 드러내어 큰 기틀[大機]을 발현한다."는 것입니다.

오래도록 익어서 편안하고도 한가하며 온밀하면서도 참다운 경지에 도달하면, 다시 한가로이 여기에서는 부숴 버렸고 저기에서는 번뇌와 생사에 구속되었다는 것이 있겠습니까. 그러므로 옛날의 도 있는 어른들은 사람들이 6근과 6진을 벗어나게 하고나서야 밀인(密印)을 널리 폈습니다. 20년이고 30년이고 싸늘하고 고요한 경지의 공부를 하게 해서, 가는 털끝만큼이라도 알음알이가 조금이라도 있기만 하면 당장 바로 쓸어버리며, 쓸어버린 자취도 남기지 않습니다. 생사의 저편에서 손을 놓아 전신을 놓아 버리고 마침내 꿋꿋이 단단한 경지에서 큰 자유를 얻게 하였습니다. 다만 이러한 책략이 있다는 걸 알까 염려스러워할 뿐이니, 알았다 하면 큰 화근이 됩니다. 비로소 이렇게 해야만 진실하게 실천하는 것입니다.

보지 못하였습니까. 왕노사(王老師, 남전, 748~835)·조주(趙州, 778~897)·동산(洞山, 807~869)·투자(投子, 819~914)스님들은 모두가 무심의 경계를 찬탄하고 소중히 여기면서 실로 후학들도 그렇게 하기를 바랐습니다. 가령 기관(機關)·언어·변혜(辯慧)·지해(知解)를 드러냈더라면 바로 심전(心田)을 더럽힌 셈이니, 끝내 영산의 염화와 소림의 면벽 같은 부류에는 들어가지 못합니다.

적지 않은 사람들이 천착하여 본분에 의지하지 않습니다. 이는 입으로 성색(聲色)을 더듬고 작용하는 짓이란 것을 몰랐기 때문입니다. 참으로 뇌(腦)를 찔러서 아교 항아리 속에다 부어 넣는 것과 아주 흡사한 일입니다. 준수한 부류라면 그러지 않습니다. 이미 살피고 검토했으니 반드시 원대한 것에 뜻을 두어, 머리를 맞대고 참됨을 실험한 자리에 도달해야 합니다. 때문에 체득한 사람은 콧물 흐르는 것은 닦지만 공부할 것은 없는 것입니다. 말해 보십시오. 그는 어느 곳을 밟고 가고 있습니까!

교(敎) 밖에 따로 전한 것을 알려 합니까? 섣불리 알아차리고 허공을 바라보며 움켜쥐고 더듬는 것이 아닙니다. 낱낱이 처음부터 끝까지 철저하게 꿰뚫어 천지를 덮으면서 사자새끼처럼 자재롭게 유희합니다. 분명히 툭 트일 때는 똑바로 분명히 툭 트이고 면밀한 곳에서는 곧바로 면밀합니다. 다만 한 덩어리가 자기 발아래 있는 것이지만, 구경에 이르러선 스스로 정신을 차려야만 진실을 수용하게 될 것입니다.

주
:
1 이 편지는 "주는 글[示]" 등의 표현이 없이 받는 사람만 표시되었다. '거제(巨濟) 요연(了然)'이라는 인물이 어떤 인물인지는 확실하지 않으나 '조봉(朝奉)'이라는 관직명이 표시된 것으로 보아 거사로 추측하였다. 참고로 원오극근(圓悟克勤, 1063~1135)의 제자인 대혜종고(大慧宗杲, 1089~1163)의 어록(X69-633a)이나 『종문무고(宗門武庫)』(T47-950b) 등에 '조거제(趙巨濟)'라는 인물이 전하는데 이 인물이 혹시 '거제요연'이 아닌가 한다. 특히 대혜의 글에서 '조거제'는 원오와 관련하여 등장한다. "스님(대혜)께서 어느 날 조거제(趙巨濟)에게 말하였다. '노스님(원오선사)께서 갑자기 떠나면 다른 사람이 와서 선(禪)을 가르칠 것입니다. 그가 이 화두[轉語]는 이렇게 깨닫고 저 화두는 저렇게 깨닫고 하면 뜨거운 똥물이나 퍼부으십시오. 기억하십시오!'"

74

장중우(張仲友) 선교(宣敎)[1]에게 드리는 글

　이 큰 인연을 탐구하려면 영리한 근기와 최상의 지혜라야만 마침내 약간은 힘을 덜었다 하겠습니다. 그러나 이 중요한 일을 하려면 항시 자기의 견해를 고요히 하고 가슴속을 텅 비워 광채를 돌이켜 간파해 내서, 안과 밖이 텅 비어 고요하며 담연하고 분명하게 관조해서 한 생각도 나지 않는 곳에 도달해야 합니다. 연원을 철저하게 꿰뚫고 문득 스스로 깨치면 자체가 허공과 같아 이루 다 헤아릴 수 없으며, 고금에 뻗쳐 만상도 가두지 못하고 범부나 성인에도 매이지 않습니다. 씻은 듯 적나라하여 이를 '본래면목' 또는 '본지풍광'이라고 합니다. 한 번 얻으면 영원히 얻으니 미래가 다하도록 다시 무슨 걸리고 막힐 생사가 있겠습니까.

　소소한 득실과 시비, 영고성쇠(榮枯盛衰), 고요함과 혼란함에 이르러서도 대뜸 끊어 꽉 쥐고 주인 노릇하여 오래도록 길러 갑니다. 한 마음이 나지 않으면 만법에 허물이 없으니, 그저 부디 조심해야 할 것은 알음알이를 일으켜서 깨치려고 하는 것입니다. 그러면 바로 너와 나에 떨어져 반드시 사랑과 증오의 마음이 생겨 씻은 듯 벗어 버리지 못합니다. 이 무심한 경계, 즉 사념 없는 진실한 종지는 요컨대 매섭고 영리한 사람만이 비로소 얻을 수 있습니다. 조사가 서쪽에서 오셔서 사람의 마음을 곧바로 가리켜 사람들로 하여금 견성성불하게 하였을 뿐입니다.

이미 분명하게 이 마음을 믿고 들어가 확실히 도달하면 모든 인연을 놓아 버려 항상 마음을 텅 비워야 합니다. 이것이 성태(聖胎)를 길러 진정한 수행으로 들어가는 것입니다.

만일 정녕 깨달은 바가 없다면 경계와 외연을 만났을 때 언제든지 어지러워 모든 사물에 쉽게 휘둘려 생사의 속박 속에 오래도록 떨어지게 됩니다. 그러니 반드시 정신을 바짝 차리고 덧없음만을 생각하여 생사 문제를 큰 일로 삼아야 합니다. 매일매일 살아가는 가운데 움직일 때에는 그 움직일 때를 살펴보고, 가만히 있을 때에는 가만히 있는 때를 살피며, 옷 입을 때는 옷 입을 때를 살피고, 밥 먹을 때는 밥 먹을 때를 살펴서 서 있는 바로 그 자리에서 분명하게 드러나는 것이 있어야 합니다.

이 대사인연을 깊게 믿으면 공겁(空劫) 저편으로부터 부모가 낳아 주시기 이전까지가 그 자리에서 뚜렷하게 밝아집니다. 그것은 바로 지금 매일 살아가는 가운데 있을 뿐이니, 언제 한 번이라도 모자라거나 부족했던 적이 있겠습니까. 한곳만 꿰뚫으면 어느 곳

하나도 빠뜨림 없이 투철하여, "곳곳마다 참되고 곳곳마다 참되어 티끌마다 본래인이다. 진실이 말을 할 때는 소리가 나타나지 않고 그 자체 당당하나 몸이 없다."는 것입니다. 그러니 한 티끌을 잠깐 들자마자 대지 전체가 딸려 옵니다. 온 법계가 모두 나이니 다시 어느 곳에 눈·코·혀·몸·의식을 붙이겠습니까. 둘이 아니고 다르지 않은 줄 분명히 알아야 하겠습니다. 이는 마치 물이 물로 들어가듯 금에다 금을 올리듯 하여, 참으로 여여(如如)한 실제의 큰 해탈문입니다.

옛날 우적(于頔, ?~818) 상공(相公)이나 배휴(裴休, 797~870) 상국(相國), 우리 왕조의 양억(楊億, 974~1020) 내한(內翰)이나 태위(太尉) 이준명(李遵明, 988~1038)은 모두 빼어난 근기와 지혜를 받고 태어나 방외(方外)의 노숙(老宿)과 함께 오랫동안 마음을 가다듬고 참구하여, 모두를 깨달은 바가 있어 빠짐없이 현인달사가 되었습니다.[2] 이는 아마도 한 세상에서만 훈습한 근기가 아니었기 때문일 것입니다.

우공(于公)은 자옥(紫玉, 731~813)스님을 뵙고 부처가 무엇이냐고 물었습니다. 자옥스님이 그를 부르자 "네." 하고 대답하니 "이것일 뿐이다." 하셨습니다. 배공(裴公)이 황벽(黃檗, 751~850)스님에게 고승은 어디에 있느냐고 묻자, 황벽스님은 "따로 구하지 말라."고 했습니다. 또 양대년(楊大年)은 광혜(廣慧)스님에게 공부해서 깨치고는 게송을 지었습니다.

팔각의 맷돌판이 허공 속을 달리니³

금빛 털 사자를 개라 부르는도다

몸을 뒤집어 북두성에 감추려거든

모름지기 남극성 뒤에다 합장하게나.

八角磨盤空裏走(팔각마반공리주)

金毛師子喚作狗(금모사자환작구)

擬欲翻身北斗藏(의욕번신북두장)

應須合掌南辰後(응수합장남진후)⁴

이도위(李都尉)도 석문(石門, 965~1032)스님을 뵙고 크게 깨닫더니 게송을 지었습니다.

도를 배우려면 반드시 무쇠로 된 놈이라야 하리니

착수하는 마음에서 결판내도록 하라

곧바로 위없는 보리에 나아가려거든

일체의 시비에 상관하지 말라.

學道須是鐵漢(학도수시철한)

著手心頭便判(착수심두변판)

直趣無上菩提(직취무상보리)

一切是非莫管(일체시비막관)⁵

이상의 네 공(公)들이 말한 것에 어찌 다름이 있겠습니까. 마음자리를 밝혀 그대로 근본을 뚫었을 뿐입니다. 이미 진실을 살피고 나면 작용하는 대로 따를 뿐 그밖에 도리가 없습니다.

오조산(五祖山, 법연, ?~1104)스님께서는 항상 물으셨습니다.

"과거의 마음도 얻지 못하고, 현재의 마음도 얻지 못하고, 미래의 마음도 얻지 못한다. 이 세 마음을 얻지 못한다면 필경 마음은 어느 곳에 있느냐?"

산승이 평상시에 대중들에게 하는 법문입니다.

방거사(?~808)가 마조(709~788)대사에게 만법과 짝하지 않는 사람은 어떤 사람이냐고 묻자, 마조대사는 한 입에 서강의 물을 모두 마시면 그때 가서 말해 주겠다고 하였습니다.

만일 마침내 마음의 귀결점을 참구해 낸다면 "한 입에 서강의 물을 다 마신다" 한 것을 알아차리겠지만, 다른 견해를 내어 한 생각이라도 의심을 냈다 하면 어찌해볼 도리가 없습니다. 요컨대 모든 인연을 놓아 버리고 잡다한 지해(知解)를 깨끗이 없애 헤아림이 없는 자리에 도달하여 홀연히 깨달아 들어가야 합니다. 그러면 자기 창고를 열어 자기 집안의 재물을 꺼내 쓸 것입니다.

주
:

1 선교(宣敎) : 문관에게 주는 종6품 산계(散階).
2 이 네 사람을 선문을 대표하는 거사 사현(四賢)으로 꼽기도 한다.
3 팔각의 맷돌판은 고대 인도신화에서 나오는 신장이 지녔던 무기이다. 공중에서 빙빙 돌려 모든 것을 부수는 무서운 힘을 지녔다고 한다.
4 『가태보등록(嘉泰普燈錄)』 권23 「문공양억거사(文公楊億居士)」(X79-426b).
5 『속전등록(續傳燈錄)』 권4 「부마도위이준욱거사(駙馬都尉李遵勗居士)」(T51-490b).

75

문덕(文德) 거사(居士)에게 드리는 글

　소박하고 진실하게 땅을 밟고서 수행하여 알음알이를 정화하는 것이 가장 잘하는 것입니다. 이것이 말로 한 발[一丈]을 설명함이 직접 한 자[一尺]를 행하는 것만 못하다는 것입니다. 그러나 본성을 보아 이치를 깨달으면 망정과 생각을 모두 버리고 가슴이 툭 트여서, 일체의 모습을 여의고 원융하게 사무쳐 텅 비게 통합니다.

　그런 뒤에는 처음부터 끝까지 철저하여 물아(物我)가 일여하고 삶과 죽음이 똑같고 부처와 중생이 평등합니다. 어묵동정, 무엇을 하든지 어느 곳에서나 근원을 만나, 한 털 한 티끌을 모두 거두어 들일 수 있습니다. 그런 뒤에 매일 생활하는 가운데서 땅에 턱 버티고 앉은 사자와도 같은데, 누구라서 감히 목전에 어리댈 수 있겠습니까. 이리하여 하나의 모습, 하나의 행동에서 변행삼매(遍行三昧)를 얻으며, 근기와 기연을 이미 벗어 버리고 나니 단번에 무심경계가 나타납니다. 실오라기만한 생각이라도 나기만 하면 다 끊어야 비로소 향상인의 살림살이라 할 수 있습니다. 그 때문에 옛날 큰스님들께서는 현묘를 참구하는 사람이, 무엇보다도 오묘한 마음을 먼저 깨닫고 나서 수행할 것 없는 수행을 하여, 깨달을 것도 없는 깨달음을 증득하는 것만을 귀하게 여겼습니다. 밖으로 달려 구할 것이 없고 그저 스스로 광채를 돌이켜 그대로 알아야 할 따름입니다.

옛사람이 기연에 투합했던 것을 보지 못하였습니까. 강 건너편에 서서 부채를 흔들어 불렀으며, 찰간대를 거꾸러뜨리라 하였고, 한 손가락을 세웠으며, 실오라기를 입으로 불었고, 복사꽃을 보고 깨치기도 했으며, 대나무에 기왓조각 부딪치는 소리를 듣고 깨치기도 했습니다. 이는 모두가 깨달아 증득한 곳들인데, 불법에 어찌 많은 것이 있겠습니까. 요컨대 재주를 끊어 버리고 그 자리에서 알아차린다면, 그것이 바로 안락하게 닦아 증득하는 경지입니다.

76

흥조(興祖) 거사(居士)에게 드리는 글

●

 허망한 속박을 벗고 생사의 소굴을 부수려면, 첫째 근기가 매서워 날카롭게 트여야 하며, 다음으로 영원토록 물러나지 않겠다는 마음을 갖추어야 합니다. 역량을 크고 깊게 하여 마군이나 경계 인연에 흔들리지 않고 불조의 큰 법으로 본심에 도장을 콱 찍어야 합니다. 이 마음은 진정명묘(眞淨明妙)하여 홀로 우뚝하게 존재합니다.
 허공세계는 생겼다가 사라지지만 이것은 애초부터 변하지 않습니다. 똑바로 한결같이 부여잡고 탐구하면서 처음부터 끝까지 철저하게 물(物)과 아(我)가 하나가 되면 아래로 사무치고 위로 통합니다. 금강의 바른 몸은 분명하고도 분명하여서 털끝만큼도 샐 틈이 없이 영롱하여 광채가 사무치니, 만 년이 한 생각입니다. 처음엔 비록 완전하지 못하다 해도 죽음을 무릅쓰고 뿌리치면 날이 갈수록 친근해집니다. 북실이 오고 가듯 끊기지 않게 길러 푹 익으면, 하루 종일 모든 경계 속에서 착착 육진을 벗어날 의식과 몸이 빠져나올 길이 있습니다.

　청정한 계행을 지니지만 계행에 집착하는 생각이 없으며, 호호탕탕히 수행을 해도 공부한다는 생각을 남기지 않습니다. 그저 한결같이 자취를 남기지 않으면 자연히 도를 체득한 옛사람들과 짝이 됩니다. 그러므로 큰스님들이 깨달아 들어가고 수행 증득해서는 설법좌를 얻어 법의를 걸친 뒤에도 스스로 살필 것을 말씀하셨으니, 바로 사람들이 무간도(無間道) 속의 공부를 하게 하였던 것입니다. 그런데 더구나 생사의 일과 같이 큰 경우야 말해서 무엇 하겠습니까!

　상당한 사람들이 죽는 날에 가서는 손발을 허우적거립니다. 이는 대체로 평상시에는 평온했으나 내내 거칠게 들뜨면서 티끌 인연을 따라 뒹굴다가, 시절이 도래하면 목이 마르자 우물을 파는 격이니, 그래서야 어떻게 해내겠습니까.

　사람으로 태어난 이 한 생에 일찌감치 돌이키지 않으면 백겁천생 부질없이 빗나갑니다. 이제는 이것이 있는 줄 알았으니 굳건히 앞만 보고 나아가며 모든 알음알이를 덜고 허망한 인연을 버리십시오. 영원히 가슴속을 깨끗이 비워 한 티끌도 일삼을 것이 없게 해야 합니다. 혹 망상이 일어나거든 당장에 밀쳐버려 결코 거기에 머무르지 않도록 해야 합니다.

　본성은 항상 밝지만 그 밝음은 취할 수도 없고, 취모검(吹毛劍)과도 같이 늠름하니 뉘라서 감히 칼끝을 당하겠습니까. 그 자리는 일체 말길이 끊기고 마음 가는 곳도 없습니다. 가고 싶으면 가고 머무르고 싶으면 머물러, 성인에 들어가는 것도 아니고 범부에 속해 있는 것도 아니니, 어찌 일을 마친 범부가 아니겠습니까. 이 때문에 예로부터 사람을 가르치고 훈계하면서 오직 무심(無心)에 힘썼을 뿐이니, 여기서는 참된 마음이 없다는 것이 아니라 깨끗하고 더럽고 기대고 분별하며 헤아리고 집착하는 모든 마음이 없다는 것입니다. 이것이 발심하여 도를 배우고 깨달아 들어가는 수행 방편의 순서입니다.

77

초연(超然) 거사(居士)¹에게 드리는 글
조(趙) 제형(提刑)²이다

　조산(曹山, 840~901)스님이 오본(悟本, 동산, 807~869)스님을 하직하자 오본스님이 물었습니다.
"어디로 가려는가?"
"변함이 없는 자리로 가렵니다."
그러자 다시 따져 물었습니다.
"변함이 없는 자리인데 어찌 가는 것이 있느냐?"
"가는 것도 역시 변함이 없습니다."
　직접 참된 자리를 밟지 않았다면 어떻게 이처럼 투철할 수 있었겠습니까. 그러니 어찌 말과 생각[機思]으로 헤아릴 바이겠습니까. 그것은 아마도 지극히 심오한 곳을 밟아 번뇌 없는 극치에 도달했기 때문이니, 그런 뒤에는 가두어 둘 수 없습니다. 도를 배우는 사람이라면 확실한 목적을 세워 몸뚱이를 벗어나 생사를 하나로 보고 고금을 합치며 오고 감을 끊어 버려야 합니다.

요컨대 뛰어난 무리들과 인연을 맺어 지극히 진실하고 깊숙한 경지에 나아가야 합니다. 자기를 결단내고 적나라한 데까지 뽑아 드러내 실낱만한 알음알이 때문에 티끌 인연에 떨어지는 일이 없도록 해야 합니다. 그 자리에서 마음을 마른 나무나 썩은 기둥처럼 하여, 마치 완전히 죽어서 조금도 호흡이 없는 사람처럼 해야만 합니다.

마음마다 알음알이가 없고 생각마다 안주함이 없어, 천만의 성인이 나와도 흔들리지 않아야만 비로소 마른 나무에서 꽃을 피울 것입니다. 대기대용(大機大用)을 발휘하고 자비를 일으켜야 공 없는 공이며 작위 없는 작위이니, 어찌 득실과 시비에 떨어지겠습니까. 한 털끝만큼이라도 마음속에 남겨 둔 것이 있기만 하면 생사의 경계에 저촉되어 자기도 제도하지 못하는데 어떻게 다른 사람을 제도하겠습니까. 유마대사(維摩大士)는 금속여래(金粟如來)[3]의 자리도 팽개치고 술집과 기생방에 들어가 큰 해탈의 불사를 지었습니다.

주
:
1   초연(超然) 거사 : 원오극근(1063~1135)의 제자로 알려진 군왕(君王) 조영금(趙令衿)의 호이다.『속전등록(續傳燈錄)』권28(T51-659bc).
2   제형(提刑) : 각 지역을 맡아서 감찰과 형사 업무를 하는 송나라 관직.
3   유마거사가 과거세에 성불하여 본래 금속여래(金粟如來)였다고 한다. 천태지의(天台智顗, 539~598)의『유마경현소(維摩經玄疏)』권4(T38-546c).

78

위(魏) 학사(學士)에게 드리는 글

얼굴을 마주해서 드러낸 그때 벌써 부촉을 끝냈으니, 만약 영리한 근기가 한마디 말끝에 깨닫는다 해도 벌써 낭패입니다. 그런데 하물며 종이에 먹을 적셔 말에 끄달리고 설명을 한다면 점점 아득히 멀어집니다. 그러나 이 하나의 큰 인연은 사람마다 모두 갖추고 있습니다. 단 자기에게서 찾아야지 다른 데서 찾지 말아야 합니다.

그것은 아마도 자기 마음이 모습이 없고 텅 비고 한가로워 고요하고 은밀하지만, 4대 6근을 항상 형상 짓고 그 빛은 온갖 사물을 삼키기 때문입니다. 만약 마음과 경계를 모두 고요히 하고 둘 다 잊어 지견과 알음알이를 끊고 그 자리에서 뚫어 버리면 바로 부처의 마음이어서, 이밖에 다시 어떤 법도 없습니다.

그러므로 조사가 서쪽에서 오셔서 오직 "사람의 마음을 곧바로 가리켜 교 밖에 따로 전한다." 또는 "바른 도장[印]을 외길로 전하며 언어문자를 쓰지 않는다."고 말씀하심은 사람들을 그 자리에서 쉬게 하기 위해서였습니다.

　마음을 내고 생각을 움직여 바깥 사물을 인식하고 자기 견해를 인식하면서 정혼(精魂)을 놀려 일정한 틀에 집착한다면 어찌해볼 도리가 없어집니다.

　석상(石霜, 986~1040)스님은 이렇게 말하였습니다.

　"쉬어라, 푹 쉬어라. 당장 입술에 곰팡이가 피도록, 한 자락 베가 희게 바래듯, 한 생각이 만 년이 되도록, 냉랭하고 싸늘하도록, 옛 사당 안의 향로처럼 되도록 쉬어라."[1]

　이 말만 믿고 의지하여 수행하면서 몸과 마음을 흙과 나무와 돌덩이처럼 놓아 버려야 합니다. 그러다 보면 자기도 모르는 결에 변함없는 자리에 도달하여 호흡이 끊기고 속박이 끊어져서 한 생각도 나지 않으면, 마치 어둠에서 등불을 만난 듯, 가련한 사람이 보배를 얻은 듯 갑자기 기쁨을 얻습니다. 4대 5온이 가볍고 편안하여 마치 무거운 짐을 벗어버린 듯합니다. 몸과 마음이 훤히 트여 모든 모습이 마치 헛꽃[空華]과 같아서 결코 잡을 수 없음을 분명히 비춰 보게 됩니다.

　이 본래면목이 본지풍광을 나타내고 한 가닥 청허(淸虛)함을 드러내니, 바로 이것이 자기가 신명을 놓아 버리는, 편안하고 한가하며 함이 없는 쾌락의 경지입니다. 천만의 경론이 이를 설명했을 뿐이며 과거 미래의 성인이 작용하는 방편의 오묘한 문도 다만 이것을 지적했을 뿐입니다. 마치 열쇠를 가지고 보배 창고의 자물통을 여는 것과도 같습니다. 문만 열리고 나면 보이는 것마다 만나는 인연마다 천차만별한 것이기는 하나, 모두 자기 본분에 원래 있던 보배여서 손 가는 대로 집어내 마음대로 쓰게 됩니다. 이를 두고 "한 번 얻으면 영원히 얻어서 미래세가 끝날 때까지도 다함이 없다."고 하는 것입니다.

얻을 것이 없는 자리에서 얻고, 얻더라도 역시 얻는 것이 아니어야만 진실한 얻음입니다. 만일 그렇지 못하다면 깨달음도 있고 얻음도 있게 되어 끝내는 사이비 반야[相似般若]에 떨어지니 그것은 구경(究竟)이 아닙니다. 우선 툭 트이게 이 근본을 통달하여 분명해지고 나서, 그런 뒤에 힘을 내서 작용하는 것이 바르고 좋은 수행입니다.

하루 종일 부지런히 실천하면서 한 법도 갖거나 버릴 것이 없으면 그 자리가 원융하여 곳곳이 삼매이며 티끌마다 조사입니다. 그러면서도 훌륭히 알았다는 마음을 간직하지 않고 나와 남이 없는, 평등하여 한 모습인 큰 도를 오로지 행합니다. 계율을 받들고 재계를 지녀 3업을 알뜰하게 닦아 티 없이 청정하여 말쑥해야 합니다. 나아가서는 6도만행에 낱낱이 원통하여 대기와 대용을 발현하고 더더욱 모든 사람들이 이를 믿고 참구하며 깨닫게 해야 합니다.

반드시 해(解)와 행(行)이 상응해야 하며, 절대로 인과를 무시하여 너저분하게 마군의 삿된 견해를 지어서는 안 됩니다. 잠깐만이라도 이런 생각을 내면 곧 반야를 비방하는 것이어서, 마침내는 악한 과보를 초래하게 됩니다. 그러므로 불조께서 하신 말씀들을 "청정하고 분명한 가르침"이라 말하니, 반드시 이 정인(正因)을 의지하고 나서야 현묘한 과위를 증득하게 됩니다.

　일생 동안 있는 힘을 다해 생사를 투철히 벗어나려 해야 합니다. 만약 한 생각 뚜렷하게 깨치기만 하면 생각마다 수행하되 닦음 없이 닦고 지음 없이 지음으로써 연마하여 갑니다. 모든 경계에 집착하지 않고 선악의 업보인연에 매이지 않아 완전한 해탈을 얻게 됩니다. 백 년 후 죽음에 이르러서는 홀연히 홀로 벗어나 앞길이 훤하고 겁겁생생토록 자기를 미혹하지 않으니, 이것이 백 번 천 번 타당한 것으로서 모두가 언어문자에 떨어지지 않는 현묘한 기봉과 경계의 극치를 드러내는 것입니다. 그러니 응당 잠잠한 마음으로 참구하여 번뇌를 투철히 해결하고, 청정한 묘과(妙果)를 얻어야 합니다.

주
:
1　『선문염송』 제932칙 "휴거(休去)"(H5-669b).

79

가중(嘉仲) 현량(賢良)¹에게 드리는 글

　마음 그대로가 부처이며 부처 그대로가 사람이어서 사람과 부처가 차이가 없어야 비로소 도라 했으니, 이는 진실한 말입니다. 마음만 진실하면 사람과 부처가 모두 진실합니다. 그러므로 조사께서는 오로지 사람의 마음을 곧바로 가리켜 견성성불하게 하였던 것입니다. 누구나 가진 이 마음은 오랜 세월 전부터 청정무구하고 애초부터 집착이 없으며 고요하되 비추면서 응연(凝然)하여, 마침내 주관과 객관이 없어 완전하고 원만합니다. 그러나 다만 자성을 지키지 않고 한 생각을 허망하게 움직였기 때문에 이윽고 끝없는 지견을 일으켜 모든 존재[有]에 표류하게 되었던 것입니다. 서 있는 자리에 항상 이 본지풍광을 차고 있으면서 한 번도 어두운 적이 없었으나 6근과 6진에 부질없이 속박을 받게 되었습니다. 그러나 만약 숙세의 근기를 바탕으로 모든 불조께서 단도직입적으로 보여주신 경계를 만난다면, 그대로 뒤집어서 기름때 낀 누더기를 벗어

버리고 적나라하게 되어 대뜸 깨치게 됩니다. 이것은 밖으로부터 오는 것도 아니며 안에서 나오는 것도 아닙니다.

　당장 확연하게 이 성품을 분명히 깨칠 뿐인데, 다시 무슨 사람이니 부처니 마음이니 하겠습니까. 마치 활활 타는 용광로 위에 한 점의 눈을 떨어뜨리는 것과도 같은데, 다시 무슨 허다한 근심이 있겠습니까. 그러므로 이 종문(宗門)에서는 말이나 문자를 세우지 않고 최상승의 근기만을 인정할 뿐입니다. 마치 회오리바람처럼 빠르고 전광석화처럼 단박에 깨쳐서 생사의 흐름을 끊고 무명의 껍데기를 부숴버려 조금도 의혹이 없습니다. 그대로 단박에 밝혀서 하루 종일 모든 외연을 굴려서 위없는 오묘한 지혜를 이루니, 어느 겨를에 시끄러움을 싫어하고 고요함을 찾으며 저것을 버리고 이것을 취하겠습니까.

　한 번 진실하면 일체가 진실하며, 하나를 알면 일체를 압니다. 마음의 근원에 만유를 총괄하고 세상 저 밖에서 방편의 기틀을 움켜쥐어서 사물에 응하는 대로 형체를 나타내니, 나에게 법마다 원만하지 아니한 것이 무엇이 있겠습니까!

　우선 자기의 귀결점을 정해야 합니다. 서 있는 곳이 굳게 다져지면 자연히 바람 부는 대로 풀이 쏠리게 마련입니다. 그 때문에 왕노사(王老師, 남전, 748~835)는 열여덟 번 만에야 살 궁리할 줄을 알았으며, 향림(香林, 908~987)스님은 40년 만에야 '한 덩어리'를 이루었던 것입니다. 번뇌의 짝이 바로 여래 종자가 되는 일은 다만 당사자 스스로 바람을 잘 살펴 돛을 조절하는 데에 있습니다.

　생각마다 계속 이어지고 마음마다 머무르지 않아 영원히 사는 이 길을 밟는다면 불조와 똑같은 덕, 같은 본체와 작용, 그리고 같은 깨달음을 누리게 됩니다. 그런데 하물며 사방 백 리 되는 고을 다스리는 것쯤이야 손끝에나 있겠습니까. 백성을 편안히 하고 중생을 이롭게 하면 저절로 편안해집니다. 세상 모든 일이 이 한 기미에 동화되며 모든 차별이 이 하나의 관조에 일치됩니다. 티끌 같은 법계도 두루 통하는데 하물며 사람과 부처가 다를 것이 있겠습니까![2]

주
:

1　현량(賢良) : 추천을 통한 인재 선발 방식인 현량방정과(賢良方正科)에 급제한 직위.

2　『원오불과선사어록(圜悟佛果禪師語錄)』 권15(T47-785bc)에는 "이가중(李嘉仲) 현량(賢良)에게 드리는 글"로 전한다.

80

방청로(方淸老)에게 드리는 글

　달마스님이 인도에서 오셨을 때 한 물건인들 가지고 오셨겠습니까. 양나라 위나라를 돌아다니다가 소림에서 면벽하였으나 그를 알아보는 사람이 없었고, 유독 혜가(慧可, 487~593) 조사만이 부지런하게도 눈 위에 서서 팔을 끊자, 비로소 조금이나마 자비를 베풀어 이로 인해 마음을 깨달았습니다.

　그러나 가령 말이 없었다 한다면 무엇으로 깨달아 들어갔으며, 말이 있었다 한다면 그에게 무엇을 말했겠습니까? 그러므로 바로 그 사람이라야만 비로소 완전히 깨쳐서 번뇌가 없으리라는 점을 알겠습니다. 그 때문에 이 문에 들어오는 사람은 반드시 근기가 날쌔고 영리해야 합니다. 종전의 지견과 알음알이를 빨리 버리고 가슴속을 허허롭게 말끔히 비워서 털끝만큼도 남기지 않고 환하게 비추고 엉킨 듯 텅 비어 있어야만 합니다. 언어와 생각의 길이 끊어져 근원에 곧장 계합하고, 아무것도 아무 한계도 없어야 합니다.

그래서 본래부터 자기에게 있기 때문에 얻을 것조차 없는 오묘한 이치를 스스로 얻어야만 비로소 신심과 견해가 사무쳤다고 할 수 있습니다.

그래도 한량없고 끝이 없어 헤아리기 어려운 대기대용이 있게 됩니다. 혹시 약간이라도 주관과 객관을 남겨 두어 경계와 인연에 떨어지면 졸지에 상응하지 못합니다. 그러므로 고덕은 단박에 쉬어라, 쉬어라 했던 것입니다.

'이것'은 비유하면 마치 나는 매가 구름을 헤치고 태양을 찌르듯, 또 바람을 휘몰아쳐서 푸른 허공을 등지고 날쌔게 치솟듯 그대로 솟아올라 머뭇거림을 용납하지 않으니, 혹 주저하면 빗나갑니다. 이것으로 교 밖에 따로 전한다는 것을 미루어 알 만합니다. 그러니 여기에 뜻을 두었다면 놓아 버리십시오. 그 자체를 단박에 알아차려 일체가 있는 그대로 완전하면, 초조인 달마스님도 일찍이 온 적이 없고 자기도 얻을 것이 없습니다.[1]

주
:

1 『원오불과선사어록』 권15(T47-785b)에는 "방청로(方淸老) 도우(道友)에게 드리는 글"로 전한다.

81

이의보(李宜父)에게 드리는 글

　이 도의 가장 중요한 첩경은 '한마디 말'을 벗어나지 않습니다. 그러나 이 말은 부처님 입에서 나온 것도 아니며, 모든 조사가 말한 것도 아닙니다. 가령 "마음이 곧 마음이 아니며, 부처가 곧 부처가 아니다."라고 말한다면 배에 칼 잃은 자리를 새기고 토끼를 잡으려고 나무둥지를 지키는 격으로서, 어찌해볼 도리가 없습니다. 만일 묵묵히 이 말귀를 알아차린다면 어찌 입술 나불거린 데에 떨어지겠습니까만, 흙덩이를 좇는 부류들은 허망함을 좇아 헤아리면서 눈을 깜짝이고 움직이지만 꿈에서도 보지 못하고 있습니다. 이들은 옛 분들의 체재(體裁)와 수행에서 총명함을 짓거나 지견을 세우거나 또는 권실(權實)과 조용(照用) 등의 경계를 논하지 않았다는 것을 전혀 몰랐다 하겠습니다.

　그러나 부득이해서 이윽고 구름 위에 누르고 앉아 별똥이 튀고 번개가 치듯 방과 할을 휘둘렀습니다. 준수한 사람은 겨우 듣기만 해도 귀결점을 알아 버립니다. 그렇다면 필경에 이 '한마디 말'이란 즉 '백수자(柏樹子)', '수미산', '노(露)', '친(親)', '할(瞎)', '보(普)', '착(錯)', '구(俱)', '견(見)', '지(知)' 등이 아닐는지요. 또 "한쪽밖에 못 보는 놈이네[擔板漢]", "감파해 버렸다", "차 마시게", "조심하게", "노형은 아직 깨닫지 못했음을 내 장담하리다", "푹 쉬게", "법당에 참배하게" 등이 아닐는지요. 그러나 이는 모두 풀이나 나무에 붙은 도깨비 정령들입니다.

어떤 사람은 "이것이야말로 조사는 부처님의 말씀과 마음으로 종지를 삼고 무문(無門)으로 법문을 삼는 것이다."라고 합니다. 그러나 이는 저울 눈금을 잘못 읽은 것입니다. 곧바로 통 밑이 쑥 빠질 때가 되면 꿈에서 깨어나듯 확철대오하리니, 그런 뒤에야 '이 말'을 알아차릴 수 있을 것입니다.

82

한(韓) 통판(通判)에게 드리는 글

투철히 벗어나는 요지는 마음을 쉬는 데에 있을 뿐입니다. 이 마음에 지견이 생기기만 하면 더욱 멀어지니 단박에 무심한 경지에 도달하여 텅 비고 한가하고 고요해야 합니다. 천만 가지로 뒤바뀐다 해도 바깥도 아니고 속도 아니어서 끝내 관여할 바가 없습니다. 자연스럽게 날듯이 자유자재하여 일정한 방향 없이 비추고 응하니 하루 24시간을 부리고 일체법을 운용할 수 있게 됩니다.

근본이 툭 트여 나와 남, 사랑과 미움, 잘잘못 그리고 가고 옴 등이 나타나지 않으니, 이를 두고 "마치 어리석은 사람처럼 자재롭다."고 합니다. 그에겐 애초부터 사람들에게 통하는 애정이 있는 것입니다.

83

장(張) 국태(國太)에게 드리는 글

　이 큰 인연은 옛 불조께서 독특하게 행하고 창도하여 최상승의 명민하고 날카로운 근기들을 제접한 것입니다. 요컨대, 망정을 초월하고 견해를 떠나 마음의 울림을 깨닫고 우뚝하고 생생하게 번뇌를 꿰뚫으려 한다면, 거량하지 않아도 먼저 알고 말하기 전에 미리 알아차려야 합니다. 조금이라도 조짐이 있기만 하면 한 번에 싹둑 끊어야 합니다. 그 자리에서 밝히지 못했다 해도 결코 의근(意根)으로 이리저리 사량해서는 안 됩니다. 반드시 정신을 차려 분명하게 깨닫고 짐을 걸머져, 마치 하늘의 해가 모든 어둠을 밝히듯 해야 합니다.

　그 때문에 예로부터 고덕들도 단독으로 제창한 곳에 이르러선 털끝만큼도 용납하지 않고, 두루두루 뽑아내 버리고 나서 나아갑니다. 아무것도 없이 깨끗이 하여 만법과 짝하지도 않고 모든 성인들과 거처를 함께하지도 않으며 홀로 벗어나고 훌쩍 올라서서 자유자재하였던 것입니다. 그러므로 덕산(782~865)스님과 임제(767~866)스님은 '방'과 '할'을 휘두르면서, 나오기도 하고 들어가기도 하며, 사로잡기도 하고 놓아주기도 하여 일정한 틀에 갇히지 않았던 것입니다. 언어방편의 작용에서도 일시에 그대로 끊어 버려, 성인과 범부의 길이 끊기고 잘잘못의 망정을 버려서 완전히 쉬어버린 자리에 도달했습니다. 그러니 여기서 무엇을 생사라 부르겠습니까.

가슴이 텅 비어 관조조차도 세우지 않되 만나는 인연마다 그대로 종지입니다. 꺼내 들면 하늘을 덮고 땅을 덮으나 자비 방편에 의지하여 수준을 낮추어 상대해 줍니다. 이는 바로 영리한 근기들에게 허망한 인연과 악각지견(惡覺知見)을 떨쳐 버리게 하려고 한 것입니다. 공한 자리를 사무쳐서 그 공하다는 것마저도 간직하지 않아야 합니다. 마음을 마치 허공이 삼라만상을 포함하여 관장하지 않음이 없는 것처럼 하여 물물마다 곳곳마다 큰 해탈을 얻어야만 할 일을 모두 마친 사람이라 할 수 있습니다.

그러나 아직은 향상의 행리를 얻지 못한 것입니다. 향상의 행리란 모든 성인이 가만히 전수한 곳이니, 어찌 만 길 절벽에 서 있다든가 천 리 만 리나 떨어진 정도에 그치겠습니까. 온 누리를 가져온다 해도 한 티끌만큼도 가지지 않으니, 이를 "위대한 작용이 목전에 나타났다."고 합니다. 이삼십 년씩 오래도록 길러 푹 익어야만 깨달아집니다.

"마음이 바로 부처이다" 함을 이미 확실히 밝혔다면, "마음도 아니고 부처도 아니라" 함을 거듭 그 자리에서 점파해 버려, 그 말에 매달리지 않고 그대로 뚫으면 옛사람의 붉은 진심을 보겠지만, 만약 머뭇거렸다가는 그대로 빗나갑니다.

"만법과 짝하지 않는 사람은 어떤 사람일까요?" 하자, "그대가 한입에 서강의 물을 다 마시면 즉시 말해 주리라." 하였는데, 이는 상당히 단도직입적으로 요점을 살핀 것입니다. 왜 이처럼 단박 알아차리지 않습니까. 그저 그 말속으로 들어가면 영원히 투철하게 벗어나질 못합니다. 학인들이 이처럼 헤아리고 말을 하면서 합치하려고 하는 경우를 많이 봅니다. 이래서야 어찌 생사를 꿰뚫어버린 견해라 하겠습니까. 생사를 꿰뚫고 싶다면 마음바탕을 열어서 통해야 하는데, 이 공안은 마음바탕을 열어 주는 열쇠입니다. 밝혀서 요달하고자 한다면 말 밖에서 종지를 알아차려야 비로소 의심 없는 경지에 도달하게 됩니다.

옛날 수산주(修山主)¹는 지장(地藏, 867~928)스님을 뵙고서, 수없이 산 넘고 물 건너 고생고생해서 스님을 찾아왔다고 말씀드렸습니다. 그러자 지장스님이 말하였습니다.

"많은 산천이 그대를 싫어하진 않았겠지."

여기서 수산주는 통 밑이 빠진 듯하였습니다. 위와 같다면 어찌 많은 말이 필요하겠습니까. 길을 다니면서도 반드시 보임(保任)해야 합니다.²

주
:

1 수산주(修山主) : 용제소수(龍濟紹修)를 가리킨다. 지장계침(地藏桂琛, 867~928)의 법을 이었다. 법안문익(法眼文益, 885~958)과 함께 지장에게 참학하여 깨달은 후 무주 용제산(龍濟山)에 머물렀다.
2 "마음이 바로 부처이다." 부분부터 『원오불과선사어록』 권15(T47-785a)에 전한다.

84

장자고(張子固)에게 드리는 글

●

 큰 도는 일정한 방향이 없어 오직 이근종성(利根種性)이라야 한 번 들으면 천 가지를 깨달을 수 있습니다. 그것은 바깥에서 일어나는 것도 아니며 안에서 얻어지는 것도 아닙니다. 벗어난 것이 끓는 물에 얼음이 녹듯 하여 애초에 얻고 잃음이 없습니다. 그것은 무릇 중생과 부처가 나뉘기 전, 확 트여 밝고 오묘하며 전혀 기댐이 없이 우뚝 독존하기 때문입니다. 다만 한 생각이 반연을 좇아 이 진실한 바탕을 등져 마침내는 상응하지 않는 많은 업을 일으켜, 환히 밝은 가운데 표류하며 잠시도 쉴 틈이 없게 되었습니다. 경계에 깊숙이 빨려들어 마음의 근원이 혼탁해져 으레 그런 줄 여기게 됩니다. 보고 듣는 것은 모두가 성색(聲色)을 벗어나질 못하는데, 미혹과 망상으로 스스로를 결박했기 때문입니다.

 큰 해탈을 참구하는 데에 이르러서는 아득하고 망망하여 끝을 알 수 없습니다. 식(識)의 물결은 도도하게 넘쳐흘러 잠시도 쉬지를 않으므로 깨달아 들어갈 틈이 없습니다. 그래도 옛날에 익힌 한 조각 선업이 있어 기쁘게 살피고 믿어 그것을 구하려 하니 무척 다행이다 하겠습니다. 그러나 이것도 엎드리고 참당하여 묻는 데에 이르러선 다시 깜깜해집니다. 그 까닭은 다름이 아니라, 버리고 떠나 오랫동안 푹 익지 않아서 그러한 것입니다. 지금 당장 알아차리려 한다면 몸과 마음을 고요하게 하여 마음의 울림을 모두 물리치고 흙과 나무처럼 해야 합니다. 그렇게 해서 시절이 도래하면 홀연히 스스로 통 밑이 빠지듯 할 것입니다.

그러면 이 본지풍광에 계합하여, 맑고 변함없고 청정하고 함이 없고 오묘하고 밝은 성품을 깨닫게 됩니다. 꼭지가 견고하고 뿌리가 깊숙하여 금강처럼 견고한 진정한 자체에 도달하여 온몸으로 짐을 걸머지고 갈 수 있습니다. 그런 뒤에야 천차만별이 다 한 이치로 귀결하고 움직임과 고요함이 한결같고 마음과 경계가 맞아듭니다. 그러면 하나를 밝히면 일체를 밝히고 하나를 깨달으면 일체를 깨닫게 됩니다.

어떤 때에는 "수미산이다"를 들어 보이고, 어떤 때에는 "뜰 앞의 잣나무다"라고 말하는 일체의 기연과 경계가 어찌 다른 데로부터 발현하겠습니까. 나아가서 몽둥이를 휘두르고 할을 하며, 나무집게를 들이대기도 하고 공을 굴리기도 한 일들이 모두가 하나의 도장으로 찍은 것입니다.

생사와 열반은 마치 어젯밤 꿈과 같아 자연히 편안하고 한가합니다. 푹 쉬어버릴[休歇] 곳을 얻었는데 다시 무엇을 의심하겠습니까. 쓰고 싶으면 바로 쓰고 말하고 싶으면 바로 말하면서, 밥을 만나면 밥을 먹고 차를 만나면 차를 마십니다. 평상심에 계합하여 부처라는 견해나 법이라는 견해를 일으키지 않습니다.

　오히려 부처라는 견해, 법이라는 견해도 일으키지 않는데, 더구나 업 짓는 마음을 일으키고 착하지 못한 생각을 내겠습니까. 결코 그런 태도를 지어서 인과(因果)를 무시하려고 하지 마십시오. 이렇게 해서 설법좌를 얻어 법의를 걸치고 조복해서 이끌고 항복을 받아 무심과 상응해야만 구경의 귀착지인 것입니다.

　영가(665~713)스님은 "스스로의 마음속에서 더러운 옷을 벗을 뿐이다."[1] 하였고, 암두(828~887)스님은 "무심함을 지킬 뿐이다." 하였습니다. 운거(雲居)스님은 "천만 사람 속에 있어도 한 사람도 없는 것과 같다." 하였으며, 조산(840~901)스님은 "독벌레가 있는 동네를 지나듯 물 한 방울도 그를 적시지 못한다."고 하였습니다. 그래서 이것을 두고 "성태(聖胎)를 기른다." 하고 "더럽힐 수 없다."고 말합니다. 반드시 이제껏 지어 왔던, 깨끗하다 더럽다 하는 상대적인 생각을 버려야만 합니다. 행주좌와 어느 때나 마음을 다해 참구해야만 스스로 힘을 갖추게 되는데, 이는 다른 사람으로부터 받는 것이 아니라 바로 예로부터 내려오는 고덕들의 첩경에서 비롯합니다.

주:

1　"但自懷中解垢衣(단자회중해구의)": 『영가증도가』(T48-396a).

85

원빈(元賓)에게 드리는 글

　불조의 큰 인연은 개념과 언어·지견·알음알이로 총명을 내거나 사유를 일으켜 알 수 있는 것이 아닙니다. 마음을 잊고 외연을 잊어 밖으로는 모든 모습을 비우고 안으로는 식정(識情)을 벗어나고자 하거든, 뒤로 물러나서 맑고 텅 비고 편안하고 한가함을 지켜서, 맑게 사무쳐 훤히 트이고 모든 방편을 초월하여 대뜸 본래의 오묘한 마음을 꿰뚫어야 합니다. 예와 지금에 뻗치도록 담담하게 움직이지 않으면 만 년이 일념이고 일념이 만 년이어서 영원히 번뇌가 없습니다. 진실에 합당한 경지는 한 번 얻으면 영원히 얻어 변함이 없으니 이를 "사람의 마음을 곧바로 가리켜 견성성불함"이라 말합니다. 하지만 여기에서 위와 같이 설명한 것도 이론에 불과합니다. 말로써 말을 버리고 이치로써 이치에 회합하여 사람들이 점진적으로 나아가게 하려는 것입니다.

　그러나 앞에서 말한 이치에 깨달아 들어가는 지름길도 흙탕물

속으로 끌고 다니면서 구구한 이론으로 설명한 것이니, 진실을 드는 데에 이르러서는 무슨 이 같은 너저분한 설명들이 있겠습니까. 그러므로 영산회상에서 꽃을 들어 보이자 가섭이 미소하였던 것이니, 이 가운데서 어찌 털끝만큼이라도 설명하는 도리를 용납하겠습니까. 요컨대 처음부터 끝까지 철저하게 대천찰해(大千刹海)를 한 번에 꿰뚫어 귀결처를 알아야만, 위로부터 행했던 진정한 법령을 다 알게 됩니다.

덕산(782~865)스님의 몽둥이와 임제(767~866)스님의 할이 어찌 어린아이의 장난이겠습니까. 만약 본분작가의 솜씨를 갖추었다면 한 수도 쓸 필요가 없습니다. 그 때문에 방거사(?~808)가 석두(701~792)스님과 마조(709~788)스님에게 "만법과 짝하지 않는 이는 어떤 사람일까요?" 하고 묻자, 석두스님은 그의 입을 틀어막아 버렸고, 마조스님은 "그대가 한입에 서강의 물을 다 마시고 나면 말해 주리라." 하였는데, 이것이 어찌 다른 이치이겠습니까. 그 지극한 뜻을 캐 본다면 다 같이 진흙에 들어가고 물에 들어갔던 것이니 어떻게 높다느니 낮다느니, 얕다느니 깊다느니 하겠습니까. 여기에 이르러선 반드시 있음[有]을 알아야 하고, 있음을 알고 나선 다시 꼭 전변(轉變)하여 갈 줄을 알아야 합니다.

죽은 말이나 지키면서 틀에 떨어지는 것을 부디 조심하십시오. 털끝만큼이라도 주관과 객관, 작용, 현묘한 이성(理性)이 있기만 하면 견해의 가시가 사람을 찔러서 끝내 뽑아 버리지 못합니다. 그러고서야 어떻게 생사를 벗어나 안락무위하여 움직이지 않는 경계를 증득하겠습니까. 옛사람은 실천만을 소중히 여겼는데, 자리를 얻어 법의를 걸친 후에도 스스로 살폈던 것이 바로 그런 예입니다. 간절히 바라노니 반드시 잘 간직하여 힘을 얻도록 해야만 좋을 것입니다.

옛날에 현인달사들은 큰 근기를 갖추어 스스로 깨치고, 다시 힘써 실천할 수 있었는데, 이를 '공부한다'고 합니다. 오직 자기에게서 일어나는 마음과 요동하는 사념을 오래도록 살펴서 털끝만큼이라도 있기만 하면 급히 없앴던 것입니다. 결코 어떤 일을 한다는 생각을 짓거나 얘기 밑천으로 삼아 다른 사람을 이겨 굴복받기를 기약하지 않았습니다. 즉 지견을 자라나게 하고 주관을 세우고 남을 이겨서 명성을 도모하지 않고 진실하게 오로지 생사대사만을 위해 백겁천생토록 어둡지도 않고 함정에 빠지지도 않았던 것입니다.

예로부터 전혀 눈썹을 아끼지 않고 남들을 위해 가리켜 보여준 경우가 많습니다. 운문(864~949)스님은 "자체 그대로 진실이다." 하였고, 임제(767~866)스님은 "보신 화신불의 머리에 눌러앉는다." 하였으며, 덕산(782~865)스님은 "마음에 일삼을 것 없다. 마음에 일삼을 것이 없으면 텅 비었지만 신령하며 고요하지만 두루 비친다." 하였습니다. 암두(828~887)스님은 "그저 무심함을 지킬 뿐, 어느 때나 하고자 함도 의지함도 없으면 자연히 모든 삼매를 초월한다." 하였으며, 조주(778~897)스님은 "내가 백천 명을 보아도 다 부처 찾는 사람뿐이다. 그 중에서 무심도인을 찾기는 어렵다."고 말하였습니다. 이 말을 자세히 음미해 보고 마음을 쉬어 나간다면 훗날 언젠가 경계와 인연을 만났을 때 힘을 얻게 될 것입니다. 요컨대 조심스럽게 보호하며 새나가지 않게 하는 것이 비결입니다.

배상국(裵相國, 797~870)이 황벽(黃檗, 751~850)스님을 뵙고 말끝에 깨달았으나 다시 전심(傳心)의 비요(秘要)를 발휘해서 재삼 간곡히 일러주었으니 자비가 한량이 없었습니다. 우적(于頔, ?~818)이 양양(襄陽)에서 자옥(紫玉, 731~813)스님을 찾아뵈었을 때, 한 번 부르자 문득 머리를 돌렸으며, 거듭 "흑풍이 배를 표류하게 하여 나찰의 나라에 떨어지게 됐다."고 지적해 주자 비로소 환해졌습니다. 예로부터 선비들 중에 이 일을 소중히 여겨, 잠도 안 자고 먹을 것도 잊은 채 똑바로 진리를 본 사람이 셀 수도 없습니다.

이 모두가 그 사람의 근기와 역량과 지혜와 견해가 고명하고 상쾌한데다가, 그런 뒤에 선지식을 찾아 결택할 수 있었기 때문입니다. 지금 이미 옛사람들과 짝이 되었으니 더욱 힘써 실천하면서 물러나지 않아야 합니다. 깊이 증득하고 깊숙이 깨달아 들어가기를 도모하여 입에 발린 말만을 숭상하지 말고, 반드시 마음마다 사물에 부딪치지 않게 하고 사물마다 일정한 처소가 없어야 합니다.

이 도는 외길로 제창하고 홀로 증득하며 불조의 향상 기틀과 계합하여, 마음의 근원에서 높이 벗어나는 것을 귀하게 여깁니다. 마치 전광석화와도 같아서 머뭇거리며 엿보는 것을 용납하지 않으니, 단박에 꿰뚫어 의근(意根)으로 헤아리는 데에 떨어지지 않아야 합니다. 그런데 이치와 성품을 설명하는 데에 이르러서는, 말이나 경계 속에서 일정한 틀을 짓고 알음알이를 세워 서로가 전하여 지니면서, 오직 마음뿐임을 설명하여 지수화풍(地水火風)과 융합시키고, 허공의 한량을 가지고 6근과 6진의 일을 꿰뚫었다고 합니다. 그것은 다만 이론일 뿐이며 교가(敎家)의 3승(三乘) 5성(五性)과 방편으로 단계를 세운 것을 벗어나지 못한 것이니, 도리어 바보를 만들 뿐입니다.

반드시 불조가 있기 전부터 있어 온 이 한 조각 심전지(心田地)가 어디서 왔는지를 알아차려야 합니다. 가는 털끝만큼이라도 얻은 것이 있기만 하면 이는 사이비반야[相似般若]이니, 잘 분별해서 티끌 경계에 떨어지지 말아야 합니다. 죽는 날에 가서 이치 자리가 분명하지 못하여 끊을 수 없으면, 그때는 두려운 마음이 어지럽게 일어나 후회해도 어찌할 수가 없습니다.

오조산(五祖山, 법연, ?~1104)스님께서는 평상시에 학인들에게 "반드시 죽음에 임했을 때의 선(禪)을 참구하라."고 법문하셨는데, 이는 작은 일이 아닙니다. 설사 총명한 변론과 지혜로 칠통팔달하여 크고 작은 이론이 실낱처럼 이어진다 해도, 그것은 식(識)으로 배운 문자에 불과합니다. 쓸모없는 너절한 것으로는 결국 끊을 수가 없습니다.

그 때문에 예로부터 큰 도를 지닌 종사들은 오직 뛰어난 이근상지(利根上智)의 특별한 인물들과 함께했습니다. 육긍(陸亘, 764~834) 대부(大夫), 왕경(王敬) 상시(常侍), 배상국(裵相國, 797~870), 감지(甘贄)[1] 도인(道人), 진조(陳操) 상서(尙書), 최군(崔群, 772~832)[2], 이고(李翶, 772~841), 두홍점(杜鴻漸, 709~769)[3], 방거사(龐居士, ?~808), 이발(李勃, 773~831), 우적(于頔, ?~818)과 우리 왕조의 내한(內翰) 양대년(楊大年, 974~1020), 이부마(李駙馬, 98~1038) 등 여러 사람의 경우, 탐색하고 참구하여 팔면이 영롱하여 참된 경지를 밟지 않은 이가 없습니다. 그래서 사람들이 하기 어려운 일을 해냈으며 사람들이 실천하기 어려운 것을 실천할 수 있었습니다. 안팎으로 불법을 보호하면서 큰 법의 바다 가운데서 나루터가 되고 본보기가 되어 남섬부주에 나온 한 생을 허비하지 않았던 것입니다.

옛사람이 이미 그러했는데, 지금은 어찌 일상적인 것만 지키면서 자기의 생사대사와 오묘한 도를 크게 지키는 것으로 지극한 요체를 삼지 않습니까. 내버려두어 모든 티끌 경계에 끄달리고 얽매이며 말이나 개념, 의미, 법수[數]에 갇혀 뛰어나게 향상의 안목을 지을 만한 대해탈의 근기가 없으니, 애석하다 하겠습니다.

대장부가 껍질을 타파하고 찾아와 법문을 청하였다면 응당 온몸이 눈[眼]이 되어 허깨비 인연을 간파하고 금강보검으로 애욕의 그물을 끊어야 합니다. 비록 선비가 되어 재관(宰官)의 몸을 하고 있더라도 붓끝에서 훌륭하게 방편을 짓고 일을 지휘하는 가운데 조사의 법령을 잘 행해야 합니다. 보고 듣는 모든 것에서 인과를 알고 변통을 알면 바로 옛사람과 짝이 될 것입니다.

　마지막 한 구절에서 비로소 견고한 관문에 이르니, 요긴한 나루 터를 꽉 쥐고서 범부든 성인이든 통과시키지 말아야 합니다. 쯧쯧[咄]! 다만 수준 낮추어서 설한 방편만을 보고서 눈뜨고 꿈을 꾸어서는 안 됩니다. 반드시 정수리 위에서 솜씨를 펼 수 있어야 할 것입니다.

주
:
1　감지(甘贄) : 당나라 거사이다. 남전보원(南泉普願, 748~835)의 제자이다. 기록에는 행자(行者)라고 표시되었다. 암두전활(巖頭全豁, 828~887)과 설봉의존(雪峰義存, 822~908)을 지도했다고 한다. 정원(貞元) 연간(785~805)에 집을 절로 만들어 용문사(龍門寺)라고 하였는데, 나중에 연수사(延壽寺)로 이름이 바뀌었다.
2　최군(崔群, 772~832) : 당나라 관리로서 헌종(憲宗) 시기에 재상을 지냈다. 자는 돈시(敦詩)이다. 한유(韓愈, 768~824)와 교유가 깊다. 현량방정과(賢良方正科)를 거쳐 처음에 비서성(秘書省) 교서랑(校書郎)으로 관직을 시작하여 선흡관찰사(宣歙觀察使), 한림학사(翰林學士), 중서시랑(中書侍郎) 등을 거쳐 이부상서(吏部尚書)를 지냈다. 약산유엄(藥山惟儼, 746~829), 동사여회(東寺如會, 744~823) 등에게 법을 물었다.
3　두홍점(杜鴻漸, 709~769) : 당나라 재상이면서 불교에 심취해 있어서 당시 관료들에게 비난을 받았다. 안사의 난으로 숙종(肅宗)이 즉위하자 위국공(衛國公)에 봉해지고 대종(代宗) 때 재상이 되었다. 시호는 문헌(文憲)이다.

86

증(曾) 소윤(少尹)[1]에게 드리는 글

　불조의 오묘한 도는 오직 각자 사람들의 근본 위에 있으니, 실로 본래 청정하고 오묘하게 빛나는, 무위무사의 마음에서 벗어나지 않습니다. 비록 오랫동안 정성을 들였는데도 진실을 살피지 못하는 까닭은 무시(無始) 이래의 총명과 영리함과 지혜로운 성품으로 조작하는 것이 많아 거기에 빠지기 때문입니다. 다만 이 마음을 텅 비고 한적하며 안정되게 하여 오래도록 담담여여(湛湛如如)하여 변하지 않도록 해야 합니다.

　그러면 반드시 크게 편하고 즐거울 기약이 있을 것입니다. 근심스러운 것은 푹 쉬어 버리지 않고 밖으로 찾아 총명을 부리는 것입니다. 이야말로 본래 있는 성품이 마치 금강처럼 견고하여 영원토록 잠깐 사이도 끊긴 적이 없다는 것을 전혀 몰랐다 하겠습니다.

　만약 녹여서 쉬어버린 지가 오래되면 갑자기 통 밑이 빠져 버린 듯하여 자연히 안락해지겠지만, 선지식을 찾아서 이론만을 넓게 지니려 한다면 더더욱 멀어지기만 합니다. 다만 매섭고 영리한 근성으로 매섭게 스스로 끊고 스스로 버려야, 깨달아 들어갈 곳이 있어 스스로 알게 됩니다. 이미 알고 난 뒤는 안다는 것마저도 세우지 않아야만 비로소 진실 청정한 경계에 나아가게 됩니다.

공께서 계합 바깥의 것을 말씀하셨기 때문에 (깨달음이) 비추는 영역의 바깥만 그저 억지로 말씀드렸습니다.

주:
1 소윤(少尹) : 정4품 관직.

87

장(蔣) 대제(待制)에게 드리는 글

　이 일로 말하자면, 하늘 세계와 인간, 모든 생령(生靈), 부처와 조사에 이르기까지 모두가 이것의 위력을 받습니다. 다만 모든 생령들은 이를 간직하고 있으나 어둡고 미혹하여 부질없이 생사윤회를 받고, 부처와 조사는 이를 통달하여 훌쩍 증득했을 뿐입니다. 그러나 미혹과 깨달음이 다르긴 해도 불가사의하기는 매일반입니다.

　그러므로 부처와 조사께서 '직지인심(直指人心) 견성성불(見性成佛)'을 열어 보이심은, 모든 중생들이 각각 자기에게 본래 완전하게 갖추어져 있는 청정묘명(淸淨妙明)한 진심을 독자적으로 깨달아 다시는 허다한 번뇌 망상과 헤아리고 생각하는 지견을 남겨 두지 않게 하기 위해서입니다. 5온의 몸에서 그대로 회광반조하여 담적여여(湛寂如如)하게 확연히 알아차려 이 바른 성품을 분명히 보게 하니 이 성품이 바로 마음이며, 이 마음이 바로 성품입니다.

　호호탕탕(浩浩蕩蕩)하게 작위(作爲)함이 6근의 문턱에서 천변만화를 부리지만 애초에 요동하지 않으므로, 그것을 '항상한 본원(本源)'이라고 부릅니다. 이 본원을 통달하면 작용하는 것마다 투철하지 않음이 없습니다. 반드시 흐름을 끊고 증득해야지 이리저리 생각을 움직였다가는 어찌해볼 도리가 없어집니다.

바로 당사자의 근성이 본래 순수하고 고요하고 침착하면 가장 쉽게 힘이 되는 것이니, 다만 잠시 빛을 돌이켜 한 번 뚫기만 하면 그대로 깨달아 들어갑니다. 옛사람은 이를 '무진장(無盡藏)', '여의주(如意珠)' 또는 '금강보검'이라 불렀습니다. 요컨대 깊은 신근(信根)을 갖추고 이것이 남에게서 얻어지는 것이 아님을 믿어야 합니다.

행주좌와의 네 가지 위의(威儀)에서 정신을 응집하고 고요히 반조하여 적나라한 경지에서 간단(間斷)이 없으면, 자연히 모든 견해가 나지 않아 이 바른 자체에 계합합니다. 나지도 않고 소멸하지도 않으며, 있지도 않고 없지도 않으며, 실제도 없고 헛것도 없어, 이름과 모양을 떠났으니 바로 이것이 자기의 본지풍광이며 본래면목입니다.

그러므로 눈썹을 드날리고 눈을 깜짝이며, 백추를 들고 불자를 세우며, 주장자를 휘두르고 할을 하며 미묘한 언구를 베푸는 등 옛 분들의 백천억 가지 방편이, 모두 사람들을 여기에서 투철히 벗어나게 하기 위해서였습니다. 한 번 꿰뚫었다 하면 그대로 근원까지 깊이 사무쳐 꿰뚫어, 문 두드리는 기왓조각을 버리고 끝내 털끝만큼도 마음에 둔 것이 없습니다. 20년이고 30년이고 그렇게 해나

가면서 이론이나 주장을 끊고 기연과 경계를 부수고 쉬어 버리면 홀연히 무심해지니, 그곳이 안락하게 쉬는 경계입니다. 그 때문에 "지금 쉬어야 쉬는 것이지, 만약 때를 찾다가는 끝내 때는 없으리라" 하였던 것입니다.

마갈타에서 방문을 걸어 닫고 비야리에서 말을 막은 일들을 사람들은 극치라고 여기나, 그분들의 발가락 끝도 꿈에도 보지 못하였다 하겠습니다. 대인의 큰 견해와 큰 지혜와 큰 작용이 어찌 격식과 한량에 매이겠습니까. 그대로가 매우 분명한데도 오히려 두 손으로 물려주지 않은 것을 한스러워합니다. 어찌 깊고 얕음과 득실과 너와 나의 현량(現量)을 논하여, 어지럽게 진탕을 만들겠습니까. 그렇다면 부처님이 세상에 나오기 전, 조사가 서쪽에서 오기 전, 허공과 세계가 생기지 않았을 때는 어느 곳에서 더듬고 찾겠습니까.

요컨대 마음[機心]을 버리고, 지견을 죽이며 세간의 지혜와 분별과 총명함을 벗어야만 합니다. 놓아 버려서 곧바로 마른 나무나 썩은 기둥과 같게 하여 단박에 체득해서, 호흡[氣息]이 끊긴 상태에 도달하면 담담히 마음을 잊어서 만 년이 일념입니다. 이를 기르고 보호하여 오래오래 익혀 자세하게 돌이켜 관찰하면 단박에 마갈타와 정명(淨名, 유마)에서 흘러온 맥을 알게 됩니다.

조주(778~897)스님은 입멸이 다가오자 한 자루 불자(拂子)를 봉하여 진부대왕(鎭府大王)에게 보내 주면서 "이는 노승이 일생 동안 써도 다 쓰지 못한 것입니다."라고 했습니다.[1] 스님의 높고 원대한 식견을 살펴보건대 어찌 사람들을 모양에 막히고 말에 집착하며 언어문자에 매이게 하였겠습니까. 곧바로 깨쳐야만 활발하게 무리에서 벗어나는 계략이 생겨 큰 법을 걸머질 수 있습니다. 마치 물이 물로 들어가고 금에다 금을 입히는 것과 같습니다.

양양군(襄陽郡)의 장수인 왕상시(王常侍)는 위산대원(潙山大圓, 771~853) 스님을 찾아뵙고 종지를 체득하였습니다. 하루는 어떤 스님이 위산에서 찾아오자 왕상시가 물었습니다.

"위산스님이 무슨 법문을 합디까?"

"사람들이 조사가 서쪽에서 온 뜻이 무엇이냐고 물으면 위산스님은 불자를 세웠습니다."

"산중에선 이를 어떻게 이해하던가요?"

"산중에서는 색을 통해 마음을 밝히고 사물을 통해 이치를 드러냈다고들 합니다."

"알기는 알았습니다만 참 급하십니다. 속히 되돌아가셔서 제가 드리는 편지를 노스님께 드리십시오."

그 스님이 편지를 가지고 되돌아가자 위산스님이 열어 보았더니, 일원상(一圓相)을 그리고 그 가운데 날 일(日) 자가 씌어 있었습니다. 그것을 보고 위산스님은 크게 웃으면서 말하였습니다.

"천 리 밖에 나를 아는 지음(知音)이 있을 줄 누가 알았을까."

앙산(仰山, 807~883)스님이 말하였습니다.

"그래도 아직은 아닙니다."

"그렇다면 어떻게 하겠는가?"

앙산스님은 땅 위에 일원상을 그리고 일(日) 자를 쓰더니 발로 문질러 버리고 가버렸습니다.[2]

체득한 사람들이 나아간 자취를 보십시오. 어찌 고정된 틀을 지켰겠습니까. 여기에서 그 변화를 잘 관찰한다면 그 마음을 완전히 살필 수 있습니다. 그 마음을 살피고 나면 자유로운 곳이 있으며, 자유로움이 있고 나면 다른 것에 끄달리지 않습니다. 다른 것에 끄달리지 않고 나면 어디를 간들 마음대로 되지 않겠습니까.

사대부를 만나 보면 대개들 "세속의 일에 얽혀 그렇게 할 겨를이 없습니다. 세속의 일을 차츰차츰 정리하고 나서 마음먹고 참구해 보겠습니다."라고들 합니다. 좋은 말이긴 합니다만 그러나 기왕 세속 일에 오래 있어 왔으니, 번뇌로써 수행으로 삼으면 됩니다. 번뇌가 출몰할 때 쓸모없는 물건처럼 태워 버리고 그것을 그저 '세속의 일'이라 부른다면, 어찌 세속의 인연을 버려야 깨달아 들어갈 곳이 있다 하겠습니까.

이것이 "종일 행해도 행한 적이 없고, 종일 쓰면서도 쓴 적이 없다" 한 것입니다. 어찌 번뇌 밖에 따로 이 큰 인연이 있겠습니까. 큰 보배더미 위에서 큰 보배 광명을 놓아 천지를 빛낸다는 것을 전혀 모르고서, 스스로 깨달아 알아차리지 않고 다시 밖에 나가 구하느라고 더욱 고생만 하니, 어찌 지극한 요점이라 하겠습니까. 큰 근기를 갖추었다면 옛 분들의 말씀이나 공안을 들 필요가 없습니다. 단지 아침에 일어나서 생각을 바르게 하고 마음을 고요히 하여 가리키고 부르는 등 모든 행위를 할 때 한 번의 행위마다 다시 한 번 집어내서 자세히 살펴야 합니다. 이것이 어디에서 일어났으며, 어떤 물건이기에 이런저런 행위를 해내는지를 살피는 것입니다.

티끌 인연 속에서 한 번 꿰뚫으면 일체 모든 인연이 옳지 않음이 없으니, 무엇 때문에 떨어 버리기를 기다리겠습니까. 이에 즉(卽)한다면 삼계화택(三界火宅) 안에서 그대로 종지와 격식을 초월하여 청정하여 함이 없고 청량한 큰 도량이 될 것입니다.

『법화경(法華經)』의 말씀입니다.³

불자가 이 경지에 안주하면
부처님의 수용(受用)이니
경행(經行)과 앉고 누움이
항상 그 가운데 있다.
佛子住此地(불자주차지)
則是佛受用(즉시불수용)
常在於其中(상재어기중)
經行及坐臥(경행급좌와)⁴

주:

1 『선문염송』 제487칙 "불자(拂子)"(H5-387c).
2 『선문염송』 제376칙 "즉색(卽色)"(H5-314c).
3 『묘법연화경(妙法蓮華經)』 권5 「분별공덕품(分別功德品)」(T9-46b).
4 왕상시 이야기부터 『원오불과선사어록』 권15(T47-784c)에 전한다.

88

영(寧) 선인(禪人)에게 주는 글

생사의 변화는 역시 큰 것이다. 납승이라면 보신불 화신불의 머리에 앉아 털끝만큼의 알음알이를 세우지 않은 채 그대로 투철히 벗어나야 한다. 만 년이 일념이고 일념이 만 년이어서 사사생생(死死生生) 생생사사(生生死死)를 한 덩어리로 만들어 털끝만큼도 기멸과 윤회를 보지 않아야 한다. 그 때문에 아무리 모든 성인이 나온다 해도 결국은 그 그림자 속에서 나타난 것뿐이라고 하였던 것이다.

그렇다면 시험 삼아 묻겠는데, 그 자체는 어떤 형체를 짓고 있느냐? 공겁(空劫) 이전도 '그것'으로 말미암아서 이루어졌고 화장(華藏)세계의 부당왕찰(浮幢王刹)이 다하고 미래가 다할 때까지 모두 '그것'을 의지해 생긴 것임을 알아야 한다.

상근기의 영리한 지혜라면 무시겁부터 내려오는 허망함과 물듦, 성인이니 범부니 하는 망정을 벗어 버리고 바로 그 자리에서 맹렬히 살펴 곧바로 꿰뚫으리라. 의지하는 모든 견문각지(見聞覺知)와

색성미촉(色聲味觸)을 마치 활활 타는 용광로에 한 점의 눈을 떨구듯, 곧바로 씻은 듯 깨끗하게 버린다.

그리하여 한량없는 진기한 보배를 그 가운데서 운반해 내오며, 끝없는 훌륭한 모습이 그 가운데서 환하게 나타난다. 본래의 마음엔 애초에 너와 나, 옳고 그름, 이기고 짐, 좋음과 싫음이 없다. 이제 본래와 둘이 아니고 다를 것이 없는데 다시 무엇을 생사라 하겠으며, 무엇을 크고 작음이라 하겠는가. 그윽하고 우뚝이 고요하여 완전한 안온함을 얻어야만 원래부터 한 번도 잃지 않았고 부족하지도 않았음을 알리라.

들지 못하였느냐. 석두(701~791)스님이 약산(746~829)스님에게 물었다.

"너는 여기에서 무엇을 하느냐?"

"아무것도 하지 않습니다."

"그렇다면 그냥 앉아 있는 게로군."

"그냥 앉아 있다면 하는 거지요."

"그대는 하지 않는다고 했는데, 무엇을 하지 않는다는 거냐?"

"모든 성인도 알지 못합니다."

석두스님이 이리하여 게송을 지었다.

이제껏 함께 있어도 이름을 모르고
날듯이 자유롭게 서로 함께 그렇게 갈 뿐이네

예로부터 훌륭한 사람들도 몰랐다는데
경황없는 범부가 어찌 밝히랴.
從來共住不知名(종래공주부지명)
任運相將只麼行(임운상장지마행)
自古上賢尤不識(자고상현우불식)
造次凡流豈可明(조차범류기가명)[1]

스승과 제자가 이렇게 실천한 모습을 살펴보라. 그 어찌 본분사라 하지 않겠느냐. 참당하여 묻기를 도모했다면 그분들을 추모하여 옛 가풍을 떨어뜨리지 않는 것이 마땅하다. 그래야만 자기가 행각하는 일을 결판내게 된다.

주
:
1 『경덕전등록』 권14(T51-311b). 『경덕전등록』에는 세 번째 게송이 "自古上賢猶不識(자고상현유불식)"으로 되어 있다.

89

승(勝) 상인(上人)에게 주는 글

큰 도는 바탕이 드넓어서 쉬움도 없고 어려움도 없으나 작은 견해로 의심하면 의심할수록 더욱 늦어진다. 만약 큰 도의 바탕이 드넓어 툭 트인 태허공(太虛空)과 같음을 통달하면, 가슴을 텅 비워 부딪치는 곳마다 모두가 진실이어서 일정한 한계에 매이지 않는데, 무슨 어려움과 쉬움이 있으랴. 그저 손 가는 대로 집어내서 천지를 덮고 시방 허공을 그 속에서 길러내지만, 모양을 내지 않는다.

만약 털끝만한 지견이라도 지어 알음알이에 걸리면 지견에 떨어져 마침내 사무치지 못하고 도리어 여우같은 의심만 생기게 된다. 그러므로 이 도는 날카로운 큰 근기가 단박에 알아차리는 것을 힘쓸 뿐이니, 벗은 듯 또렷하게 깨달으면 대뜸 쉬어서 다시는 한정된 지견을 짓지 않는다. 천차만별을 한 칼에 베어 버리고 등한하게 승부를 세우지 않고 마치 바보나 천치처럼 한 걸음 물러나서 숨도록 힘쓸 뿐이다. 호젓이 움직이고 홀로 비추어서 융통하게 합치하면,

밀밀면면(密密綿綿)해서 부처님의 눈으로도 엿보지 못하는데, 더구나 마군 외도의 경우이겠느냐. 오래도록 길러 성취하면 자연히 마음에 사무치고 골수에 배는 공덕이 있다. 그리하여 6근 6진에 맞고 거슬림, 삶과 죽음까지도 물어뜯어 끊어서 조금도 의심이 없으면, 이야말로 무심하고 함이 없고 일없는 대해탈의 경계인 것이다.

　이미 이와 같은 훌륭한 부류에 참여하기로 작정했으면 간절하고 부지런히 힘써 몸과 마음을 놓아 버리고 확실하게 참구해야 한다. 한 구절, 한 기틀, 한 경계 위에서 분명하게 깨달아 들어가 한량없는 작용과 공안들을 일시에 꿰뚫어 버리면, 꺼내 드는 족족 다시는 놓아주지 않고 그대로 끊어 버리니, 어찌 통쾌하지 않으랴.

90

침(琛) 상인(上人)에게 주는 글

어떤 스님이 조주(778~897)스님에게 조사가 서쪽에서 오신 뜻을 물었더니, 조주스님은 "뜰 앞의 잣나무"라고 대답하였는데, 이는 참으로 힘을 덜었다 하리라.

요즈음 참당하여 묻는 사람들은 성식(性識)이 어두워 오로지 말 위에서 이러쿵저러쿵하다가 마침내는 어찌지 못한다. 당초에 합당하지 못하여 드디어는 뱃속 가득히 의심을 품고 엉뚱하게 이해하고 엉뚱하게 생각해서 본분사에서 빗나가 버린다. 본분사란 언어에도 있지 않으며 사물에도 있지 않다는 것을 전혀 몰랐다 하리라. 마치 부싯돌 불이나 번갯빛과도 같아서 거의 풍도(風度)와 법규를 드러내지 않으니, 잠깐이라도 알아차리려 하면 벌써 두 번째 세 번째에 떨어진다.

만약 단도직입으로 깨치려 한다면 한 걸음 물러나 자기에게로 나아가서, 미친 마음을 쉬고 지견과 알음알이의 장애를 모두 깨끗이 없애야 한다. 그리하여 시절인연이 무르익으면 별안간 깨치는 것도 어렵지 않다. 이처럼 말하는 것도 벌써 너절한 설명들이니, 거듭 쓸데없는 짓을 하였다. 알아서 반드시 들어갈 곳이 있다면 다만 한 개의 공안을 가지고 처음부터 끝까지 철저하게 믿어 들어가 의심 없는 경지에 도달해야 한다. 그러면 밥숟가락 드는 사이에 천 가지 만 가지로 겉만 바꿔서 오는, 길고 짧은 구절, 많고 적은 구절, 있고 없는 구절 등을 일시에 투철히 벗어나게 되니, 여기에 어찌 두 가지가 있으랴. 이것이 사람의 마음을 곧바로 가리켜 견성성불한다는 것이다.

한 번 얻으면 영원히 얻어, 자기의 보배 창고에서 자기의 재물을 운반해 오니, 쓰고 누림에 어찌 다함이 있으랴. 보지 못했느냐. 덕산(782~865)스님이 용담(龍潭, 753~823)스님 회상에서 촛불을 입으로 훅 불어 꺼버리자, 활연히 깨닫고 "오늘부터 천하 노화상의 혀끝을 의심하지 않겠습니다." 하였다.[1] 그 뒤에 산에 주석하면서 비바람이 휘몰아치듯 했으니 참으로 성미가 급하다 하겠다.

단지 이처럼 참구하고, 이처럼 증득하며, 이처럼 작용할 뿐이다. 하려는 마음만 가졌다면 반드시 그대를 속이지 못하리라.

주
:
1 『벽암록』 권1(T48-143bc).

91

영(英) 상인(上人)에게 주는 글

　도의 현묘함은 지극히 간단하고 지극히 쉽다 하였는데, 이 말은 진실하다 하겠다. 그 근원을 통달하지 못한 자는 말한다.
　"이는 지극히 깊고 그윽하여 공겁 이전, 혼돈(混沌)이 나뉘지 않고 천지가 성립하기 전에 있었다. 아득하고 황홀하여 궁구하지 못하며 따져 묻지를 못한다. 오직 성인만이 깨달아 알 수 있다. 그러므로 그 말은 알아도 그 참뜻은 모르는데 어떻게 이 일을 말로 하겠는가?"
　이는 사람마다 자기에게 원만히 이루어져 매일 작용하는 가운데서 적나라하게 모든 일에 다 관계되고 어디에나 두루하여, 아무리 어두운 곳도 밝히지 않음이 없으며 한시라도 작용하지 않음이 없음을 전혀 모르는 것이다. 다만 오랫동안 등지고 치달린 지 오래되어, 억지로 가지와 마디를 내고 스스로를 믿으려 하지 않고 한결같이 밖에서만 찾으려 하기 때문에 찾을수록 더욱 멀어진다. 그러므로 달마스님은 서쪽에서 와서 "사람의 마음을 곧바로 가리킨다."고만 하였을 뿐이다. 이 마음이 바로 평상(平常)하여 하릴없는 마음이다.

천기(天機)는 스스로 펼쳐져 있어서 구속과 집착이 없고 주착함이 없이 천지와 넉이 같고, 일월은 합당히 밝으며 귀신과 길흉을 같이하여 털끝만큼도 알음알이의 가시를 용납하지 않으니, 오직 호탕하고 크게 통달하여 무심하여 함이 없고 하릴없는 데 계합하였다.

만약 털끝이나 겨자씨만큼이라도 주관과 객관, 나와 남을 구별하면 즉시 막혀서 영원히 뚫지 못하리라. 이것이 "무명(無明)의 참성품이 부처의 성품이며, 허깨비같이 부질없는 몸이 바로 법신이다."[1]라고 한 것이다.

가령 무명의 껍데기 속에서 참된 성품을 증득한다면 밥숟가락 드는 사이에 무명 그대로를 한꺼번에 발휘하게 되며, 또 허깨비 같은 부질없는 몸의 틀 속에서 법신을 보게 되면 밥숟가락 드는 사이에 부질없는 몸 그대로가 빛나게 사무치리라. 다만 염려스러운 것은 무명의 부질없는 몸속에서 인위적으로 견해를 세우는 것인데, 그러면 어찌해볼 도리가 없다.

이미 이 정체를 꿰뚫고 나면 무명의 부질없는 몸 밖에 따로 밝혀낼 것이 없다. 일체의 모든 존재와 산하대지와 명암색공(明暗色空)과 4성(四聖) 6범(六凡)[2]이 모두 바깥 물건이 아니다. 진실하게 살피기만 하면 하루 종일 온 세상 어디에도 밖이 없으니, 어느 곳인들 자기의 몸과 마음을 놓아 버릴 처소가 아니랴.

듣지 못하였느냐. "번뇌[塵勞]의 친구가 바로 여래의 종자이니"[3] "몸의 실상과 부처도 이와 같이 관찰해야 한다."[4]고 옛 분들이 말씀하셨다. 그런 뒤에 세간법과 불법이 한 덩어리를 이루어, 무심하게 밥 먹고 옷 입는 것이 바로 대기대용이 된다.

그렇다면 방과 할을 하는 등 모든 작위와 기연과 경계의 일들을 어찌 의심하랴. 만약 이것을 통달하면 바로 자기 자신 속에서 지극히 쉽고 간단한 도의 묘(妙)와 한량없는 법문이 일시에 열린다. 그리하여 생사를 투철히 벗어나 수승하고 오묘한 과보를 성취하리니, 무슨 어려움이 있으랴.

주
:
1   "無明實性卽佛性(무명실성즉불성) 幻化空身卽法身(환화공신즉법신)" : 『영가증도가』(T48-395c).
2   4성(四聖) 6범(六凡) : 10계를 6종의 범부계(凡夫界)와 4종의 성자계(聖者界)로 나누어서 말하는 것이다. 지옥·아귀·축생·아수라·인간·천상의 6계를 6범(六凡), 성문·연각·보살·불의 4계를 4성(四聖)으로 한 것이다.
3   『유마힐소설경(維摩詰所說經)』 권2 「불도품(佛道品)」(T14-549b).
4   『유마힐소설경』 권3 「견아촉불품(見阿閦佛品)」(T14-554c~555a).

92

원(圓) 상인(上人)에게 주는 글

●

　예로부터 뜻이 있는 사람은 머리를 깎고 나면 즉시 장소를 가리지 않고 도를 찾아갔었다. 실로 천재일우로 태어난 한 몸을 사바세계에서 헛되게 보내지 않으려 했던 것이다. 그 때문에 각고의 의지로 마음을 쉬고 진정으로 이마에 종안(宗眼)을 갖춘 선지식을 선택하여 짐 보따리를 풀어놓고 그를 의지해 끝을 보았다. 그들의 행적을 관찰해 보건대, 진정 용상(龍象)대덕들이었다.

　지금 이미 큰 인연에 나아가겠다는 뜻을 품었으니, 반드시 몸과 목숨이 다하도록 한결같이 견고하고 확실하게 해야 한다. 먹고 자는 것을 잊고 괴로움을 꺼려하지 말고 인고하여야 한다. 이렇게 오래도록 몸소 참구하다 보면 저절로 믿어 들어갈 곳이 있게 된다. 그런데 하물며 이 하나의 인연은 자기의 분상에 원래부터 원만히 이루어져 일찍이 부족하거나 모자람이 없고 불조와 전혀 다름이 없음에랴!

다만 지견을 일으켜 억지로 마디와 조목을 내고 망정으로 헛된 거짓을 집착하였기 때문에 단박에 실답게 깨치지 못할 뿐이다. 만약 숙세에 심은 근기와 성품이 민첩하고 영리하여 한 생각도 내지 않으면 단박에 25유(有)를 초월하여, 자기에게 본래 있는 여여하고도 오묘한 성품을 원만하게 깨닫고 다시는 털끝만큼도 주관과 객관, 나와 남을 나누지 않는다. 툭 트여 성인과 범부가 평등하고 나와 남이 여여하게 되어서, 부처가 다시는 부처를 찾지 않으며, 마음에서 애초부터 마음을 구하지 않는다. 부처와 마음이 둘이 아니어서 이르는 곳마다 있는 그대로 이루어져서, 하루 종일 다시는 헛된 거짓에 떨어지지 않고 단박에 자기에게 원래 있었던 실제의 경지를 밟는다. 자기의 창고를 열고 자기의 재물을 마음대로 운반해 내어, 처소에 따라 기봉을 발휘하여 종지와 격식을 모두 초월하고, 활발하게 진실을 꿰뚫는다.

비록 덕산(782~865)·임제(767~866)·운문(864~949)·현사(835~908)스님 등이 헤아리기 어려운 오묘한 기봉을 베푸는 것을 만난다 해도 한 수를 쓸 것조차도 없게 된다. 이를 두고 "헛것이 많아도 조금 있는 알찬 것만 못하다" 하는 것이다.

그저 맹렬했던 처음의 발심을 변치 말고 계속 이어지게 해서 철저한 곳에 도달하면 자기의 도업(道業)이 완성되지 못할까 근심하지 않아도 된다. 대장부라면 모름지기 향상의 대기대용을 알아서 편안하고 즐거워야 비로소 멈출 수 있다. 절대로 적은 것으로 마치지 말고, 부디 오랫동안 전전긍긍하다 보면 자연히 체득하게 되리니, 어찌 해탈하지 않으랴.

93

조(照) 선인(禪人)에게 주는 글

　석공(石鞏)스님은 30년을 한 활과 두 개의 화살로 반 개의 사람만 쏠 수 있었을 뿐이다. 무엇 때문에 온전하지 못하였을까. 아마도 이 가운데서는 이러함을 용납하지 않기 때문이리라. 어째서 그런가? 듣지 못하였느냐. 향상의 한 길은 모든 성인도 전하지 못한다고 했다. 만약 전하지 못하는 뜻을 체득한다면 바닥까지 다한 것이다. 이 일을 단도직입적으로 말하면, 그대가 마음 기틀을 쓸 곳이 없으며, 그대가 몸을 들이대고 앉을 처소도 없다.

　그러므로 예로부터 '곧바로 가리킴[直指]'만을 제창하여, 사람들이 격식 밖에서 현묘하게 깨달아 흙탕 속으로 이끌지 않고 티끌 인연에 떨어지지 않게 하려 하였던 것이다. 그 때문에 "저 상근기 무리들은 듣자마자 들어 보이고 뽑아들자마자 바로 행한다. 갖가지 방편을 모아서도 그를 붙잡을 수가 없으며 모든 성인이 그를 가두지 못한다."고 하였던 것이다. 요컨대 이처럼 참구해서 깨달아 들어가야 하고, 이처럼 받아 지녀서 제창하고 거량해야만 하는데 어찌 어리석은 놈을 거론하랴.

각자의 눈이 별똥 튀듯 하여서 살인을 하고도 눈 한 번 깜짝하지 않아야만 비로소 상응할 수 있으니, 만약 주저주저했다가는 천만 갈래로 빗나간다. 지극한 이 하나의 보배의 경지가 있어야만 천차만별을 건립하게 된다. 만일 진실로 이러한 데에 이르면 결코 괴상한 모습을 날조하거나 견본을 따라 그리지 않는다. 다만 무심을 지키는 것도 얻을 수 없는 일이니, 자기를 세워 투철히 벗어나고 중생의 결박을 풀어 주는 데에 이르러서도 모조리 땅에 웅크리고 앉은 시절일 뿐이다.

임제(767~866)스님은 "산승의 견처는 요컨대, 여러분이 모두 단박에 보신불 화신불의 머리에 눌러앉을 것을 알게 하는 데에 있다."[1]고 하였다. 이 법문에 의하면 이미 보신불 화신불을 눌러앉았는데 향상일로에 다시 무엇이 있겠으며, 어찌 세간의 거친 망상으로 헤아릴 바이겠느냐.

요컨대 반드시 종전의 망상과 계교, 집착, 망정의 티끌, 낫다 못하다는 견해를 물리쳐서 본성의 이치를 분명하게 가려야 한다. 끝내 본분이 아닌 것은 한칼에 잘라야 곧바로 벗은 듯이 자유로울 수 있다. 그렇게 되면 털끝만큼이라도 시방세계 티끌을 포섭하지 않음이 없어서 작용하는 모든 것이 부처와 조사이며, 모든 부차와 조사가 바로 작용이다. 한 번의 몽둥이질, 한 번의 할, 한마디 말,

하나의 경계에 전혀 고정된 틀이 없다. 일체를 실제 깨달음으로 도장을 찍으니 마치 영약(靈藥)을 만들듯 무쇠를 두들겨 금덩어리가 되듯 모조리 나로부터 나오지 않음이 없다. 이미 오랫동안 참당하여 법을 묻는 사람도 지견과 알음알이를 내는 경우가 많은데, 그것은 견문만을 더할 뿐 끝내 실제의 일은 아니다.

　모름지기 한 번 쉬어 일체를 쉬고 하나를 알아 모두를 알아서 이 본래면목을 보아 본지풍광을 통달해야만 한다. 그런 뒤에는 무슨 일을 하든지 일체가 있는 그대로 완전하여 마음의 힘을 빌리지 않으니, 마치 바람이 부는 대로 풀이 쏠리듯 한다. 숲속과 시장거리가 다르지 않으니, 이것을 "꽉 움켜쥐고 주인이 되었다"고 한다. 중생의 명맥(命脈)을 저울질함이 자기의 손아귀 속에 있고 마음대로 어떤 판단이든 한다. 바로 이것을 작용 없는 도라 부르니, 어찌 지극한 요체이며 지극히 안온한 큰 해탈이 아니겠느냐.

주:

1　『진주임제혜조선사어록(鎭州臨濟慧照禪師語錄)』 권1(T47-497c).

94

감(鑑) 상인(上人)에게 주는 글

　조사 문하에서는 본분 강령만 제창하니 한마디에 온갖 흐름을 끊어 모든 경계를 다 없앤다 해도 벌써 잡다함에 빠진 것이다. 그러니 더구나 말 위에서 말을 내고 경계 위에서 경계를 내는 경우이겠느냐. 한 무더기 많은 언어문자를 자세하게 따져서 심전(心田)을 더럽히면 언제 끝날 기약이 있겠는가. '이 일'이 말이나 경계에 있다면 총명함으로 알아차리고 들뜬 근기로 부질없이 식별하는 자들이 세간 사업을 배우듯 하여 아득히 동떨어지리니, 어찌 여기에 깨달음을 틔우느니 성품을 보느니를 논하랴.
　석가 부처님이 한 번 나오셔서 기특하고도 승묘한 일을 무궁히 나투신 것도 오히려 시절 인연을 위해 빙 둘러 하신 말씀일 뿐이며, 최후에 가서야 비로소 이 도장을 가만히 부촉하셨다. 달마스님이 9년을 소림에서 차갑게 앉아 있었는데, 유독 혜가(487~593)조사만이 알아차렸다. 그러므로 이를 "교 밖에서 따로 행하며 외길로 심인(心印)만을 전수한다."고 한다.

 그러면 이 마음도장을 어떻게 전수하겠는가? 눈썹을 드날리고 눈을 깜짝이는 것으로인가? 아니면 불자를 들고 선상을 치는 것으로인가? 아니면 아무 말 없이 그저 움직이고 행동하는 것으로인가? 이와 같은 것도 모두 아니고 단박에 알아차리게 하는 것으로인가? 아니면 향상 향하와 면전 배후에 따로 특별한 일을 둠으로써인가? 아니면 성품과 이치를 논하여 연원에 깊숙이 들어감으로써인가? 위와 같이 한다면 흡사 방망이를 휘둘러 달을 때리는 것과도 같아서 어찌해볼 도리가 없으니, 세간의 거칠고 들뜬 얄팍한 식견으로 헤아릴 수 있는 것이 아님을 알라.

 요컨대 용과 코끼리가 차고 밟듯 대뜸 뛰어넘어 완전히 사무치고 완벽하게 증득해야만 한다. 한결같이 참구하고 법문을 청하여 꼭 꿰뚫어야지 형식적인 소굴에 안주해서는 안 되니, 그것은 자신을 속일 뿐 아니라 다른 사람에게도 허물을 끼친다.

 그 때문에 예로부터 작가종사는 이 하나를 우러러 소중히 여겨 경솔하게 맡기지 않았고, 경솔하게 인가하지 않았던 것이다. 듣지 못했느냐. "분골쇄신한다 해도 은혜를 다 갚을 수 없나니, 한마디에 요연히 백억 법문을 뛰어넘도다."[1]고 영가(665~713)스님이 말씀하셨다.

 비마(秘魔, 817~888)스님은 평소에 그저 나무집게 한 개를 가지고 있다가 사람만 보면 "어떤 마군 도깨비가 그대를 출가하게 하였느냐? 어떤 마군 도깨비가 그대에게 행각하라 하였느냐? 말을 해도 나무집게에 찝혀 죽을 것이며, 말을 못 해도 나무집게에 찝혀 죽으리라."[2] 하였다. 그 한 마당을 따져 보면 어찌 부질없이 그렇게 했으랴. 아마도 풀 구덩이 속에 들어가 사람을 구제함일 것이라. 만약 있음을 아는 사람이라면 어찌 많은 갈래가 있겠는가. 요란스럽게 어지러움에 잠깐이라도 빠지기만 하면 천 리 만 리나 멀어진다. 금강울타리[金剛圈]를 뛰쳐나가고 밤송이[栗棘逢]를 삼켜야만 자연히 귀결점을 알리라.

이 종지를 알아차리는 요점은 의식과 마음을 쉬어서 마치 마른 나무나 썩은 기둥처럼 차갑고 쓸쓸한 경지에서, 6근과 6진이 짝하지 않고 움직임과 고요함이 상대가 끊겨서 서 있는 자리가 텅 비어 안배하여 들어앉을 곳이 없이 벗은 듯 텅 비게 하는 데에 있다. 이것이 "사람은 무심하게 도에 합치하고 도는 무심하게 사람에게 합치한다."[3]는 것이다.

중생들을 만나 인연을 따르는 데에도 다른 견해를 내지 않고 다만 지금 그대로의 한 기틀 한 경계에 의거하여 모두 그대로 눌러앉아 버리니, 다시 무슨 방할(棒喝)과 조용(照用)과 권실(權實)을 말하겠는가. 한 번 했다 하면 그대로 꿰뚫어, 오직 나만 알 뿐 다시는 다른 일이 없다. 오래도록 이처럼 해나간다면 본분사를 끝내지 못할까 어찌 근심하랴.

주
:

1 "粉骨碎身未足酬(분골쇄신미족수) 一句了然超百億(일구요연초백억)": 『영가증도가』(T48-396c).
2 『경덕전등록』 권10(T51-280ab).
3 "人無心合道(인무심합도) 道無心合人(도무심합인)": 『균주동산오본선사어록(筠州洞山悟本禪師語錄)』 권1(T47-510a).

95

조(祖) 상인(上人)에게 주는 글

●

　조 상인은 덕산에서 찾아와 오랫동안 이 일에 힘을 썼다. 그러니 장산(蔣山)의 나[佛果]를 본들 어찌 두 종류의 불법이 있겠느냐. 가령 보따리를 걸머지고 왔다면 낭패를 볼 것이며, 보따리를 걸머지고 오지 않았다면 반드시 몸 바꿀 곳을 알아야 한다. 요즈음 납자들은 누구나 도처 총림에서 종장에게 묻고 참구한다. 그러나 하나라도 실제로 깨달아 본분의 경지에 도달하여 완전히 쉬어서 안온한 자리에 간 사람을 찾으려 해도 그러한 사람을 찾기가 어렵다.

　대장부가 고향을 버리고 떠나서 본분존숙(本分尊宿)의 곁에 이미 있으면서, 더더욱 부지런히 힘을 다하여 갖가지 인연을 지었으니 모두가 분수를 벗어난 것은 아니며 행각이 우매하지는 않았다고 할 만하다. 그러나 실제를 살피는 데에는, 요컨대 반드시 예로부터 내려오는 일이 있고, 위로부터 즐비하게 수많은 조사들이 서로 계승하였음을 알아야 한다.

덕산(782~865)스님과 임제(767~866)스님에 이르러선 '방'과 '할'을 행하면서 천만 종류의 방편을 지었으나, 종국에는 사람들이 무엇을 하게 하려는 것이었겠는가? 큰 코끼리가 강을 건너듯이 번뇌의 물길을 끊고 지나가서 끝내 의심의 장애가 없어야 하니, 이것도 오히려 예로부터 내려오는 일이라 칭할 수는 없다.

도인은 서로 만나도 드러내 보이지 말고 몽둥이로 돌장승의 머리를 쳐야지 책자 위에서 동쪽 서쪽을 가리켜서는 안 된다. 그러니 비록 이렇다 하더라도 벌써 허물이다. 덕산으로 돌아가 주지에게 이 이야기를 그대로 전해 주고, 그가 어떻게 그대를 위해서 무슨 증거를 내놓는지 지켜보아라.

96

연(宴) 선인(禪人)에게 주는 글

　귀종(歸宗)스님에게 어떤 스님이 와서 하직인사를 하자, 귀종스님이 말하였다.

　"가서 보따리를 싸고 떠날 무렵에 찾아오면 그대에게 불법을 말해 주리라."

　그 스님은 말대로 하여 다시 방장실에 올라갔더니, 귀종스님은 "날씨가 추우니 조심해서 가게나." 하였다.

　귀종스님은 그에게 가득히 불법을 설해 준 것이다. 그 스님이 마음을 비우고 아직 한 번도 듣지 못한 법문을 들으려 했으므로 귀종스님이 그렇게 하였을 뿐이다. 반드시 알아야 할 것은, 그들 옛 분들은 이 일에서 빈틈없이 면밀했다는 점이다. 만일 불법이라고 부른다면 벌써 독약에 중독된 것이다.

　안(晏)[1] 스님이 떠난다며 찾아와 옛사람의 자취를 밟지 않으려 하나 그것 역시 처음부터 시작할 수밖에 없다.

주
:
1   편지의 제목이 "연(宴) 선인에게 주는 글"이므로 혹시 '宴'의 오기일지도 모른다.

97

종(從) 대사(大師)에게 드리는 글

균주(筠州) 황벽산(黃檗山)에 머무르다

　납승이 안목을 갖추고 행각한다면 반드시 본분의 종지와 향상의 수단이 있음을 알아야 합니다. 철두철미하게 적나라하여 수행의 단계를 설정하지 않고 곧바로 초월해 올라가서 털끝만큼도 막힘이 없어야 큰 해탈의 금강왕인(金剛王印)입니다. 수만 가지로 얽힌 경계와 수천 성인이 벌려놓은 백억의 단서를 열어젖힐 수 없는 곳에서 마침내 수용하도록 해야 합니다.

　닿는 곳마다 몸 벗어날 요결이 있음과 사물마다에서 티끌의 자취를 끊고 벗어남과 온몸이 통째로 눈이 되는 사람과 온 세계가 가두지 못하는 사람과 잡든지 놓든지 간에 털끝만큼도 새는 것이 없는 사람과 용과 호랑이처럼 달리고 번개가 치고 바람이 휘돌듯 하는 사람도, 더듬고 찾지 못하게 해야 합니다. 무심히 호호탕탕하여 어리석은 듯하니, 어찌 다시 선(禪)을 조작으로 이해하여 가는 곳마다 기관작용과 맞닥뜨려 싸우며 어구(語句)를 설명하여 주해를 내며, 살과 뼈에다 찰싹 붙이고, 향상이니 향하를 따지고, 일삼을 것이 있네 없네 하면서 종풍을 매몰하겠습니까. 그러므로 "저 체득한 사람은 무심한 경지만을 지킬 뿐이다." 하였던 것입니다. 말해 보십시오. 그들은 어떤 도리를 체득하였습니까?

만일 바늘 꿰맨 틈만큼이라도 유무와 득실의 아견(我見)과 아해(我解)가 있다면 목숨의 뿌리[命根]가 찔릴 것입니다. 그러므로 맹렬한 불무더기와도 같아서 가까이하면 얼굴을 태워 버리고, 금강검과도 같아서 머뭇거리면 몸과 목숨을 잃어버린다는 점을 반드시 알아야 합니다. 역대의 조사들이 세상에 나와서 이것만을 들고서 만 길 절벽을 세우셨습니다.

이미 큰 근기를 갖추었다면 다른 사람에게 속지 말고 이제껏 의지해 왔던 밝고 어두움의 두 갈래를 그 자리에서 벗어야 합니다. 놓아 버리고 믿어서 고정된 형식없이 살아 움직여야 합니다. 툭 트이게 깨끗이 다하고서 예로부터 불조가 함께 증득한 것을 알아차리고 걸머지면 생사를 말끔히 벗어나니 티끌과 분명함을 함께 부수는 것이 어찌 어려운 일이겠습니까. 이리 해야만 진정한 본분납자라 할 만하니, 이미 여기에 뜻을 두었다면 알아서 도모해야 합니다.

98

조(祖) 선인(禪人)에게 주는 글

　세존이 꽃을 들자 가섭이 미소하고, 이조(二祖, 487~593)스님이 절을 하자 달마스님이 마음을 전했던 것이 어찌 다른 것이겠는가. 화살과 칼끝이 서로 마주친 격이다. 신령스럽게 계합하고 이치가 맞는 상황은 언어와 사고로 헤아릴 바가 아니며 오직 향상의 종풍이 있음을 아는 자만이 깨칠 수 있다. 이는 천억만 년이라 해도 마치 하루와도 같다.

　그러므로 옛 불조께서는 이를 구할 적에 처음부터 경솔하게 하지 않고, 날카로운 지혜를 가진 상근기를 두드려 만든 뒤에 요점을 드러내 보이고 마리를 쳐서 가다듬기를 마치 아교풀을 옻칠에 잘 섞듯 하였다. 한 모서리를 들어 주면 나머지 세 모서리를 알아 정해진 형식 없이 자유자재하게 번뇌를 끊는 사람이라야 비로소 수긍할 수 있다. 그런 뒤에 다시 걸러내고 연마하여 사람들이 끝까지 따지고 분별하지 못할 얽히고설킨 곳에 이르러서도 여유작작하다.

수용할 때를 당해서는 차츰차츰 솜씨를 드러내 종지와 격식을 넘어서고, 스승의 뜻을 따르지 않고 흉금을 호젓이 드러내니 천 길 절벽에 서 있는 듯하다. 여러 사람들을 놀라게 하고 적수를 능가하여야 비로소 법의 부촉을 감당할 수 있다. 법이 가볍지 않아서 도(道)도 또한 존엄하니 근원이 깊으면 물줄기도 길다는 것이다.

예로부터 고덕들은 한 번 했다 하면 평생을 쏟았으니 혹은 20년이고 30년이고 깨달아 들어간 곳에 의지하여 철두철미하기를 기약하였다. 이미 뜻이 세워지고 나면 마음씀씀이도 견고하고 확실하게 되어, 이로써 성취하고 나서는 쇳소리[金聲][1]가 땅에 퍼진다. 대장부라면 높은 경지를 우러러 바라보는 것도 어쩌지 못해 그리 하는 것이다. 그들도 해냈는데 나라고 어찌 못 하랴. 더구나 생사를 투철히 벗어나 미래가 다하도록 한 번 얻기만 하면 영원히 얻는 경우이겠느냐.

반드시 근본을 깊고 단단하게 해서 그것이 견고하면 가지와 잎사귀가 무성하지 않을 리가 없다. 다만 언제나 있게 하고 달아나지 않게 하여 맑고 맑아 모든 물상을 머금고 비추게 해야 한다. 그러면 4대 6근이 모두 한갓 살림살이일 뿐이니, 하물며 그 밖의 알음알이와 언어문자로 아는 경우이겠느냐. 당장에 밑바닥까지 몽땅 놓아 버려서 지극히 참답고 일상적인, 완전히 평온한 경지에 도달하면, 절대로 티끌만한 것도 얻을 것이 없다. 그저 어느 곳에서나 편안한 참된 무심도인이 되리라.

이 무심을 보임(保任)하면 끝내는 부처도 존재하지 않는데 무엇을 중생이라고 하겠으며, 보리도 없는데 무엇을 번뇌라 부르겠느냐. 홀연히 영원히 벗어나 시절을 따라 복을 받아들여 밥을 만나면 밥을 먹고 차를 만나면 차를 마신다. 비록 시끄러운 세속의 거리에 있더라도 깊은 산 속처럼 고요하여 애초부터 두 종류라는 견해가 없다. 가령 그를 극락의 연화좌에 데려간다 해도 기뻐하지 않고 지하의 황천(黃泉)에 집어넣어도 싫어하지 않는다. 상황 따라 건립함도 나머지 여분의 일이거늘, 나에게 무엇이 있겠느냐.

대가섭은 이렇게 말했다.

> 법마다 본래 법이어서
> 법도 없고 법 아닌 것도 없는데
> 어찌 한 법 가운데
> 법과 법 아닌 것이 있으랴.
> 法法本來法(법법본래법)
> 無法無非法(무법무비법)
> 何於一法中(하어일법중)
> 有法有不法(유법유불법)[2]

옛사람은 종지를 체득한 뒤에는 깊숙이 감추어서 사람들에게 알려지지 않기를 바랐으니, 일 생기는 것을 염려했기 때문이다. 그러나 부득이하여 사람들에게 붙들려 나오게 되어도 굳이 사양하지 않았으니, 아마도 무심했기 때문일 것이다. 자비를 내려 방편을 베풀게 되더라도 그저 다만 풍성하면 풍성한 대로 검소하면 검소한 대로 가풍을 따랐을 뿐이다.

구지(俱胝)스님은 한 손가락을 세웠을 뿐이며, 타지(打地, ?~778)스님은 땅을 쳤을 뿐이고, 비마(秘魔, 817~888)스님은 나무집게를 들었으며, 무업(無業, 761~822)스님은 "망상 피우지 말라."고 하였고, 항마(降魔)스님은 홀(笏)을 들고 춤을 추었다. 그들은 애초부터 격식과 승부라는 견해에 구애받지 않고 사람들이 각자 쉼으로 돌아갈 것을 알아서 견해의 가시를 일으키지 않도록 힘썼던 것이다. 귀신의 소굴에서 정혼(精魂)을 놀리지 말고 우뚝하고 정성스럽게 몹시 안온한 경지에 도달해야만 비로소 오묘한 종지인 것이다.

영리한 자라면 그 자리에서 분명한 경지를 알아 등뼈가 무쇠처럼 단단해야 한다. 인간 세상에 노닐더라도 모든 인연을 허깨비로 보아서 잡는 것마다 주인이 되어라. 인정을 따르지 말며 나다 남이다 하는 생각을 끊고 알음알이를 벗어 대뜸 견성성불하여 묘한 마음을 곧바로 가리키는 것으로 계단을 삼아야 한다. 작용하며 인연에 응하게 되어서는 형식에 떨어지지 말고 '한 덩어리'를 오래도록 가져서 고요하고 담박한 몸과 마음을 영원토록 지키면서 티끌 번뇌에서 투철히 벗어나야만 훌륭하고도 훌륭한 자이다.[3]

주
:

1 쇳소리[金聲] : 『맹자(孟子)』「만장(萬章)」하에 "공자는 (여러 성인의 장점을 모아) '집대성(集大成)'한 분이라 말할 수 있다. 집대성은 금성옥진[金聲而玉振]이다. 금성[善]은 먼저 이뤄지고, 옥진[德]은 그 다음에 이뤄진다. 처음에 이뤄지는 것은 지(智)의 일이고, 그 다음에 이뤄지는 것은 성(聖)의 일이다."라는 구절이 있다. 여기에서 '지혜와 성덕을 모두 갖춘 성인의 모습'을 가리키는 '금성옥진(金聲玉振)'이 유래하였다.
2 제1조 마하가섭의 부촉게. 『경덕전등록』 권1(T51-206b).
3 『원오불과선사어록』 권15(T47-784a)에는 "지조(智祖) 선덕(禪德)에게 주는 글"로 전한다.

99

제(諸) 상인(上人)에게 주는 글

도는 본래 말이 없으며 법도 본래 생겨나는 것이 아니다. 말없는 말로써 생겨남이 없는 법을 드러내면 결코 제2의 것[第二頭]이란 없다. 잠깐이라도 쫓아가서 붙들려고 하면 벌써 빗나간다. 그러므로 조사가 서쪽에서 오시어 단지 이 일만을 창도하시면서 말 밖에서 체득하고 일 밖에서 알아차리는 것만을 귀하게 여겼을 뿐이니 스스로 상상(上上)의 근기가 아니라면 어떻게 대뜸 알아차릴 수 있으랴. 그러나 여기에 목적이 있는 자라면 어찌 정도와 한량을 헤아리랴.

요컨대 있는 자리를 준엄하게 하여 단칼에 두 동강 내는 아주 영리한 몸과 마음을 갖추어야 한다. 짐 보따리를 내려놓고서는 악착같이 물어뜯는 악독한 솜씨를 가진 사람이 되어서, 망정을 싹 쓸어버리고 이제껏 배워서 이해한 주장이나 살 속에 착 달라붙은 지견을 한꺼번에 엎어버려 대뜸 가슴이 텅 비게 해야 한다. 자기의 사사로움을 노출하지 않고 한 물건도 위하지 말고 그대로 철저하게 깨달아, 옛사람들과 털끝만큼도 다름이 없도록 해야 한다.

그러나 이렇게 되었다 해도 향상의 일이 있음을 알아서, 스승을 넘어설 지략이 있어야 한다. 그 때문에 옛날에 부처님의 향상 경계를 묻자 "부처가 아니다."라고 대답했고, 다시 "방편으로 부처라고 부른다."라고 답변했던 것이다.[1] 그렇다면 견성성불도 방편일 뿐이니, 이 가운데서 어떻게 동쪽 서쪽을 가리키겠는가.

가만히 계합하여 스스로 잘 간직해서 마침내 쇄쇄낙락할 수 있으면 다시 무슨 열반을 증득한다느니 생사를 깨친다느니 하는 말이 있을 수 있겠는가. 모두 군더더기이다. 그러니 나의 말도 지극한 도리로 삼지 말아야 부처의 병통과 조사의 병통을 비로소 면할 것이다.

대장부가 마음의 요처를 참구하려 한다면서 어찌 일정한 한계를 세우랴. 다만 깊은 신심을 갖추고 한결같이 앞을 향한다면 실제의 경지를 밟지 않을 자는 결코 없으리라. 매일 새롭고 나날이 참신하며 매일 덜어내고 나날이 덜어내어 한 걸음 물러나 밑바닥까지 이르면 될 뿐이다. 그리하여 끝까지 이르러서는 그것마저도 세우지 않는 이것이야말로 바로 공부인 것이다.[2]

주
:
1 『균주동산오본선사어록(筠州洞山悟本禪師語錄)』 권1(T47-510b).
2 『원오불과선사어록』 권15(T47-784b)에 전한다.

100

양주(楊州)의 승정(僧正)
정혜(淨慧) 대사(大師)에게 드리는 글

이 일은 작가 선지식을 의지해서만 통할 수 있으니
천 리를 논할 것 없이 가풍이 저절로 같다
명성을 들은 지 10년인데 이제야 서로 만나
금강울타리와 밤송이를 꺼내 보인다.

箇事唯憑作者通(개사유빙작자통)
不論千里自同風(불론천리자동풍)
聞名十載今相遇(문명십재금상우)
拈起金圈栗棘蓬(염기금권율극봉)

양주(楊州) 땅의 전(前) 승정(僧正)이셨던 정혜대사(淨慧大師) 종(宗)스님께서 일부러 강을 건너 종부(鍾阜) 땅에서 찾아오시어 저를 위해 큰 인연을 만드시려고 그저 소참(小參)을 청하시니 이 게송으로 대사의 성의에 보답코자 합니다.

정혜 대사께서는 평생 매우 청정히 수행하였으니 이는 숙세에 심은 복연(福緣)으로, 마치 부처님이 세상에 생존해 계실 때 수보리의 방 안이 보배로 가득했던 것과도 같습니다. 근성이 명민하여 집착이 전혀 없고 득실을 알아, 모든 사물이 뜻밖에 닥쳐오더라도 마음을 다잡아 오직 이 하나 참구하기만 힘썼을 뿐입니다. 잠깐밖에는 만나 뵙지 못했으나 매우 확고부동하게 애를 쓰시니 기대에 부응하도록 스님을 위해 뜻을 펴 보이겠습니다.

조사와 모든 부처님이 외길로 전하고 밝혀 보이신 것은 사람마다 제 발 아래 본래 있는 성품에서 벗어나지 않습니다. 성인과 범부의 기세계(器世界)와 6근과 6진인 정보(正報)는 오랜 겁토록 끊어진 적이 없었으나 각자 사람마다 망상으로 티끌 경계를 반연하여 장애에 가렸을 뿐입니다.

그러므로 근본의 큰 역량을 발현해 용맹하게 닦아 지녀서 한 생각도 내지 않고 앞뒤가 끊기면, 단박에 이 마음을 분명하게 믿고 이 자체를 분명하게 보아서 허공같이 넓고 태양처럼 밝아집니다. 주관과 객관이 나뉘지 않고 한계를 짓지도 않으며, 처음부터 끝까지 단박에 철저하게 깨치면 마음 그대로 부처임을 꿰뚫을 수 있습니다. 따로 부처라 할 마음이 있는 것도 아니고 마음이라 할 부처가 있는 것도 아니어서 적나라하게 텅 비고 오묘하고 분명하게 통하여 절대로 의지하거나 기댐이 없습니다.

이는 마치 사람이 한량없는 보배 창고를 열면 그 가운데 있는 모든 것이 다 자기 재물인 것과도 같습니다. 매일매일 쓰더라도 온 천지 어디에도 감출 수 없이 완전히 쉬어버린 무념무심의 경계로 들어가니, "한 구절에 깨달아 백억 법문을 뛰어넘는다."[1]고 한 것입니다.

밥숟가락 드는 사이의 천만 가지 일과 천 마디 만 마디 구절들이 어찌 다시 차별이 있겠습니까. 이제 힘을 덜려 한다면 망상의 외연과 의심의 망정을 쉬어 깨끗이 다한 곳이 바로 자기가 생사를 투철히 벗어난 곳임을 알 것입니다. 그저 이것이 바로 금강울타리이고 밤송이이니, 반드시 이 자리에서 알아차려야 합니다.

주
:
1   "一句了然超百億(일구요연초백억)":『영가증도가』(T48-396c).

101

각(覺) 선인(禪人)에게 주는 글

●

　불조의 종승(宗乘)에서는 단도직입만을 힘쓸 뿐이다. 마치 큰 코끼리가 강을 건너듯 굉장한 기세로 밑바닥까지 사무쳐야지 만약 조금이라도 주저했다가는 천 리 만 리 어긋나 어찌해볼 도리가 없다. 그러므로 예로부터 고덕들은 방할(棒喝)을 쓰고 마치 전광석화와도 같이 방편과 경계에서 참구하였으니, 가풍의 규식을 약간이라도 노출했다 하면 벌써 진탕 속으로 이끌고 풀구덩이 속에 떨어져 버린다. 그런데 어찌 다시 깊고 얕음, 득실, 편벽됨과 원만함, 사리(事理) 등의 알음알이를 따지랴. 흙 위에 진흙을 더한 격이라는 점을 분명히 알아야 한다.
　그러므로 준수한 부류는 최상승의 도장을 차고 있는 것이니 천 개의 해가 동시에 비춰서 어둠을 밝히는 것과도 같다. 문에 들어오는 것을 보기만 하면 눈을 들고 입술을 움직이지 않아도 먼저 오장육부를 꿰뚫어 본다. 대체로 본분종사의 솜씨는 애초에 조작이 없고, 그저 재빨리 스스로 알아차려서 훌쩍 일어나 대뜸 가버리는 것을 귀하게 여길 뿐이다.

그래서 고금을 가두고 시방을 눌러앉아서 만세천겁토록 실낱만큼도 변하지 않는다. 만약 이처럼 단박에 초월하지 못한다면 우선 스스로 6근과 6진의 허망한 인연을 툭 털어 버리고, 나아가 청정 오묘하고 빼어난 도리로써 텅 빈 곳을 마주해야 한다.

마치 통 밑이 빠진 듯 가슴이 깨끗하며, 의심의 망정이 다하고 훌륭하다는 생각도 모두 잊어서 자연히 근본이 환하게 밝아지면 옛사람들과 똑같이 증득하여 일찍이 간격이 없어진다. 바로 이것이 진리에 들어가는 문이며, 마음 깨닫는 법칙이다. 끝내 촉루식(觸髏識)을 가지고 귀신을 보고 그림자와 광채를 인식하지 말라. 소굴에 떨어지면 빠져나올 수가 없다.

그래서 옛사람은 "마음 그대로가 부처이다."라고 말했고, 또 "마음도 아니고 부처도 아니다." 했으며, 또 "마음도 아니고 부처도 아니며, 물건도 아니다."라고 하였다. 또 "삼서근[麻三斤].", "저울추를 톱으로 자른다."[1] 등등 천차만별이었다. 만약 이를 단박에 알아차린다면 어찌 두 갈래가 있으랴. 때문에 한 번 알아 버리면 일체를 알고 한 번 밝히면 일체를 밝히는 것이다.

그러나 이 밝히고 안 것까지도 모름지기 세 동강을 내야 한다. 그래야만 비로소 하릴없고 함이 없는 경지에 들어가 진실 합당한 곳을 밟을 것이다.

주
:
1   『고존숙어록(古尊宿語錄)』 권25 「균주대우지화상어록(筠州大愚芝和尚語錄)」(X68-163c).

102

자(自) 선인(禪人)에게 주는 글

　처음 발심한 사람이 용맹스런 마음으로 밥 먹고 잠자는 것마저 잊은 채 오로지 확실한 데에만 전념하는 것은 훌륭한 일이다. 더구나 한창 나이에 고향의 포근함을 그리워하지 않고 청정고아한 대중을 따라서 이 하나의 큰 인연을 몸소 닦는 것은 실로 숙세에 심은 큰 근기가 있었기 때문이다. 그러나 다시 매일 삼가고 애써서 단박에 씻은 듯 벗어나 자유로이 법도를 실천하며 따라야 한다.
　이미 도를 닦겠다는 마음을 먹고 대중을 대신하여 발우를 지녔다면 좋지 않은 일이라 할 수 없다. 외진 곳에 거처한다 해도 빽빽이 많은 사람의 속에 있는 것처럼 해야 하니, 이것을 "스스로 총림을 짓는다."고 한다. 소매에 소개장을 넣고 신도 집에 명함을 내밀며 사람을 만나 예를 차리는 등 매일 작용하는 가운데서 스스로 참구해야 한다.
　그러면 모든 경계와 인연이 모조리 자기가 깨달아 들어가는 길이 될 것이다. 한 티끌 속에서 투철히 벗어나면 온 세계가 모두 큰 보배 창고가 된다. 이 깊은 무더기를 발현하면 8만의 티끌 번뇌가 모두 8만의 바라밀이 된다. 바깥 물건을 움직여 자기에게로 귀결시키고 가는 곳마다 마음을 알아서 공부하는 경계를 만들어야 한다. 그러므로 고덕은 "산승이 그대를 위해 방편을 틔워 주는 것은 도리어 한계가 있으니 저 산하대지와 일체 음성과 자기의 마음이 일어나는 자리가 그대로 문수·보현·관세음의 오묘한 방편인 것만 못하다."고 했다.

 듣지 못하였느냐. 보수(寶壽)스님이 화주를 나갔다가 시장에서 두 사람이 서로 다투는 것을 보았는데, 곁에 있는 사람이 화해를 권하면서 "너는 이처럼 면목이 없느냐?" 하는 것을 듣고서 단박에 통 밑이 빠진 듯했다. 그는 그 뒤로 세상에 나와 풍우의 조화를 부리듯 하였던 것이다.

 다만 처음 발심했던 마음처럼 한결같이 변하지 말아야 한다. 자기의 칠통팔달한 자재력을 가지고 의심이 없는 경지에 도달하면, 스스로 불조를 초월하고 생사를 투철히 벗어나는 것은 일도 아니다.

103

유(有) 선인(禪人)에게 주는 글

"지극한 도는 어려움 없으니 그저 이것저것 가리지 않기만 하면 된다."[1]는 말은 진실하다 하겠다. 조금이라도 가림이 있다면 그것은 마음이 생긴 것이다. 마음이 생기고 나면 나와 남, 사랑과 증오, 좋고 싫음, 취하고 버림이 쑥쑥 일어나서 저 지극한 도로 나아가기란 요원하지 않겠느냐.

지극한 도의 요점은 마음을 쉬는 데에 있을 뿐이니 마음을 쉬고 나면 모든 인연이 쉬어버린다. 허공같이 툭 트여 조금도 의탁함이 없는 이것이 진실한 해탈인데 어찌 어려움이 있으랴. 그러므로 이 근종지(利根種智)를 갖춘 옛 분들은 잠깐 건드려 주기만 해도 떨치고 일어나서 바로 떠나 통쾌하게 스스로 짊어지고 결코 그것과 관계하지 않았다.

대매(大梅, 752~839)스님의 "즉불즉심(卽佛卽心)"과 용아(龍雅, 835~923)스님의 "동산의 물이 역류한다"[2]와 조과(鳥窠, 741~824)스님이 실오라기를 입으로 불었던 것과 구지(俱胝)스님이 한 손가락을 치켜세웠던 경우는 모두 근원을 곧바로 깨달아 결코 기댐이 없었다. 지견의 장애를 훌쩍 벗어나 깨끗하니 더러우니 하는 상대적인 견해에 걸리지 않고 위없는 진실한 종지를 초월해서 깨달아, 함이 없고 조작이 없는 경계를 밟았던 것이다.

요즈음 도를 배우는 이가 이미 지향하는 목적이 있다면 마땅히 힘써 옛사람과 짝이 되어 마음 깨칠 것을 기약해야 한다. 참된 경지를 밟으면 하는 것마다 모두 근본 자리로 돌아가 모든 성인도 그를 가두지 못하며, 알음알이가 다 없어지고 잘잘못을 모두 벗어난다. 바로 이것이 하고자 함도 없고 의지함도 없는 진정 자유자재한 도인이다. 여기에 이르렀는데 어찌 다시 어려움과 쉬움을 논하랴. 결국 어려움 없고 쉬움 없는 그것 역시 있을 수 없다.

납승이 말 구절 속에서 몸을 벗어나는 까닭은 아마도 향상의 방편을 갖추어 말없는 속에서 말을 드러내고, 몸 없는 가운데서 몸을 나타내기 때문일 것이다. 말길이 끊기고 마음 갈 곳이 끊어져 무심하고 넓게 텅 비지만, 잠깐이라도 기연이 있기만 하면 천지를 덮는다.

이를 두고 면면밀밀(綿綿密密)하여 간격이 없다고 하는 것이다. 이는 억지로 되는 것이 아니라, 자유자재한 경지와 같은 것이다. 이 때문에 모든 하늘이 꽃을 바치려 해도 길이 없고 마군 외도가 가만히 엿보려 해도 볼 수가 없으니, 이처럼 실천해야 자연히 모든 삼매를 초월한다고 할 만하다.

　옛사람이 무위무사(無爲無事)로 극치를 삼은 것은 아마도 그 마음 근원이 맑고 텅 비어 융통하고 실제로 이 경계를 밟았기 때문일 것이다. 그렇다고 결코 여기에 머무르지도 않았으니 소반이 주옥을 굴리듯 주옥이 소반에서 구르듯 하였다고 할 만하다. 그러니 어찌 급하게 단박 멈추게 할 수 있는 것이겠는가. 그래서 죽은 뱀이라 할지라도 희롱할 줄 알면 살려 놓는다고 하였던 것이다.

　장경(長慶, 854~932)스님은 "도반과 어깨를 부딪치며 지나는 순간 일생의 참구하는 일을 마쳤다."[3]고 하였다. 분명코, 홀로 벗어나지 않았다면 어떻게 이 일이 있는 줄을 알 수 있으랴. 진실로 알아야 할 것은 이러한 사람만이 이러한 일이 있는 줄을 안다는 점이다.

　어떤 스님이 조산(曹山, 840~901)스님에게 물었다.

　"땅에서 자빠진 사람은 땅을 짚고 일어난다 하는데 어떤 것이 자빠지는 것인지요?"

　"하려고 하면 자빠지는 것이다."

　"어떤 것이 일어나는 것인지요?"

　"일어나는구나."[4]

　눈 밝은 사람은 꿰뚫어 보고 다시는 따로 구하지 않는다. 이 한 뙈기 터는 험한 곳은 험하고 평탄한 곳은 평탄하여, 선 자리에서도 밝히지 못하면 앉은 자리에서도 밝히지 못한다고 해야 무방하리라.

　옛사람은 뜻을 얻은 다음에 깊은 바위나 궁벽한 골짜기나 띠풀

집이나 돌집에서 완전히 쉬어 마음에 간직했던 것을 놓아 버리고 살아나갔다. 명리를 버리고 세속에 관계하지 않으면서 자기 일을 마친 뒤에 인연을 따랐다. 나오지 않으면 그만이었지만 한 번 나왔다 하면 반드시 무리를 놀라게 하고 대중을 조복 받았다. 그것은 아마도 근원이 깊어 물줄기가 길었기 때문이다.

  지금은 이미 심산궁곡에 들어가진 못한다 해도 아무것도 모르는 사람처럼 단지 본분에 의지하여 맑고 고요함을 지켜야 한다. 그러면 가는 곳마다 현재 그대로를 지켜 편안함을 얻을 것이니, 이것도 역시 심기(心機)를 쉬는 근본이 아니겠느냐.

주
:

1 "至道無難(지도무난) 唯嫌揀擇(유혐간택)": 『신심명(信心銘)』(T48-376b).
2 용아거둔(龍牙居遁, 835~923)이 동산양개(洞山良价, 807~869)에게 조사가 서쪽에서 온 뜻을 묻자 동산이 "동산의 물이 거슬러 흐르기를 기다렸다가 말해 주리라." 하였다. 이 말에 용아거둔이 활연히 깨달았다. 『선문염송』 제895칙 "동수(洞水)"(H5-645b).
3 『연등회요(聯燈會要)』 권24(X79-210b).
4 『무주조산원증선사어록(撫州曹山元證禪師語錄)』 권1(T47-528c).

104

월(月) 선인(禪人)에게 주는 글

옛날 조산(曹山, 840~901)스님이 오본(悟本, 동산, 807~869)스님에게 하직인사를 하자 오본스님이 물었다.

"어디로 가느냐?"

"변함이 없는 곳으로 가렵니다."

"변함이 없는 곳에 어찌 감이 있겠느냐?"

"가더라도 변하지 않습니다."

그러자 오본스님은 그를 알아차렸다. 그것은 그의 깨우침이 빈틈없이 면밀하여 큰 안락을 얻어 통하지 않은 바가 없었기 때문이다. 그러므로 기관작용의 길[機路]이 말쑥이 깨끗하면 모든 사람이 가두어도 머무르지 않으며, 말을 하게 되더라도 단도직입적이어서 전혀 장애와 걸림이 없었다.

만일 가슴에 조금이라도 알음알이가 있어 곳곳에서 집착한다면 어떻게 말끝에서 단박에 이처럼 끊을 수 있었으랴. 이 의도를 잘 체득하면 참으로 변함이 없어져서 천생만겁이 지나도 다만 여여(如如)할 뿐이다.

두서없이 어지러워도 낱낱이 분명하여 아무 변함이 없으니, 어찌 끝없는 허공 같은 완전한 선정을 얻지 않겠는가. 그 때문에 "오묘한 자체는 본래 처소가 없으니 온몸인들 어찌 자취가 있으랴."[1] 하였다. 그러니 "가더라도 변함이 없다." 한 뜻이 분명할 것이다.

석가 부처님은 "나는 지금 그대를 위해 이 일을 보임(保任)하노니 끝내 헛된 것이 아니다."[2]라고 하셨다. 이야말로 불지견(佛知見)의 연원을 사무치면 모두가 실제 아님이 없음을 알 수 있다. 참된 경지를 밟으면 모든 행동거지가 헛된 데에 떨어지지 않는다. 낱낱이 처음부터 끝까지 고금을 초월하여 그 형상을 찾으려 해도 터럭만큼도 찾지 못한다. 그 진실 합당함의 극치는 밥 먹고 옷 입는 4위의(四威儀) 가운데 완전한 모습 그대로 이루어져 있다.

요컨대 그것을 지극한 보배를 얻은 듯 정중히 보임해야 한다. 그것을 보호하고 기르면 큰 역량을 얻어, 이로써 세상을 제도하고 중생을 이롭게 하는 데에 감당하지 못할 것이 없게 된다. 바야흐로 부처의 아들이 되어 석가 부처님이 애써 말씀하신 것을 저버리지 않으리니, 이것을 "은혜를 알면 은혜를 갚을 줄 안다."고 하는 것이다.

주
:

1 "妙體本來無處所(묘체본래무처소) 通身何更有蹤由(통신하갱유종유)": 동안상찰(同安常察, ?~961)의 『십현담(十玄談)』 제3송 '현기(玄機)'의 제3구. 『경덕전등록』 권29(T51-455b).

2 "我今爲汝保任(아금위여보임) 此事終不虛也(차사종불허야)": 『묘법연화경』 권2 「비유품(譬喩品)」(T9-13b).

105

본(本) 선인(禪人)에게 주는 글

"항상 홀로 다니고 항상 홀로 걸으니 통달한 사람과 함께 열반의 길에 노닌다."¹는 말은 바로 "만법과도 짝하지 않는다"고 한 말의 대의(大意)라고 할 수 있다. 그런데 하물며 자기에게 본래 있는 발밑에 범부와 성인을 길러내고 시방 허공을 머금었다 토해내는 경우이겠는가. 어느 법도 그 힘을 받지 않음이 없으며, 어느 일도 그로부터 나오지 않음이 없으니, 어찌 바깥 물건이 있어서 장애가 되겠는가.

다만 자신의 믿음이 미치지 못하여 흔들릴까 걱정이다. 만약 환하게 밝혀 투철히 벗어나면 결코 한 마음도 나지 않는데 어느 곳에 다시 허다함이 있으랴. 그 때문에 "신령한 광채가 홀로 빛나면서 6근과 6진을 아득히 벗어났다."²고 한 것이다.

요컨대 본래부터 자기에게 갖추어진, 살아 있는 높고 오묘한 자체를 당장에 알아차려야 한다. 그러고 나면 언제 어디에서나 그것과 마주쳐 원융하게 받아들이지 않음이 없다. 밥 먹고 옷 입는 모든 행동거지와 세간이니 출세간이니 하는 것이 모두 밖에서 얻는 것이 아니다. 이를 통달하고 나면 다만 평상(平常)을 지킬 뿐 모든 견해를 내지 않으니, 무슨 "한입에 서강의 물을 다 마신다"느니 하는 말을 하랴.

설사 백천의 부처님과 한량없는 조사가 이루 셀 수 없는 괴이한 신통변화를 나타낸다 해도 한 수를 쓸 필요도 없다. 이처럼 믿고 보아 사무친다면 어찌 행각하는 일을 결판냈다 하지 않으랴.

주
:
1   "常獨行常獨步(상독행상독보) 達者同遊涅槃路(달자동유열반로)":『영가증도가』(T48-395c).
2   "靈光獨耀(영광독요) 迥脫根塵(형탈근진)":『고존숙어록』 권1 「백장회해선사(百丈懷海禪師)」(X68-5b).

106

달(達) 선인(禪人)에게 주는 글

 큰 도의 당체는 혼돈(混沌)이 아직 나뉘기 이전이나 아득하고 황홀한 자리에 있지 않다. 그렇다고 고의로 깊숙하게 은폐하여 사람들이 알아차리거나 헤아리지 못하도록 하는 것도 아니다. 지극한 밝음은 밝음이 아니며 지극한 오묘는 오묘가 아니니, 만약 숙세의 근기가 완전히 익어서 고요하면 듣자마자 들어 보이고 단박에 귀결점을 안다.

 그리하여 다시는 밖으로 치달려 찾지 않고 바로 자신의 발밑에서 백 가지를 맞추고 천 가지를 알아차려 완전한 당체를 그대로 이룬다. 나아가 경계에 부딪치고 외연을 만나더라도 모조리 처음부터 끝까지 사무쳐 눌러앉고 꽉 쥐고 주인이 되어, 끝내 다른 사람의 혀끝에서 나온 주장이나 고금의 가르침이나 기연과 경계의 공안을 가지고 철칙으로 삼지 않는다. 그러므로 예로부터 작가 선지식은 오직 이것을 들고서 사람들에게 스스로 알아차려 걸머지도록 하였을 뿐이다. 어찌 다시 단계나 지위 점차 등을 세운 적이 있겠는가.

이런 경우가 닥쳐온다 하더라도 요즈음 형제들이 전적으로 마음을 쓰지 않는다고는 말하지 않겠으나, 요는 힘을 덜지 못했다는 것이다. 큰 근본, 큰 그릇, 큰 기틀, 큰 작용을 갖추어 하나를 들으면 천을 깨쳐서 골수에 사무쳐 통렬하게 깨달아 지녀야 한다. 털끝만큼이라도 한 번 빗나가기만 하면 그대로 알음알이의 길인 언전의식(言詮意識)의 6근과 6진으로 들어간다. 그 때문에 저 방편의 그물에서 벗어나지 못하고 끝없이 의심 품는 것을 면치 못한다. 그리하여 5년 10년씩 해온 둔한 공부를 한다 하더라도 끝내 과감하게 결단하지 못한다.

평소에 형제들에게 권하듯이, 맹렬하게 분심(忿心)을 내서 이제껏 배워 안 것과 얻고 잃음의 틀을 버려라. 흡사 만 길 절벽에서 손을 놓아 버리듯 목숨을 놓아 버려 그로부터 숨결 하나 없이 아주 죽은 사람처럼 되었다가 밥숟가락 드는 사이에 다시 깨어나면, 그대를 속이려 해도 되지 않는다. 이처럼 끝까지 가서 실제의 경지에 당도하여 밟으면 허공처럼 넓고 태양처럼 밝아서 다시는 조작이 필요하지 않다. 일체가 스스로 원만히 이루어져 하루 종일 모든 성인들과 함께하면서 모두가 수승하고 기특하여 씻은 듯이 벗어난다. 입에서 나오는 대로 말하고 다리 가는 대로 가는데 다시 무엇을 의심하랴.

듣지 못하였느냐. 옛 분들이 사람들을 가르칠 때 "도는 깨달음을 말미암고 법은 보고 들음을 떠났다."고 하셨다. 정확하게 깨닫기만 한다면 무슨 부처님이 말할 줄 모를까 근심하랴. 부디 일상생활 속에서 다른 견해를 일으키지 말고 놓아 버려 가슴속을 깨끗하게 비워야 한다. 정신을 차리고 스스로 엿보기를 오래 하면 반드시 믿고 들어가는 곳이 있으리라.

만일 한가로움만을 지켜 눈을 지그시 감고 있다면, 요컨대 노주(露柱)와 등롱(燈籠)에게 참문하라. 부처의 종성(種性)이 있는 사람이라면 마침내 죽은 물속에 처박혀서는 안 된다는 것을 알아야 한다. 하려는 마음만 있다면 결코 그대를 속이지 못한다.

보리는 언설을 떠나 있으며 원래부터 체득한 사람이 없다. 마혜수라(摩醯首羅)[1]의 진정한 안목을 갖춘 영리한 납자는 듣자마자 바로 들어 보이고 바로 꿰뚫어 살펴서, 한계를 지어 해탈이라는 깊은 구덩이 속에 떨어지는 짓을 하지 않는다. 어떤 사람은 혹 언어적인 주장을 허용하면서 "언설을 떠남이 진실한 언설이며, 얻음이 없는 사람이 실제로 증득한 사람이다."라고 하기도 하는데, 이런 이는 그 자리에서 빗나가 언어문자에 속박되고 전도되어 끝내 위로부터의 일을 밝히지 못한다.

그러므로 이 종문에선 그윽하게 계합하고 가만히 부촉함을 힘쓰나 이미 모든 부처님의 후예가 되었으니, 가풍을 계승하고 정인(正印)의 심오한 방편을 완전히 제창함을 밝혀서 생사 번뇌의 못된 집착과 속박을 벗어야 한다. 그래서 영가스님은 "대장부가 지혜의 칼을 잡으니 반야의 칼끝이며 금강의 불꽃이로다."[2] 하였다. 어찌 그 사이에 머뭇거림을 용납하겠는가.

생사가 큰일이라고는 하나 진실로 투철히 벗어 버리면 크다고 할 것도 없다. 왜냐하면 두려움이 없기 때문이다. 진실하게 알고 실제로 깨달아 여여(如如)하게 요동하지 않으며 만물이 생성 변화하는 안팎에서 핵심을 살펴 툭 트여 명백하고 처음과 끝이 모두 평등하여 애초에 얻고 잃음이 없다. 그리하여 항상 이 큰 광명을 잡고 두루두루 비추는데, 마치 해와 달이 높이 떠서 가듯, 사자왕이 자유롭게 유희하듯 한다.

백천 겁을 줄여 일념을 만들기도 하고 일념을 늘려서 백천 겁을 만들기도 한다. 또한 수미산을 겨자씨 속에 넣기도 하고 대천세계를 시방 밖으로 던지기도 하니, 모두가 일상적인 내 마음의 부분일 따름이다. 그런데 무슨 깨끗함과 더러움, 가는 것과 오는 것 따위에 장애되며, 생사득실에 얽매이랴.

옛 스님은 "태어남은 마치 윗도리를 입는 것과 같고 죽음은 다시 바지를 벗어 버리는 것과도 같다."[3]고 하였는데, 그가 생사를 큰 변고로 여기지 않았다는 것을 알 만하다.

주
:

1 마혜수라(摩醯首羅) : 여섯 개의 팔과 세 개의 눈을 갖고 흰 소를 타고 있는 신인데 여기서는 광대무변한 지혜를 갖춘 사람을 말한다.
2 "大丈夫秉慧劍(대장부병혜검) 般若鋒兮金剛焰(반야봉혜금강염)" : 『영가증도가』(T48-396b).
3 "生也猶如著衫(생야유여착삼) 死也還同脫袴(사야환동탈고)" : 『경덕전등록』 권30 「소계화상(蘇溪和尚) 목호가(牧護歌)」(T51-462c).

107

인(印) 선인(禪人)에게 주는 글

　참구하는 요점은 스스로 아침저녁을 가리지 말고 일삼아 오래도록 언제나 여기에 생각을 두어야 한다. 스스로 살피다 보면 단박에 정식(情識)이 끊어지고 사량분별이 사라져 하루아침에 통 밑이 빠진 듯할 것이다. 마음 위에서 다시 마음을 보지 않는데, 부처 위에 어찌 부처를 만들겠는가. 크게 쉰 경지를 얻어서 텅 비어 한가롭고 고요하며, 모양 없고 함이 없으며 집착 없고 머무름이 없다.

　조사의 말씀은 결코 다른 일을 밝혔던 것이 아니라, 몸과 마음의 본래 성품이 공(空)인 줄을 알면 이 사람이 부처와 무엇이 다르냐 하는 것이었다. 다만 몸소 참구하여 결국 깨달아 들어갈 곳이 있게 되면 다시 증거를 받아야 한다. 바로 이것이 일을 마친 사람이니, 자세히 살펴보라.

　만학(晚學)의 초참 납자가 잠시 참구하려 하나 더듬어 들어갈 곳이 없으므로 선덕(先德)이 자비를 베풀어 옛 분들의 공안을 들게 한다. 이는 대개가 법도를 시설하여 미친 듯이 멋대로 헤아리는 그들의 마음을 잡아매어 알음알이를 쉬게 하여 한결같은 경지에 이르게 하려는 것이다. 단박에 밝히기만 하면 마음은 밖에서 얻는 것이 아니니, 지난날의 공안은 주인을 부르는 초인종에 불과하다.

방거사(?~808)가 마조(709~788)대사에게 "만법과 짝하지 않는 이는 어떤 사람입니까?"라고 묻자, 마조스님은 "그대가 한입에 서강의 물을 다 마신다면 말해 주리라."고 대답했다.

다만 고요하고 묵묵히 침착하게 살핀 뒤에 들어보라. 오래 하다 보면 반드시 귀결점을 알게 될 것이다. 만약 말로 설명하고 주해한다면 알음알이만 더할 뿐, 이 법문의 해탈경계로 들어갈 인연이 없어진다. 진실로 믿고 또 믿어서, 깨달음을 목표로 삼을지언정 더디고 늦는 것을 걱정하지 말라.

병고가 몸에 있으면 마음을 잘 거두고 바깥의 경계에 흔들리지 말아야 한다. 마음속에서도 생각을 일으키지 말고, 생사의 일은 크며 죽음[無常]은 신속하다는 것을 항시 염두에 두어 잠시도 게으름을 피워서는 안 된다. 화[嗔心] 한 번 내더라도 3업에서는 큰 허물이니, 혹시 좋거나 싫음이 있더라도 절대로 마음을 내지 말아야 한다. 항상 자기를 비우고 마음을 바르게 해서 밖에서 와서 부딪치는 것을 마치 빈 배나 뒹구는 기왓장처럼 보면, 바깥 물건과 내가 모두 고요하여 마음이 요동하지 않는 경지에 도달할 것이다. 깊이 깊이 생각하라.

108

묘각(妙覺) 대사(大師)에게 드리는 글

도를 배우려면 우선 스승을 선택해야 합니다. 이미 정수리에 바른 안목을 갖춘 선지식을 만났다면 그에게 의지해서 생사를 해결해야 합니다. 반드시 용맹하게 몸과 마음을 놓아 버리고 망정을 잊은 채 참구해야 합니다. 깨달아 들어감을 바탕으로 하여 본래부터 홀로 벗어나 걸림 없는 본분사를 밝혀내야 합니다.

매일 덜어내고 덜어내어 의심 없고 지극히 참되며 완전히 쉬어 버린 곳을 밟으면 이것이 안목을 갖춘 참 학자입니다.

승부가 있고 형식을 간직하면 비록 이왕에 뛰어넘어 수승하다 하더라도 있음[有]도 모르고 마음을 두지 않으며 도를 배우지 않고 벗어나기를 구하지 않는 사람으로서, 그러면 이 종문에서는 아직 깊이 들어간 것이 못 됩니다. 이는 오히려 도중에 있는 것이니 역시 가련하다 하겠습니다.

참으로 출가하여 세속을 떠난 자는 요컨대 성인의 도를 널리 펴고 모든 사람을 제도하지만 사람을 제도했다느니 도를 얻었다느니 하는 자취가 없어야 비로소 향상인(向上人)의 행리처(行履處)에 초연히 나아갔다 하겠습니다. 향상인이 제 스스로 불법을 알고 묘과(妙果)를 증득하여 불조를 초월했다고 말하겠습니까. 절대로 그럴 리가 없습니다. 그것은 내개가 털끝만큼이라도 주관과 객관을 나누는 알음알이로 깨달아 들어감을 찾기 때문인데, 그러나 끝내 얻을 수 없습니다. 그런데 하물며 치성하도록 견해의 가시를 내는 경우이겠습니까. 그러므로 옛 분은 "체득한 사람은 무심을 지킬 뿐이다."라고 하였으며, 왕노사(王老師, 남전, 748~835)는 다만 바보처럼 가기를 바랄 뿐이었습니다. 왕노사가 늘 이렇게 법문[垂示]하는 것을 보지 못하였습니까.

"3세의 모든 부처님은 있다[有]는 것을 모르는데 고양이와 흰 암소가 도리어 있음[有]을 안다."[1]

설사 완전히 고양이와 흰 암소가 된다 하더라도 그 속에 눌러앉아선 안 됩니다. 요컨대 이처럼 한다 하여도 저쪽에서 손을 탁 놓아야 할 것입니다.

협산(夾山, 805~881)스님은 "그대가 푸른 연못을 거울처럼 맑게 한다 하더라도 끝내 밝은 달이 내려오게 하기는 어렵다."[2]고 했습니다. 다다라서 사무치지 못하면 이는 모두 그림자와 메아리로서 돌장승의 머리를 방망이로 치는 격입니다. 진지하게 참다운 일을 논하여 구경처를 보아야 합니다. 옷 입고 밥 먹는 것이 다른 사람이 아니긴 하지만, 그러나 요컨대 땀 냄새 밴 장삼을 벗어버려야 하는데, 거기에 머물러 막혀 있어서는 안 됩니다. 이미 땀 냄새나는 장삼을 벗었다면 그는 틀림없이 번뇌를 벗어나 해탈을 얻은 무위무사의 큰 도인일 것입니다.

주
:
1 『벽암록』 권7(T48-193bc).
2 "任你碧潭淸似鏡(임이벽담청사경) 終敎明月下來難(종교명월하래난)": 『연등회요(聯燈會要)』 권21(X79-179c) 『연등회요』에는 첫 구절이 "假使碧潭淸似鏡(가사벽담청사경)"으로 되어 있다.

109

인(仁) 서기(書記)에게 주는 글

　설봉(822~908)스님은 마치 금시조(金翅鳥)가 바다를 가르고 용을 낚아채듯 학인을 지도했으니, 이런 경우가 어찌 설봉스님뿐이었으랴. 예로부터 크게 도를 갖춘 인재로서 날카로움과 관조를 동시에 지니고, 노련한 작가 선지식의 솜씨를 간직한 분이라면 모두 이러하였다. 이는 아마도 단도직입하지 못하면 힘을 다하지 않고 은산철벽처럼 초준(峭峻)한가 하면, 곧 완둔(頑鈍)한 공부를 지어 갔기 때문이리라. 그러므로 임제스님과 덕산스님이 '방'과 '할'을 행하면서 독한 솜씨를 썼던 것은 바로 큰마음·큰 그릇·큰 근기들이 향상을 알아차리게 하고 그저 눈앞에 보이는 그림자와 입에서 나오는 성색만이 전부라고 인식하지 않게 하려 함이었다. 그 때문에 '향상의 한 길은 모든 성인도 전하지 못한다'고 하였던 것이다. 만약 영리한 놈이라면 듣자마자 들어 보이고 바로 투철히 깨달아, 결코 남의 격식이나 지키면서 남의 죽은 말을 취하지 않는다. 자, 방·

할을 행했던 귀결점은 어느 곳에 있느냐? 용을 낚아챈 뜻을 밝히지 못하면 다시 분분해진다. 대장부는 자기의 신령함조차도 소중히 여기지 않는데, 어찌 다른 사람의 주장[露布]을 갖다가 자기 마음으로 삼으랴!

 결코 다른 사람에게 속지 말고 헌걸차게 우뚝 서서 이제껏 의지하고 기댔던 것을 끊어, 현묘한 이치와 계략하던 행동을 떨쳐 버리고 본분의 일을 체득해야 한다. 이미 체득하여 본분의 자리에 이르고 나면 그저 팔을 베고 누워 있다 해도 완전히 쾌활한 사람이다. 말끔히 다 없어져서 그윽하지 못하다면 아득히 이처럼 가리니, 겨우 머리를 돌려 당처를 보아 붙들었다 하더라도 털끝만큼이라도 의심이 있으면 영영 빗나가 관계할 바가 없으리라. 듣지도 못하였느냐. "알고 보니 황벽의 불법도 별것 아니었군."이라고 했던 임제스님의 말씀을. 참구하라!

110

이연(怡然) 도인(道人)에게 답하는 글

지난날 해주신 훌륭한 소참법문을 듣고 이 도를 가슴 깊이 간직하게 되었습니다. 더구나 이근상지(利根上智)인 도인께서는 확연히 스스로 알아차려 지극히 청정한 본원을 가지고 영롱하게 비추셨습니다. 투철하게 깨달아 문 밖을 나가지 않고서도 벌써 제방을 모두 경험해 버렸습니다. 그런데도 천박하고 고루한 저를 인정하여 살피시고 더욱 격려해 주셔서, 이미 같은 가풍으로 그윽이 계합하여 스스로 외롭지 않게 되었습니다. 이 일에 대해서 빠짐없이 늘어놓으신 한 구절, 한마디, 한 기틀, 한 경계가 모두 견줄 수 없는 깊은 이치였습니다. 심성의 현묘함도 아니고 어묵(語默)에 빠짐도 아니고 설명이나 주장도 아니었습니다.

처음부터 끝까지 철저하게 성색(聲色)을 덮어 누르고 보신불 화신불의 머리를 눌러앉아 시비득실에 떨어지지 않고, 근원을 꿰뚫은 청정하고 바른 안목이었습니다. 비록 사념이 적멸하긴 하나, 밝은 지혜로 속박을 벗어나 초연히 정수리 위의 하나를 홀로 증득하니, 이때에 어찌 가는 털끝만큼의 도리인들 있겠습니까. 공겁(空劫) 이전이나 위음왕불 이후도 있을 수 없습니다. 여기에 이르러선 모든 하늘이 꽃을 바칠 길이 없고 외도가 가만히 엿볼 수가 없습니다. 씻은 듯이 말쑥하게 깨끗하니 이것이 바로 본지풍광이며 본래면목입니다. 그야말로 부처님도 볼 수 없으니 "향상의 한 길은 모든 성인도 전하지 못한다." 하는 것입니다. 오로지 이 가운데의 사람이어야 한 번 들어 보여도 단박에 낙처를 알 것입니다.

111

황(黃) 통판(通判)에게 답하는 글

별지(別紙)의 실천담(實踐談)을 받아 보니 진실로 진리에 뜻을 둔 분이지, 부질없이 얘기 밑천이나 삼는 들뜬 근기나 그저 말만 숭상하는 천박한 학자가 아니십니다. 더구나 하나의 큰 인연은 사람마다의 근본이지 않습니까. 그것은 훤칠하게 융통하여 모든 현상을 포괄하고 멸하지도 나지도 않으면서, 고금에 뻗쳐 항상 일용하는 가운데 있습니다. 그러나 시작 없는 망상과 습기에 가리어 억지로 알음알이를 짓기 때문에 오롯이 벗어나지 못할 뿐입니다.

총명하신 공께서는 지금 이미 마음을 쉬고 힘을 다해 참구하여, 모든 허망한 인연을 떠나 여여한 성품을 아셨으며, '모든 모습이 모습 아님'을 보려 하십니다. 만약 확연하게 한결같이 오래도록 공부를 하시면 결정코 깨닫는 바가 있을 것입니다. 마치 부처님께서 "모든 모습이 모습 아님을 본다면 바로 여래를 보리라"[1] 하신 말씀대로 모든 모습의 당체는 끝내 얻을 수가 없습니다. 자기 마음 전체가 '모습 아님'입니다.

즉 여여하게 왔다가 여여하게 가면서 둘도 없고 다름도 없습니다. 온 전체가 그대로 참이라 본래 청정한 묘명진심(妙明眞心)에 계합하나 다만 자기의 본래면목일 뿐입니다. 굳이 사람들에게 모든 모습을 버리고 '모습 아님'을 위하여 밖에서 이리저리 찾게 한 것은 아닙니다. 그러나 이 마음은 본래 맑고 고요하여 사물과 내가 한결같이 여여하며 경계와 마음은 애초에 두 종류가 없습니다.

요컨대 마음이 그윽하고 경계가 고요해야 그런 뒤에 깨달아 들어갈 수가 있습니다. 깨달아 들어가고 나서는 깨달음도 깨달음이 아니며 들어감도 들어감이 아니어서, 마치 통 밑이 빠지듯 단박에 꿰뚫어야 비로소 남이 없고 함이 없으며 몹시 한가로워 현묘한 도의 바른 당체에 계합하게 됩니다.

지금 하시는, 마음을 쉬고 사려(思慮)를 맑히는 공부는 도에 들어가는 문호의 첩경입니다. 다만 이 마음만 갖춘다면 깊은 깨달음이 있을 것입니다.

옛 분이 "선정(禪定)에 편안히 쉬지 않는다면 여기에 이르러 온통 아득하리라."[2] 하였습니다. 이를 꿰뚫어 철두철미한 곳에 도달하면 현묘랄 것도 없고 불조라고 할 것도 없어서 그야말로 향상의 대기대용입니다. 그러나 그런 사람의 행리처라도 다시 있음[有]을 알아야 합니다.

이 일은 말속에 있지 않습니다. 운문(雲門, 864~949)스님은 "가령 말속에 있다면 일대장교(一大藏敎)에 어찌 말이 없겠으며, 어찌 달마조사가 서쪽에서 온 도리를 빌리겠는가."라고 하였습니다. 그러므로 조사가 오셔서 오직 '직지인심(直指人心) 불립문자(不立文字)'라는 어구만을 논했던 것은 알음알이를 잊고 참구하도록 하기 위해서였음을 알게 됩니다.

맑고 면밀하게 해서 한 생각도 나지 않게 되면 지난날의 지혜와 책략과 기틀과 경계로 헤아린 도리를 벗어 버리고 마음을 잊고 곧장 증득하게 됩니다. 그런 뒤에 일상생활을 하는 가운데서 이 정인(正印)으로 일체의 모든 모습에 도장을 찍으면, 다른 모습이 아니어서 척척 들어맞아 모두가 진정명묘(眞淨明妙)한 큰 해탈의 경계인 것입니다.

그러나 이를 깨달은 뒤에 다시 일상생활 속에서 모든 불조가 보여주신 정인정과(正因正果)를 의지하여, 세간에 잡되게 물들어 도를 해치는 모든 좋지 못한 업을 싹 물리치고 안온한 경지에서 수행해야 합니다. 이삼십 년을 이것만을 생각하여 이 마음을 고목처럼 담박하게 하면 이 몸 그대로 견고한 법신을 성취합니다. 인과를 무시하여 그저 텅 빈 공(空)이라거나 걸림 없다는 견해를 지을까 정말 걱정입니다. 이는 독 있는 가시이니, 부디 참구하여 깊은 깨침 도모하기를 바랄 뿐입니다.

주
:

1 "若見諸相非相則見如來(약견제상비상즉견여래)": 『금강반야바라밀경』 권1 (T8-749a).
2 『애주앙산혜적선사어록(袁州仰山慧寂禪師語錄)』 권1(T47-587b).

112

선인(禪人)에게 주는 글

　일반적으로 생사의 흐름을 끊고 무위의 언덕을 건너는 데에는 다른 특별한 것이 없다. 그저 당사자가 맹렬한 근기로써 자기의 흉금을 내걸고 일체의 유위(有爲)와 유루(有漏)는 헛꽃과 같아 원래 참다운 성품이 없는 줄 확실히 아는 것만을 귀하게 여기면 된다. 확실하게 비춰 보는 마음으로 스스로 돌이켜 관찰하고 확 뒤집어 보아서 붙잡고 자세히 살피기를 오래 하다 보면, 분명히 깨달아 들어갈 곳이 있을 것이다.

　이것은 결코 다른 물건이 아니며, 다른 사람이 힘을 들여 나를 깨닫게 해줄 수 있는 것도 아니다. 이는 마치 천 근의 짐을 걸머지는 사람에게는 그만한 역량이 있어야만 감당할 수 있는 것과 같다. 만약 기력이 약하면 그 짐에 깔려버린다. 그 때문에 큰 사람이 큰 견해를 갖추고 큰 지혜를 가진 자가 큰 작용을 얻는다고 하였던 것이다.

대장부라면 정신을 차려야지 어찌 산(山) 귀신의 굴속에서 살 궁리를 하겠는가. 언제 나와서 깨달을 기약이 있겠는가. 헤아릴 수도 없는 큰일을 걸머지고 망정과 견해를 초월하여 높고 뛰어난 뜻을 발현해야 한다면, 단박에 투철히 벗어나 시작 없는 옛날부터 내려오는 망상, 윤회, 너와 나, 득실, 시비, 영욕, 더럽고 탁함 등등의 마음을 떨쳐 버려야 한다. 그리하여 더럽고 깨끗한 두 쪽을 모두 의지하지 말게 해야 한다. 단박에 오롯이 벗어나면 한 물건에도 의지하지 않으니, 모든 성인도 알아차리지 못하는 때에, 중생과 부처 또는 세간과 출세간이 드러난 적이 없는 곳에서 한 생각도 나지 않고 앞뒤가 끊어진다.

　본지풍광을 밟고 본래면목을 분명하게 보아 깨치니, 단박에 견고해져서 털끝만큼도 견해의 가시가 없고, 안팎이 융통하여 호호탕탕하게 큰 편안함을 얻는다. 여기에서 몸을 돌려 숨을 토하고 이쪽 편에서 오면, 자연히 일상생활 속에서 모든 행위를 할 때 낱낱이 근본으로 돌아가니, 어찌 이것이 분수 밖의 일이겠느냐.

　밥 먹고 옷 입으면서 세간법을 닦는다 해도 여여하지 않음이 없고, 확연하게 꿰뚫지 못함이 없으며, 깨달은 그 당체와 상응하지 않음이 없다. 그런데 다시 무슨 고저와 향배를 따지겠느냐. 잠깐이라도 견해의 가시가 생기면 바로 목숨[命根]을 다친다.

　조사와 옛날 큰스님들이 방할을 행하는 등 백천억 가지 작용이 딴 뜻에서가 아니었다. 다만 사람들에게 완전히 죽은 사람처럼 스스로 투철히 벗어나고 스스로 쉬게 하고자 하였을 뿐이다. 어찌 자기만 깨닫고 세상을 제도하는 것을 완전히 쉬어 버리겠는가. 애쓰는 가운데 여가가 있으면 비원(悲願)을 잊지 말고, 이것을 옮겨서 아직 깨닫지 못한 사람을 일깨워 주고, 인간 세상에 살면서도 매이지 않은 배처럼 떠다니면 무심한 도인이라 부른다.

지금 아직 단박에 깨닫고 단박에 밝히지는 못했다 하더라도 우선 몸과 마음을 놓아 버려 텅 비게 해야 한다. 오래도록 텅 비어 고요하다 보면 갑자기 칠통(漆桶)을 타파하고 통 밑이 빠진 듯한 곳에 이르는 것도 어려울 것 없다. 그러니 더구나 스스로 몹시 영리한 근성을 갖추고 불사(佛事)를 걸머져 수승하고 기특한 인연을 짓는 일임에랴. 이것이 어찌 다른 사람의 힘을 빌려서 되는 것이겠느냐. 그러므로 옛 분이 "도를 배우려면 반드시 무쇠로 된 놈이라야 하리니 착수하는 마음에서 결판내도록 하라."[1]고 하였던 것이다.

주
:
1   "學道須是鐵漢(학도수시철한) 著手·心頭便判(착수심두변판)": 부마(駙馬) 이준욱(李遵勗, 988~1038)이 석문온총(石門蘊聰, 965~1032)에게 깨달음을 얻고 지은 게송의 앞 구절.『속전등록(續傳燈錄)』권4(T51-490b).

113

조(詔) 부사(副寺)에게 주는 글

옛날 설산(雪山)동자는 게송 반 구절을 들으려고 온몸을 버렸고,[1] 혜가(487~593)조사는 팔을 끊고 무릎이 눈에 빠지도록 서서 한마디를 구하였으며,[2] 노(盧) 스님(혜능, 638~713)은 8개월 동안 방아를 찧었다.[3] 상골(象骨, 설봉, 822~908)스님은 반두(飯頭)[4]가 되어 통과 바가지를 지고, 원두(園頭)[5]를 맡은 암두(828~887)스님과 바느질을 맡은 흠산스님과 함께, 동산(洞山, 807~869)스님에게 아홉 번 오르고[九上洞山] 투자(投子, 819~914)스님에게 세 번이나 갔다. 이는 오직 이 일을 참구하려고 한 것이었으며, 그밖에 힘을 다해 애쓰고 눈과 서리 위에서 잠을 자며 괴롭게 공부하면서 담박한 음식을 먹었던 일은 이루 다 헤아릴 수 없다.

그들의 행적을 살펴보면, 애초에 명예와 이익에 매였던 것이 아니고 모두가 생사대사를 가슴 깊이 품고 불조의 씨앗[種草]을 계승하고 융성시키려고 애를 썼던 것이다. 그러므로 눈 쌓인 숲에 광채를 묻고서 소리와 자취가 인간 세상에 이르지 않아, 많은 분들이 늙어 죽을 무렵에서야, 마치 새가 새장을 벗어나듯이 깨끗하게 벗어나 홀로 체득하였는데 분명하게 깨달아 오랜 세월이 지나도록 변함이 없었다. 전기(傳記)에 실린 경우는 태산에서 한 털끝이거나, 백천만 가운데서 불과 얼마 안 되는 작은 경우일 뿐이다. 고상하고 깊숙하게 은둔하여 강과 골짜기에 유전하면서 영원히 떠나 되돌아보지 않았으니, 어찌 다 헤아릴 수가 있겠는가.

그러므로 모든 부처님이 세상에 나오시고 조사께서 서쪽에서 오신 큰 뜻과 온전한 기틀은 알음알이나 설명을 초월했고 그림자나 자취를 넘어서 성언량(聖言量)마저도 벗어났으니, 어찌 자잘한 일이라 하겠는가.

분명히 지향하는 목적이 있는 사람으로서 숙세에 익혀 온 종자가 수승하여 근기와 역량이 보통 사람들과 같지 않아야만 그런 뒤에 이 임무를 감당할 수 있다. 비록 머리·눈·골수·뇌라 할지라도 스스로 아끼질 않는데, 더구나 소소한 어려움과 수고로움이겠느냐.

지난날 크게 통달한 분들은 종지를 체득한 뒤에 깊숙이 문을 잠그고 견고하게 숨었다. 그러고는 맞고 거슬리는 방편을 사용하여 고의로 해를 끼치기도 하고 노여움을 나타내 욕하고 매질하고 꾸짖기도 하는 등의 백천 가지 수단으로 학인을 시험코자 하였다. 그런 고초를 거치면서도 마음이 움직이지 않기를 기다렸다가 한 번 살짝 밀쳐 주고 한 조각 말과 조그마한 방편을 베풀었다. 이는 마치 매우 배고프고 피곤했던 사람이 음식을 얻은 듯, 제호(醍醐)와 감로수를 부어주듯 한 것이다. 진중하면서도 기쁘게 부지런히 하여 잃지 않고 큰 법기를 성취하여 향상인의 지름길을 밟았다. 오히려 너절한 경지에서 푹 썩혀 익어야 비로소 부촉하였다.

예컨대 회양(懷讓, 677~744)스님은 조계(曹溪)에 있은 지 8년 만에야 비로소 "설사 한 물건이라 해도 옳지 않습니다." 하였으며,[6] 혜릉(慧稜, 854~932)스님은 설봉(822~908)스님에게 가서 15년 동안 좌복을 일곱 개나 닳게 하였다. 영운(靈雲)스님은 30년을, 용천(涌泉)스님은 40년을 있었으며, 덕산(782~865)스님과 임제(767~866)스님도 모두 오랜 세월을 스승의 문하에 의지해 있었다.

이 도는 모든 성인도 전하지 못하는 오묘한 것인데, 어찌 경솔하고 태만한 마음으로 들어가겠는가. 영가(665~713)스님은 "분골쇄신한다 해도 은혜를 다 갚을 수 없나니, 한마디에 요연히 백억 법문을 뛰어넘도다."[7]라고 하였다.

상화경저(霜華慶諸, 807~888)[8]스님이 대위산(大潙山)에 있으면서 소임을 볼 때였다. 하루는 창고 앞에서 키질을 하는데 대원(大圓, 영우, 771~853)스님이 떨어뜨린 쌀 한 알을 줍고 말하였다.

"이 한 알을 가볍게 여기지 말라. 백천 알이 한 알에서 나온다."

경저스님이 따져 물었다.

"백천 알이 이 한 알에서 나온다면 이 한 알은 어디서 나왔는지를 말씀해 보십시오."

대원스님이 소매를 떨치고 가버렸는데 저녁 소참(小參)에서 대중들에게 말하였다.

"대중들아, 쌀 속에 벌레가 있다."⁹

조주(778~897)스님이 동성(桐城) 땅에 갔을 때 길에서 투자(819~914)스님을 만났는데 기름병을 들고 있었다. 조주스님이 말하였다.

"오랫동안 투자스님 소문을 들어 왔는데 기름장수만 보이네."

"스님은 아직 투자를 모릅니다."

"어떤 것이 투자요?"

투자스님이 기름 병을 들고 "기름이요, 기름!" 하였다.¹⁰

쌀 속의 벌레가 인절미 속의 벌레만 하겠느냐. 만약 투자스님을 참구할 수 있다면 석상(石霜, 경저)스님을 보게 될 것이다.

왜 그런가? 듣지 못하였느냐. "대중 속에 납승이 있다면 첫 번째 금강의 안목을 얻어야 하며, 두 번째는 금강의 보검을 얻어야 하며, 세 번째는 주장자를 얻어야 하며, 네 번째는 납승의 본분소식을 얻어야만 한다."고 하였다. 설사 낱낱이 꿰뚫었다 해도 거기에 다시 마지막 한 구절[末後句]이 있음을 알아야 한다.

주
:

1. 『대반열반경(大般涅槃經)』 권13 「성행품(聖行品)」(T12-691b~693a)에 전하는 부처님의 전생담이다. 부처님이 설산에서 수행하고 계실 때 제석환인(帝釋桓因)이 나찰로 변하여 "제행무상(諸行無常) 시생멸법(是生滅法)"이라는 구절을 들려주고 부처님의 수행을 시험하였다. 이것을 들고 부처님은 나머지 구절도 알려주면 몸을 바치겠다고 하고 "생멸멸이(生滅滅已) 적멸위락(寂滅爲樂)"이라는 나머지 구절을 얻어 듣는다. 약속대로 몸을 바치자 나찰이 본 모습을 하고 찬탄하였다. 실제 『대반열반경』에는 '동자'라는 표현은 나오지 않는다.
2. 『무문관(無門關)』 제41칙 "달마안심(達磨安心)"(T48-298a).
3. 『육조대사법보단경(六祖大師法寶壇經)』(T48-349a).
4. 반두(飯頭) : 전좌(典座)를 맡기 전 식사를 담당하는 소임 중 가장 우두머리. 공양주라고도 한다. 원주의 지도를 받으면서 식사를 준비하는 소임.
5. 원두(園頭) : 선원에서 채소밭을 맡아 대중에게 채소를 공급하는 소임. 채공(菜供)이라고도 한다.
6. 『오등회원(五燈會元)』 권3(X80-69bc).
7. "粉骨碎身未足酬(분골쇄신미족수) 一句了然超百億(일구요연초백억)": 『영가증도가』(T48-396c).
8. 상화경저(霜華慶諸, 807~888) : 보통은 석상경저(石霜慶諸)라고 한다. 도오원지(道吾圓智, 769~835)에게 참학하고 그의 법을 이었다. 석상산(石霜山)에 머문 20년을 오직 좌선에 몰두하였다. 당(唐) 희종(僖宗)이 자의(紫衣)를 내렸지만 받지 않았다. 시호는 선회(善會)대사.
9. 『선문염송』 제555칙 "사미(篩米)"(H5-432c).
10. 『선문염송』 제458칙 "유유(油油)"(H5-379c~380a).

114

등(燈) 상인(上人)에게 주는 글

　당장에 투철히 깨달으려 한다면 반드시 우선 자기가 서 있는 자리에 이 하나가 있음을 깊이 믿어야 한다. 이는 고금에 빛을 드날리며 지견이 아득히 끊어져 씻은 듯 깨끗하여 아무것도 기댈 것 없는 것이다. 항상 목전에 있으면서 털끝만큼도 모습이 없으며, 허공같이 넓고 태양보다 밝다. 천지만물은 비록 이루어지고 파괴됨이 있으나 이것은 변함이 없으니, 옛사람은 이를 "만법과 짝하지 않는 사람" 또는 "여래의 정변지각[如來正徧知覺]"이라고 불렀다. 다만 진실하게 알아차려 한 생각도 나지 않게 하면 본래를 철저히 깨닫는데, 원래 움직인 적도 없고 영원히 끊어짐도 없다. 가고 머무르는 모든 작위가 애초부터 방해되거나 막히지 않아 뚜렷하게 홀로 밝다. 한 기틀, 한 경계, 한 구절, 한마디가 모두 법계를 머금어서 근본의 진여(眞如)와 들어맞으며 망정의 알음알이가 일었다가 꺼질 자리가 없는 곳이다.

이 정인(正印)으로 한 번 도장을 찍으면, 자연히 네모난 건 네모난 대로 둥근 건 둥근 대로 둘이 아니게 될 것이다. 저 예로부터 불성을 분명하게 보고 도를 체득한 사람은 운용하고 작위하는 데에 티끌 인연의 경계를 관찰하지만 티끌 인연이라 할 만한 것이 없어서 그것들을 움켜쥐어 하나의 참된 실제로 귀결시켰던 것이다. 이처럼 한 걸음 물러나면 하루 공부가 바로 일 겁(一劫)에 이른다. 그러므로 남전(南泉, 748~835)스님은 "나[王老師]는 열여덟 번 만에 살 궁리를 할 줄 안다."[1]고 했다.

이는 억지로 한 것이 아니라, 마음대로 날듯이 두루 통하고 자재하여 하늘과 용과 귀신도 그가 마음 일으킨 곳을 찾지 못한 것이다. 이 무심한 사람의 행리는 간결하나 깊숙하고 엄하다. 만일 지견과 알음알이를 쉬면 장래에 철저하게 깨달을 분수가 있으며 살 궁리를 할 줄 알게 될 것이다. 요컨대 목적을 두고 힘써 노력한 뒤에 무엇을 하든지 원만해지면, 조계의 길 위에서 간단없는 힘과 활용을 얻을 것이다.

주
:
1 『선문염송』 제230칙 "십팔(十八)"(H5-227a).

115

선인(禪人)에게 주는 글

　이근종지(利根種智)는 듣자마자 들어 보이고 당장에 철두철미하게 알아차려 전혀 다른 법이 없다. 손을 놓아 버리고 바로 가버리는데, 어찌 다시 머뭇거림이 있겠는가. 이는 마치 날카로운 칼을 들고 문전을 막아서는 것과 같으니 감히 누가 가까이 가겠느냐. 이쯤 되면 그 늠름하고 신령한 위엄에 부처와 조사도 가까이할 수 없다. 모든 생명을 삼켜서 녹여 버리는데 어찌 큰 해탈을 얻음이 아니겠느냐. 다시는 향상이니 향하이니 세우지 않고 초연하게 호젓이 깨닫는다.

　그러므로 위로부터 옛 분들이 세운 방편 하나, 드리운 말 한마디를 두고 "낚시를 사해(四海)에 드리움은 사나운 용을 낚으려 함이다."라고 말한 것이다. 여기에서 필요한 것은 이러쿵저러쿵 따질 것 없이 화살과 칼끝이 퉁기듯 일격에 뚫는 것이다. 조금이나마 머뭇거렸다간 천 리 만 리로 멀어진다.

예컨대 달마스님이 소림에서 9년을 면벽하자 혜가(487~593)조사만이 묵묵히 계합했던 것이니, 지금도 서 있는 바로 그 자리에서 밝히는 것이 어렵지 않다. 다만 이제껏 지어 왔던 갖가지 지해나 방편을 완전히 없애 털끝만큼도 세우지 않고, 마음을 깨끗이 비우면 된다. 성인이니 범부니 하는 생각도 간직하지 않고 나와 남에 매이지 않으며 한 생각도 내지 않고 단도직입하는데, 다시 무슨 부처를 찾으랴.

비로자나 부처의 정수리를 높이 밟으며 석가모니 부처에게도 받을 것이 없다. 표적을 부수고 방편을 타파하여, 종지와 격식을 초월하며 머리를 방외(方外)로 내밀어, 도대체 내가 누구인가를 살펴야만 비로소 씨앗이 될 만하다. 그런 뒤에야 천 사람, 만 사람도 가둘 수 없는 곳에서 종문의 한 가닥 길을 욕되게 하지 않는다. 빳빳하고 굳건하게 천 길 절벽처럼 우뚝하여, 무심코 한 털끝만 집어 들어도 단박에 시방 허공이 꽉 차는 것을 보게 되고, 같은 가풍과 같은 덕을 들어 보이면 바라지 않아도 저절로 깨닫고, 말하지 않아도 알게 된다.

그리하여 서로가 주인과 손님이 되어 종지를 건립하는데, 서로가 강이나 사막에 막혀 멀리 있다 해도 영원토록 눈앞에 보는 것 같아서 향상의 기틀을 꿰뚫고 생사의 일을 마쳐 은혜에 보답하고 법을 세울 수 있게 된다. 모든 생령들도 낱낱이 이렇게 만들어야 대장부라 할 수 있으며, 기특한 인연을 짓고 수승한 일을 마쳤다

하리라.

옛날 배상국(797~870)과 황벽(751~850)스님, 이습지(李習之, 772~841)와 약산(藥山, 746~829)스님, 양대년(楊大年, 974~1020)과 광혜(廣慧)스님, 이도위(李都尉, 988~1038)와 자조(慈照, 석문, 965~1032)[1]스님 등이 모두 위와 같이 기연에 투합한 분들이었다.

이미 기연이 투합하고 나면 다시 이를 바탕으로 실천하면서 밖으로는 모든 견해를 비우고 안으로는 마음의 지혜를 끊었다. 철저하게 평상심을 간직하여 날듯이 자유자재하여 안팎으로 보호한 사람이 되어 큰 법을 펼쳤던 것이다. 이것을 "이러한 일을 알려거든 반드시 이러한 사람이라야만 하고, 이러한 사람이라야 비로소 이러한 일을 이해한다."[2]고 하는 것이다.

주
:
1 　석문온총(石門蘊聰, 965~1032)의 시호.
2 　『경덕전등록』권17 「홍주운거도응선사(洪州雲居道膺禪師)」(T51-335c).

116

노수(魯叟)에게 드리는 글

　불법은 큰 바다와 같아 모든 것을 포함하여 모양이나 수량(數量)으로 헤아릴 바가 아니며, 낱낱이 무한함을 갖추었습니다. 만일 깨달아 들어가려면 반드시 헤아릴 수 없는 큰 지견(智見)을 갖추어서 법계를 다하고 허공과 같아져 미래가 다하도록 물러나지 않아야 합니다. 걸음걸이와 체재를 뛰어넘어 철석같이 견고해진 뒤에 정문정안(頂門正眼)을 확연히 하고, 진실로 본분작가의 솜씨를 갖춘 대종사를 신중히 선택해서 마음을 쉬고 그에게 의지해야 합니다.
　생사의 큰일을 그에게 맡기고 투철히 깨치지 않고서는 그만두지 말아야 합니다. 무엇보다도 형식에 떨어지지 말고 단박에 본래면목을 분명히 보고 본지풍광을 밟아야 합니다. 뿌리를 깊숙이 박고 줄기를 견고하게 하여 확실히 믿고 확실히 깨쳐서 텅 비고 신령하게 밝아 요동하거나 변화하지 않는 것으로써 기반을 삼아야 합니다. 정념(情念)도 계교(計較)도 전혀 나지 않고 당장에 텅 비어 앞뒤가 끊기면, 모든 성인과 실낱만큼도 다르지 않다 하겠습니다.

이렇게 자기를 살핀 다음에는 뒤로 물러나 아무것도 남겨 두지 않되 털끝에서 찰해(刹海)를 나타내고 겨자씨 속에 수미산을 받아들여, 향상의 기틀을 일으키고 불조의 법령을 드날립니다. 여기에 와서야말로 참으로 힘을 들일 곳이니, 과거와 지금의 현묘한 이성과 기묘한 언구, 하늘을 찌르는 책략에 이르기까지 모두 떨어버려야만 비로소 저쪽의 뜻을 체득합니다.

그렇게 되면 어느 시절에 다시, 나는 불법을 알았다느니, 활발하게 대기대용을 드날릴 수 있느니 하겠습니까. 만약 오랫동안 하다 보면 분명 하릴없는 안락한 사람이 될 것입니다. 성현이 출현하여 이를 위할 때, 일에 임해서 공이나 능력을 세우지 않고 아견을 드러내지 않았던 의도가 사람들을 의심 없고 함이 없고 하릴없는 데에 있도록 하였음을 알겠습니다.

지금 한창 나이에 부귀를 누리시나 숙세의 원력으로서 높고 원대한 식견이 있으니, 이 도를 배우려면 몸과 마음을 청결히 하고 세간의 인연을 버리지 않은 채 청정한 수행을 해야 합니다. 처음 단계가 벌써 바로 되었으니 요컨대 영원히 물러나지 않겠다는 마음을 갖추어, 비록 마음에 맞지 않는 외연을 만난다 해도 엿이나 꿀을 먹듯 해야 합니다. 이렇게 길러서 푹 익히면 크게 해탈한 사람이니 불법과 세간법이 어찌 다르겠습니까. 이를 미루어 곧장 앞으로 전진한다면 어디를 간들 이롭지 않겠습니까.

옛사람이 "천리가 같은 가풍이다."¹라고 하였으니, 이는 말하지 않고도 알고 대면하지 않고도 알기 때문인데, 어찌 번거로운 말을 빌리겠습니까. 그러므로 비야대사(毘耶大士, 유마)가 한 번 묵연하자 문수가 "훌륭하십니다."²라고 찬탄하였던 것입니다. 병을 치료하는 데에는 많은 약이 필요하지 않습니다. 의도는 낚시 끝에 있음을 알아차려야 합니다.

홀로 가고 홀로 걷는 곳에서 실제를 의지하여 참구하되, 어디로부터 일어나고 어디에서 오는가를 살펴야 합니다. 속박을 풀어주려면 진실하지 않고서 어찌 기대하겠습니까. 무업(無業, 761~822)스님은 "망상 피우지 말라."라고 하였을 뿐이며, 구지(俱胝)스님은 한 손가락을 세웠을 뿐입니다. 또 천황(天皇, 748~807)스님의 "호떡"과 조주(778~897)스님의 "차 마시게."와 설봉(822~908)스님의 "공을 굴렸던 것"과 화산(禾山, 884~960)스님의 "북 칠 줄 안다."고 했던 것이, 결코 다른 일이 아닙니다. 참구하십시오.

주
:

1 현사(玄沙, 835~908)가 스님을 시켜 설봉(雪峰, 822~908)에게 글을 보냈는데, 설봉이 상당하여 뜯어보니, 백지(白紙) 석 장뿐이었다. 이에 시중하여 말하였다. "알겠는가?" 스님이 "모르겠습니다."라고 하자 설봉이 "군자는 천 리에 같은 가풍이니라." 하였다. 스님이 돌아와서 현사에게 전하니 "산두(山頭) 노장이 어긋난 줄도 모르는구나!" 하였다. 『선문염송』 제987칙 "백지(白紙)"(H5-696b) : 『경덕전등록』 권18(T51-346c).

2 『유마힐소설경(維摩詰所說經)』 권2 「입불이법문품(入不二法門品)」(T14-551c).

117

선자(禪者)에게 주는 글

달마조사는 이 땅에 대승의 근기가 있음을 보셨기 때문에 천축으로부터 오시어 교(敎) 밖의 종지를 전하였다. 사람의 마음을 바로 가리켜 말이나 문자를 세우지 않았으니, 아마도 말이나 문자는 지말적인 일로서 여기에 집착해 버리면 확연하게 깨닫지 못할까 염려스러웠기 때문이다. 그 때문에 집착도 타개하고 현묘함마저도 버렸으며, 전광석화와 같이 견문을 떠나고 생각의 밖으로 벗어났다. 한 생각도 내지 않고 곧바로 6근과 6진을 꿰뚫어 각자 서 있는 바로 그 자리에서 이 하나의 큰 인연을 알아차려 분명히 깨닫도록 하였다.

문득 홀로 벗어나 한 물건에도 의지하지 않고 시방 허공을 들이마시기도 하고 토해내기도 하면서 고요하고 잠잠하여 본래의 오묘한 마음을 깨닫게 하였다. 이 마음은 일체의 세간과 출세간법을 낼 수 있으니, 오직 오랜 세월 이전부터 익혀 온 사람은 들먹여주기만 해도 대뜸 그 귀결점이 다시 딴 곳에서 나온 것이 아니라, 전체 마음이 바로 부처이고 전체 부처가 바로 중생이며, 중생과 부처가 둘이 없이 한결같이 청정하고 텅 빈 것임을 알게 된다. 그러니 어찌 이익과 손해, 잘잘못, 마음에 들고 안 듦, 좋고 싫음, 길고 짧음이 있으랴. 유위(有爲)와 유루(有漏)는 허깨비 같고 꿈과 같아 끝내 한 티끌만큼도 오래 가지 못한다.

그러므로 재지(才智)를 갖춘 역량이 있는 사람은 단박에 일념의 진정한 보리심을 발현하여, 여러 인연에 끄달리거나 부귀영화에 얽매이지 않아서 움쩍했다 하면 오랜 세월토록 뒤로 물러서지 않는다. 머리를 묻고 앞으로 전진하면서 이것만을 생각하고 회광반조하여 옛날 위음왕불 저쪽, 모든 인연의 근본을 분명히 살핀다. 꿰뚫어 보기만 하면 몸과 마음이 태연하여 하루 내내 다시는 놓아 버리지 않고 단박에 철저히 깨치니, 이로써 할 일을 다 마친 것이다. 그런데 그대는 성품이 원래 고요하고 순일하며 자비롭고 선하여 이런저런 잘못된 지견이나 깨달음이 없으며, 게다가 계속 면면히 참구하니 어찌 훌륭하지 않으랴.

옛사람은 모든 사물에서 알아차려야 한다고 하였다. 그저 아침부터 저녁까지 "이것이 무엇일까" 하면서, 생각마다 잘 살펴서 마음마다 머무름이 없어야 한다. 오래도록 푹 익어지면 빛을 보게 되어, 일체 법은 공(空)해서 실체가 있지 않다는 것을 알게 되리라. 이 한 마음만이 고금에 뻗쳐 생사를 투철하게 벗어나게 된다. 이 도를 배우는 사람이 그 관문을 뚫지 못하면 망정과 알음알이 속에 있으면서 부딪치는 것마다 막히게 된다.

그러나 만일 모든 망정을 부숴 없애 가슴속에 티끌만한 그 무엇도 간직하지 않으면 자연히 칠통팔달하게 되리라. 다만 긴 시간 끊임없이 모두 없애 버리면 청정하다는 생각과 성스럽다는 생각도 오히려 있을 수가 없는데, 어찌 하물며 망정에 끄달려서 착하지 못한 일들을 할 수가 있으랴!

선지식을 가까이하는 까닭은 무엇보다도 자신을 이끌어주어서 더욱 향상할 수 있는 인연을 만들어 줌을 귀하게 여기기 때문이다. 세존께서는 미래에 한 마리의 소가 포효하는 땅에 선지식이 있어, 서로서로 격려하고 함께 수행하면서 이 오묘한 도를 체득하리라고 수기(授記)하셨다. 경청(鏡淸, 868~937)스님은 "너희들은 하루 종일 몸소 실천해야 한다." 하였고, 조주(778~897)스님은 "나는 하루 종일 모든 시간을 부린다." 하였으며, 부처님께서는 "사물을 굴릴 수 있다면 바로 여래와 같으리라."[1] 하셨다.

이미 오랫동안 결심을 간직하였다면 힘써 전진하면서 물러나지 않아야 한다. 그저 한가히 마음속에 한 물건도 남기지 말고 곧장 무심한 사람이 되어, 마치 어리석은 사람처럼 해서 훌륭하다는 생각조차 내지 말아야 한다. 항상 잘 기르고 길러서 생사란 몹시 한가롭다고 보아야 한다. 그러면 조주, 남전(748~835), 덕산(782~865), 임제(767~866)스님 등과 동등한 견해를 갖추게 되리라. 간절히 바라노니 스스로 보임(保任)하여, 남이 없고 함이 없는 이 큰 안락한 곳에 단정히 거처해야만 하니, 이래야만 매우 훌륭하다 하리라.

주:
1 『수능엄경(首楞嚴經)』 권2(T19-111c).

118

선인(禪人)에게 주는 글

　서방의 대성인이 카필라 성에서 나와 한량없는 오묘한 작용을 지으셨고, 티끌 같은 세계에 셀 수 없고 헤아리기 어려운 훌륭한 정인(正因)을 드러내어 여러 중생들을 인도하셨다. 그 맞고 거슬리고 열고 닫고 하는 방편과 나머지 말씀은 경전에 남겼고 보장(寶藏)에 가득 차서 넘친다. 그러나 끝에 가서야 한 소식을 드러내셨으니, 이를 "교 밖에서 따로 행하며 심인(心印)만을 외길로 전한다."고 한다. 금색(金色)의 늙은이(가섭) 이래로 분명하고도 끊임없이 다만 "사람의 마음을 곧바로 가리켜 성품을 보아 부처가 되는 것"만을 말했을 뿐, 단계를 세우거나 알음알이를 내지 않았다.

　지혜로운 상근기들은 무명(無明)의 소굴 속에서 단박에 번뇌의 뿌리와 기둥을 부수는 가운데 활발하게 벗어나 시절인연에 응하여 초월 증득하여 완전한 해탈을 얻는다. 그러므로 인도 땅의 28대 조사와 중국 땅의 6대 조사가 모두 용과 코끼리가 차고 밟듯,

스승은 훌륭하고 제자는 강력하였다. 기연과 경계와 언어문구와 어묵동정에 최상승 근기는 격식 밖에서 알아차려 그 자리에서 업장(業障)이 얼음 녹듯 하였다. 곧장 알아차리고 걸머져 그런 뒤로는 스스로 감당하고 몸에 지녀 한 덩어리를 이루었다.

세상을 제도하고 번뇌의 흐름을 끊어 단박에 부처님의 경지에 계합하나 거기서 썩은 물속에 잠기려 하지 않는다. 도리어 현묘함을 꿰뚫고 불조를 초월하여 기연을 제거하고 언어적인 설명[露布]을 끊을 것을 제창하였다. 마치 태아(太阿)의 보검[1]을 어루만지는 것처럼 신령한 위엄이 늠름하였으니 누가 감히 가까이 가겠는가. 작가 선지식이라면 확실하게 헤아릴 줄 알아서 향상 향하나 묘한 이치나 작용이 털끝만큼이라도 있으면 즉시 예로부터 내려오는 씨앗이 아니라고 꾸짖는다. 단박에 충분히 단련하여 푹 익혀서 착실히 실천하여야만 비로소 약간 놓아줄 만하다고 하리라. 그렇기는 해도 행여나 어느 때 자비를 베푼다는 것이 사람들에게 누를 끼쳐서 정법의 눈을 멀게 할까 염려스럽다.

애달프다. 눈먼 여우같은 족속들을 보면 저는 꿈에도 조사를 보지 못하고, 달마스님의 법을 전한다 하면서 태식법(胎息法)[2]을 전하고는 이것이 "법을 전하여 미혹한 중생들을 구제했다"[3]고들 한다. 그런가 하면 옛날부터 가장 오래 살았던 종사인 혜안(慧安, 582~709)[4] 국사(國師)와 조주(778~897)스님 같은 분들[5]까지 끌어다가 모두 이 기(氣)를 닦았다고 한다. 나아가 초조 달마스님이 총령

(葱嶺)에서 한쪽 신을 끌고 갔던 것과 보화(普化, 761~861)스님이 입적한 뒤 관이 텅 비었던 것[6]까지도 과장하면서 이 모두가 태식법의 영험이 있어 온몸을 벗어나 떠났으니 육체와 정신이 모두 오묘해진 것이라고들 말한다.

사람들 중에 이 방법을 매우 좋아하는 이들은 섣달 그믐날을 두려워하며 참[眞]으로 돌아가는 법을 앞다투어 구한다. 제야(除夜)에 그림자를 바라보며 주인공(主人公)을 불러서 날을 점치기도 하고 누각의 북소리를 듣고 입 속 침을 증험하고 눈빛을 보기도 하면서, 이것이 생사를 벗어나는 법이라 여긴다. 이는 참으로 성한 사람을 속이고 거짓과 소굴을 날조하여 고상한 사람의 비웃음을 사는 일이다.

그런가 하면 어떤 무리들은 초조의 태식법과 조주스님의 '십이시별가(十二時別歌)'[7]와 방거사(?~808)의 '전하거송(轉河車頌)'을 끌어다가 서로서로 가리켜 전수하고 비밀스레 전하여 가짐으로써 오래 살고 또 온몸이 벗어나기를 도모하기도 하며, 혹 3백 년이고 5백 년이고 살기를 바란다. 그러나 그들은 참으로 망상의 애견(愛見)임을 전혀 모르는 것이다.[8]

본래는 선인(善因)이었으나 자기도 모르는 사이에 거친 풀숲에 떨어진 것이다. 호걸이나 걸출난 사람 중에 높은 언변으로 조사를 무시하는 자가 이를 더러 믿는다. 이들이 어찌 원래의 걸음걸이를 잃은 줄을 알겠느냐. 호랑이를 그린다는 것이 이리를 그린 격이다.

언젠가 확실히 통달한 식견 있는 이를 만나 밝은 눈에 간파당할 날이 있으리라. 그들은 평소에 대중 가운데 거처하면서 묵관(默觀)만 하는 가엾은 이들이니, 어찌 석가모니와 역대 조사들의 체제가 이러한 데에 그쳤으랴. 한 번도 스스로 처음과 끝을 회광반조하지 않았음을 확실히 알 수 있다.

온 세상에는 이를 배우는 자들이 벼나 삼이나 대나무나 갈대만큼이나 많다. 고상하고 원대한 식견을 갖춘 이는 주춤거리지 않겠지만, 지금 막 뜻을 낸 사람은 깊은 데까지 들어가지 못할까 걱정이다. 아무리 목적을 높이 세우고 실천이 원대하다 해도 증상만(增上慢)을 만나거나 이 사견(邪見)의 숲속에 빠져들 것이다.

처음 한 번 어긋나면 영원히 윤회에 빠지고 그 흐름이 차츰차츰 넓어지면 막을 수가 없다. 그래서 이 말을 해주는 것이니, 대해탈과 대총지(大總持)에 원을 세운다면 성취할 수 있을 것이다. 그리하여 무생(無生)의 큰 살바야해(薩婆若海)에 함께 들어가서 작은 배를 띄워 여러 중생을 제도하며, 바르고 오묘한 도가 영원토록 퍼지게 한다면 어찌 통쾌하지 않으랴.

주
:
1   태아(太阿)의 보검 : 중국 춘추전국시대 초(楚)나라의 명검(名劍). 구야자(歐冶子)와 간장(干將)이 함께 만든 세 자루 가운데 하나로, 남북조시대

진(晉)나라의 뇌환(雷煥)이 예장(豫章)의 풍성(豊城)에서 얻었다는 고사가 전한다. 『오월춘추(吳越春秋)』와 『월절서(越絕書)』 등에 전한다.

2 태식법(胎息法) : 잡념을 없애고 숨을 고르고 길게 쉬어 기운이 배꼽 아래에 미치게 하는 도가(道家)의 호흡법이다. 장수의 비법으로 행해졌다. 달마스님이 『태식론(胎息論)』을 지어 태식법을 전했다는 이야기에 많은 선사들이 해명을 하는데 원오극근 역시 그 중 한 명이다. 지금 이 편지가 『원오불과선사어록』에 「파망전달마태식론(破妄傳達磨胎息論)」(T47-809c~810a)으로 전한다.

3 "傳法救迷情(전법구미정)" : 달마스님의 전법게 한 구절. 『소실육문(少室六門)』(T48-376b)에는 이렇게 전한다. "吾本來茲土(오본래자토) 傳法救迷情(전법구미정) 一華開五葉(일화개오엽) 結果自然成(결과자연성) 江槎分玉浪(강사분옥랑) 管炬開金鎖(관거개금쇄) 五口相共行(오구상공행) 九十無彼我(구십무피아)." 『육조대사법보단경』(T48-361a)에는 앞부분만 전법게로 전한다.

4 혜안(慧安, 582~709) : 숭악혜안(嵩嶽慧安). 5조 홍인(弘忍, 602~675)을 만나서 깨달음을 얻었다. 숭악산(嵩嶽山)에 머물렀다. 당(唐) 중종(中宗)에게 자의(紫衣)를 받고 입적 후 노안(老安)선사라는 시호를 받았다.

5 혜안(582~709) 국사가 128년, 조주(778~897)가 120년을 살았다.

6 진주보화(鎭州普化, 761~861)는 목탁을 치고 떠돌며 걸식을 하기도 하는 등 기이한 행적이 많다. 임제의현(臨濟義玄, 767~866)과 교유가 깊어 임제를 도와 교화에 힘썼다. 스스로 입적을 예고하고 온몸이 사라지는 이적을 보였다. 『경덕전등록』 권10 「진주보화화상(鎭州普化和尚)」(T51-280bc).

7 『고존숙어록』 권14 「조주진제선사어록(趙州眞際禪師語錄)」(X68-90bc)에 전한다.

8 "애달프다." 부분부터 여기까지는 『종용록(從容錄)』 권6(T48-289bc)에도 전하는데, 원오극근(圓悟克勤, 1063~1135)이 고(杲) 상인(上人), 즉 대혜종고(大慧宗杲, 1089~1163)에게 준 법어로 되어 있다.

119

원유(遠猷) 봉의(奉議)에게 드리는 글

예로부터 단박에 깨쳐 들어가는 외길을 대뜸 초월해 오르려면 사람의 마음을 바로 가리켜 성품을 보아 부처를 이루는 것 말고 다른 길이 없습니다. 이 마음은 그저 고요하고 깊어 성인이니 범부니 하는 계급을 벗어났습니다. 그래서 무엇보다 지혜로운 상근기가 갖가지로 얽힌 무명의 굴에서 털끝만큼도 움직이지 않고 단박에 계합함을 귀하게 여길 뿐입니다.

확연히 사무치고 영명(靈明)하여, 유정(有情)이나 무정(無情)이나 유성(有性)이거나 무성(無性)이거나에 상관없이 한 몸이어서 큰 법과 서로 호응하여 작용을 일으킵니다. 고금을 꿰뚫고 초월하며 소리를 누르고 물색을 덮어, 텅 비었으면서도 신령하고 고요하면서도 환하게 비춥니다. 한량없고 장애 없는 불가사의한 큰 해탈이 낱낱이 종횡으로 뚫려 서로 전혀 관계할 바 없이 곧바로 귀결점을 압니다. 그 때문에 옛 불조께서 이를 외길로 전하고 가만히 분부한다고 하였습니다.

　이는 마치 도장을 허공에 찍는 듯도 하고 도장을 진흙에 찍는 듯도 하고 도장을 물에 찍는 듯도 합니다. 모든 덕이 환하여 시방을 눌러앉아 홀로 초연히 깨치니 애초부터 아무것에도 의지함이 없습니다. 가령 견해를 일으켜 형상을 짓는다면 벌써 빗나가 어찌해볼 도리가 없어집니다.

　요즈음 시대에도 크게 종성(種性)을 갖춘 사람이라면 처음부터 끝까지 허깨비 같은 인연과 경계를 타파하고 용맹하게 분발하여 이쪽으로 옵니다. 그런가 하면 오랫동안 마음을 두어 깊숙이 탐구하는 자가 있긴 합니다만, 그러나 방편의 힘이 부족하여 지견의 알음알이로써 명료함을 삼는 데에 그치고 마니 걱정입니다. 그러나 이는 앉아 있는 놈 전체가 식심(識心)일 뿐이라는 사실을 전혀 몰랐다 하겠습니다.

　설사 이해가 부처님 근처에까지 이르렀고 더 이상 수행할 곳이 없는 자리에 도달했다 해도, 손가락으로 가리키는 자취에서 벗어나지 못하고 있는 것입니다. 그러므로 예로부터 작가종사는 알음알이의 조작으로 이해하는 것을 귀하게 여기지 않고, 무엇보다도 사람들이 알음알이를 버려서 가슴속에 털끝만큼도 남기지 않아 허공같이 호호탕탕하게 되는 것만을 허락했을 뿐입니다. 오래도록 길러서 익어지면 이것이 바로 본지풍광이며 본래면목입니다. 이 고금에 뻗친 경지에 도달하면 생사를 벗어남에 무슨 어려움이 있겠습니까.

배상국(797~870)이나 방거사(?~808)처럼 곧장 믿어서 단박에 힘을 얻고 자유롭게 수용하면 6진의 반연과 허망한 경계가 어찌 다른 곳에서 나오겠습니까. 만일 서 있는 그 자리에서 진실을 살피면 하루 종일 모든 사물을 굴리지만 굴린다는 생각[能相]이 없습니다. 무심하게 텅 비어 마음을 내거나 생각을 움직이지 않고 스스로의 천진함을 따라 평소 항상함과 진실함을 간직합니다. 그리하여 관직에서 유유히 일하며 모두 꿰뚫어 살피는데 이것이 누구의 은혜를 받은 것이겠습니까.

이미 '그것'을 알아차리고 나면 마치 물을 따라 내려가는 배처럼, 그저 좌우를 돌아보면서 붙잡고 가면 자연히 신속하게 반야와 서로 맞아떨어지게 됩니다.

이것이 선객들이 말하는 "스스로 하는 공부는 어느 곳에서나 세월을 헛되게 버리지 않는다."는 것입니다. 끊임없이 오래도록 불퇴전의 마음을 갖추면 반드시 세간의 유루와 유위를 다 버린 뒤에야 무위무사의 경지에 들어가는 것은 아니니, 이는 원래 다른 것이 아님을 알 것입니다. 그러므로 만일 버리고 취하는 마음을 품는다면 두 견해를 세우는 것입니다. 언제든 어디서든 그저 이것을 실제로 삼고 힘써 실천하면 모든 번뇌의 휘말림을 끊고 큰 안락을 얻게 됩니다.[1]

주
:
1　『원오불과선사어록』 권15(T47-785c~786a)에도 전한다.

120

엄(嚴) 수(殊) 두 도인(道人)에게 주는 글

참구하려면 모름지기 실답게 참구해야 하고, 보려면 꼭 실답게 보아야 하며, 작용하려면 꼭 실답게 작용해야 하고, 깨달으려면 반드시 실답게 깨달아야 한다. 만일 가는 털만큼이라도 실답지 못하면 바로 헛된 데에 떨어진다. 이 실제의 경지는 삼세의 모든 부처님이 깨달으신 바이며, 역대 조사가 전하신 것이다. 오직 이 하나의 진실을 "실제의 경지를 밟음"이라 말하며, 반드시 첫 번에 크게 깨달아야 한다. 문턱을 오인하여 고정된 틀이나 설명을 만들며 방편 경계나 관조와 작용이나 취하고 버리는 알음알이를 세운다면 철저히 깨치지 못한다.

이것이 생사를 꿰뚫는 중요한 첩경이다. 죽는 날이 되어서 천이백 근의 짐을 모름지기 감당할 역량이 있어 걸머지고 갈 수 있어야만 홀연히 홀로 벗어나리라. 그러므로 무업(無業, 761~822) 국사께서 "임종할 무렵에 한 털끝만큼이라도 범부니 성인이니 하는 생각을 없애지 못하고 털끝만큼이라도 알음알이가 남아 있으면 가볍고 무거움에 따라 5음(五陰)에 끌려가리라."[1]고 법문하셨다.

옛사람은 생사 문제를 크게 여겼다. 그래서 도를 찾고 스승을 찾아 결택하였던 것이다. 그러니 말이나 배워 고인의 공안을 이해한 것으로 3백이고 5백이고 선문답을 하면서 그것을 깨달음으로 여겨서야 되겠는가. 총명하고 교활한 지혜는 모두가 도를 장애하는 근본이 된다는 점을 알아야 한다.

요컨대 가만히 공적함을 두드려 심신을 놓아 버려서, 토목이나 기왓조각같이 되는 것을 걱정하지 말아야 한다. 그리하여 업의 뿌리가 되는 씨[業根種子]를 번뜩 뒤집어 잘못임을 알고, 불법 배우는 것을 독약에 중독된 것처럼 보아야 한다. 그런 뒤에 불법을 투철히 벗어나면 이것이 본분의 일을 체득한 것이다. 이는 작은 인연으로 성취할 수 있는 일이 아니다.

오래 참구한 사람이라면 더더욱 놓아 버리고, 걸머지지 않아야만 경솔하게 다치지 않는다. 상류(上流)들은 투철하면 투철할수록 더욱 낮추어 세밀하고, 고명하면 고명할수록 더욱 감추어서, 전혀 아무것도 알지 못하고 아무 데도 쓸모없는 사람이 된다. 움직여도 먼지조차 일지 않고 말하더라도 사람들을 놀래키지 않아서 담담히 편안하고 한가로이 항상 공경을 행해야만 비로소 보임(保任)을 할 수 있으며, 맞고 안 맞는 모든 경계에 마음이 동요하지 않고 뜻이 바뀌지 않는다. 달마스님은 이를 "일상삼매(一相三昧), 일행삼매

(一行三昧)"²라고 하였다.

부디 푹 익도록 실천하라. 그리하여 고금의 작용과 기연에 종횡으로 통달하여도 그것을 가슴에 남겨 두지 말아야 한다. 그저 무심하여, 부딪치면 바로 변전(變轉)하고 누르면 바로 움직여, 얽매이지 않으면 수천만 사람 속에 있더라도 한 사람도 없는 것과 같으리라. 이는 억지로 되는 것이 아니라 자연히 이렇게 되는 것이다. 그렇다 해도 여기서 다시 마지막 한마디를 알아야 한다. 참구하라.

주
:

1   『경덕전등록』권28(T51-444c).
2   육조혜능의 설명으로 더 잘 알려져 있다.『육조대사법보단경』(T48-361a).

121

도명(道明)에게 주는 글

이 도는 지극히 현묘하고 깊다. 때문에 불조께서는 머뭇거림을 용납하지 않으시고 곧장 알아차려 견문성색의 표면을 뛰쳐나와 오롯이 계합하고 가만히 알아야 한다고 하셨으니, 그래서 이를 "교 밖에 따로 전한다"고 한다. 그러나 깊이 체득하고 철저히 작용하며 알음알이의 장애를 벗어 버리고 잘 단련하여 깨끗이 다해서 최고의 경지에 도달했다 해도, 반드시 완전히 통달하여 잘 결택해주는 선지식을 만나 깎이고 뽑히며 맹렬히 물어 뜯겨 실오라기를 끊어야만 한다. 그래야 비로소 부처와 조사의 소굴을 없앨 수 있다.

다만 평범하게 일상생활 속에서 처음부터 끝까지 철저하게 한 법도 마음에 걸릴 것 없고 한 생각도 얻을 것 없음을 체득하여 무심하게 행한다. 모든 경계 가운데서 원융하여 끝이 없으나 원융하다 할 것도 없어야 비로소 무간도(無間道) 속을 다니면서 공훈이 끊어진 곳에서 노닐게 된다. 이를 평상심도 얻을 수 없다 하는 것이다.

이와 같이 실제의 경지를 밟으면 헛된 데에 떨어짐이 없는 공부이다. 면면밀밀(綿綿密密)하게 심전지(心田地)를 말끔히 쓸어버려, 젓가락질 숟가락질하는 갖가지 작위가 모두 자기 집안으로 들어간다. 이 때문에 지장(地藏, 867~928)스님이 한 스님에게 "남방에서는 호호탕탕히 선(禪)을 말한다는데, 말해 보라. 나의 여기에서 밭에 씨 뿌리고 주먹밥 먹는 것만 하겠는가?"[1] 하며 꾸짖었다.

이를 미루어 본다면 괴로움을 참고 수고로움을 이기면서 큰 작용을 융성하게 일으킨 것이니, 거칠고 누추한 가운데서라도 모두가 지극한 참다움이 된 것이다. 오직 마음을 바꾸지 않고 한결같이 나아가며 실천하는 것만을 귀하게 여길 뿐이다. 생사도 나를 어찌하지 못하는데, 더구나 그 밖의 일이야 말해서 무엇 하랴! 영가 스님은 "최상의 인재는 한 번 결단하여 일체를 끝낸다."[2] 하였으니 믿을지니라.

주
:

1 『호법론(護法論)』 권1(T52-640b).
2 "上士一決一切了(상사일결일체료)": 『영가증도가』(T48-396a).

122

시자(侍者) 법영(法榮)에게 주는 글

  도를 배우는 사람은 부지런히 생사 문제를 가슴에 품고 밤낮으로 고생을 꺼려하지 않을 수 있어야 한다. 선지식을 섬겨 한마디 반 마디 말에서 깨달음의 약을 찾아야 한다. 꾸짖고 배척하는 갖가지 나쁜 경계를 만난다 해도 힘써 전진해야 한다. 숙세의 훈습으로 이루어진 자연종지(自然種智)가 아니면, 반드시 주저하거나 혹은 물러나 후회한다. 여기에서 편안하여 애초부터 자신이 세웠던 원을 움직이지 않는다 하더라도 자못 얻기란 어렵다. 그러나 본래 있는 이 성품에서 나타나 작용한 견문각지는 부모를 통해 나지도 않고 경계로 해서 빼앗기지도 않는다.
  만약 지난날의 지혜를 따르기만 하면 즉시 업식(業識)에 떨어진다. 매섭게 한쪽으로 뿌리치고 텅 비고 고요함만을 지키면서 한 생각도 나지 않는 경지에 도달하여, 해로(解路)를 번쩍 뒤집어서 기연에 떨어지지 않아야 한다. 당장에 분명히 알아 털끝만큼도 의심할

틈이 없이 단도직입적으로 깨달아 두 번째가 없으면, 현묘한 이성도 스스로 벗어 버리는데 더구나 세간의 사물에 끄달리겠느냐.

그러므로 옛사람은 즉심즉불(卽心卽佛)에서 큰 역량을 얻었고, 마치 활활 타는 뻘건 용광로 속을 투철히 통과하듯 불조조차 세우지 않았다. 단지 꽉 움켜잡아 주인이 되어 산에 머무른 것이다. 모름지기 이렇게 십 년 공부를 전일하게 쏟아야 들어갈 길이 생긴다.

조주(778~897)스님은 "그대가 자기 자리에 십 년을 앉아 있었는데도 선(禪)을 알지 못한다면 내 머리를 베어 가라."[1] 하였다. 결코 말이나 기연(機緣) 경계에 있지 않으니, 요컨대 마음과 의식을 쉬어야만 완전히 편해지리라.

주
:
1 『고존숙어록』 권14(X68-83b).

123

도인(道人)에게 드리는 글[1]

　각자 자기 발밑에 있는 하나의 일은 본래 뚜렷이 고요하여 한 번도 움직인 적이 없습니다. 위음왕불 이전부터 지금까지 확 트여 신령스럽고 밝으며, 여여하고 평등합니다. 그러나 견해를 일으키고 마음을 내어 분별하고 집착했기 때문에 티끌 번뇌[情塵]가 시끄럽게 되었을 뿐입니다. 그러므로 날카로운 근기가 용맹한 몸과 마음으로 단박에 쉬어 한 생각도 나지 않는 곳에 도달하면 바로 본래 면목입니다. 그 때문에 옛사람은 "한 생각 나지 않으면 그 자체가 온전히 드러난다[一念不生全體現]." 하였는데, 이 자체가 바로 부서지지 않는 금강의 바른 몸입니다. "6근이 움직이자마자 구름에 가린다[六根纔動被雲遮]."[2] 하였는데, 이 움직임이 바로 망상 지견입니다.
　총명한 사람들에게 망상심이 뚜렷한 경우를 많이 보는데, 이들은 이 망상심을 놓지 못하고서 마음이 요동하지 않는 쉰 자리에 도달하여서도, 스스로 본성을 알아차리러 하지는 않고 이를 텅 비었다고만 여기고, 유(有)는 버리려 하면서 도리어 공(空)에 집착하니 이것이 큰 병통입니다. 만일 한쪽을 버리고 한쪽을 집착하는 마음이 있다면 그것은 알음알이여서 철저하게 성품을 보지 못합니다. 이 성품은 있는 것이 아니므로 버릴 필요가 없으며, 빈 것도 아니므로 집착할 것도 없습니다.

요컨대 버림과 집착, 있음과 없음을 떠나 당장에 편안한 경지에서, 원만하고 담담하고 텅 비어 움직이지 않으면 홀연히 안락해집니다. 그러면 이 참되고 깨끗한 묘심(妙心)을 스스로 믿어서, 잠깐 사이에 세간 인연에 끄달려도 바로 알아차려 거기에 따라가지 않습니다. 알아차리기만 하면 붙들어 멈추겠지만, 알아차리지 못하면 그대로 거기에 딸려가 버립니다. 그러므로 오래도록 텅 비고 한가하게 스스로 공부를 해서, 모든 망념을 녹이고 자기가 깨달은 곳이 있도록 해야 합니다.

옛사람은 "그 자리[當處]를 떠나지 않고 항상 담연하니 찾은즉 그대를 알지만 보지는 못한다."[3]고 하였습니다.

주
:

1 『원오불과선사어록』 권16(T47-787c)에 "귀비(貴妃) 교씨(喬氏)가 법어를 청하여"라는 제목으로 전한다. 귀비(貴妃) 교씨(喬氏, 1086~?)는 북송 휘종(徽宗)의 귀비이다.

2 나누어 인용하고 있는 게송은 장졸(張拙)이 석상경저(石霜慶諸, 807~888)에게 깨달음을 얻고 지은 오동송의 두 번째 구절이다. 『정법안장(正法眼藏)』 권3(X67-610c~611a)이 전하는 전체 게송은 다음과 같다. "광명이 고요히 모든 세계에 두루 비추니[光明寂照徧河沙(광명적조변하사)] / 범성의 모든 생명이 모두 나의 가족이네[凡聖含靈共我家(범성함령공아가)] / 한 생각 나지 않으면 그 자체가 온전히 드러난다[一念不生全體現(일념불생전체현)] / 6근이 움직이자마자 구름에 가린다[六根纔動被雲遮(육근재동피운차)] / 번뇌를 없애려고 하면 더욱 병만 불어나고[斷除煩惱重增病(단제번뇌중증병)] / 진리를 향하면 모두 삿되니[趣向眞如總是邪(취향진여총시사)] / 세상 인연 따라 걸림이 없으면[隨順衆緣無罣礙(수순중연무가애)] / 열반과 생사가 허공의 꽃이리라[涅槃生死是空花(열반생사시공화)]".

3 "不離當處常湛然(불리당처상담연) 覓卽知君不可見(멱즉지군불가견)": 『영가증도가(永嘉證道歌)』(T48-396b).

124

중선(仲宣) 유나(維那)에게 주는 글

　대유령(大庾嶺)¹ 밖의 조사 조계(曹溪, 혜능, 638~713)스님은 부처의 종족이시다. 신성(新城)²에서 자취를 내어 번우(番禺)³ 땅에서 법을 펴셨다. 마치 해가 세상을 비추듯, 기린과 봉황이 상서를 나타내듯 하였으니, 그 후 번창하여 대전(大顚, 732~824)⁴과 삼평(三平, 781~872)⁵ 같은 용상대덕들이 나와 창려(昌黎, 한유, 768~824)⁶에게서 견해의 가시를 뽑아 주고 세상을 위해 횃불을 밝혔다. 이로써 그들에게 사람이 있었다는 점을 알 수 있으니, 그것은 아마도 세속을 끊고 인간을 떠났기 때문에 진실로 가업을 이룬 씨앗이 되었던 것이다. 그들이 걸었던 발자취와 지향했던 업(業)은 하늘처럼 높았으니, 어찌 좀스럽게 줄[行伍]이나 따르고 무리나 쫓으려 하였겠느냐.

　옛날 흥화(興化, 830~888)스님이 극빈(克賓) 유나에게 "너는 오래지 않아 창도사(唱導師, 전법사)가 되리라." 하자 극빈스님이 "저는 그런 처소[保社]에는 들어가지 않겠습니다." 하였다. 흥화스님이 "알고

서 들어가지 않겠다는 거냐, 몰라서 들어가지 않겠다는 거냐?" 하고 따져 물으니 극빈스님은 "모두 상관이 없습니다."라고 하였다. 이리하여 벌금을 받고 절에서 쫓아내도록 영(令)을 내렸다.[7]

많은 사람들은 이에 대해 일상적인 생각에 떨어져 있거나, 그렇지 않으면 특별한 기연이거나 관문이라는 생각을 하니 어찌 그들이 하늘을 통과하는 바른 길이 있는 줄을 알겠는가. 오로지 바람만 바라보고 더듬을 뿐이다. 반드시 그 안에 있는 사람이라야 조계, 대전, 삼평, 홍화, 극빈과 모습이라도 비슷하리라.

그러면 어떤 사람이 그런 사람이겠는가?

봉황이 안개 낀 하늘 밖으로 곧장 들어가니
누군들 숲속의 참새를 두려워하랴.
鳳凰直入烟霄外(봉황직입연소외)
誰怕林間野雀兒(수파임간야작아)

주
:

1 대유령(大庾嶺) : 강서성(江西省) 남안부(南安府) 대유현(大庾縣) 남쪽 25리에 있는 산이다. 강서성과 광동성의 경계에 있는 이 산의 남쪽을 영남(嶺南)이라고 하고 북쪽을 영북(嶺北)이라고 한다. 6조 혜능(慧能, 638~713)이 혜명(慧明) 즉 몽산도명(蒙山道明, 697~780)을 만난 곳이다.
2 신성(新城) : 광동성(廣東省) 조경부(肇慶府) 신주(新州) 땅을 말한다. 6조 혜능(慧能)의 출신지이다.
3 광동성(廣東省) 광주시(廣州市) 번우구(番禺區).
4 대전(大顚, 732~824) : 대전보통(大顚寶通). 「논불골표(論佛骨表)」를 황제에게 올린 배불론자(排佛論者) 한유(韓愈, 768~824)와 교유하였다.
5 삼평(三平, 781~872) : 삼평의충(三平義忠). 처음에 석공혜장(石鞏慧藏)에게 참구했다가 후에 대전보통(大顚寶通, 732~824)의 법을 이었다. 복건성 창주의 삼평산(三平山)에서 대중들을 지도하였다.
6 창려(昌黎, 768~824) : 한유(韓愈)의 호이다. 황제가 궁 안에 불사리를 모시는 문제로 「논불골표(論佛骨表)」를 올렸다가 좌천되었다.
7 『선문염송』제758칙 "창도(唱導)"(H5-567ab).

125

중송(中竦) 지장(知藏)에게 주는 글

암두(巖頭, 828~887)스님이 말하였다.

"무릇 종문을 떠받치고 교학을 창도하는 뜻은 똥 누기 전에 달려 있다. 한 번 엿보고 그대로 꿰뚫어 멋대로 이론을 전개한다 해도 흔적이 없다."

이는 실로 작가 선지식의 수단이라 하겠다. 눈 밝은 이는 문에 들어섰다 하면 벌써 깊은지 얕은지를 분별한다. 다시 입을 놀리며 쓸데없는 짓 하기를 기다리면 언제 마칠 기약이 있으랴.

설봉(雪峰, 822~908)스님이 투자(投子, 819~914)스님에게 물었다.

"백추 한 번 치는 순간에 이루었을 땐 어떻습니까?"

"성미 급한 놈은 아니다."

"백추 한 번 치는 것도 필요치 않을 땐 어떻습니까?"

"민첩하지 못한 칠통이다."[1]

옛사람에겐 원래 이런 가풍과 모범이 있어 흙탕물을 떠나고 언어문자를 끊으며 화살촉을 물어뜯어 과녁을 부수라고 하였다. 번개가 말아 오르고 바람이 휘돌듯 바로 그 기미를 타고 정면으로 통쾌하게 주면 곧 임제(767~866)의 종풍이라 부르며 사방에서 찾아와 의지하여 묻는 사람들을 저버리지 않는다. 말로 말을 타파하고 자취로 자취를 깎아 죽은 물에 떨어지지 않고 멀리 뛰어넘어 농사꾼의 소를 몰고 가고 주린 사람의 밥을 뺏는 솜씨를 부린다. 이렇게 하는 뜻은 생과 사를 벗어나고, 성인과 범부를 초월하며, 남과 나를 같게 하고, 더러움과 깨끗함을 녹여서 천지를 환히 비추는 큰 해탈을 증득하여, 자리이타로 성인의 종족을 계승하는 데에 있다.

"이조(二祖, 487~593)는 서천에 간 적이 없고 달마는 동토에 온 적이 없다."[2]는 말을 듣지 못했는가. 사람들에게서 눈에 티와 쐐기를 뽑아 주듯 속박을 풀어주는 일이 바로 은밀한 방 가운데 있다. 실법(實法)이란 것으로 사람을 묶지 않고, 처음부터 그에게 백추를 주어서 가지고 가게 하여 그 중에 온 개나 반 개의 안목 바른 사람이 씨앗이 되는 것을 감당케 했던 것이다.

그러므로 이치를 따지고 이해를 세우며 언어 문구를 정리하고 고금을 비교한다면, 어찌 땅에서 사람을 싹 쓸어 없앨 수 있겠는가. 이는 조실스님의 자리에 앉은 선지식의 본래 직분이다.

그런 가운데 부지런히 손을 드리우고 지칠 줄 모르고 계속해 나가야 한다. 그저 귀찮다고 미루어 버린다면 근본 종지를 잃고 옛 성인을 저버리게 된다.

백운(白雲, 1025~1072) 노스님께서는 "뚫지 못했을 땐 철벽같았는데 뚫고 보니 원래 철벽이 바로 자기였다."고 하셨다. 반드시 철벽같은 선정을 해야 한다. 그런 뒤에야 착착 몸을 벗어날 기틀이 있어서, 암두스님이 갈파했던 강종(綱宗)의 본모습에 비로소 부합할 것이다.

꼬리 아홉 달린 여우는 몹시도 굴을 그리워하는데
금빛털 사자는 몸을 돌릴 줄 아는구나.
九尾野狐多戀窟(구미야호다연굴)
金毛師子解翻身(금모사자해번신)

주
:
1 『경덕전등록』 권15(T51-319b).
2 『경덕전등록』 권18 「복주현사종일대사(福州玄沙宗一大師)」(T51-344a).

126

전차도(錢次道) 학사(學士)에게 드리는 글

사람마다 서 있는 자리에 이 하나의 큰일을 갖추고 있어서, 부처와 중생이 아무 다름이 없습니다. 다만 부처는 깨달아 원융하고 뭇 중생들은 물들고 미혹하여, 이윽고 서로가 현격하게 멀어졌을 뿐입니다. 그러므로 모든 성인이 나와서 유독 큰 법을 창도하시니, 이를 '직지인심 견성성불'이라 합니다. 특별히 상근기만을 제접(提接)하여, 요컨대 날카로운 근기를 가진 종성(種性)에게 얼굴을 마주하자마자 서로 드러내어 다시는 머뭇거리지 않고 우뚝이 행하기를 바란 것입니다. 때문에 영산회상에서 본보기를 세워 꽃을 들자마자 가섭이 미소하였던 것이니, 만약 그가 이랬느니 저랬느니 한다면 즉시 빗나가 버립니다.

그릇과 도량이 이미 같으면 헛되게 전수하는 일이 없습니다. 이로부터 근원과 근원이 이어져 지금에 이르기까지 깨달음을 얻은 자가 항하수 모래알만큼이나 많습니다.

구지(俱胝)스님의 경우 천룡(天龍)스님을 뵙고 한 손가락을 얻었으며, 조과(鳥窠, 741~824)스님이 실오라기 하나를 입으로 불자 시자가 크게 깨달았습니다. 어찌 많은 주장과 설명으로 도리어 그들의 참된 성품을 어지럽혔겠습니까.

요점을 들어 지적한다면 영리하고 지혜로운 상근기만이 6근과 6진을 투철히 벗어나 생사를 끊으려고 마음먹습니다. 일상 가운데서 눈을 높이 두어 만 가지 인연과 높고 낮은 모든 경계가 전혀 실재하지 않음을 간파해 냅니다. 오직 본래 신령하고 밝은 큰 해탈만이 고금에 훤히 뻗쳐 영원토록 살아 움직입니다. 한 생각에 계합하여 걸림 없음을 얻으면 나다 남이다 하는 지견과 세간의 지혜와 변재와 총명, 기쁨과 성냄, 잘잘못과 갖가지 집착을 문득 놓아 버립니다. 모든 것을 마음에 평온하게 지녀 나날이 작용하면서도 애초에 걸림이 없으니, 부딪치는 대로 척척 들어맞아 모두가 본지풍광이 됩니다. 사물을 따라 형체를 나타내지만 갖지도 맞이하지도 않으면서 담담하고 진실하고 고요합니다. 죽는 날에 가서는 확실하게 얻었으니, 이른바 "꽉 붙들어 주인이 된다." 한 것입니다.

듣지 못하였습니까. 방거사(?~808)가 성태(聖胎)를 기르다가 임종 때가 되어 우적(于頔, ?~818) 상공(相公)에게 "있는 것을 비우려 하시고 없는 것을 채우려 하지 마시오."라고 하고는 상공의 무릎을 베고 누워서 떠났습니다.[1]

양시랑(楊侍郎, 양억, 974~1020)은 투철하게 깨달아 절개를 세우고 벼슬길에 선 분인데 마지막 죽음에 임하여 이렇게 말하였습니다.

물거품 일어남과 물거품 꺼짐
그 두 가지 법은 본래 같다
진정 돌아갈 곳을 알고자 하는가
조주(趙州) 동원(東院)2의 서쪽이로다.
漚生與漚滅(구생여구멸)
二法本來齊(이법본래제)
欲識眞歸處(욕식진귀처)
趙州東院西(조주동원서)3

이는 맺힌 곳에서 힘을 얻은 것이 아니겠습니까. 일반적으로 정성을 간직하고 흠모하는 것은 본시 보고 듣는 것으로 말밑천 삼기를 바라서가 아니라, 몸과 마음을 확실하게 청정히 하여 안으로는 텅 비어 한가함을 지키고 밖으로는 견문을 툭 트이게 하여 가만히 지혜의 칼날을 움직여 정욕을 끊고 회광반조하기를 바라는 것입니다.

마치 영운(靈雲)스님이 복사꽃을 보고 깨닫듯, 향엄(香嚴, 799~898)스님이 대나무에 기왓조각 부딪치는 소리를 듣고 깨닫듯이 말입니다. 나아가 "바람이 움직이는 것도 아니고, 깃발이 움직이는 것도 아니며, 그대의 마음이 움직이는 것이다"4 한 것이나, "바람이 방울소리를 울린 것이 아니라, 내 마음이 울릴 뿐이다"5 한 것처럼.

주
:

1 『景德傳燈錄』卷8 :「居士謂曰。但願空諸所有。慎勿實諸所無。好住世間皆如影響。言訖枕公膝而化」(CBETA, T51, no. 2076, p. 263, c15-16).
2 조주종심(趙州從諗, 778~897)이 머문 것으로 유명한 관음원(觀音院).
3 『천성광등록(天聖廣燈錄)』권18(X78-512c).
4 『육조대사법보단경』(T48-349c).
5 『천성광등록(天聖廣燈錄)』권4 「십칠조승가난제존자(十七祖僧伽難提尊者)」(X78-434c).

127

처겸(處謙) 수좌(首座)에게 주는 글

옛 분들이 방편을 베풀고 가르침 세우기를 처음부터 소홀히 하지 않았던 것은, 반드시 만세토록 법을 배우는 표준으로 삼게 하기 위해서였다. 그 때문에 마갈타에서는 방문을 걸어 잠갔고, 소림에서는 쓸쓸히 앉아 있었으며, 비야리에서는 입을 닫았고, 수보리는 묵묵히 있었으니, 다 목적이 있어 그렇게 했던 것이다.

마치 북두성이 제 자리에 위치해 있듯, 모든 시냇물이 바다로 흘러가듯 하였으며, 호랑이가 노려보듯 용이 달리듯, 바람이 돌고 구름이 합하듯이 하였다. 이런 것이 있는 줄 아는 자는 나아갈 바를 가만히 알아서, 이치를 따지지 않고 곧장 알아차려 그 문지방 안으로 깊숙이 들어가 체재와 행위가 자연히 들어맞았다.

처음 가르침을 세웠을 때는 우연히 그렇게 된 듯도 하나 형체와 소리가 드러나고 보면 감춰지지 않아서 우뚝하게 세상을 놀라게 하면서 점점 매일같이 새로워진다.

덕산(782~865)스님은 백목방(百木棒)을 휘둘렀고, 제북(濟北, 임제, 767~866)스님은 우레 같은 할을 떨쳤으며, 구지(俱胝)스님은 한 손가락을 세웠다. 비마(秘魔, 817~888)스님은 무쇠집게를 높이 들었고, 상골(象骨, 설봉, 822~908)스님은 세 개 나무공을 굴렸고, 화산(禾山, 884~960)스님은 네 번 북 칠 줄 안다 하였다. 또한 혜충(慧忠, 675~775) 국사의 물 주발[1]과 위산(潙山, 771~853)스님의 소[2] 등이 모두 대중의 무리를 뛰어넘는 책략과 작용에 이르렀으며, 서원(西園, 758~827)스님의 '목욕물 데웠던 것'[3]과 금우(金牛)스님의 '밥 먹어라 불렀던 것'[4]과 천황(天皇, 748~807)스님의 '호떡'과 조주(趙州, 778~897)스님의 '차 마시게' 했던 일들은 미세한 곳까지 다 궁구하고 연원을 훤히 꿰뚫은 것이다.

시절과 기연을 저버리지 않고 종지와 격식을 초월하였으니 진실로 기린(麒麟)의 두 뿔이며 사자의 발톱으로서, 뒷세상에서도 그를 우러르며 그 자취를 따라가지 못하였다. 말 한마디를 내고 한 기봉을 시행하는 데도 더욱 형상과 명칭을 헤아리고 모양 짓는 것을 허락하지 않았다.

뜻 있는 사람이라면 시작하기 전에 이러한 책략을 쌓아서 단박에 제방(諸方)을 초월해서 인연을 대하니, 어찌 국한되고 갇혀서 어정대고 딸려가는 무리가 되겠느냐. 그 때문에 계속 해 나아가는 가운데 가슴속을 열어 젖혀서 옛사람의 고상한 가풍을 따라간다면 저절로 범상하지 않을 것이다.

그러다가 알아주는 이를 만나면 헛되지 않으리니, 그를 역사에 남게 한다 해도 욕됨이 없으리라. 그러므로 나는 진심으로 이를 드러내는 것이다.

주
:

1   혜충(慧忠, 675~775) 국사가 자린(紫璘) 공봉(供奉)이라는 관리가 『사익경(思益經)』의 주해를 냈다는 소식을 듣고 시자에게 물 한 주발을 가져오게 한 후 쌀 일곱 알과 젓가락 한 짝을 주발 위에 얹어 공봉에게 내보이며 무엇이지 물었다. 모르겠다는 관리의 대답에 "나의 뜻도 모르면서 무슨 부처의 뜻을 말하겠는가?" 하였다. 『벽암록』 권5(T48-184ab).

2   위산영우(潙山靈祐, 771~853)가 자신이 죽고 난 다음 산 아래 마을에서 물소로 태어나 겨드랑이에 '위산승영우(潙山僧靈祐)'라고 써놓는다고 하고, "그 물소를 '위산승'이라 불러야 하느냐? 물소라고 불러야 하느냐? 위산승이라고 부른다면 역시 물소이며, 물소라고 부른다면 또한 위산승이다. 필경에는 무엇이라 불러야 하겠느냐?" 하였다. 『경덕전등록』 권9(T51-265c).

3   서원담장(西南曇藏, 758~827)이 어느 날 손수 목욕물을 데우는데 어떤 스님이 "화상께서는 왜 행자나 사미들을 시키지 않습니까?" 하고 묻자 서원이 손을 세 번 쳤다. 『오등회원』 권3(X80-84a) : 『선문염송』 제292칙 "소욕(燒浴)"(H5-261a) 다만 『선문염송』에는 '남원(南園)'으로 되어 있다.

4   금우(金牛)가 항상 공양 때가 되면 밥을 들고 큰방 앞에 가서 춤을 추고 깔깔 웃으면서 "보살들아, 밥 먹으러 오라."고 하였다. 『선문염송』 제281칙 "장반(將飯)"(H5-255c).

128

오(悟) 시자(侍者)에게 주는 글

운문(雲門, 864~949)스님이 대중에게 법문을 하였다.

"망상 부리지 말라. 산은 산이고 물은 물이며, 스님은 스님이고 속인은 속인이다."

그때 어떤 스님이 물었다.

"제가 산을 산으로 보고 물을 물로 볼 때는 어떻습니까?"

운문스님은 손으로 면전에 한 획을 그으면서 말하였다.

"불전(佛殿)이 무엇 때문에 이 속에서 가느냐?"[1]

지난 시절 대중 속에서 참구할 때 "산은 산 물은 물" 하며 일없는 선[無事禪]을 설하며 서로 전하는 것을 보았는데, 평범하면서도 여실하여 더 이상 허다한 일들이 없었다. 현묘한 이치니 성품이니 하는 것들을 뽑아 버리고 공(空)을 천착하여, 심장을 요란스럽게 흔들어 놓은 것을 면할 수 있었다.

그 때문에 운문스님이 자비로 한 가닥 길을 열어 보여주시자 이

스님은 대뜸 알아차리고 나와서 물었던 것이다. 그러자 운문스님은 뒤에서 고차적인 선 도리를 사용하여 그를 얼떨떨하게 하더니, 이윽고 손으로 획을 긋고는 "불전이 무엇 때문에 이 속에서 가느냐?"고 물었으니, 이야말로 그를 뒤바꿔준 것이라 하겠다.

그 때문에 일반적으로 진실만을 이야기해야 올바른 선(禪)이며, 이쪽저쪽을 지적하기만 하면 그대의 눈동자를 바꾸는 것이다. 그를 믿지만 말고, 그저 "그대를 안다"고만 말하라. 괴롭고도 괴롭도다. 단박에 해치워라.

산승은 일없는 경계 속에서 이 년 남짓 살았지만 가슴속이 끝내 분명하지 못했다가, 그 뒤 갑자기 백운(白雲)에 있으면서 통 밑이 빠지듯 하였다. 그제서야 이 망정과 견해가 모든 사람을 죽이고 엉뚱한 사람들을 산채로 결박했음을 확연히 보게 되었다. 일없는 경계 속에서 가슴속이 마치 검은 칠통과도 같이 오로지 무명의 업식(業識)을 길렀던 것이다. 명예를 탐내고 이익을 취하여 지옥업을 지으면서 스스로 "나는 이미 아무 일도 없다."고 하였다.

운문스님의 의도를 자세히 살펴보건대 어찌 이러했을 뿐이랴. 이로써 맛좋은 제호(醍醐)도 이런 사람을 만나면 독약이 된다는 점을 알게 된다. 진실로 운문의 경지에 이르렀다면 어찌 이처럼 죽이려 하겠느냐. 그가 제창한 경계는 모두 불조의 대기대용으로 드러내 보여준 것이다. 그리하여 손으로 획을 그으며 "불전이 무엇 때문에 이 속에서 가느냐?"고 하였으니, 모든 성인도 뒤로 물러나야 하고, 큰 해탈지견을 갖춘 이라도 숨을 참고 소리를 삼켜야 한다. 산승이 부득이하여 겨우 약간만 보여주었으니 아는 자만이 알 뿐이다.

참학을 하려면 꼭 여실하게 참구해야 한다. 시비를 끊고, 득실을 떠나며, 티끌 번뇌를 버리고 지견을 벗어난 데에 이른 뒤에야 이런 부류에 들어갈 수 있다. 참구하라.

주
:
1 『운문광진선사광록(雲門匡眞禪師廣錄)』 권1(T47-547c).

129

풍희몽(馮希蒙)에게 드리는 글

그대는 삼계화택(三界火宅)을 싫어하여 말끔한 풍도를 간직하고 인연의 업을 맑혀 세상 밖을 노니십니다. 급고독장자(給孤獨長者), 유마거사(維摩居士), 배휴(裵休, 797~870) 상공(相公), 그리고 방거사(龐居士, ?~808)의 길을 간다 하겠으니, 어찌 무리를 놀라게 하고 성인을 필적하는 빼어난 인물이 아니겠습니까. 그러나 이것은 위음왕불, 과거칠불 이전부터 아래로는 미래가 다할 때까지, 만유(萬有)와 시방 허공을 꽉 껴잡아서 전혀 새나감이 없습니다.

요컨대 하나를 들면 문득 밝히고 움쩍하면 곧 알아차린다 해도 벌써 바보짓입니다. 그 때문에 단하(丹霞, 739~824)스님은 태어나면서부터 알았고, 방거사는 아무 데고 막힘이 없었습니다. 눈으로는 아주 작은 기미까지도 보아 내고 모든 선(禪)을 간파하였습니다. 총림에 높이 거닐며 수만금을 강물에 던지고 두건[俗塵]을 벗어 버렸습니다. 한결같이 무간도(無間道) 가운데 살면서 시장에서 조리(笊

籬)를 팔고 대낮에 거리에 누었으니, 어찌 허기짐과 부끄러움인들 없었겠습니까마는, 사람을 만나 종횡으로 활용하는 데에는 최상의 문빗장을 밟는 책략 아님이 없었습니다.

지금 그대는 이러한 뜻을 가졌고, 다행히 근기와 성품과 기상과 도량이 범상치 않으십니다. 그러니 오직 물러나서 버리고 정진 수행하는 데만 힘쓰십시오. 이렇게 해서 오래도록 변치 않으면 그때는 전체를 그대로 누리고 쓸 수 있게 됩니다.

불전 앞의 풀을 깎고, 성승(聖僧)의 머리에 올라타며, 목불(木佛)을 태우고, 한입에 서강(西江)의 물을 다 마시고, 본래인(本來人)에 어둡지 않다고 한 것 등이 모두가 원만한 기틀로 생생하게 벗어나 은현자재했던 것입니다.[1] 오직 최고의 작가 선지식만이 그런 활용을 알며 그 나머지 서서 죽고 앉아서 떠나는 것은 모두가 거기서 나오는 여분의 운치일 뿐입니다. 이들은 진실로 삼계 밖의 사람인데, 어찌 화택(火宅)이 그를 가둘 수 있겠습니까.

> 은산(銀山)의 긴 절벽처럼 우뚝하기만 하려면
> 풀에 들어가 다시 사람을 구할 필요가 없다.
> 但使銀山長壁立(단사은산장벽립)
> 不須入草更求人(불수입초갱구인)

주
:

1 단하천연(丹霞天然, 739~824)이 처음에 마조도일(馬祖道一, 709~788)을 만나 두건을 벗으니 마조가 석두희천(石頭希遷, 701~709)을 찾아가라 하였다. 석두에게 가서 전과 같이 두건을 벗으니 석두가 방앗간에서 일하게 하였다. 단하가 행자를 하던 어느 날, 석두가 대중들에게 말하였다. "오늘 공양 끝나고 불전(佛殿) 앞의 풀을 깎게 하라." 대중들이 앞다투어 호미와 괭이를 가지고 나섰는데, 단하는 머리를 감고 삭도(剃刀)를 들고 석두 앞에 꿇어앉았다. 석두가 이유를 묻자 단하는 풀을 깎아 달라고 하였다. 석두가 웃으면서 머리를 깎아 주고 이름을 불러 계(戒)를 주려 하니 단하가 귀를 막고 달아났다. 그 길로 다시 마조에게 가서 성승(聖僧)의 목에 올라타니 대중들이 놀라 마조에게 말하였다. 마조가 직접 나와서 보고는 "나의 아들 천연(天然)이로구나." 하였다. 단하가 곧 내려와 절을 하고는 "이름을 지어주셔서 고맙습니다." 하였다. 『선문염송』 제320칙 "전초(剗草)"(H5-275c~276a).

130

화엄(華嚴) 거사(居士)에게 드리는 글

 평상심이 도이니 어디로든지 나아가려 하면 바로 어긋납니다. 여기에 이르러선 실제의 경지를 밟아 너그러이 호호탕탕하고 두루두루 원만하며, 외롭게 멀리 떨어져나가고 아스라이 높고 험준하여 털끝만큼의 지견도 세우지 말아야 합니다. 처음부터 끝까지 철저히 놓아 버려 맑고 맑게 관조가 끊겨 만 길 절벽에 선 듯해야 하니, 여기서 무엇을 마음이니 부처니 하겠으며, 무엇을 현묘하다 하겠습니까.
 한 번에 곧장 전진하여 견해를 일으키지 않고 마음을 내지 않습니다. 마치 맹렬한 불무더기 같아서 가까이 접근하지 못하며, 하늘에 비낀 긴 칼과도 같은데 누가 감히 가까이 하겠습니까.
 순수하고 화애롭게, 텅 비고 담박하게 길러내서 무심경계를 꿰뚫으면 바로 생사의 흐름을 끊습니다. 무위의 집에 살며 바보 같고 맹인처럼 단엄하여 흑백을 구분할 수 없으면 조금은 옳다 하리니,

이것이 "배울 것이 끊겨 한가한 참 도인"입니다.

여기서 분명히 회광반조하여 깊숙이 적멸에 계합해야만 번뇌를 끊습니다. 그러면 도모하지 않아도 자연히 향상인과 함께하고, 말하지 않아도 깨닫습니다. 만일 총명하다는 생각을 짓고 지견을 세우며 너다 나다, 이겼다 졌다 한다면 더더욱 어찌해볼 도리가 없습니다.

여기에서는 몹시 날카롭고 통쾌하게 끊는 것만을 높이 삽니다. 아득한 절벽에서 손을 놓아 목숨을 버릴 수 있으면 바로 그 자리에서 쉬게 됩니다. 크게 쉬는 그곳만이 궁극적으로 합당한 경계입니다.

131

무주(無住) 도인(道人)에게 주는 글

　『유마경』에선 "머무름 없는 근본을 의지하여 일체 법을 건립한다."[1] 하였고, 『금강경』에선 "머무른 바 없이 그 마음을 내야 한다."[2] 하였으며, 고덕은 "일체가 무심하여 머무름과 집착이 없으면, 세간 출세간법이 모조리 그렇지 않음이 없다."고 하였다.

　만일 머무름이 있다면 응고해 버릴 터인즉 어떻게 다시 변통할 수 있겠는가. 해와 달이 머무른다면 밤과 낮이 없고, 네 시절이 머무른다면 세월의 공능이 없을 것이다.

　머무름 없는 그것만이 무궁에 흘러 들어가기 때문이다. 그러므로 머무를 바 없는 데에 머무른다는 것이니, 범부를 뒤집어 성인을 이루면 바로 작위 없고 머무름 없는 오묘한 작용으로 만유 가운데서 큰 해탈을 얻는다.

　이 이치를 통달하고 이 도를 보았거든 게으름 피우지 말고 힘써 실천해야만 진실한 도인이라 할 것이다.[3]

주
:

1 “依無住本(의무주본) 立一切法(입일체법)”:『유마힐소설경』권2「관중생품(觀衆生品)」(T14-547c). 다만『유마힐소설경』에는 앞 구절이 “從無住本(종무주본)”으로 되어 있다.
2 “應無所住而生其心(응무소주이생기심)”:『금강반야바라밀경』권1(T8-749c).
3 『원오불과선사어록』권16(T47-787a)에 전한다.

132

원장(元長) 선인(禪人)에게 주는 글

　부처님의 말씀은 마음을 종지로 삼는다. 그리고 달마는 이를 전수한 분이다. 그러나 마조(709~788)는 사족을 붙여서 자비로 수준을 낮춰 "여러분은 부처님이 말씀하신 마음을 알고 싶은가?" 하였는데, 벌써 이것도 허물이었다. 그는 다시 말하였다.
　"지금 말하는 이것이 바로 부처님 말씀이다. 이 말은 자기의 마음에서 나왔으며, 바로 이것이 부처님 마음이다."
　바른 종지를 거량하면서 이런 이야기를 한다면 어떻게 84명의 작가 선지식을 배출하였겠느냐. 그러므로 예로부터 진정한 법령을 행한 분들이 이를 살펴본다면 구정물을 사람에게 뿌린 격이라 하겠으니, 무슨 모범이 되겠느냐. 그러나 한 가지 알아야 할 것은, 이 늙은이가 지나치게 자질구레하게 말했던 것은 사정이 마지못했기 때문이라는 것이다.
　그러나 요즈음 학인들은 오히려 그를 보면서도 타파하지 못한다.

오로지 언어에 떨어져 알음알이에 집착하여 그림자를 오인하고, 그것으로 격식을 만들고 있으니 성미가 매우 급한 것이 아닌가.

그 가운데 생철로 만든 놈이 있어 손아귀에 단단한 돌을 쥐고 부숴 버리고 눈동자를 굴리며 머뭇거리지 않고 한 번에 꿰뚫는데, 다시 무슨 부처님 말씀이니 부처님 마음이니를 말하겠느냐.

이처럼 하여 그와 같을 수 있다면 설사 모든 불조가 몸소 땅을 흔들고 빛을 놓으며, 구름처럼 비처럼 방과 할을 하여 우레가 달리고 번개가 치듯 한다 해도, 그 뜨거운 열을 조금도 받을 필요가 없다. 무심하여 범부에 들지도 않고 성인도 관여하질 않는데 다시 무엇을 생사 보리며 열반 번뇌라 하겠느냐. 주리면 밥 먹고 피곤하면 잠자는 것이 제일이니, 이것이 점점 저 집안의 씨앗[種草]과 같아지는 것이다.

때문에 지장(地藏, 867~928)은 "너희들 남방의 불법이 굉장하긴 하나, 어찌 내가 밭에 씨 뿌리고 주먹밥 먹는 것만 하랴." 하였으니, 온전히 이로써 일 삼아서 철저하게 일없는 데 이르면, 마치 한 타래 실을 한 번에 자르면 다 잘리듯 하는 것이다. 세계를 꽉 붙들어 실낱만큼도 새나가지 않게 하면 모든 견해가 나지 않아 번뇌가 전혀 없다. 이렇게 하면서 오랜 세월을 두고 움직이거나 물러나지 않으면 이를 바탕으로 자연히 마치게 된다.

향림(香林, 908~987)은 40년 만에야 한 덩어리를 이루었고, 위산(潙山, 771~853)은 30년을 한 마리 물소를 길렀다. 이미 이러한 뜻을 세웠으면 오래도록 깊숙이 해야만 갚기 어려운 큰 은혜를 보답해 낼 수 있으니, 이래야만 진정으로 출가 해탈한 납자이다.[1]

주
:
1   『원오불과선사어록』 권16(T47-787ab)에 전한다.

133

단하(丹霞) 불지유(佛智裕) 선사(禪師)에게 주는 글

●

조사의 종풍은 걸음걸이가 활달하고 원대하여 교승(敎乘)을 아득히 벗어나 정인(正印)만을 단독으로 제창하였다. 영산회상에서 잠시 들어 보이자 음광(飮光, 가섭)이 미소하며 알아차렸고, 용맹(龍猛, 용수)이 원상(圓相)을 보이자 제바(提婆)가 가운데를 맞추었다. 또 소림에서 마음을 찾자 이조(二祖, 487~593)가 훌쩍 깨달았고, 노행자(盧行者, 6조, 683~713)가 게송을 읊자 대만(大滿, 5조, 602~675)이 의발(衣鉢)을 부촉하였다.

사람들은 모두가 이를 가만히 전수했다고 한다만, 그 단서를 따져 본다면 낭패다. 어찌 지극히 오묘하고 심오한 종지로 나아감이 이 정도에 그치겠느냐. 요컨대 높은 하늘과 같고 두터운 땅과 같으며, 고요한 바다와 같고 넓은 허공과 같다 해도 비슷하지도 못한 것이다.

한량을 넘어 크게 해탈한 사람이 천지를 굴리고, 바닷물을 다 마셔서 말라붙게 하고 허공을 소리쳐 흩어 버리며, 가없는 향수해(香水海)의 부당왕찰(浮幢王刹) 밖에서 대기대용을 떨쳐 보이며, 마군 외도의 견해를 자르고 불조의 교화방편을 끊으며, 염(拈)하여 제창할 수도 없고 제시할 수도 없는 심오함을 게양해 보인다 해도, 아직은 정확한 법칙이 되지 못한다는 것을 믿었으면 한다.

설봉(822~908)은 오산(鼇山)에서 도를 얻고, 운암(雲巖)은 줄곧 있음[有]을 몰랐다 하는데, 이는 희론일 뿐이다. 심장과 간장을 생철로 만들어 살인을 하고도 눈 한 번 깜짝하지 않을 솜씨라야 풍규(風規)를 약간 드러내 보이며, 혜명(慧命)을 무궁토록 유전시킨 것을 귀하게 여겨야 약간은 사람 뜻에 맞다 하겠다.[1]

건염(建炎) 3년(1129) 윤달 11일
전 운거사 주지 원오선사(圜悟禪師) 극근(克勤)

주
:
1 『원오불과선사어록』 권16(T47-787c~788a)에 전한다.

134

경룡학(耿龍學)에게
보낸 편지 끝에 붙인 글

묘희(妙喜, 1089~1163)가 보낸 편지를 받고 보니 그가 이 불법대의에 얼마나 열렬한지를 볼 수 있었습니다. 하물며 그는 불법진리에 푹 익어서 비원(悲願)을 잊지 않았다 하겠습니다. 게다가 종문의 바른 눈으로 알음알이를 비추어 내고 요긴함을 꿰뚫어 보았으니, 어찌 안목이 이렇게도 밝은지요.

바른 종풍이 적막해진 지 오래인지라, 후학들은 형식만을 익히고 살림살이나 지키면서 서로가 서로를 바보로 만드는데도 온 세상이 잘못임을 깨닫지 못합니다. 모두가 말을 따라 알음알이를 내니 조사의 도는 거의 없어질 지경입니다. 탁월하게 깨달은 인재가 없다면 무엇으로 바로잡겠습니까. 정념(正念)만이 진실로 불법을 외호할 수 있는 길입니다. 시절이 시끄러워 산에 살면서 대중 거느리는 것도 제대로 해내지 못하는 형편인데, 더욱이 몸을 전변(轉變)할 계책으로서 믿을 만한 방편은 갖지 못하고 있습니다.

불일종고(佛日宗杲, 대혜)는 어느 하안거에 대중을 떠나 이산 저산 다녀 보고는 옛날 운문(雲門, 864~949)스님이 살던 산 정상에 띠풀을 베어 은둔하려 하니, 그 뜻이 매우 가상합니다.

　　지금 도겸(道謙) 편에 제가 쓴 몇 마디 말과 소(疏)를 보냅니다. 이를 함께 묶어서 길이 재물이 되게 하였으니, 한 번 볼 만할 것입니다. 그는 밭이나 갈고자 한다 하니 진정으로 농사 잘 짓는 사람이 아니겠습니까.[1]

극근(克勤) 올림

주
:
1　『원오불과선사어록』 권16(T47-788c)에 전한다.

135

양무구(楊無咎) 거사(居士)에게 드리는 글

　불조가 세상에 나오시어 대비원력으로 무연자비(無緣慈悲)를 일으켜 오직 영리하고 지혜로운 최상근기를 이끌어 주시는 데에 힘쓰셨습니다. 그들은 큰 기량(器量)을 갖추어 가장 오묘하고 뛰어난 기틀을 짊어질 만한 대해탈인으로서, 남들은 하지 못할 일을 해내어 무리 중에 뛰어났으니, 손가락 튕기는 사이에 무생인(無生忍)을 증득하며 선 자리에서 과해(果海)를 뛰어넘었습니다. 눈으로는 동서를 보나 마음은 남북에 있어, 마치 날쌘 매가 구름을 타고 잽싸게 날아오르듯 하였습니다. 바람을 휘몰고 햇빛 속에 번뜩이며 달과 해의 빛을 잃게 하며 영특하고 신령하게 번쩍 들어 열어젖힙니다. 이는 당초에 마지막 한 도리를 들어 보인 것이니, 번개 치고 유성이 나르듯 하여 머뭇거림을 용납하지 않습니다.
　온통 그대로 속박을 벗고 당장에 한 털끝만큼도 지적해낼 필요가 없어짐을 기다렸다가 열어젖히고 철두철미하게 깨치면 곧 두 손으로 부촉하는 것입니다. 그러므로 바탕과 취향이 마치 사나운 용이 물을 만난 듯, 날쌘 호랑이가 산을 의지한 듯하여, 구름이 피어오르고 바람이 휘몰아치듯 사람의 간담을 쏟아내고 사람의 심목(心目)을 비춰 보아야만 본분의 씨앗이라 할 만합니다.

그 때문에 유마대사는 마왕의 큰 집회에서 수능엄정(首楞嚴定)을 나타내고, 마군의 세계에서 저 문수와 보현과 금색두타 등과 더불어 물들지 않는 보살의 짝이 되었습니다. 이들은 모두 무리 가운데서 빼어나, 하루아침에 꽃을 들 때 가만히 전수받았으니 어찌 보통 일이라 하겠습니까.

달마가 서쪽에서 오자 신광(神光, 2조, 487~593)이 홀연히 깨닫게 된 이후부터 기량을 잴 수 없는 큰 인물들이 나와 특출하고 정밀하게 통달하였습니다. 눈을 깜짝이고 눈썹을 드날리는 동작과 말하고 침묵함, 펴고 말아 들임과 놓고 잡음, 주고 빼앗는 등의 작용을 나타내는 가운데 긴 시간 동안의 자기 생각을 등한히 노출하지 않으면서 우뚝이 움쩍하지도 않았을 뿐입니다. 도대체 아무것도 모르는 사람 같으나 막상 부딪치면 무리를 놀라게 하고 대중을 동요케 하는 것을 보게 됩니다.

그렇긴 해도 그 지극한 도리를 따져 보면 애초에 이런 일들이란 없고, 당장에 현묘한 도리를 밝혀서 일체가 무심일 뿐입니다. 만일 배움과 알음알이를 버리고 놓아 버려 한가할 수 있다면 성스러운 진리라도 굳이 할 것이 없습니다. 또한 위로부터 내려오는 강종(綱

宗)에 자연히 계합하여, 바로 이 선불장(選佛場)에 들어가서, 아직 제도 받지 못한 중생을 제도하고 아직 교화하지 못한 사람을 교화하니, 인간 세상에 재림하여 어느 것에도 의지하지 않는, 아무것도 할 것이 없는 배움이 끊긴 사람으로서 격식을 넘어선 진정한 도인이 아니겠습니까.

관찰사의 명을 받으신 양무구(楊無咎) 공은 식견이 높고 박학다재한 분이다. 더욱이 조사의 도에 조예가 깊어 지혜와 근기가 밝고 민첩하므로 거량하기 전에 먼저 알고 말하지 않아도 먼저 꿰뚫는다. 도읍 아래 있을 때 매일 만나 뵐 수 있었는데 이제 황제의 명을 따르는 중 선무사(宣撫司)를 시켜 금관(錦官)에서 거듭 만나게 되었다. 특별히 도를 굽히고 내려오셔서 다시 언어문자를 찾기에 나는 이 변변찮은 글을 꺼내 놓는다.[1]

주
:
1 『원오불과선사어록』 권16(T47-788ab)에 전한다.

136

성도(成都)의 뇌공열(雷公悅) 거사(居士)에게 드리는 글

　이제 본심을 확연히 비춰 본다면 원융하여 끝없는 것인데, 성색 등 모든 경계가 어떻게 마주할 수 있겠습니까. 아득히 홀로 벗어나서 텅 비고 고요하며 밝고 오묘합니다.

　철저하게 잡아 지니고자 하면, 들뜨거나 천박해서는 안 됩니다. 그렇게만 하면 당장에 위없이 높고 끝없이 넓으며, 깨끗하고 원만하여 번뇌도 없고 작위도 없습니다. 모든 성인이 이를 의지하여 근본을 지으며, 만유가 이로 말미암아 건립됩니다.

　응당 단박에 빛을 돌이켜 스스로 관조해야 합니다. 그리하여 형체를 끊고, 분명하고 완전하게 증득하여 천변만화에 조금도 변함이 없으면 이를 '금강왕'이라 하며, '법신을 뚫었다' 합니다.

　밥 먹는 사이에 행주좌와 무엇을 하든 간에 훤히 사무쳐서 사물마다 전혀 간격이 없습니다. 이것을 두고 자기 마음을 하얗게 드러내고 깨끗하게 오롯이 밝혔다 합니다.

그러나 이것을 무조건 지키기만 해서는 안 됩니다. 지키고 안주하면 바로 형식에 떨어집니다. 그러므로 여기서 매섭게 끊고 완전히 버려야 합니다. 버릴수록 더욱 밝아지며, 멀리할수록 더욱 가까워집니다. 죽기를 무릅쓰고 거듭거듭 끊어서 명근을 끊어 버려야 비로소 숨이 끊긴 사람이 되고 바야흐로 향상의 행리를 이해하게 됩니다.

향상의 행리로 말하자면 자기만이 스스로 알 뿐인데, 그 앎이라는 것도 세울 수 없습니다. 석가와 미륵, 문수와 보현, 덕산(782~865)과 임제(767~866)의 바른 눈으로도 감히 엿보지 못합니다. 이 어찌 대단한 일이 아니겠습니까.

할 한마디, 방 한 대, 일구일언, 미세하거나 거칠거나 색(色)이거나 향(香)이거나 일시에 꿰뚫어야만 무심 경계에 상응하게 됩니다. 이것을 어린아이 기르듯 하여 화기롭고 텅 비고 담박하게 기르면, 티끌 속에 있다 해도 티끌에 물들지 않고 정묘(淨妙)한 곳에 있다 해도 정묘함이 그를 거두지 못합니다.

본성을 따라 인연 닿는 대로 주리면 밥 먹고 목마르면 물을 마십니다. 착한 일에도 생각을 일으키지 않는데 악한 일을 어찌 다시 하겠습니까. 그 때문에 "인연 따라 묵은 업을 녹일 뿐, 다시 새로운 재앙을 짓지 말라."[1]고 하였던 것입니다.[2]

주
:

1 『황벽단제선사완릉록(黃檗斷際禪師宛陵錄)』권1(T48-386c).
2 『원오불과선사어록』권16(T47-788b)에 전한다.

137

덧붙이는 글

　도는 무심을 귀하게 여기고, 선은 명칭과 이치가 끊기고 마음속을 완전히 잊어서 생각이 다 없어져야 하는 것이니, 이것이 회광반조할 수 있는 길입니다.

　온통 그대로 꿰뚫어 다시는 사량분별을 용납하지 않고, 곧장 통 밑이 빠진 듯해야만 이 크고 원만한 적조(寂照)에 들어가 수승하고 현묘한 해탈문을 비추게 됩니다.

　하나를 깨달으면 모두를 깨달아 한가한 경지만 지킬 뿐, 처음부터 상대방과 나, 훌륭하고 하열함을 나누지 않습니다. 털끝만큼이라도 견해의 가시가 있기만 하면 바로 통렬하게 잘라 버리고 놓아 버려 칠통팔달로 자유자재하게 해야 합니다. 이것을 면밀하게 길러내면 모든 성인도 엿볼 수 없습니다. 자기도 오히려 원수처럼 여겨서, 그저 멀리 여의기를 구하여 가까이 처하지를 말아야 합니다. 그러면 홀연히 맑고 고요해져, 텅 비면서 신령하고 고요하면서도 관조합니다.

용맹스럽게 끊어 버려서 가는 털끝만큼도 가슴을 흔듦이 없도록 철저해야 합니다.

왕노사(王老師, 남전, 748~835)는 이를 두고 "살 궁리를 한다."고 하였고, 조주(778~897)는 "죽과 밥을 먹는 두 때에만 마음을 잡되게 썼다."고 하였습니다.

오래도록 실천하여 순수하게 익어지도록 해야 위로부터 내려온, 무심으로 도(道)에 체달하는 것입니다. 면밀히 작용하면 저절로 공부되었음을 마지막 납월 삼십 일에 이르러서는 볼 수 있게 되어, 자연히 아득한 절벽에서 손을 놓아 버리는 것과 같으리니 어찌 통쾌하지 않겠습니까.[1]

주
:

1 『원오불과선사어록』 권16(T47-788c)에 전한다.

138

장지만(張持滿) 조봉(朝奉)¹에게 드리는 글

　저는 협산(峽山)에서 나와 눌당(訥堂)에 머무르는 동안 오직 여기에만 마음을 두었고, 따르는 무리들도 대부분은 힘들다는 말을 하지 않았으니 이타(利他) 그대로가 자리(自利)였습니다.

　요컨대 근본에 분명히 사무치려면 이치 자리가 지극히 정밀하여 순일무잡해야 합니다. 시비가 생겼다 하면 어지러이 마음을 잃습니다.

　조사의 정맥(正脈)을 밟는 이라면 하늘 사람들이 꽃을 바치려 해도 길이 없고, 마군 외도가 가만히 엿보려 해도 보이지 않습니다. 깊고 깊이 바다 밑을 가고, 높고 높이 봉우리의 정상에 서야만 합니다. 뭇 사람들을 놀라게 하지 않으니, 이를 '평상심'이라 하며 본원천진의 자성이라 하는 것입니다. 천만 사람 가운데 섞여 있다 해도 한 사람도 없는 것과 같으니, 이를 어찌 거칠게 들뜬 식상(識想)이나 날카롭고 총명한 지혜로 헤아릴 수 있겠습니까.

제게 주신 말씀에, "빈틈없이 면밀하여 고요하면서도 동시에 관조한다. 세월이 오래 가면 한 덩어리를 이루는데, 그럴수록 근본은 더욱 견고하여 면밀하게 작용한다."고 하셨는데, 진실로 여기에서 벗어남이 없습니다.

응당 그 자리에 그대로가 진실이라면 상대방과 나, 멀고 가까움이 부딪치는 곳마다 모두가 그것입니다. 진진찰찰이 모두가 자기의 대원경(大圓鏡) 가운데 있어 면밀해지면 면밀해질수록 더욱 잘 활용할 수 있습니다. 그러므로 운문(864~949)스님은 이렇게 말씀하셨습니다.

"건곤대지에 털끝만큼의 허물과 근심이 없다 해도 사물에 굴림을 당하는 것이며, 한 물색도 보지 않아야 비로소 반쯤 갖는 것이다. 당장에 그렇다 해도 다시 온전히 지닌 경계가 있음을 알아야 하리라."[2]

그 때문에 덕산(782~865)의 방과 임제(767~866)의 할은 모두가 철저하게 무생인(無生忍)을 증득하여 철두철미하게 융통자재하였고, 대용이 현전하는 곳에 이르러서는 능숙하게 출몰하였습니다. 이는 사람들에게 온몸으로 불법을 걸머지게 하려 한 의도에서였고, 나아가 물러나서 문수와 보현 같은 대인의 경계를 지킨 것이었습니다.

암두(828~887)는 "저들 체득한 사람들은 한가한 경지만을 지킬 뿐이니, 하루 종일 욕구도 의지함도 없이 자연히 모든 삼매를 초월한다." 하였고, 덕산도 "그대는 마음에 일삼을 바가 없도록만 하라.

마음에 일이 없으면 텅 비어 신령하고 고요하면서 관조한다. 가령 털끝만큼이라도 본말을 말하는 자는 모두가 자기를 속이는 것이다."[3]라고 하였습니다.

이것이 이미 자명하다면 이제는 반드시 실천하여야 합니다. 그저 물러나기만 하면 되니, 물러날수록 더욱 밝아지며, 모를수록 더욱 역량이 생깁니다. 딴 생각이 일어났다 하면 헤아리는 마음이 생기니, 매섭게 스스로 끊어버려 이어지지 못하게 해야 합니다. 그러면 지혜 관조가 환하여 걸음마다 실제를 밟게 되니, 거기에 어찌 높고 낮음, 사랑과 미움, 맞고 안 맞고가 있어서 가리고 택하고 하겠습니까. 무명의 습기가 일어나는 대로 녹여서 오래되고 오래되면 저절로 사람을 시끄럽게 할 능력이 없어집니다.

옛사람은 이를 소치는 일에 비유하였는데 참으로 그렇다 하겠습니다. "사람을 오래도록 길러내는 일만 필요하다."는 것입니다. 단도직입적으로 깨닫는 데는 무엇보다도 아견을 잊는 것이 우선입니다. 그리하여 텅 비어 고요하고 편안하여, 마음대로 날듯이 해야 합니다. 일체법에 어느 하나 취하고 버릴 것 없고, 6근마다 6진마다 때에 따라 벗은 듯이 스스로 처해야 합니다. 홀로 움직이고 홀로 관조하는데, 그 관조하는 바탕이 독립하여 상대와 내가 한결같아야 합니다.

당장에 철저하게 뚫어 비춤마저도 설 자리가 없어야 합니다. 마치 한 꾸러미의 실을 자를 때 한 번 잘라 한 꾸러미가 다 잘리듯 하면 스스로 살 궁리를 낼 줄 압니다. 여기서는 부처라는 생각, 법이라는 생각도 일어나지 않게 해야 하는데, 그렇다면 번뇌 업식(業識)은 저절로 빙소와해(冰消瓦解)하듯 무너질 것입니다. 잘 길러서 진실을 성취해 내면 마치 어리석은 사람과도 같아서, 불조의 지위에 높이 보시려 해도 되질 않거늘, 어찌 노새의 태 속이나 말의 뱃속에 들어가려 하겠습니까.

조주(778~897)는 "나는 수없는 사람들을 많이 보았으나 모조리 부처가 되려고 하는 놈들뿐이었고, 그 가운데 무심한 놈 얻기란 어려웠다." 하였으며, 다시 "내가 남방에서 지낸 삼십 년 동안 죽과 밥을 먹는 두 때에만 마음을 잡되게 썼다라고 하였습니다. 향림(香林, 908~987)은 40년 만에야 한 덩어리를 이루었고, 용천(湧泉)은 40년을 했어도 스스로 달아났으며, 남전(南泉, 748~835)은 열여덟 번 만에야 살 궁리할 줄을 알았습니다. 실로 위로부터 옛사람들은 누구나 이처럼 면밀하게 실천했다는 사실을 알 수 있습니다. 어찌 득실과 장단과 취사(取捨)와 시비의 지혜를 따질 수 있겠습니까.

같이 배우는 학인 가운데 용문(龍門)을 뚫을 수 있는 바다 같은 지혜를 가진 자만이 옛날부터 항상 익숙하게 연구하고 밝혔을 뿐입니다. 인연을 만나거나 경계에 봉착해도 언제나 항상 지니지 않음이 없었으니, 어찌 이 생에만 그칠 뿐이겠습니까.

미래가 다하도록 한량없는 성인의 혜신(慧身)을 증득한다 해도, 그가 머무를 곳은 아닙니다. 다만 한결같이 뒤로 물러나 있을 뿐,

절대로 이런저런 한량을 짓지 마십시오.⁴

주
:
1 조봉(朝奉) : 문관에게 주는 종5품 산계(散階).
2 『운문광진선사광록(雲門匡眞禪師廣錄)』 권2(T47-557ab).
3 『경덕전등록』 권15(T51-317c).
4 『원오불과선사어록』 권14(T47-775c~776a)에 전한다.

139

오(吳) 교수(敎授)에게 드리는 글

　불조가 선도(禪道)로써 가르침을 펴신 뜻은 마음을 밝혀 근본에 도달하도록 힘쓰는 데에 있을 뿐입니다. 그런데 그것은 정작 사람마다 갖추고 있고 누구에게나 완전히 성취되어 있습니다. 다만 미혹과 망정 때문에 이 본심을 등지고 여러 갈래로 흘러 다니며 부질없이 윤회를 받을 뿐입니다. 그럼에도 불구하고 그 근본은 처음부터 증감이 없습니다. 모든 부처님이 일대사인연(一大事因緣)을 위해 출현하심도 무릇 이것 때문이며, 조사가 밀인(密印)을 단독으로 전하려고 왔던 것도 이 때문입니다.
　만일 숙세에 대근이지(大根利智)를 쌓은 이라면 서 있는 자리에서 곧장 알아차리지 다른 데서 얻지 않습니다. 분명하게 스스로 깨닫는다면, 툭 트여 밝고 신령하며 광대하면서 텅 비어 고요합니다. 시작 없는 때로부터 한 번도 끊겨 본 적이 없는, 청정무위(淸淨無爲)의 오묘하고 원만한 진심은 모든 6진과 상대하지 않고 만법과 짝하지 않습니다. 마치 천 개의 해가 영원토록 나란히 비추듯 견해를 여의고 망정을 초월하여, 생사의 들뜬 허깨비를 끊어 버렸습니다.

금강왕처럼 견고하여 요동하지 않으니, 이를 "즉심즉불(卽心卽佛)"이라 하며, 다시는 밖에서 구하지 않습니다. 그저 자기 성품을 요달하여 시절인연에 부응하여 불조에 계합할 뿐입니다. 이렇게 하여 의심 없는 경지에 이르면 꽉 잡아 주인이 되니, 이를 경절(徑截)의 대해탈이라 하지 않겠습니까.

이 일을 탐구하려면 생사를 뚫어야 하는데, 어찌 작은 인연이겠습니까. 응당 매섭고 날카롭게 진실한 마음과 지중한 신심으로 마치 머리에 타는 불을 끄듯 해야만 비로소 약간이나마 상응할 분(分)이 있게 됩니다.

참구하며 법을 묻는 사람들 중에는 세간의 지혜와 총명으로 말밑천이나 도모하고 명예를 넓히려 하는 경우를 많이 보게 됩니다. 그들은 이것을 높은 뜻인 양 여기고 다른 사람보다 낫기를 힘쓰면서 아견(我見)을 더욱 늘릴 뿐입니다. 이는 마치 기름을 불에 뿌려 그 불꽃이 더욱 타오르는 것과 같습니다. 그러다가 죽는 날에 이르면 막막하고 어지러워 가는 털끝만큼의 힘도 전혀 얻지 못합니다. 이는 처음부터 정인(正因)이 없었기 때문에 마지막에도 수고만 했지 공로가 없었던 것입니다. 그래서 옛 분들은 사람들에게 열반당(涅槃堂) 속의 선(禪)을 참구하도록 권하였는데, 진실로 그럴 만한 뜻이 있었다 하겠습니다.

생사의 갈림길에서는 대처하기가 실로 쉽지 않습니다. 크게 통달하고 초월 증득한 사람만이 날카로운 근기를 용맹하게 떨쳐 한 번에 끊어 버리니, 그들에게는 어려움이 없습니다. 그러나 이것이 자기의 근력(根力)에서 나온다고는 하나 또 한편으로 방편을 빌려야 합니다. 평상시 이런저런 경계 속에 있을 때, 전변(轉變)하여 행할 수 있고, 철저히 쳐버려서 지해(知解)를 용납하지 말아야 하고 견해를 세우지 말아야 합니다. 늠름하게 전체 모습 그대로 완성되어서 밟아나갈 뿐입니다. 이렇게 길러 나가다가 순수하게 익어져서 4대(四大)를 버릴 인연에 이르면 자연히 두려움이 없어집니다. 맑고 텅 비어 환히 사무침만 있을 뿐, 마음속에 어느 한 법도 걸리는 것이 없습니다. 마치 절벽에서 아무런 미련 없이 손을 놓아 버리는 것과도 같습니다.

일념이 만 년이며 만 년이 일념이어서, 삶을 찾아도 끝내 찾을 수 없는데, 어찌 죽음이 있겠습니까. 그러므로 옛 큰스님들이 앉아 죽고, 서서 죽고, 가다 죽고, 거꾸로 서서 죽으면서 용맹 건장함을 얻을 수 있었던 것은 모두가 평소에 덜고 또 덜어서 맑고 깨끗하게 했기 때문입니다.

향림(香林, 908~987)은 40년 만에 한 덩어리를 이루었고, 용천(湧泉)은 40년을 했어도 오히려 달아났습니다. 석상(石霜, 807~888)은 사람들에게 옛 사당의 향로처럼 푹 쉬라고 권하였습니다. 또 영가(永嘉, 665~713)는 "체달한즉 남[生]이 없고, 근본을 요달한즉 무상함이 없습니다."¹라고 하였습니다. 이분들은 대개가 전전긍긍 오로지 이 생각만을 했기에 무애자재함을 얻었던 것입니다. 이 생(生)을 버리고 난 뒤에는 의생신(意生身)²을 얻어 자기가 가고자 마음먹은 대로 가며, 후세의 과보를 모조리 이치로 떨어 버려 업식에 끄달리지 않습니다. 이야말로 "생사를 투철히 벗어났다" 하는 것이 아니겠습니까.

업보의 인연이 아직 다하지 않아서 인간 세상에 얽힌 일이 많으면 여유작작하게 대처해야 합니다. 인생에는 각각 인연을 따르게 마련이니, 굳이 시끄러움을 싫어하고 고요함을 구할 필요는 없습니다. 마음속을 텅 비우고 밖으로는 인연을 따라 주면 끓는 물처럼 시끄러운 시장 속에 있다 해도 조용하고 편안할 것입니다. 여기서는 털끝만큼이라도 견해의 가시가 일면, 지나치지 말고 그대로 내리치십시오.³

주
:
1 양억(楊億, 974~1020)이 지은 영가(永嘉, 665~713)의 행장 「무상대사행장(無相大師行狀)」(T48-397a).
2 의생신(意生身) : 업에 끄달린 업생신(業生身)에 반해, 자기가 의도하는 대로 태어날 몸을 받는 것.
3 『원오불과선사어록』 권14(T47-776)에 전한다.

140

선인(禪人)에게 주는 글

"마지막 한 구절을 다 뚫어 버리면 유언(有言)과 무언(無言), 향상과 향하, 권실(權實)과 조용(照用), 말고 펴고, 주고 빼앗고를 감파할 필요조차 없다."고 하였는데, 누가 조주(778~897)의 이 소식을 알겠는가. 우리 집안의 씨앗이라야만 비로소 알 것이다.[1]

주
:
1 『원오불과선사어록』 권14(T47-779b)에 전한다.

141

한(韓) 조의(朝議)에게 드리는 글

　옛 불조께서 곧게 가리켜 보여주신 이 큰 법은, 사람마다 서 있는 자리에 천 개의 해가 함께 나온 듯 환하게 비춥니다. 다만 밖으로 치달려, 오랫동안 이렇게 위위당당하고 덕스러운 빛이 있는 줄을 스스로 믿지 못했을 뿐입니다.

　오직 총명하고자 힘쓰고 지견을 세우는 데만 힘써서, 업혹(業惑) 속에 빠져 있으면서도 자기가 출중하다고 여기고 터득한 것을 가지고 현학적으로 뽐냅니다. 인간 세상에서 익힌 고금의 것들을 널리 연구하고 관찰하여 그것을 궁극의 공부라고 말하나 반딧불이 태양에 비할 수 없다는 사실을 조금도 모른 것입니다.

　그러므로 걸출했던 옛 분들은 영민하게 훌쩍 벗어난 성품들을 가졌습니다. 가까운 예로 배상국(裵相國, 797~870)이나 양대년(楊大年, 974~1020) 같은 분들은 온 마음을 다해 놓아 버리고 종사에게 가서 결택을 받았습니다. 그리하여 티끌같이 들뜬 지견을 깎아 버리고 철저히 크게 깨달아, 비로소 훌쩍 뛰어넘어서 노련하고 뛰어난 선객들의 숭고한 행과 함께할 수 있었습니다. 그렇게 실천하다가 합당히 납월 삼십 일에 다다르면 스스로 손을 놓아 버릴 줄 알아서 큰 해탈을 증득해 냈으니, 어찌 작은 일이겠습니까.

지금 그대는 총명 민첩함이 과거의 선배들 못지않은데 평소에 쌓은 학업과 재주는 세상길을 매진해 가는 것이었습니다. 오랜만에 종문에 이런 인연이 있음을 알긴 했으나 "내가 숭상하는 데서 벗어나지 않는다."고 말하여 전혀 관심을 두지 않으신 것입니다. 그러다가 숙세의 큰 인연 때문에 구봉(歐峰)에서 서로 만나 일 년이 넘도록 함께했습니다.

한 번 거량함을 듣자 즉시 깊은 믿음을 일으켜서 회광반조하여 인간세를 되돌아보면 마치 꿈같고 허깨비 같아서 큰 변화를 따라 꺼져 버리니, 허망할 뿐입니다. 천겁토록 파괴되지 않고 변하지 않는 이것만이 일체 성현의 근본이며 조물주의 연원으로서 자기라는 형상을 지워 확정짓는 것입니다. 한 번 밝히면 칠통팔달하는데, 어디 간들 자재하지 못하겠습니까. 이로써 숙세부터 훈습했던 것이 인연을 만나자 드러나고 일에 임하여 나타난다는 점을 알 수 있으니, 어찌 스스로 믿음이 아니겠습니까.

그러나 스스로 하루를 점검해 보면 불법을 배우는 것도 이미 잡되게 쓰는 마음입니다. 그렇다면 불법도 버려야만 진실 청정한 세계 속에서 사는 것입니다.

오로지 이것만을 의지하고 이런저런 데 뒤섞이지 마십시오. 그러면 순일하고 환하여 애증이 없으며, 취사를 여의고 너와 나를 나누지 않으며 득실을 짓지 않습니다. 일체 법이 평등하여 나의 불가사의한 경계로서, 정묘원명(淨妙圓明)하게 수용하는 물건일 뿐입니다.

반드시 이 마음을 오래도록 현전하게 하여 혼침에 떨어지지 않도록 하십시오. 총명한 지혜를 내지 말고 평등하고 편안하고 한가하고 적정한 경계에 들어가면, 어찌 이 본래 오묘한 광명을 흔들악으로 짓는 업연(業緣)과 식정(識情)이 있겠습니까. 다만 눈앞에 경계가 임하면 모조리 잊고 여전히 어지럽고 혼란할까 염려스러울 뿐입니다. 그렇다면 감당하지 못하기 때문입니다.

옛사람의 수행도 스스로 증득해 들어간 것으로써 수시로 관조하여 티끌 번뇌를 끊고 활발하고 우뚝하게끔 하였습니다. 삼십 년 이십 년씩 오래도록 순수하게 익으면 생사에서 벗어나기가 어렵지 않습니다. 하는 것마다 힘이 착착 붙어서 한갓 고상한 빈말에 그치지 않았으니, 옛사람 말에 "말로 한 길[丈]을 하느니 한 자[尺]를 가는 것이 낫다." 한 것입니다. 왜냐하면 정혜(定慧)의 힘이 업연(業緣)의 방향을 바꿔 주기 때문입니다. 성성(惺惺)하게, 그리고 용맹 과감하게 결단해야 천백 생에 수용하게 됩니다. 그 나머지 옛사람의 기연이나 말은 굳이 다 알려 하지 않아도 됩니다. 하나를 분명하게 하면 착착 이와 같으니 천변만화라도 어찌 그의 능력과 작용을 변하게 할 수 있겠습니까.

내심이 텅 비고 나면 바깥 인연도 고요합니다. 옷 입고 밥 먹는 것이 본래 그대로가 천진이라, 갈고 다듬을 것이 없습니다. 가령 혹시라도 훌륭하다는 견해를 세우고 자신의 능력을 자부한다면 큰일입니다. 부디 관조하고 살펴서 이런 작태를 짓지 말아야 합니다. 이렇게 해서 무아의 진실한 경계, 부동불변한 경계, 정묘청량(淨妙淸凉)하고 온당하고 은밀한 경계에 들어가게 됩니다. 지공(誌公, 418~515)스님이 "가는 털끝만큼도 공부한다는 마음을 일으키지 않아야 형상 없는 빛 속에 항상 자재하도다."[1] 하였습니다.[2]

주
:

1   "不起纖毫修學心(불기섬호수학심) 無相光中常自在(무상광중상자재)":「지공화상(誌公和尙) 십이시가(十二時歌)」중에 "인정해(人定亥)"의 한 구절. 『선문제조사게송(禪門諸祖師偈頌)』권1(X66-726b).
2   『원오불과선사어록』권15(T47-783c)에 전한다.

142

증(曾) 대제(待制)에게 드리는 글

　선은 생각이 아니며, 도는 노력과 무관합니다. 그러므로 생각으로 참선한다면 마치 나무를 뚫으면서 불을 구하고 땅을 파면서 하늘을 찾는 격이어서, 더욱 정신만 수고로울 뿐입니다. 또한 노력으로 도를 배우면 흙 위에 진흙을 더하고 눈 속에 모래를 뿌리는 격이어서, 더더욱 곤란해질 뿐입니다.

　혹시 의식을 쉬고 망상을 쉰다면 선하(禪河)의 물결이 그치고 정수(定水)의 파도가 고요할 것입니다. 힘쓰는 것을 버리고 도모하는 일을 쉰다면 그것이 바로 칠통팔달한 평탄한 대도입니다. 그러므로 한 스님이 석두(石頭, 701~791)스님에게 "어떤 것이 선입니까?" 하고 묻자 "벽돌이다."라고 대답하였고, 또 "어떤 것이 도입니까?" 하니 "나무토막이다." 하였던 것입니다. 이 어찌 생각과 노력으로 설명해 낼 수 있는 것이겠습니까.

　단박에 알아차려 흐름을 끊고 문득 꿰뚫어야만 선과 도가 분명

합니다. 여기서는 이해를 냈다 하면 천 리 만 리나 멀어질 것입니다. 요컨대 지난날의 세간의 지혜와 변론과 총명을 단박에 놓아 버리고 다 없애야만 자연히 여기 지극한 실제 경지에서 스스로 깨달아 증득하게 됩니다. 그러나 깨달았다는 자취를 남기지 않고 단박에 현허(玄虛)하게 통달해야만 훌륭합니다.

마대사[馬祖, 709~788]는 일찍이 『능가경(楞伽經)』을 들어서 부처님의 말씀과 마음으로 종지를 삼고 무문(無門)으로 법문을 삼았습니다. 그러면서 "여러분은 부처님의 말씀과 마음을 알고 싶은가? 여러분이 지금 하는 말이 마음이며, 마음이 바로 부처다. 그러므로 부처님의 말씀과 마음이 종지이며, 이 종지는 무문(無門)이 법문이다."라고 하셨습니다.

옛사람은 노파심이 지나쳐 이렇게 진흙탕 속으로 끌고 물에 띄웠습니다. 한 번 거량하여 바로 꿰뚫으면 그래도 약간은 나은 편이지만, 혹 의미나 이치를 캐는 경우라면 끝내 더듬어 보지도 못할 것입니다.[1]

주
:
1 『원오불과선사어록』 권15(T47-783c~784a)에 전한다.

143

종각(宗覺) 대사(大師)에게 드리는 글

부처님의 말씀은 마음으로 종지를 삼으니 종지에 통하면 말에도 통합니다. 이미 종문(宗門)이라고 말했다면 지리멸렬하게 근본을 버리고 지말을 쫓으면서, 말과 경계를 따라서 틀에 박힌 형식을 지어서야 되겠습니까.

요컨대 곧장 초월 증득하여, 현묘하고 수승 청정한 심성의 경계를 꿰뚫어 벗어나야만 합니다. 그리하여 면밀하고 온당한 향상의 큰 해탈에서 큰 쉼의 마당에 그대로 사무쳐 들어가야 합니다. 그곳은 텅 빈 것처럼 한가롭지만 원만하게 증득한 작용은 한계 지을 수 없을 정도여서, 천 사람 만 사람이라도 그를 가두어 둘 수 없습니다.

그 때문에 석가노인께서는 오랫동안 이 요점에 대해 말이 없으셨고, 300여 회의 설법에서도 조금도 밝히지 못하였습니다. 다만 근기를 따라 구제하면서 시절이 도래하기를 기다렸을 뿐입니다. 그러다가 영산회상에서 얼굴을 드러내자 유독 금색두타(金色頭陀)만이 그의 낚시에 걸렸는데, 이를 교외별전이라 합니다. 이 종지를 알았다고 한다면 위음왕불 이전에 벌써 헛점을 보인 셈입니다. 점검해 보자면 종류를 따라 몸을 변화해 내는 모든 기량과 기연이 이것 하나 아닌 것이 없습니다. 이것이 어찌 단순히 보고 천박하게 들어 알음알이를 간직하고 기관작용에 떨어진 자가 헤아릴 수 있는 것이겠습니까.

그러므로 방을 하고, 할을 하며, 나무공을 굴리고, 집게를 높이 들며, "차 마시게." 하고, "북 칠 줄 안다." 하며, 가래삽을 꽂고, 소를 치고, 경계와 지혜를 나타내며, 자리에 앉아 문을 닫아걸고, 되돌려 불러서 혀를 차며 꾸짖고, 따귀를 치며 짓밟기도 하는 이런 것들이 다 '이것' 아님이 없었습니다.

본색납자만이 자기가 투철히 깨닫고, 다시 대종사의 악독한 솜씨를 만나 걸러내고 단련하였던 것입니다. 사람을 무는 사자의 경지에 도달하여 이것저것 가림[藥忌]을 따르지 않고 툭 트인 곳에 단도직입하여서야, 한 번 거량하면 바로 귀결점을 알게 됩니다. 이는 마치 사자가 굴에 들고나며 땅에서 몸을 되날리는 것과도 같은데, 어떤 사람이 그것을 헤아리겠습니까.

이 종문에서는 진흙탕 속에 끌고 다니고 물에 띄우며 잡초 속에 구르거나, 언어문자를 짓거나, 눈이 어두워 세 번 찌르며 불러도 되돌아보지 않는 자는 논하지도 않습니다. 오직 팔면으로 적을 맞으면서 들기 전에 이미 알고 말하지 않아도 먼저 계합하여, 물에 우유 섞이듯 자연히 서로 합치하여 자리에 앉아서 옷을 입으며, 순수하게 길러서 서리와 이슬을 맞고 과일이 익기를 기다렸다가 나오기만 하면 바로 이처럼 작용할 수 있어야만, 비로소 선대 조사가 근본 발심수행할 때, 한바탕의 불사를 행했던 데에 합당할 수 있습니다. 그 때문에 "이러한 일을 궁구하려 한다면 반드시 이러한 사람이라야만 한 것이요, 이러한 사람이라면 이러한 일을 근심하지 않는다."[1]고 한 것입니다.[2]

주
:
1 『경덕전등록』 권17 「홍주운거도응선사(洪州雲居道膺禪師)」(T51-335c).
2 『원오불과선사어록』 권16(T47-786ab)에 전한다.

05 성철스님이 가려 뽑은 한글 선어록

마음 닦는 요긴한 편지글
원오극근 스님의 원오심요

개정판 1쇄 인쇄	2017년 11월 10일
개정판 1쇄 발행	2017년 11월 15일

지은이	원오극근
감역	벽해 원택

발행인	여무의(원택)
발행처	도서출판 장경각
등록번호	합천 제1호
등록일자	1987년 11월 30일
본사	경남 합천군 가야면 해인사길 122 해인사 백련암
서울사무소	서울시 종로구 삼봉로 81(수송동, 두산위브파빌리온) 1232호
	전화 (02)2198-5372 팩스 (050)5116-5374
	홈페이지 www.sungchol.org

편집·교정 문종남 디자인 김형조
홍보마케팅 김윤성 관 리 서연정

ⓒ 2017, 장경각

ISBN 978-89-93904-82-6 04220
ISBN 978-89-93904-77-2 (세트)

값 18,000원

※ 이 책에 실린 내용은 무단으로 복제하거나 전재할 수 없습니다.
※ 잘못된 책은 교환해 드립니다.

※ 이 도서의 국립중앙도서관 출판예정도서목록(CIP)은 서지정보유통지원시스템
  홈페이지(http://seoji.nl.go.kr)와 국가자료공동목록시스템((http://www.nl.go.
  kr/kolisnet)에서 이용하실 수 있습니다.
  (CIP제어번호 : CIP2017029048)